U0460012

国家社会科学基金重点项目（项目批准号：16ATY003）研究成果

浙江师范大学体育文库

| 博士生导师学术文库 |

A Library of Academics by
Ph.D.Supervisors

两岸同源民俗体育研究

———— · ————

薛岚 等 著

光明日报出版社

图书在版编目（CIP）数据

两岸同源民俗体育研究 / 薛岚等著 . -- 北京：光明日报出版社，2022.12

ISBN 978 - 7 - 5194 - 7060 - 9

Ⅰ . ①两… Ⅱ . ①薛… Ⅲ . ①民族形式体育—研究—中国 Ⅳ . ①G852.9

中国版本图书馆 CIP 数据核字（2022）第 253447 号

两岸同源民俗体育研究

LIANG'AN TONGYUAN MINSU TIYU YANJIU

著　者：薛　岚　等

责任编辑：杨　娜　　　　　　　　责任校对：杨　茹　龚彩虹
封面设计：一站出版网　　　　　　责任印制：曹　净

出版发行：光明日报出版社
地　　址：北京市西城区永安路 106 号，100050
电　　话：010-63169890（咨询），010-63131930（邮购）
传　　真：010 - 63131930
网　　址：http：// book. gmw. cn
E - mail：gmrbcbs@ gmw. cn
法律顾问：北京市兰台律师事务所龚柳方律师

印　　刷：三河市华东印刷有限公司
装　　订：三河市华东印刷有限公司
本书如有破损、缺页、装订错误，请与本社联系调换，电话：010 - 63131930

开　　本：170mm×240mm
字　　数：350 千字　　　　　　　　印　　张：19.5
版　　次：2024 年 1 月第 1 版　　　印　　次：2024 年 1 月第 1 次印刷
书　　号：ISBN 978 - 7 - 5194 - 7060 - 9

定　　价：99.00 元

前　言

在《两岸同源民俗体育研究》中，我们将视点放在同源民俗体育交流与两岸文化认同这一主题上。在此，需要重新梳理几个重要的概念与思路，从而确定本书的基本理论视角。

第一，有必要区分"文化认同"与"文明认同"的概念，也就是"文化"与"文明"的概念。从历史发展的维度来看，文化先于文明，如北方的半坡文化、南方的河姆渡文化，都只能叫"文化"，而不能称为"文明"。文化具有地域差异与民族差异，相对于民俗文化来说，则有"十里不同风，百里不同俗"的说法；相对于民族来说，则有"高山族文化""汉族文化"等不同的概念。文明的产生则需要一定的技术支持，只有出现汉字、金属冶炼技术与城邦等因素之后，文明才会形成。因此，文明是一种更为高级的文化形态，具有积极的正面意义，而文化则是相对中性的概念。之所以强调"文化"与"文明"的区分，是因为海峡两岸同一文明内部的文化认同问题，即中华文明的内部问题。台湾是中国不可分割的一部分，同时，台湾与中国大陆，都是中华文化的组成部分。所以海峡两岸不是不同文明之间的文化认同问题，而是同一文明内部的文化认同问题。同一文明内部的文化冲突与不同文明之间的文明冲突，其表现方式具有重大差异。只有将"文化认同"上升到"文明认同"的高度，两岸文化认同的建构才会具有更明确的方向，才能有助于维护中华文明的正面国际形象。

第二，"认同"是一个社会心理学概念，讨论的是主体的心理状态，即对事件或事物的基本态度与情感。讨论文化"认同"的问题，首先，需要了解认同的主体，即是谁在认同，认同的对象又是什么。对于台湾来说，最重要的认同主体就是台湾青少年群体。德国社会心理学家、认同理论的创立者埃里克·埃里克森（Eric Erikson）在 1998 年的研究中发现，青少年期是认同形成的关键时期，年轻人往往因为失去其历史连续性，从而产生认同危机。其次，需要认清"文化认同"、"文化认知"与"文化传承"的关系。从学理逻辑的角度来看，"文化认同"的前置概念是"文化认知"。文化认知先于文化认同，只有树立正确、全面、客观的文化认知，才能形成良好的文化认同，如对文化符号与文化象征的认知。如果文化主体接受的是错误的、片面的、被误导的文化认知，则文化认同无法建立。在海峡两岸的文化语境中，需要特别指出的是，从"文化认知"到"文化认同"的过程，还需要一个中间环节，即"文化传承"。在日常生活交流中，经常出现有了正确的认知却没有产生认同的文化现象，即完全知道对方是什么样的文化，也了解对方文化有什么样的特征与禁忌，但在内心深处并不认同对方文化，于是对方文化也就变成了文化的他者（other culture），与自己的生活并无关联。最后，需要明确文化认同主体与"文化认同"之间的关系。文化认同主体只依靠"文化认知"并不能确保"文化认同"，因为"文化认同"的产生需要三个必要条件。一是文化主体需要有正确全面的"文化认知"，防止文化误读与文化偏见。二是需要对这一文化在生活中进行传承，开展传承活动，即"文化传承"。只有树立文化传承意识，开展文化传承活动，在传承中亲身体验该文化传统，才会在文化活动开展过程中逐渐认可该文化，这就是文化认同。三是对该文化的文化情感的培养与教育。总之，"文化认同"的产生，是一个从心理认知到生活实践的过程，离开了生活实践，离开了文化主体的情感投入，"文化认同"将无法产生。

第三，在"文化认同"基础上，需要建立"民族认同"与"国家认同"的概念和意识。中国的文化传统是以文化定民族，只有形成"中华民族认同"，才能产生强烈的民族自豪感与国民凝聚力。当"民族认同"概念与意识建立之后，还需要建立"国家认同"。在现代国家，民族国家是一体化概念，任何一个民族都需要在一个政治单元内发展自我，这个政治单元就是国家。因此，当"国家认同"建立后，这个国家的文化认同才真正完成，才能在国际上以文明的形象参与国际交流和竞争，也就是说，当文化最终走向文明，才具有其国际感召力。海峡两岸完整的文化认同应具备六个不可或缺的环节：

文化认知—文化传承—文化认同—民族认同—国家认同—文明认同。其中，从"文化认知"到"文化传承""文化认同"是认同主体进行文化情感的教育与培养的过程；从"文化认同"到"民族认同"是民族自豪感形成的过程，也是民族教育的过程；从"民族认同"到"国家认同"是爱国主义情感教育的过程；从"国家认同"到"文明认同"则是培养文明自我维护意识与文明自我辩护的过程。

在以上六个过程中，前者是后者的基础，如果前者的工作没有完成，后者相应的工作也将难以开展。这六个过程也是共同体意识不断形成的过程，文化共同体的形成有助于民族共同体的形成，而民族共同体的形成也有助于国家共同体的形成，国家共同体的形成则最终有助于文明共同体的形成。文明共同体是最高文化形态，具有国际意义。

第四，厘清文化认同与文化交流的关系。文化共同体并不是抽象生成的，需要海峡两岸持续稳定的交流才能形成。因此，文化共同体也是交流共同体或者说协商共同体。交流协商体现了双方的互相影响。只有双方在交流协商过程中共同行动，才能逐渐形成共识，共同实现中华民族的伟大复兴。

本研究强调只有交流才能真正形成交流共同体，通过共同行动形成共识，遵循认同的六个过程，最终完成认同的建构。关于交流共同体的形成，书中以五缘民俗的交流共同体作为分析的对象。五缘民俗在一定程度上将海峡两岸文化紧密关联，通过活动交流与情感交流，从而树立对中华文化的文化认同。但需要指出的是，五缘民俗的交流共同体仍然具有其局限性，因为五缘民俗的交流共同体往往停留在小共同体的层面上。地缘的小共同体如老乡会，血缘的小共同体如宗亲会，神缘的小共同体如妈祖庙会等，小共同体的价值观与大共同体的价值观并不一定完全契合，如小共同体重视"义"的价值观，但是大共同体更强调"仁"与"和"的价值观。小共同体需要进一步提升为大共同体，才会产生更大层面的中华文化认同乃至中华文明认同。

海峡两岸文化同源，同属于中华文化，共享中华文明。海峡两岸人群同宗，同属于中华民族，同为龙的传人。海峡两岸同源同宗，海峡两岸一家亲，从而形成一个牢不可破的命运共同体，在这一命运共同体内部，需要双方坦诚交流，精诚合作，共创中华民族伟大复兴的历史大业。民俗体育不同于竞技体育，民俗体育作为程式化的身体运动，更强调对传统的归依与认同，具体体现为对套路与程式的恪守，其价值观是集体主义与传统和谐观，而竞技体育的主要价值观是个人主义与自由主义，身体动作相对自由。对于中华文化认同的建构来说，民俗体育更适合建立对中华文化的认同。

课题总体设计：薛岚、李启迪。各章执笔人：第一章，薛岚、李启迪；第二章，彭伟文、宣炳善、孙喜和；第三章，宣炳善；第四章，孙喜和；第五章，彭伟文；第六章，张剑利；第七章，孙喜和；第八章，彭伟文；第九章，孙喜和；第十章，张剑利；第十一章，彭伟文；第十二章，张剑利；第十三章，宣炳善、薛岚；第十四章，薛岚。

目　录
CONTENTS

第一章　绪　论 ·· 1

第一节　研究背景 ·· 1

第二节　研究目的 ·· 2

第三节　研究思路 ·· 4

第四节　研究对象与方法 ···································· 6

第五节　研究创新点 ·· 8

第二章　两岸民俗体育概述 ···································· 10

第一节　民俗体育的概念与分类 ···························· 10

第二节　民俗体育活动的表现形式 ·························· 15

第三节　系出同源的两岸民俗体育 ·························· 22

第四节　既同且异的两岸民俗体育 ·························· 28

第五节　携手并进的两岸民俗体育文化 ······················ 33

第三章　两岸民俗体育交流促进文化认同的功能与影响 ········· 43

第一节　两岸民俗体育交流的文化功能 ······················ 43

第二节　两岸民俗体育交流对文化认同的影响内容与程度 ······ 51

第三节　两岸民俗体育交流对文化认同的影响机制 ············ 76

第四节　两岸民俗体育交流促进文化认同的基本路径 ·········· 82

第四章　两岸民俗体育交流历程与文化认同 ················· **86**

　　第一节　两岸民俗体育文化交流历程 ················· 86

　　第二节　两岸民俗体育交流的特征、渠道与价值 ············· 97

　　第三节　两岸民俗体育文化的认同本质 ··············· 102

第五章　两岸龙狮交流与文化认同 ··············· **105**

　　第一节　两岸舞龙舞狮的起源与发展 ··············· 105

　　第二节　两岸舞龙舞狮文化的异同比较 ··············· 116

　　第三节　两岸舞龙舞狮交流的历史回顾与问题分析 ········· 119

　　第四节　两岸舞龙舞狮交流对促进文化认同的意义与策略 ····· 124

第六章　两岸龙舟交流与文化认同 ··············· **127**

　　第一节　两岸龙舟的起源与发展 ················· 127

　　第二节　两岸龙舟文化的异同比较 ················· 137

　　第三节　两岸龙舟交流的历史回顾与现状 ··············· 142

　　第四节　两岸龙舟交流促进文化认同的意义与价值 ········· 152

第七章　两岸宋江阵交流与文化认同 ··············· **156**

　　第一节　闽台宋江阵的起源与发展 ················· 157

　　第二节　闽台宋江阵的文化特征 ················· 163

　　第三节　闽台宋江阵文化的异同比较 ··············· 168

　　第四节　闽台宋江阵的交流历程回顾与文化认同基础 ······· 173

第八章　两岸拔河交流与文化认同 ··············· **182**

　　第一节　两岸拔河的起源与发展 ················· 182

　　第二节　两岸拔河的文化差异为交流提供了契机 ········· 190

　　第三节　两岸拔河交流的历史回顾 ················· 191

　　第四节　两岸拔河文化认同的基础与意义 ··············· 192

　　第五节　加强两岸拔河交流促进文化认同的策略 ········· 197

第九章　两岸陀螺交流与文化认同 ················· **200**

第一节　两岸陀螺的起源与发展 ················· 200

第二节　两岸陀螺交流的历史回顾 ················· 213

第三节　两岸陀螺交流促进文化认同的基础与价值 ················· 216

第十章　两岸空竹交流与文化认同 ················· **221**

第一节　两岸空竹的起源与发展 ················· 221

第二节　两岸空竹文化的异同分析 ················· 228

第三节　两岸空竹交流的历史回顾 ················· 230

第四节　两岸空竹交流对促进文化认同的意义 ················· 233

第十一章　两岸鼓阵交流与文化认同 ················· **236**

第一节　两岸鼓阵的起源与发展 ················· 236

第二节　两岸鼓阵文化的异同比较 ················· 248

第三节　两岸鼓阵交流的历史回顾 ················· 252

第四节　两岸鼓阵交流对促进文化认同的意义 ················· 253

第五节　加强两岸鼓阵交流促进文化认同的策略 ················· 254

第十二章　专题研究：金门县端午节龙舟竞赛 ················· **256**

第一节　金门县端午节龙舟竞赛概况 ················· 256

第二节　金门县端午节龙舟竞赛的动员机制 ················· 259

第三节　金门县端午节龙舟竞赛对两岸文化认同的意义 ················· 266

第十三章　两岸民俗体育交流与认同的问题及归因 ················· **268**

第一节　两岸民俗体育交流与认同存在的主要问题 ················· 269

第二节　两岸民俗体育交流问题的归因分析 ················· 274

第十四章　深化两岸民俗体育交流与促进两岸文化认同的路径及对策

　　·· **279**

　　第一节　深化两岸民俗体育交流与促进两岸文化认同的基本路径　········ 279

　　第二节　深化两岸民俗体育交流与促进两岸文化认同的对策建议　········ 281

主要参考文献 ·· **286**

第一章

绪　论

第一节　研究背景

2012 年，新一届中央领导集体在国家博物馆参观《复兴之路》展览过程中首次提出中国梦，习近平总书记倡导各民族同胞共同努力，早日实现中华民族伟大复兴的中国梦。2015 年 11 月 7 日，两岸领导人习近平与马英九在新加坡会面，一致达成了推动两岸关系和平发展，维护台海和平稳定，加强沟通对话，扩大两岸交流的共识。

党的十九大描绘了实现中华民族伟大复兴中国梦的宏伟蓝图，明确将两岸和平统一大业作为中国梦的重要内容之一。2020 年 9 月 20 日，中共中央政治局常委、全国政协主席汪洋在第十二届海峡论坛上强调："两岸关系几十年的发展也证明，交流则两利，隔阻则两伤"；"两岸扩大民间交流、促进融合发展，既是大义，更具大利，我们没有理由不走得更近更好"；"我们坚持在'九二共识'基础上推进两岸关系和平发展，着眼点和落脚点就是增进同胞的亲情和福祉，让两岸同胞过上更加美好的生活"。①

同源文化是一个民族文化认同感产生的基础，两岸同源文化交流正是两岸民众深化文化认同感和归属感的重要途径。两岸的民俗体育文化有着同根同源、血脉相连的源流关系，拥有着共同的起源和记忆。虽然经过多年复杂的历史变迁，两岸民俗体育分别在两种不同政治经济与社会文化背景下发展，体现了政治制度、意识形态与思维方式等方面的差异，但是并未从根本上改变两岸民俗体育文化的同根同源性。

---

① 汪洋主席在第 12 届海峡论坛大会上的视频致辞 . http：//www. gwytb. gov. cn/szyw/202009/t20200920_ 12297136. htm.

体育文化交流可以跨越政治障碍，达成文化认同的目的，在两岸民俗情感沟通方面更有优越性，能在潜移默化中加深两岸同胞的感情。通过民俗体育交流，两岸民众切磋技艺、共叙友情，可以形成两岸共同文化的心理认同感。台湾地区的民俗体育蕴含着中华民族传统体育的深厚内涵，是中华民族传统体育文化的重要组成部分，两岸民俗体育交流可以成为促进两岸交流的助推器。

从两岸民俗体育交流的实践来看，一方面，国家加大了对两岸民俗体育交流的支持力度，特别是注重对两岸民俗体育文化的保护，其中，具有代表性的舞龙、舞狮、划龙舟三大民俗体育活动均已列入国家级非遗名录，成为国家层面保护的对象。2007年6月经文化和旅游部批准，厦门市恢复了传统民俗节日，并重点推动"一区一节"活动，积极打造颇具影响力的对台文化交流合作平台，其中包括郑成功文化节、福德文化节、保生慈济文化节和池王爷信仰、凤山祖庙等民俗文化庙会。另一方面，两岸民间体育组织的力量对于民俗体育交流与认同研究发挥了重要作用。尤其是两岸民间体育组织及其活动的不断增加，为民俗体育交流与认同提供了互动平台，近年来两岸各类民间体育团体举办了以舞龙、舞狮、划龙舟、宋江阵为代表的民俗体育活动，对促进两岸人民的交流与合作起到了很好的作用。

两岸民俗体育交流的变迁进程进一步表明，两岸之间的这种交流始终凸显"根""祖""脉"的主题，加深了台湾同胞对大陆的了解与认识，增进了他们对中华民族文化的认同，加强了两岸同胞的感情沟通，推动了两岸关系的良性发展，受到两岸的高度关注。

第二节　研究目的

本研究在考察两岸民俗体育交流现状的基础上，提出适合未来两岸民俗体育交流和促进文化认同发展需要的长效机制、实现途径与政策建议，为巩固现有交流成果、推进未来交流发展、增进台湾民众对中华民族的文化认同和增强中华民族凝聚力提供理论借鉴与实践指导。

挖掘两岸民俗体育同根同源性。海峡两岸历来命运与共，血脉相连，是割舍不断的命运共同体；促进两岸和平统一是当今社会的主流民意，促进两岸共享发展机遇、共谋发展前景亦是众望所归。作为两岸文化和中华民族体育事业的重要构成部分，民俗体育文化一直以多渠道、多方法、多形式的特点积极开展，增强了两岸民族归属感、认同感，进而助力祖国和平统一大业。

文化是中华民族的灵魂与血脉，两岸民俗体育文化是中华民族文化的重要内容，两岸民俗体育文化是由中华民族文化衍生出来，并依托中华民族文化而生的，它对于维护国家统一、标志民族特性以及塑造凝聚力、向心力等具有特殊意义。

两岸民俗体育依托于当时当地的地理环境、气候风俗、乡土人文以及其他诸多因素而创造，如果将两岸民俗体育分别看作一个个单独的音符，那么将这一个个简单符号串联成五线谱的正是中华传统文化，这些两岸民俗体育活动也正是因为与中华传统文化结缘，方在滔滔的历史长河中未遭到摒弃。民俗体育作为体育文化的重要组成部分，无论在哪种社会形态下，都表现出对社会文化本体的承载和其具有的独特个性，它依附于当时的社会形态和人类生产生活，且反作用于人类社会生存与发展。

揭示民俗体育交流与认同机制。 经过将近 40 年海峡两岸民俗体育参与者的长期实践和持续努力，海峡两岸民众的联系更为紧密，彼此情感更为深切，在民俗体育开展层面达成了诸多文化共识。拓展民俗体育交流的广度和深度，可以增强台湾同胞对中华民族的文化认同，推动两岸民众在相互了解、加深理解的基础上消除误会、引起共鸣、增进情感、增强凝聚力和向心力，两岸携手共创中华民族伟大复兴的光明未来。

在坚持中国道路、弘扬中国精神、凝聚中国力量中，我们必须坚持加强两岸体育文化的融合发展，增进两岸同胞的情感连接，减少彼此之间的误解和隔阂，促进两岸文化认同，以推进两岸关系健康和平发展。

目前两岸的体育交流与认同机制仍然存在一些问题，如两岸的体育交流与认同机制不够健全，过多侧重保障机制、组织机制，较多依托民俗体育的组织机构或共同体，等等。因此，应立足于同根同源等双方认可的共同文化因素，进一步沟通恋土归根的情感，寻找求同存异、聚同化异的支点，引起文化认同和身份认同的共鸣。

开拓两岸民俗体育的交流路径。 文化认同是维系社会群体的天然纽带，是民族认同的基本要素，同时也是维系两岸和平的基石。在文化认同过程中，民俗体育文化认同发挥着无可替代的作用。在宗教信仰、语言艺术、社会价值规范、风俗习惯等各方面，两岸呈现良好的文化认同基础，民俗体育文化认同则被烙上了民族的烙印，体现出强烈的民族性。其民族性主要表现在活动中含有的民族符号、民族特色、民族特质上。这些被赋予了民族烙印的民俗体育活动，增强了民族凝聚力、唤起了民族认同。

此外，闽、台两地的民俗体育项目是两岸文化认同的重要呈现方式，在两岸文化认同中扮演着关键角色。因此，两岸民俗体育文化认同也是一种中华民族身份的认同，体现着大陆人民与台湾同胞一脉相承、手足情深的历史渊源，不仅凝聚着情感共识，更是中华民族认同的前提条件。

在文化符号的认知与认同层面，海峡两岸民众达成了高度的文化一致，体现了两岸文化同根同源的历史事实。从这一意义上看，当前与未来两岸民俗体育文化交流需要针对两岸的发展现状和问题，重点在以下方面拓展交流路径：两岸共同打造民俗体育交流品牌，建立民俗体育交流合作长效机制；拓展民俗体育交流渠道，增进两岸文化认同。

综上所述，本研究从体育交流与文化认同两个维度，立足两岸民俗体育交流及其文化认同的已有成果与现存问题，提出未来两岸民俗体育交流及其文化认同的相关建议，以此增强中华民族文化的凝聚力，增进台湾民众对中华民族的文化认同感，具有重要的现实价值和历史意义。

第三节　研究思路

本研究注重并坚持理论研究和实证调查相结合。一方面广泛搜集相关研究资料，对大量研究成果进行系统梳理与分析；另一方面采用实证调查方式掌握资料，包括实地调研和专家访谈。通过理论与实践相结合，实现对两岸民俗体育的整体把握。

一、研究视角

拥有共同"母体"的两岸民俗体育文化，都是中华优秀传统文化的重要构成部分，并在中华优秀传统文化中孕育、成长。虽然历史的发展使两岸民俗体育在形态上产生了一定的差异，但是并未从根本上改变两岸民俗体育文化的同源性。这种同根同源性为两岸合作交流的稳步推行提供了坚实基础。因此，两岸民俗体育的同根同源性，为两岸民俗体育交流与认同提供了基本研究视角。

本研究基于两岸民俗文化和民俗体育的现状，确立了以交流合作促和平统一的总体方略，以期以"民俗体育"为载体，构建两岸合作交流平台，进一步凝聚民族意识、巩固民族文化、深化两岸合作交流，为增进两岸民族的归属感、认同感，促进祖国和平统一大业做出贡献。

二、理论框架

本研究运用历史学、社会学、文化学、民俗学、体育学等学科理论与方法，通过文献梳理、实证调研、专家咨询，在考察两岸民俗体育交流现状的基础上，提出适合未来两岸民俗体育交流和促进文化认同发展的机制、途径与建议。

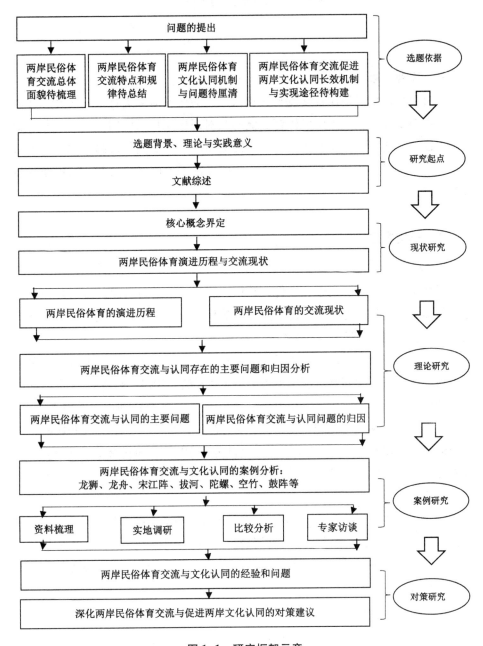

图1-1 研究框架示意

第四节　研究对象与方法

一、研究对象

本书以"两岸民俗体育交流与文化认同"为研究对象进行系统研究。具体而言，主要研究两岸同源民俗体育交流与其对两岸文化认同的现状、问题、影响等方面，以此探究同源民俗体育交流促进两岸文化认同的机制与规律，提出适合未来两岸民俗体育交流和促进文化认同发展需要的优化机制、实现途径与政策建议。

二、研究方法

（一）文献资料法

以两岸相关史料、文献、文件、政策、法规、报道为来源，检索并整理两岸民俗体育交流与其对两岸文化认同促进的研究成果，了解交流的基本现状与发展趋势，明确基本任务与研究角度。

通过检索中国知网数据库文献与购买相关书籍，赴国家图书馆查阅相关文献资料，获得《台湾问题与两岸关系史》（张春英，2014，专著）、《走向和平发展的两岸关系》（陈孔立，2010，专著）、《中华民族认同论》（徐杰舜等，2014，专著）、《文化记忆与身份认同》（赵静蓉，2015，专著）、《海峡两岸体育交流合作的现状分析与对策研究》（兰自力等，2002，期刊论文）、《海峡两岸体育交流的发展历程和思考》（刘戈，2015，期刊论文）等相关专著93部和论文252篇。

收集《台湾民间艺阵》《海峡两岸在处理体育事务中的经验、问题和对策研究》《国际华人民俗体育学术研讨会资料》等台湾民俗专著、博士/硕士学位论文、大会手册、研究报告等25本（册）。从中选取具有代表性和参考价值的文献进行梳理、分析。

（二）调查研究法

围绕两岸民俗体育的起源与历史、文化渊源与流变、存在形态与方式、发展现状与趋势，以及两岸民俗体育交流的历程、演进、机制与价值等，进行实地考察调研，收集第一手材料，进行分析研究。

1. 金门调研

2017 年 5 月，课题组成员参加金门县第九届（海峡两岸）端午节龙舟竞赛。考察金门大学，围绕课题相关内容，对金门大学管理学院院长董燊进行了访谈，收集了有关金门地区民俗和民间信仰的文献。调研发现：两岸间民俗体育交流始终都凸显了"根""祖""脉"的主题，加深了台湾同胞对大陆的了解与认识，增进了他们对中华民族文化的认同，加强了两岸同胞的感情沟通，推动了两岸关系的良性发展，受到了两岸的高度关注。

2. 台北、新竹调研

2017 年 12 月，课题组成员赴台湾台北、新竹等地考察交流，与台湾民俗体育专家学者王建台、蔡宗信、张生平、陈月娥等就两岸民俗体育的存在价值、发展环境、交流机制等相关主题与内容进行深入研讨，并赴台湾图书馆和台湾师范大学图书馆查阅相关资料。

3. 厦门调研

2018 年 7 月，课题组成员赴厦门，调研两岸宋江阵等民俗体育项目开展与交流情况，访谈宋江阵民俗体育项目传承人，参观厦门宋江阵民俗博物馆，考察两岸民俗体育交流的实物、材料，并与部分大陆及台湾学者座谈。

（三）专家访谈法

采用会议座谈、电话访谈与个别走访等方式，对两岸民俗体育团体的负责人、理论专家等进行结构性访谈。

1. 两岸民俗体育交流会

2016 年 11 月，课题组组织召开"海峡两岸民俗体育交流会"，崔乐泉、史兵教、乔凤杰、曹守和等大陆学者，王建台、蔡宗信、蔡荣捷、罗志勇、高华君等台湾地区民俗学学者参加了学术研讨，为本项目的实施奠定了基础。

2. 东北亚体育运动史学术研讨会

2017 年 7 月，浙江师范大学承办第十二届东北亚体育运动史学会学术研讨会，课题组相关成员参加会议，与台湾体育史学会主席王建台先生，以及 40 多位台湾地区学者进行了学术交流。

3. 两岸民俗体育研讨会

2018 年 11 月，在浙江师范大学举行"海峡两岸民俗体育研讨会"，邀请董燊、蔡宗信、蔡荣捷、张俊一等台湾地区学者共同研讨两岸民俗体育交流等问题。会议针对课题研究内容进行了深入研讨，台湾地区学者提出了诸多建设性意见。

4. 专家现场咨询

2016 年 4 月与 2017 年 10 月，课题组两次邀请台湾体育运动史学会会长、台湾树德科技大学王建台教授进行讲学，本项目组相关研究人员与专家进行面对面访谈和咨询。

（四）比较分析法

从阶段区分、因果剖析、规律探索、特征归纳等方面对两岸民俗体育交流对两岸文化认同促进的演进历程、变化趋势与规律进行考证和梳理。

1. 纵向分析法

以两岸民俗体育的历史、演进过程（时间）为轴，对不同时期的两岸民俗体育项目产生与源流、文化背景与文化特征、发展环境与发展阶段进行比较研究，力求从历史的角度反思两岸民俗体育的发展过程、经验与问题，揭示两岸民俗体育的发展规律。

2. 横向分析法

以两岸民俗体育项目的现状、本质（事物）为轴，通过研究两岸民俗体育在特定时期与社会经济、自然状况相关程度、关系及变化，揭示两岸民俗体育的文化特征和两岸民俗体育交流与文化认同的关系、功能与价值，提炼深化两岸民俗体育交流的基本方案与政策建议。

第五节　研究创新点

第一，在传统研究方法基础上，开展了金门、台北、新竹、厦门等多地的实证调研，收获了第一手的调研素材；通过举办"两岸民俗体育交流会""东北亚体育运动史学术研讨会""专家现场咨询会"等会议获取了重要的研究资源；通过"电话与网络咨询会"等方式与 30 多位民俗体育专家进行了访谈，收集了重要的访谈资料。

第二，以理论研究和实证研究、宏观研究与微观研究相结合的视角，开展了两岸民俗体育交流与文化认同的理论逻辑、体制机制、存在问题、基本经验等方面的探索性研究。

第三，提出了"两岸民俗体育文化的差异性为两岸民俗体育交流提供基石、两岸民俗体育同根同源性为两岸民俗体育文化认同提供可能"的新观点，该观点作为本研究的逻辑主线，贯穿了本研究成果的全部内容。

第四，选取龙狮、龙舟、宋江阵、拔河、陀螺、空竹、鼓阵等民俗体育项目作为案例，进行了民俗体育交流与文化认同的专题性研究，拓展了具有运动项目特征的民俗体育交流与文化认同的研究内容。

第五，在深入探究民俗体育交流存在的问题基础上，探索了两岸民俗体育交流对文化认同的教育机制、传承机制、互动机制与交流对文化认同的影响等学理问题，丰富了研究成果。

第六，在深入调研两岸民俗体育交流与文化认同现状的基础上，提出未来两岸民俗体育交流与文化认同的三条路径和七条对策建议。

第二章

两岸民俗体育概述

第一节 民俗体育的概念与分类

一、民俗体育的概念

自原始社会以来，伴随着古人狩猎、集居、劳动、祭祀等活动的开始，文化作为人类特有的产物，悄无声息地诞生，它依附于当时的社会形态和人类生产生活，并且反作用于人类社会生存与发展。民俗体育作为体育文化的重要组成部分，无论在哪种社会形态下，都表现出对社会文化本体的承载和其具有的独特个性，在文化发展与历史演变中，也遵循价值构造的内在规律。在对民俗体育演进历程进行研究分析之前，有必要对何谓民俗体育，即民俗体育的概念界定，以及对民俗体育主客体关系、文化属性、价值构造、表现形式等进行探讨。

我国学者及体育人士对民俗体育的概念界定，见解众多，并存在一定分歧。在台湾地区比较有代表性的学者有李秉彝、蔡宗信、陈光雄等，大陆民俗体育学者有涂传飞、王俊奇、陈红新和刘小平等。海峡两岸体育学者对民俗体育的概念解释及界定详见表2-1。

表2-1 海峡两岸体育学者对民俗体育的概念解释及界定

地区	学者	概念	参考文献
大陆	中国体育科学学会	民俗体育是在民间民俗文化以及民间生活方式中流传的体育形式，是顺应与满足人们多种需要而产生和发展起来的文化形态	中国体育科学学会.体育科学词典［M］.北京：高等教育出版社，2000.

地区	学者	概念	参考文献
台湾	李秉彝	民俗体育是一种含有民族风格，配合当地环境、气候风俗习惯，充满乡土气息的体育活动	李秉彝. 民俗体育活动的推行与展望 [J]. 体育师友，1982（6）：13-16.
台湾	蔡宗信	民俗体育是一个民族在其居住的地方慢慢共同创造形成传统而延续下来的一种身体运动文化习惯	蔡宗信. 民俗体育范畴与特征之探讨 [J]. 国民体育季刊，1995（3）：68-76.
台湾	兰自力、石岩	民俗体育是一个民族所慢慢共同形成与传承延续的一种具有身心教育意义的身体运动文化习惯	兰自力，石岩. 台湾民俗体育现状探析 [J] 体育文化导刊，2007（2）：5.
大陆	涂传飞、陈志丹、严伟	民俗体育是由一定民众所创造，为一定民众所传承和享用，并融入和依附于民众日常生活的风俗习惯之中的一种集体性、模式化、传统性和生活化的体育活动，它既是一种体育文化，也是一种生活文化	涂传飞，陈志丹，严伟. 民间体育、传统体育、民俗体育、民族体育的概念及其关系辨析 [J]. 武汉体育学院学报，2007（8）：24.
大陆	陈红新、刘小平	民俗体育是一个国家或民族的广大民众在其日常生活和文化空间中所创造并为广大民众所传承的一种集体化、模式化的传统体育活动	陈红新，刘小平. 也谈民间体育、民族体育、传统体育、民俗体育概念及其关系：兼与涂传飞等同志商榷 [J]. 体育学刊，2008（4）：8-10.
大陆	王铁新、常乃军	民俗体育是由一定的民众在特定的时间和空间所创造，为一定民众所传承和使用，并融入和依附于民众日常生活习惯之中的一种集体性、模式化，具有类型性、继承性、传播性和非官方、非正式特征的体育活动事象与活动	王铁新，常乃军. 我国民俗体育研究综述 [J]. 体育文化导刊，2009（2）：3.

研究民俗体育，就必须清晰地认识到民俗体育在历史的沿革发展中受到其

赖以生存发展的地域、民族、风俗等的长期影响，在实践主客体的特殊性以及体育文化的个性等方面区别于一般体育，在开展具体的价值考证中，应当坚持历史与逻辑相统一的方法论。

发展是当今世界潮流，发展是当代中国主题。在坚持中国道路、弘扬中国精神、凝聚中国力量中，我们必须清楚源远流长的中华文化积淀着中华民族最深沉的民族情感与追求，是中华民族生生不息、发展壮大的丰富滋养，在物质文明建设的同时，必须注重社会主义精神文明建设，提高文化软实力。

海峡两岸一脉相承。文化是中华民族的灵魂与血脉，两岸民俗体育是中华民族体育事业的一部分，两岸民俗体育文化也是中华民族文化的重要内容，两岸民俗体育的交流合作对增进两岸民族的归属感、认同感具有重要意义。

近年来，我国大力推进物质文明与精神文明建设，促使两岸民俗体育交流日渐频繁，但从两岸民俗体育发展过程中出现的矛盾来看，两岸民俗体育的概念仍有待厘清，对民俗体育文化资源的开放利用也多以个体形式展现。拥有共同"母体"的两岸民俗体育文化，都是中华优秀传统文化的重要构成部分，在中华优秀传统文化中孕育、成长，作为个性鲜明个体，既有表现形式方面的差异性，又因系出同源而具有高度的同质性。如何将两岸民俗体育进行有效合理的资源整合，以提升中华民族整体文化，首先需要对两岸民俗体育的类型进行探讨。

二、民俗体育的分类

民俗体育作为体育文化的重要组成部分，无论在哪种社会形态下，都表现出对社会文化本体的承载和其具有的独特个性，它依附于当时的社会形态和人类生产生活，并且反作用于人类社会生存与发展。两岸民俗体育亦是如此，它依托于当时当地的地理环境、气候风俗、乡土人文以及其他诸多因素而创造，在人有意义的活动下得以延续传承。

两岸民俗体育存在方式和表现形式也多种多样。两岸民俗体育作为一种特殊体育文化现象，发轫于先民的劳动，在漫长的历史阶段不断传承发展，植根于民众的生产生活，涉及范围较为宽泛，因所在生活地区的自然环境、地理条件不同而各具特色，大多与岁时节庆、神灵信仰、健身养生、娱乐表演等相伴而生，在表现形式上甚至与神话故事、英雄人物等相关联。从其社会文化功能、实践情境、传承载体等角度对两岸民俗体育进行分类，大致上又可分为岁时节庆类民俗体育活动、神灵信仰类民俗体育活动、健身养生类民俗体育活动、娱乐表演类民俗体育活动和祭祀祭礼类民俗体育活动五个大类。

表 2-2 民俗体育活动分类一览

类 型	项 目（示例）
岁时节庆类民俗体育活动	端午龙舟赛、日月潭万人泳渡、元宵灯会节庆、重阳登高、踩高跷
神灵信仰类民俗体育活动	神猪竞赛、宋江阵、攻炮城、花鼓阵
健身养生类民俗体育活动	空竹、踢毽、跳绳、鞭陀螺、中华武术、武术气功、角抵、拔河
娱乐表演类民俗体育活动	跳鼓、扯铃、高跷、森巴鼓队、布马阵、车鼓阵、旱船、耍大旗、地圈特技、双飞燕、椅子特技、舞龙、舞狮子、拍胸舞
祭祀祭礼类民俗体育活动	孔子诞辰祭典、妈祖诞辰祭典、上白礁谒祖祭典、城隍爷出巡祭典、中元节普渡祭典、烧王船祭典、打耳祭

（一）岁时节庆类民俗体育

自古以来，台湾岛就是中国领土的固有部分，但台湾岛在社会结构和文化生活上与大陆融为一体，并形成现在两岸大同小异的社会与人文环境，则是一个由量变到质变的过程。这一质变的关键转折点在于明末的汉人大规模迁台，相对于中华民族光辉灿烂的悠久历史，这个时期无疑不能算长，但由于迁台汉人将大陆的社会结构、伦理观念、宗教信仰等带入台湾，使台湾迅速与大陆成为一个有机整体，故而台湾与大陆虽然隔海相望，但其社会和人文环境是在传统中华文化的延长线上的。因此，在传统节日节庆活动中，台湾与大陆的民俗活动从形式到内涵都非常相近，其中与春节送灶神、重阳节登高、端午节赛龙舟、元宵灯会等相伴生的岁时节庆类民俗体育活动最具代表性。

（二）神灵信仰类民俗体育

台湾的神灵信仰大部分源自闽南地区，融合了当地人们的神灵和宇宙自然观念，在与发源地保持基本相同的形式和内涵的同时，也呈现一定的独特性。具有代表性的神灵信仰类民间民俗体育活动主要有宋江阵、攻炮城、神猪竞赛、花鼓阵等，其中，宋江阵是规模较大的民间武术表演，福建的"宋江阵"历史悠久，随郑成功福建水师一同进入台湾并被延续传承下来。在南京市高淳区也存在与之相似的民俗体育活动，即"打水浒"。可以说，台湾与江苏相隔两地，但共同的文化根源让两岸民间民俗活动有异曲同工之妙，更凸显了中华民族体育文化深深的感染力。

（三）健身养生类民俗体育

健身养生类民俗体育活动除具有实用功能以外，还是中华民族生命观和身体观的外在体现，在两岸民间民俗体育活动中，健身养生类民间民俗体育活动自然而然融合了这些要素，巧妙地将民俗体育活动和身心健康联系在一起。值得一提的是，健身养生类民间民俗体育活动人口基数大，包括空竹、踢毽、跳绳、鞭陀螺、中华武术、武术气功、拔河等，上至七旬老人，下至青年小孩，都可以参与到这类民俗体育活动中去，它使得间接体育人口转变为直接体育人口，大大提高了我国体育人口的基数。

（四）休闲娱乐类民俗体育

在我国民俗体育发展的历史长河中，一些落后愚昧的民俗体育活动已被摒弃，那些符合时代和人民需要的民俗体育形式才被不断延续传承下来。娱乐类民间民俗体育活动作为一项人们喜爱的民俗体育活动，在表现形式上体现了较强的融合性，它将音乐、力量、舞蹈、文化完美地融合在一起，并多以娱乐趣味、艺术欣赏的形式呈现。两岸娱乐类民间民俗体育项目，主要包括跳鼓、扯铃、高跷、森巴鼓队、布马阵、车鼓阵、旱船、耍大旗、地圈特技、双飞燕、椅子特技、舞龙、舞狮子等，在增添欢乐、丰富生活的同时，对促进社会和谐、稳定也起到了一定作用。

（五）祭祀祭礼类民俗体育

原始社会的人们对自然界的科学认识有限，人类的发展历史也是由一个简单直观表象到深度微观认知的过程，他们祈祷神灵、崇拜自然，在日常生产生活中也往往将心灵慰藉通过祈求、祭拜的方式展现，以保佑风调雨顺、国泰民安。这些祭祀祭礼活动表达的是人们内心的期盼与寄托，并渐渐发展为原始信仰的印记，一代代延续下来。在人们祭拜活动的同时，随着社会文明的进步不断演变发展，增添新的内容，形成了今天特殊的祭祀祭礼类民间民俗体育活动，这类民俗体育活动规模较大、不固定，深深扎根于人们的祭祀文化，主要包括孔子诞辰祭典、妈祖诞辰祭典、上白礁谒祖祭典、城隍爷出巡祭典、中元节普渡祭典、烧王船祭典、打耳祭等。台湾因是一个海岛，人们以海为生，在遭受自然风浪的灾害时，便将健康平安的祈祷通过祭祀妈祖、海龙王的形式表现出来，使得妈祖成为海上文化的精神图腾。在中国大陆一些临海地区，也供奉、祭祀妈祖，以求平安。

第二节 民俗体育活动的表现形式

海峡两岸民俗体育活动的表现形式主要分为表演类与竞赛类两大类。表演类民俗体育侧重身体动作的场景化展示与身体动作的程序化、套路化，表演类民俗体育的表现形式往往是表演主体的单一化，如一个表演团队上场，在表演场地上表演者之间一般都是熟识的，因此团队合作意识比较强，表演类民俗体育没有竞争对手，以展示为主。竞赛类民俗体育的表现形式仍然是身体动作的场景化展示与身体动作的程序化、套路化，但是增加了竞争对手，因此具有一定的对抗性，可能是在同一场地上同时展示，也可能是同一场地分别轮流上场的方式。

相对而言，表演类与竞赛类的分类差异，主要是表演情境的差异，两者并没有本质的区分，而且民俗体育本身也在不断地发生细节上的变化，特别是在海峡两岸民俗体育关键人物的指导下。如台东大学的吴腾达在 2010 年邀请厦门翔安宋江阵赴台湾参加两岸宋江阵交流大会，这是大陆宋江阵第一次赴台演出，吴腾达当时就建议翔安宋江阵队员画上武生的脸谱、穿上古戏服进行表演，这种创意表演在台湾非常少见，就特别吸引台湾观众。台南大学的蔡宗信指导大学生成立了创意宋江阵，融入舞龙、舞狮表演，赴厦门翔安表演，也取得了很大的成功。这些现象说明海峡两岸民俗体育交流的表现形式比较灵活多样，多有创新。

一、表演类民俗体育活动

表演类民俗体育活动，是目前海峡两岸民俗体育开展的最主要的形式。早期的表演类民俗体育的观众并不是民众，而是神灵，也就是表演给神灵看，神灵有祖先神、地方神、宗教神灵等。随着社会的发展，表演类民俗体育的观众逐渐变成神灵与民众，表演类民俗体育也逐渐从娱神向娱神与娱人并存转变。中国的舞龙一般要去参拜地方的保护神，如浙江萧山的河上龙灯胜会，让板凳龙去参拜地方保护神岩将老太，宁波奉化布龙早期要祭拜祠堂各宗姓的祖先神，浙江龙游县的硬头狮子在表演之前，要先去村边的樟树下祭拜樟树神，祈求平安。在一定程度上，舞龙、舞狮也是与各大神灵相会的文化场合。

表演类民俗体育的一个特点是主要遵循传统表演套路，一般不做根本性的变动，身体动作具有反复呈现的程序化特征，表演步法与路径也是固定的，带有一定的舞蹈特征，而且舞龙、舞狮、划龙舟、宋江阵等民俗体育往往都有音乐伴奏，总体上呈现乐舞一体化特征。表演类民俗体育的另一个特点是表演者年龄越小，民俗体育的场景化表演效果就越好，观众的心理期待会被突破，产生出乎意料的文化效果。同样是宋江阵民俗体育表演，观众对成年队、青年队、少年队、幼儿队四种不同年龄的表演队伍会有不同的心理期待，一般对年龄最小的幼儿队会抱有更多的文化宽容心理。如厦门翔安宋江阵研究会针对幼儿园的小队员，其阵式和套路的设计与训练就发生变化，表演效果上更为吸引观众，从而呈现中华传统文化的魅力。据课题组调查，厦门翔安内厝镇中心幼师宋江阵阵图的仪式表演过程如下：

进场拜旗、打圈、左右开门、七星阵、龙舟阵、布袋阵、黄蜂结巢、黄蜂出巢、车轮阵、八卦阵、凯旋拜旗。

传统的宋江阵套路一共有 12 个，包括龙卷水、蜈蚣阵、连环阵等，而内厝镇中心幼师宋江阵阵图一共是 11 个表演阵式与套路，增加了传统宋江阵没有的龙舟阵与布袋阵，对有的名称则进行了简化，如将"开门巡城"简化为"左右开门"，便于幼儿园小朋友识记，而"龙舟阵""布袋阵"的命名，非常生活化，也易于被幼儿园小朋友识记。

据课题组调查，厦门翔安宋江阵民俗体育的传统仪式表演过程共有 12 个固定套路与阵式，蕴含《易经》"无极化太极，太极生两仪，两仪生四象，四象生八卦"的文化原理。厦门翔安宋江阵具体的传统仪式表演过程如下：

进场拜旗、打圈（无极）、开门巡城（无极化太极）、龙卷水、七星阵（拜北斗七星）、蜈蚣阵、连环阵、黄蜂结巢（太极生两仪）、黄蜂出巢（两仪生四象）、螺旋阵、八卦阵（四象生八卦）、拜旗退场。

厦门翔安宋江阵的表演者，如果对《易经》没有一定的理解，在表演过程中，会知其然而不知其所以然。因此，民俗体育的表演，需要表演者对传统文化有深厚的理解，并不纯粹只是身体运动。由于目前厦门翔安宋江阵的表演者以青少年为主，因此青少年对中华传统文化的深入理解，是促进民俗体育表演成功的重要条件。

据课题组调查，这 12 个传统阵式是不能轻易改动的，但是其他外围的民俗事象可以发生改变，如吴腾达指导队员们使用武生脸谱化妆就是一个创新，已被厦门翔安宋江阵采纳，并在 2010 年赴台湾表演时使用脸谱化妆。

近几年，随着非遗保护的深入，除了舞龙、舞狮、划龙舟、宋江阵等传统民俗体育逐渐为人所知外，大陆其他的民俗体育资源也逐渐得以开发。浙江省磐安县迎大旗是依附于每年农历十月十六的茶场庙庙会的民俗体育活动，原是祭拜真君大帝许逊的仪式活动。由于东晋的许逊曾利用其生产知识教授当地民众提高茶叶的生产质量并推动茶叶的区域性销售，许逊有恩于当地人民，因此许逊被当地茶农尊为"茶神"。南宋白玉蟾《续真君传》记载，在北宋政和二年（1112 年），宋徽宗封许逊为"神功妙济真君"，尊许逊为医药之神，故磐安民间尊称其为"许真君"或"真君大帝"。而在磐安，人们将许逊作为茶神来崇拜，体现地方文化的特点。磐安县玉山镇马塘村纪念许逊的茶场庙就建于宋徽宗年间，内有"真君大帝"匾额。乾隆四十六年（1781 年），茶场庙重建，目前"真君大帝"匾额尚存，磐安县玉山镇马塘村茶场庙 2006 年已被列为国家重点文物保护单位。茶场庙建成后，磐安民间就用竖龙虎大旗的方式纪念许逊，迎大旗至今已有 900 余年历史。

但磐安迎大旗这一传统民俗体育的表现形态则相对独立，成为当地民众喜爱的民俗体育活动。迎大旗在其他传统节日也有相应活动，如在春节期间，磐安民间也有迎大旗的民俗体育活动。磐安迎大旗，因为旗上绣有龙与虎，象征青龙白虎，具有吉祥如意与秩序平衡的文化象征，也称为"迎龙虎大旗"。课题组成员参与了这次国家级非遗申报工作，承担具体申报文本的写作，"迎大旗"项目作为非遗第六大类的传统体育、游艺与杂技类，目前已被列入国家级第五批非物质文化遗产名录。磐安迎大旗需要 80~100 个身强力壮的男性参与，体现民俗体育团体合作的特点，迎大旗民俗体育活动的仪式过程如下。

祭祀保平安：在迎大旗前一天，由老人带着旗头、香烛到玉山镇本保庙祭祀，旗头象征整面大旗，祈求迎大旗这一活动平安。到达茶场庙，祭拜茶神许逊后再开始竖大旗。在春节等其他节日或者重要场合表演迎大旗，也要在出发前在玉山镇的本保庙中举行祭祀仪式保平安。

接旗头旗杆、穿旗面、系拢笤竹与旗索：选好一个平坦的场地，场地正中挖一浅坑，把旗杆底部对着浅坑平放。地上参与人员各就各位，先接旗杆，将上部挖空的大毛竹套在下部的杉木尖头上，套紧后用铁箍固定，接着穿旗面，把旗面套在杉木旗杆上方的竹旗位置，扎缚牢固，再在下方的杉木旗位置系拢笤竹与旗索。36 根拢笤竹，每根需 1~2 人控制，各司其职，拢笤竹连接在木旗杆的同一受力处。8 根旗索，其中 5 根粗的系在竹、木旗杆连接处，3 根细的系在竹旗杆上端同一处。每个接头处需仔细检查牢固程度，最后再接旗头，将旗头缚在旗杆上部竹子的顶端。

竖大旗：一人担任指挥，先把旗杆底部放入浅坑中，数人用撬杠撬住旗杆下端的横杆，防止旗杆受力向后滑动，数人手执旗叉，控制拢筻竹和旗索的人各守各位，然后在统一指挥下，所有人齐心协力开始竖大旗。此时，锣鼓紧催，鞭炮齐放，场面热烈壮观。迎大旗的技术难度在于此时的"竖"，这一阶段民间也称"竖大旗"，重点是要把平放在地面上的大旗竖起来。由于旗杆下粗上细，每个部位拉力和推力都要严格保持相等、均衡，稍不均衡便会折断旗杆。拢筻竹可拉可推，由于人多，又处在旗杆的着力处，竖旗主要着力于这个部位。上端的旗索必须与这个部位力量保持平衡，否则，拢筻竹部位力量太大，上面旗索力量太小，旗杆就折断了。反之，拢筻竹部位力量小，旗头处旗索力量太大，同样容易折断。这个竖的过程需要上百人高度统一协调、齐心协力，方可竖起大旗。

固定大旗：大旗竖起时，从地面开始缓缓向上竖，拢筻竹、旗索及旗叉作用的力量基本是拉力和推力，作用力的方向基本一致。到大旗基本竖正，拢筻竹、旗索人员迅速散开，呈伞形立于大旗四周，拢筻竹之间及旗索之间，以旗杆为圆心分割圆的角度基本相等，以保持大旗不会倾斜。大旗缓缓竖起时，由一人抱住旗面，以免大旗飘开影响大旗迎竖，等到竖到一定高度，才放手让大旗飘开。如果大旗在飘扬的过程中被卷入拢筻竹中去，这时站在横杆上的指挥者就要沿着杉木旗爬到竹旗的位置，将旗面徐徐展开，在空中自由舒展。这一过程需要一定的技巧，指挥者往往由身手灵活矫健者担任。

迎大旗：当大旗竖起固定后，迎大旗的最大技术难度在于"迎"。大旗竖正后，就开始"迎"的过程，指挥者站在杉木旗杆底端的四尺牛上（"四尺牛"是磐安当地民间说法，相当于"横杆"，其长度是四尺），指挥者一手抱住杉木旗杆，眼睛顺着杉木旗杆向上看准旗头的倾斜方向，另一手用于指挥，其他参与者都要看指挥者的手势及其方位，从而根据指挥者指示的方位移动身体，保证大旗始终与地面保持垂直状态。四尺牛两端分别用"支箍"连到两根八尺长的木扛上，由 16 人分成两组，每组 8 人，在木扛两头用肩膀把大旗和指挥人员一起抬起，开始缓缓绕场迎旗。为了保持旗杆垂直、平衡，每个人必须围着旗杆以原有位置整体移动，不能错位，否则用力不均，迎旗会遭遇失败。迎大旗具有一定的危险性，如果大旗倾斜倒下，便会产生毁旗伤人的后果，所以，迎大旗的技术难度相当大，需要每个参与者全神贯注、精神抖擞，丝毫不能马虎。大旗绕场一圈后，又回到原地，用拢筻竹和旗索呈伞形固定在原地。

放大旗：迎大旗另一个技术难度在于怎样将竖起的大旗缓缓放平到地面上，

这一过程就是放大旗。将大旗放倒在地面上与砍树时树倒地的情况不同，不可以让大旗随意轰然倒地，所以同样存在相应的技术难度，甚至放大旗比竖大旗更难把握。其要点在于控制拢耸竹和旗索的人员与杉木旗底端的人员要通力合作，同时发力，不能有先后。

收大旗：将平放在地上的大旗——分开，如将杉木旗与竹旗分开、拢耸竹与杉木旗解开、旗面从竹旗中取出等，并将相应器具收起放好，整个迎大旗民俗体育活动结束。

迎大旗在开展过程中也有相关文化习俗需要遵守，从而体现民俗体育的文化禁忌特点：古代制作大旗时，妇女不能踏入制作现场；迎大旗的前一天要祭拜大旗，以求第二天迎旗平安；迎大旗队伍到茶场庙后，在迎竖前要把旗头和福礼抬到茶场庙门口朝拜真君大帝，以示对茶神的尊敬后，才能开始竖旗；各村都要到茶场庙上迎大旗，迎大旗队伍在路上的排列顺序是牌灯、锣鼓队、彩旗、福礼，后依次为旗头、旗面、旗杆、拢耸竹等，在路上旁人都要主动回避大旗，以示对大旗的尊重。

从迎大旗民俗体育完整的表演过程，可以看出团队合作的重要性，也可以看出茶神真君大帝在整个民俗体育活动中的中心地位以及民俗体育表演的民俗禁忌。当地民众认为，迎大旗就是迎给真君大帝看的，所以要出彩。随着将来海峡两岸民俗体育交流的深入，类似磐安迎大旗的民俗体育活动也有可能走出磐安，走向台湾表演，展示大陆民俗体育资源的丰富性与多样性。

由于台湾没有像磐安迎大旗这样类似的民俗体育活动，因此磐安迎大旗将来如果有机会去台湾，就是以表演类民俗体育的表现形式出现，而不是以竞赛类民俗体育的形式。因为磐安迎大旗一个表演团队就需要80~100人，规模比较大，而台湾的民众也不可能在短时间内掌握竖大旗的技巧，包括一些内部的默会知识，一般不会外传，所以磐安迎大旗具有其本身的独特性，找不到竞赛对手。磐安迎大旗的负责人介绍，竖龙虎大旗这样的民俗体育活动，几乎没有竞争对手，一般外出，就是表演的形式。只有在磐安本地，才会组织2~3支竖大旗队伍，进行对抗式竞赛，比赛哪一支队伍竖大旗最快最稳，民间谓之"赛会"，类似技艺斗台形式。

二、竞赛类民俗体育活动

宋江阵、迎大旗一类的民俗体育活动适合表演，不太适合参加竞赛；而竞赛类民俗体育活动则与竞争对手有关，需要分出输赢。从历史上说，先有表演类民俗体育活动，后才有竞赛类民俗体育活动。表演类民俗体育早期都是表演给神看的，后来才变成人神共娱，而竞赛类民俗体育则是人与人之间的竞争。竞赛类民俗体育的身体动作也是以身体动作的程序化、套路化为特征，但是与表演类民俗体育不同的是，竞赛类民俗体育增加了竞争对手，需要决出胜负。

目前，海峡两岸竞赛类民俗体育的典型代表就是划龙舟。有研究者认为传统龙舟赛变成现代型竞赛后，更加规范科学。汉族传统的龙舟竞渡比赛方式是夺标，即第一个划到终点的船从插在水中的标杆上夺下奖品，挂在自己的船上环游一周。这种以自发性参与为主且比赛规则不甚健全的竞赛方式是农民所喜欢的。现代龙舟运动自成为正式比赛项目后，在比赛的形式上虽然仍强调争胜抢先，但其组织的严密性、竞赛的合理性、比赛的观赏性已日趋规范和科学，如现代龙舟运动有专门的组织委员会、严格的竞赛规程、专业的裁判员队伍、专门的比赛场地和器材设施等。[1]

自 2006 年首届"嘉庚杯""敬贤杯"海峡两岸龙舟赛开赛以来，截至 2019年已成功举办 14 届，赛事影响力不断扩大，已成为海峡两岸文化交流、传承的重要平台，并发展为厦门对台文化交流的品牌活动。2020—2022 年因为"新冠肺炎疫情"，没有举办"嘉庚杯""敬贤杯"海峡两岸龙舟赛。

据相关研究，陈嘉庚在世时共举办了 11 届龙舟赛。1985 年为缅怀陈嘉庚先生，厦门市集美区龙舟赛设立流动的"嘉庚杯"。1995 年为缅怀陈嘉庚先生的胞弟陈敬贤先生，又增设"敬贤杯"并作为女子组总决赛的奖杯，"嘉庚杯"则调整为男子组总决赛的奖杯，集美龙舟赛开始冠名为"嘉庚杯""敬贤杯"龙舟赛。2006 年首届海峡两岸龙舟赛共 51 支代表队参赛，其中来自台北、金门、嘉义 5 支代表队。2007 年共有 61 支代表队参赛，其中台湾地区 9 支龙舟队。2008 年参赛队伍共有 65 支，其中台北 2 支、金门 5 支。在 2008 年中国龙舟协会年度计划的 19 项龙舟赛事中，海峡两岸龙舟赛是最具"对台"特色的赛事。[2]

据媒体报道，2019 年 5 月 25 日上午，2019 海峡两岸（集美）龙舟文化节暨"嘉庚杯""敬贤杯"第 14 届海峡两岸龙舟赛在厦门集美龙舟池开幕，紧扣中华人民共和国成立 70 周年主题，凸显"龙舟集美行，两岸一家亲"，并在开幕式上朗诵《可爱的祖国》。第 14 届龙舟文化节由国家体育总局社会体育指导中心、中国龙舟协会、政协厦门市委员会、福建省体育局主办。厦门市政协副

① 倪依克. 当代中华民族传统体育发展的思考：论中国龙舟运动的现代化 [J]. 体育科学，2004（4）：73-74.
② 黄彩华，廖建媚. 闽台民俗体育交流的传承与发展：基于海峡两岸龙舟赛的研究 [J]. 吉林体育学院学报，2011，27（4）：23-25.

主席陈昌生先生、陈嘉庚先生长孙陈立人先生、中国龙舟协会秘书长何懿先生等人完成了龙舟点睛仪式。2019 年龙舟赛设有 4 组，分别为青少年男子组和女子组、社会男子组和女子组，共 53 支队伍参赛，其中台湾参赛队伍 27 支，约 702 人，大陆其他省市 7 支、本市 19 支，台湾参赛队伍创历史新高，首次超过大陆参赛队伍。①

海峡两岸竞赛类民俗体育以龙舟比赛为主要表现形式，而舞龙竞赛，在大陆赛事比较多，台湾的舞龙比赛则很少。如浙江兰溪的断头龙，2010 年 5 月，在浙江安吉参加浙江省第二届乡村龙舞大赛获得金奖。兰溪断头龙由龙头、龙珠、七节龙身组成，主要有"双元宝""八仙跌""刘海吊金蟾""青龙脱壳""盘龙"等 12 个动作套路。②

据课题组调查，传统的兰溪断头龙民俗体育的表演，因为有许多龙神的民俗禁忌，对于身体动作有许多限制，表情也非常严肃，舞龙参与人员整体是比较压抑的，但是变成竞赛类民俗体育后，舞龙参与人员的身心都得到解放，动作幅度更大、更放得开，充满喜悦与自信。

竞赛类民俗体育的身体动作仍然受到民俗体育内在文化规范的影响，与表演类民俗体育一样，也是以动作的重复为特征，只是身体动作的表现技法会更为娴熟。动作的重复一方面是文化记忆的强化；另一方面是传统通过身体的传承，是一种典型的身体民俗行为，同时也是社会生活稳定性与生活秩序化的体现。有学者专门对民俗活动中的重复行为进行专题研究，认为社会生活本质上是重复的，而重复的行为会带来传统的情感体验，民俗总是与过去联系在一起，民俗提供通向文化的重量感、气息或扎根性的情感链接，使成为制造意义的重要场所和有用的工具。重复是一种揭示性的、象征性的实践，人类在文化上构筑重复以展现和创造传统感。每一次重复行为，都包含着作为个体的我们与作为系统的民俗传统之间的"反馈回路"（feedback loop），当我们参照传统进行每一次表演和日常实践时，个体所做出的演绎、调整、创造和抵抗，也会反馈到广泛的民俗传统中，推动民俗系统本身的变化，所以民俗也蕴含着改变的潜能，民俗实践也是一个变化的过程。③

这说明，动作重复并不意味着毫无变化，并不是永远一成不变的，个体生

① 腾讯大闽网."嘉庚杯""敬贤杯"海峡两岸龙舟赛今日开幕 [EB/OL]. (2019-05-25) [2021-02-28]. https://fj.qq.com/a/20190525/003937.html.

② 潘志松，童曦军.兰溪断头龙 [M].杭州：浙江摄影出版社，2014：37-82.

③ 安东尼·布奇利泰，罗文宏.传统的"重"与"轻"：解读民俗实践中的重复性行为 [J].民俗研究，2021（1）：44-52，157.

活表现与民俗传统之间也存在着互动关系。由于民俗主体的创造性，在旧的动作重复的基础上，会产生新的动作的重复。从这个意义上来说，民俗体育中的重复动作反而成为一种仪式化的动作，也是一种历史文化记忆的动作。而仪式也处于变动之中，兰德尔·柯林斯指出，当观众的关注消失、情感减弱时，旧仪式渐渐衰落，新仪式就起来了，因为群体创造了一个新的关注点，并形成了新的情感。当新符号被创造出来，当群体聚集在一起，集中关注一个可体现他们情感对象的时候，一个新的符号，新的神圣物就产生了，民众会赋予新符号以新的情感。[①]

兰德尔·柯林斯的意思是说，从长时段来看，仪式与符号都处于变动之中，仪式在逐渐发生变化，而符号也在发生变化。因为民众的情感会发生变化，认知的关注点也会发生变化。所以，竞赛类民俗体育其动作的变化，或者动作的改良、动作更加专业化等也在持续进行。如奉化布龙在 20 世纪 50 年代中期，在浙江省文化艺术工作者的帮助下，对九节布龙的传统动作进行了改编，规定27 个完整的套路为奉化布龙的基本动作，时间总长为 12 分钟。奉化布龙 27 个完整的套路为国家体委制定《全国舞龙竞赛规则》奠定了基础。不过，传统的布龙舞龙的口诀仍然不变："龙身一节节，人心要齐一。形变龙不停，龙走套路生。龙飞人亦舞，人紧龙也圆。" 2002 年 5 月 31 日，奉化的奉港中学舞龙队参加第二届全国体育大会舞龙舞狮比赛，在龙舞规定套路比赛项目中获得第四名。[②]

竞赛类民俗体育虽然也具有一定的身体对抗性，但是竞赛类民俗体育的身体对抗性是不能与来自西方的竞技体育的对抗性相提并论的。如划龙舟比赛，虽然不同的队之间的对抗性强，但是划龙舟的动作整齐划一、节奏感强，并且与鼓点的节奏相配合，这是民俗体育的程序化的重复性动作特征，其动作套路具有确定性与稳定性，与竞技体育身体动作的瞬息万变的不确定性形成明显的区分。

第三节　系出同源的两岸民俗体育

无论是从海峡两岸民俗体育的种类、形式来看，还是其传承主体、传承情

---

① 兰德尔·柯林斯. 互动仪式链 [M]. 林聚任，等译. 北京：商务印书馆，2009：14，74.
② 王月曦. 奉化布龙 [M]. 杭州：浙江摄影出版社，2008：98，111，133，136.

境来看，大陆与台湾的民俗体育都具有高度同源性。同时，从台湾研究者的民俗体育研究成果来看，无论是理论、历史等总论性质的研究，还是基于个案的研究，其视角以及基本观点，都充分体现了台湾民俗体育源自大陆，且其传承主体在进行民俗体育传承实践时对中华文化具有强烈认同的客观事实。

一、中华民俗体育起源及其文化特征初步成形

中国古代民俗体育不仅是中华传统文化的主要载体，而且是民俗体育中沉淀下来的文化意向的"原型"。从中国体育文化史角度而言，民俗体育文化源远流长，内容丰富多彩。与人类大多数体育活动一样，中国的民俗体育在先民的劳动中萌芽并逐渐成形，但同时也具有鲜明的特征，并逐渐发展成一个独特的文化体系。早期的中国体育无论是跑、跳、投掷、游泳还是摔跤、飞镖、棍棒等，均直接由战争、田猎等发展而来。进入奴隶社会后，随着社会等级秩序的确立，作为这种等级秩序外在表现的礼仪日渐完善，作为阶层身份象征的射、御、舞等脱胎于军事技能的体育活动成为贵族男性教育的重要构成要素。这些体育活动也在朝会、宴乐、祭祀等活动中占据着重要地位，并因此而逐步从实用技艺转变为象征性的技艺，以表现仪式的高度程序性与严肃性。与此同时，作为战场形势平面模拟发展起来的棋类运动也不断完善，《左传》中第一次出现了"弈棋"等与棋类运动有关的记载，围棋在春秋战国前已经出现的说法为学界普遍接受。《左传》还以下围棋时的优柔寡断比喻迎立国君犹豫不决，并创造了"举棋不定"这一流传于后世的成语，孔子在论语中也强调围棋有益于身心发展。[①] 这些都充分表明，围棋在此时不仅为大多数人所熟知，而且已经脱离其用于军事推演的实用工具价值，具备了游戏的非生产性特征。虽然在奉行"礼不下庶人"的夏商周时期，这些作为礼仪构成要素的体育活动主要为贵族阶层所有，但在庶民当中，这些仪式化的体育活动进一步褪去其教养和礼仪功能，成为平民和奴隶在乡间集会或劳动间隙的娱乐活动。例如，围棋在东周时期就已经流行于民间。[②]

秦汉时期无论对以汉民族为主体的中华民族的整体文化而言，还是对民族民俗体育而言，都是一个非常重要的时期。随着封建割据结束，中央集权制确立，全国政治、经济、社会生活的一体化迅速铺开，中华文化既保持了原有的多元性，又逐渐呈现一体化特征，中华文化多元一体格局开始形成。随着社会

---

① 袁曦. 浅谈围棋的起源、发展与定型 [J]. 体育文史, 1987 (1)：55-59.

② 《大中国上下五千年》编委会. 中国历代体育史话 [M]. 北京：外文出版社, 2010：5.

逐步安定，儒家学说在意识形态体系中的地位不断加强，以儒家秩序为核心的社会结构不断完善并趋于稳固。在这样的社会背景下，自西周以来就已经进入精耕细作阶段的农业水平和水利技术的发展，大大增强了当时人们对自然的适应和掌控能力，人们的岁时节日观念随之发生了巨大变化，由原本以天道自然崇拜为信仰核心的时间观念开始向祖灵崇拜的方向转变，原始宗教的神秘性质减弱，岁时信仰中的世俗性质增强，岁时逐渐获得了新的人文特性，岁时节日体系逐渐形成，与之相适应的节日仪式不断丰富和发展，岁时禁忌逐渐转变为民俗节庆。① 随之而来的，是部分原有的民俗活动和岁时节日之间产生了稳固的联结，并通过民间故事、传说等再解释不断被赋予意义和功能，形成与节日直接相关的神圣时空联合体。在这一历史阶段，不仅先秦的体育活动得到继承和发展，而且民俗体育作为节日与仪式的重要构成部分，因其非日常和非生产的特性，成为很多节日民俗的代表性元素。因此，古代的民俗体育是与各种民俗活动融为一体、不可分割的，而且与岁时、节庆有紧密联系。例如，春节、除夕、元宵节、二月初二龙抬头节、清明节、寒食节、浴佛节、端午节、夏至、乞巧节、中秋节、重阳节等，每个节日都有很充实的民俗活动内容，而且往往是以多彩的民俗体育活动来体现节日的气氛。② 虽然这些民俗节日在时间、纪念意义、活动内容等方面有所不同，但把民俗体育作为节日的一项重要纪念活动内容是相同的。这种民俗体育和节日之间的关联一直延续至今，广泛存在于两岸各地的传统节日庆祝活动中，成为两岸文化认同的重要符号。

另外，汉代的儒家谶纬说与战国晚期开始流行的黄老之学相结合，对原始道教的形成产生影响，东汉末年张道陵创立"五斗米道"，标志着道教定型化，宗教形式在其后的南北朝逐渐完备。与此同时，道家、儒家和神仙方士吸收战国时代便已流行的阴阳五行观念，儒生和方士形成合流，极大地影响了后世中国人对现实世界的理解和把握方式。从这一时期开始，阴阳五行被用于解释人体的运行规律，养生和导引之术大为盛行，早期体育概念开始形成。这种极具神秘主义色彩的养生思想和方法在魏晋南北朝时期又进一步发展，不仅对道教炼丹术和医药学的发展产生了巨大影响，而且深刻影响了身体锻炼的方式。南朝梁间道士、医学家陶弘景著有《养生延命录》，记录了大量的养生理论和方法，并在其中的《导引按摩》部分根据《导引经》，介绍了"导引七式、按摩八法、肢体运动八势"等成套的动功。在"体育"这一概念尚未形成的时代，

---

① 郭必恒，等. 中国民俗史：汉魏卷［M］. 北京：人民出版社. 2008：185-187，214-215.
② 肖艳光. 现代化进程中的民俗体育［D］. 长沙：湖南师范大学，2009.

这些初期的锻炼形式，以及它们所反映的中国古代对人体本身、人体与环境的关系认识，都深刻影响了后世的中华传统体育。它为中华传统体育赋予了哲学内涵，使中华传统体育具有超越肢体运动以外的抽象意义和文化特征，成为散布在世界各地的华人间文化向心力的重要来源。

二、融合背景下文化特色鲜明的中华民俗体育

随着秦统一全国带来的国内文化一体化以及周边少数民族政权的崛起，汉代与北方少数民族和西域各民族的交往日渐频繁，长期的军事冲突使骑射等以战争手段为背景的体育活动不断发展的同时，汉王朝对西域的主动开拓、外交博弈、人民的交往和商贸往来、宗教传播也给中国民俗体育带来了多姿多彩的文化资源。后来作为统一王朝的汉朝由盛而衰，经过三国时期的长期战乱后分裂为多个地方割据政权，进入魏晋南北朝时期以后，文化上的交流却并未因战乱和政局动荡而停滞，反而呈现更加开放、更加丰富多彩的现象。自东汉即已传入中国的佛教进一步传播，迎来了佛教在中国发展的全盛期，虽然时局动荡，政权更迭频繁，但南北朝诸政权对佛教大多极为推崇，大量佛经被翻译成汉文，极大地促进了佛教的本土化。① 其中，在北魏政权的支持下，尤其是北魏孝文帝迁都洛阳以后，来自印度、斯里兰卡等南亚和东南亚国家，甚至远至大秦（东罗马帝国）的僧侣大量进入中原。② 随着僧人万里而来的不仅有佛教教义，还有来自西域诸国的体育文化。其中，后来成为中国民俗体育代表之一的舞狮第一次出现在史料上③，便是西域民俗体育传入的标志性史实。除此之外，"吞刀吐火""彩幢上索"等被称为"百戏""散乐"的诸种技艺，以及作为传教手段的幻术等也在此时传入，不仅对其后的中国杂技产生了极大影响，而且在此基础上形成了辗转各地靠表演技艺谋生，以父母子女的血缘关系和师徒间血缘关系构成的艺人群体。这种群体的形成，对民俗体育的代际传承有着极其重要的意义。

特别是到了全国再次统一并迎来和平稳定的隋唐时期，在魏晋南北朝时期完成本土化的佛教具备了向外辐射的能力，不仅聚集了前来传教的各国僧侣，而且吸引了来自日本和朝鲜半岛的学佛求道之人，成为国际佛教文化中心，极大地促进了东亚，尤其是东北亚民俗体育的共同发展。此外，随着佛教大众化，

---

① 梁晓虹. 华化佛教 ［M］. 北京：北京外国语大学出版社，1996：78-84.
② 魏收. 魏书·释老志：第114卷 ［M］. 北京：中华书局，1974：3031.
③ 杨衒之. 洛阳伽蓝记 ［M］. 周祖谟，校. 北京：中华书局，1963：36.

菩萨信仰形成了以五台山（文殊菩萨）、峨眉山（普贤菩萨）、九华山（地藏菩萨）和普陀山（观音菩萨）四大名山为代表的局部文化中心。① 这些名山胜迹以及由此延展的名山文化，对其后的武侠文学具有不可估量的影响。武侠文学以及由此衍生的其他武侠艺术作品，在彰显海峡两岸武术文化的同源性上起到巨大作用。

魏晋南北朝的士大夫文化，也极大促进了棋类等文人游戏和竞技的发展。同时，南北方民俗体育风格分化，也大约起于此时。随之而来的隋唐迎来了民俗体育的鼎盛时期。尤其是唐代，作为当时世界上国力最为强盛、文化上极为自信和开放的王朝，兼收并蓄，海纳百川，极大发展了民俗体育的多样性。马球等带有鲜明游牧民族文化特色的体育活动在上流社会极为盛行，来自天竺等西域诸国的杂戏和散乐大量传入，从宫廷到民间深受各个阶层喜爱。不仅如此，原有的民俗体育也随着文化的整体繁荣而水涨船高。更重要的是，此前的门阀制度随着历史发展逐步瓦解，到了唐代，开科取士的科举制度确立，理论上向所有阶层的人打开了改变身份的通道。这种社会结构变革对包括民俗体育在内的所有民俗活动都有决定性的积极影响，使原本更多地集中在上层社会的体育活动延伸到各个阶层。岁时节日体系经过汉魏南北朝的变化，进一步完善和系统化，与之相联系的民俗体育活动也迅速发展。每逢清明都会举行蹴鞠、角力等活动，端午节民间竞渡也开展得如火如荼。作为中国在前现代社会最为开放的王朝，唐代也是中国古代女性体育活动最为盛行的时期，留下了女性下棋、骑马、打马球等大量史料。

中国民俗体育在唐代的另一重要转折是武术的长足发展。隋代开凿完成的京杭大运河，最初实际上是以南粮北运等将南方物产运输到北方的王朝中心为目的的，但它客观上大大促进了南北方的水路运输，运河沿岸的商旅文化随之发展。除运输和贸易外，各个码头，即运河沿岸各商贸中心的人货聚集带来了治安维持和财物保护的需要，这种需要又促进了武术的发展。同时，习武者在这些商贸中心的聚集产生了相应的社会组织。这些习武者主要由从原来的血缘—地缘（宗族—村落）社会秩序中析出，以不同的形式重新建构了自己的拟血缘组织。② 这种社会现象和唐代发展起来的传奇等虚拟文学相结合，侠义小说开始出现，对后世的武侠文学和武侠文化都产生了深远的影响。

---

① 梁晓虹. 华化佛教 [M]. 北京：北京外国语大学出版社，1996：145-154.
② 酒井忠夫. 中国民衆と秘密結社 [M]. 吉川弘文館，1992.

三、宗族社会文化特性较成熟的中华民俗体育

宋代的民俗体育在继承前代的基础上继续发展。宋代一改此前武人立国、武人治国的传统，进入文人治国时期，加上北方少数民族崛起，宋代长期处于战争的阴影下，给人以非常文雅软弱的印象。但是，与这种积弱形象完全相反，武术有了令人瞩目的发展。究其原因，除阶级矛盾和民族矛盾带来的军事斗争需要外，商旅文化的进一步发展、科举制度的完善也使社会流动更加自由，唐代被坊里严格分割管理的都市空间得到解放，包括娱乐休闲在内的都市文化脱离束缚快速发展，街头卖武行当正式确立。

宋代也是宗族社会成熟的时期。宗族组织在汉代已经出现，经过漫长的历史时期不断嬗变，在宋代基本形成了完备的组织形态。作为血缘集团的宗族在其居住地安定延绵，构成了血缘与地缘相结合的双重组织结构，成为地方迎神赛会的主要传承主体，同时也是与迎神赛会相结合的民俗体育的主要传承主体。虽然当时的中国总体而言仍然是以农本文化为主体的农业大国，但农业和农村以外的活动空间给前文所述从原有社会秩序中析出的"脱序者"提供了更为广阔的活动天地，游民文化自此形成。① 这种游民文化及以此为基础的秘密结社成为中华文化一个极具特色的侧面，并在后世成为包括海峡两岸同胞在内的世界各地华人所共享的文化记忆和文化符号。

经过少数民族政权辽金元的统治后，中国的民俗体育进一步变化，骑射、长跑等少数民族体育活动以及冰上运动在北方较为盛行的风气在汉代即已形成，魏晋南北朝时期开始独立发展的角抵之戏在游牧民族摔跤的影响下进一步发展。进入明清两代，随着大航海时代的到来，中国所处的环境发生了巨大的变化。一方面，传统民俗体育遵循原有规律继续发展，辽金元时期盛行的带有浓烈北方少数民族色彩的体育活动仍然受到喜爱和重视。尤其是来自关外的清政权，无论是从军事训练的实用性出发，还是从休闲娱乐的审美趣味出发，抑或是从自我身份确认的文化传承出发，都极重骑射和摔跤。另一方面，汉族的武艺经过漫长的发展历程，到明代达到成熟。以明代中期戚继光为士兵训练所著《纪效新书》，以及程宗猷《耕余剩技》等武术技法书为其早期代表②，套路武术成型，有了完整的系统和技术结构，并与阴阳五行等世界观、宇宙观以及医药学

---

① 王学泰. 游民文化与中国社会（增修版）[M]. 太原：山西人民出版社，2014：118-222.

② 梅杭强. 武术套路的基本特性与再认识 [J]. 天津体育学院学报，2006（5）：404-406.

等相结合，形成独具特色的哲学体系，不仅作为格斗技能，而且作为一个复合文化系统，成为中国民俗体育的重要代表和符号。

也是在这一时期，以福建、广东移民为主的汉人开始大量渡过海峡在台湾定居，不仅带去了自己的语言、文字，还带去了原有的社会结构，并将原居住地的民俗体育带到台湾。从先民的劳动和生活中萌芽，在漫长的历史时期不断发展，各自具有独特传承组织，深深扎根于中华文化的民俗体育，保持着与大陆民俗体育高度同源性的同时，就此在台湾落地生根。受台湾的自然和人文环境影响，它既具有独特性，又是中华体育文化的有机构成部分。

第四节　既同且异的两岸民俗体育

综上所述，随着汉人移民入台，也带去了各自传承的民俗体育。这些源自大陆，具有鲜明中华体育文化特征的民俗体育项目以及它们的文化含义，无疑与大陆的民俗体育一脉相承、同根同源。但是，由于民俗体育和生活文化之间的紧密联系，台湾的民俗体育也因当地的社会和自然环境而发生了一定的变化。社会和自然环境对海峡两岸民俗体育的影响，还要从汉人移居台湾开始。

一、汉人渡台与中华民俗体育的传播

汉人移居台湾始于明末，多是泉州、漳州府人①，早在荷兰殖民者侵占台湾地区之前，但台湾真正成为华南移民移入区则是在郑成功驱逐荷兰殖民者之后。荷兰人在台湾地区殖民主要目的在于，以台湾地区为据点进行与中国大陆和日本列岛的贸易，农业以种植甘蔗供榨糖为主。在荷兰的殖民政策下，台湾当时的社会结构与东南亚的西方殖民地并无不同。此时，居住在台湾地区的少数汉人以荷兰人与当地居民的沟通中介为主要生计，并未形成完善的汉人社区。郑成功收复台湾后，采取了寓兵于农的政策，设立"营盘田"制度，由镇营之兵在驻地自耕自给，同时招募佃农从事开垦，一个纯粹以农业为主的汉人社区由此开始成型。据估计，前后随郑氏迁台的汉人6万人上下，加上荷据时期已经在台湾谋生的汉人移民，人数有10万以上。进入清代后，在朝廷多次征讨之下，郑氏父子在台湾的统治于1683年宣告终结。受清政府的海禁政策影响，在台汉人数量一度锐减，但由于其时已经形成完整的汉人社会，当时的台湾与大

---

① 戴炎辉. 清代台湾之乡治 [M]. 台北：联经出版事业股份有限公司，2005：3.

陆在社会结构上早已经形成一个整体。台湾人类学家陈其南认为，此时台湾已经成为清帝国一个"无文化之多元现象的边疆社会"①。也就是说，台湾地区不仅是中央政权实施有效统治的国土，而且经过郑氏父子23年的经营，已经在社会和文化上完成了与大陆的一体化过程。

在这样的背景下，台湾汉人移民数量迅速回升，至乾隆四十七年（1782年），台湾府属实际居民包括"原住民"、流寓、民户，"男妇共九十一万二千九百二十名口"，人数已达郑氏退出台湾时的数十倍。② 且根据清帅福康安奏折，汉人移民是"挈眷居住"③，定居台湾。由此可见，当时的台湾汉人社会结构完整、稳定，台湾不仅在社会和文化上实现了与大陆的一体化，同时还实现了社会结构与大陆的同质化。

包括民俗体育在内，这种同质化的社会结构为台湾带去了与大陆汉人社会别无二致的文化和风俗。根据地方志记载，台湾汉人社会广泛分布的民俗体育有象棋和围棋等弈棋、武术等④，其中弈棋的流行尤为广泛。如《台南市志》载："弈棋之戏，在本市亦颇盛行，其中以围棋、象棋为最，一般有雅兴者乐此不倦。……二者皆创于我国古代，由大陆传来者，以其易学及训练思考，而道具易备，尤以象棋一道，乡村僻地老幼多能为之，流行至为普遍。"⑤ 同样是在《台南市志》中，也明确记载"本市所习之武术，因移民而由大陆传来，主要在锻炼身体与防身"⑥，并就当地武术传承的社会环境变化做了较为详细的描述："昔日尚可在科举武场一显身手以求功名，后因时代变迁，仅供祭礼时之余兴。武术以拳击为主，而拳击有空拳与实拳之分。空拳是徒手而作……实拳系持各种武器而行，如刀剑棍棒术等属之。乡村迎神赛会，即为各显身手，展露绝技之时机。"在这里可以看到，武术作为节日仪式的构成部分，与地方信仰之间已经形成相对稳固的联系。其中，与艺阵，尤其是宋江阵的结合，是武术在节日仪式中的主要存在形式。

渡海入台的汉人移民还带去了其他与节日相关的民俗体育活动。如端午节

---

① 陈其南. 台湾的传统中国社会 [M]. 台北：允晨文化实业股份有限公司，1987：21.

② 陈其南. 台湾的传统中国社会 [M]. 台北：允晨文化实业股份有限公司，1987：22.

③ 陈其南. 台湾的传统中国社会 [M]. 台北：允晨文化实业股份有限公司，1987：22.

④ 丁世良，赵放. 中国地方志民俗资料汇编·华东卷 [M]. 北京：书目文献出版社，1995：1791-1890.

⑤ 丁世良，赵放. 中国地方志民俗资料汇编·华东卷 [M]. 北京：书目文献出版社，1995：1812-1813.

⑥ 丁世良，赵放. 中国地方志民俗资料汇编·华东卷 [M]. 北京：书目文献出版社，1995：1813.

除饮食和仪式外，赛龙舟也极为常见，在地方志中皆有关于赛龙舟的记载。如乾隆七年（1742 年）刻本府志载："近海居民，群斗龙舟，虽曰吊屈，亦以辟邪。无贵贱，咸买舟放中流，箫鼓歌声凌波不绝。或置竿船头，挂锦绮器物，捷者夺标，鸣锣而去，以为得采。"① 又"沿溪上下，以小驳船或渔舟竞斗胜负。好事者用红绫为标插诸百步之外，令先夺者鸣锣喝彩，盖龙舟锦标之遗意云"②。"滨海龙舟作竞渡戏。"③ "近海处作龙舟竞渡之戏，兼夺锦标，寺庙海舶皆鸣锣击鼓，谓之'龙舟鼓'。从前台南商务盛时，段商各酿金制锦标，每标值数十金，先数日以鼓吹迎之，各选健儿斗捷，观者满岸，数日始罢。"④ 虽然记述各有详略，但可见台湾岛上各地多有端午节龙舟竞渡的习俗，且从清初汉人社会形成之后不久便已开始，除以舟楫竞速争夺锦标的形式外，悼念屈原和辟邪的文化含义也与大陆相同。所不同之处，一是多山导致河流或狭窄弯曲，或短浅，受制于自然条件，不同于大陆多在内河或湖面举行，而是更多由"近海居民"在"滨海"举行，一些不近海的地区则只能省略这一活动。⑤ 二是从资料来看，与大陆历史上素有竞渡习惯的村落等社区大都备有专门的龙舟不同，在台湾不少地方是以其他舟楫代替龙舟斗赛，取其义而不拘于形式。究其原因，恐怕是划龙舟传入台湾之初，当地是移民社会的缘故。

部分民俗体育活动，如前文提到的弈棋等，由于简便易行，在实践中很少受到周围社会结构的影响。而龙舟等需要一定传承群体分工合作的民俗体育活动，其所在社会的结构和行动逻辑则会不同程度地体现在其传承现场。台湾汉人社会形成之初，其移民社会特征除体现在龙舟竞渡活动外，还体现在民俗体育的其他方面。其中，如武术等注重流派的民俗体育项目，除与大陆习武者一样以拳种标榜流派外，还会将这些拳种与从大陆传来的源头相结合。以闽粤两省为代表的华南地区，尤其是入台移民的主要祖籍地的广东潮州、惠州和福建泉州、漳州，以民风彪悍著称，历来是械斗频发之地。但是不同之处在于，在

---

① 丁世良，赵放. 中国地方志民俗资料汇编·华东卷 [M]. 北京：书目文献出版社，1995：1383.

② 丁世良，赵放. 中国地方志民俗资料汇编·华东卷 [M]. 北京：书目文献出版社，1995：1388.

③ 丁世良，赵放. 中国地方志民俗资料汇编·华东卷 [M]. 北京：书目文献出版社，1995：1390.

④ 丁世良，赵放. 中国地方志民俗资料汇编·华东卷 [M]. 北京：书目文献出版社，1995：1367.

⑤ 丁世良，赵放. 中国地方志民俗资料汇编·华东卷 [M]. 北京：书目文献出版社，1995：1539.

上述地区原籍发生的械斗，多以宗族或联乡为单位，亦即以血缘或地缘为械斗单位的联结要素，而在台湾发生的械斗，则以祖籍为械斗单位的基本联结要素。陈其南认为，这种现象充分说明，在汉人渡台之初的移民社会，其最主要的身份认同符号为原籍所在地，即所谓"以祖籍意识为基础的社会分类形态"①。这种身份认同，在争夺土地等生产生活资源的械斗中便会集中体现。而武术往往由某一移民群体从家乡带来，其传习需要相对完善、稳定的社会群体，在说明流派时强调其从大陆传来的源头所在地，便理所当然了。

二、移民社会土著化进程与台湾民俗体育

前文所引《台南市志》中对武术传承社会环境变化的记载，实际上是台湾的汉人社会脱离移民社会逐渐地方化的过程的直观反映。

在清初汉人大量移民台湾地区的同时，以天地会为代表的秘密结社也在东南沿海发展起来。早在雍正年间，福建、广东和台湾就都出现了重合度非常高的秘密结社，如福建的铁鞭会、桃园会、一钱会，台湾的父母会、子龙会，广东的父母会，以及分布在中国南部的小刀会等。② 这些秘密结社都以异姓结拜为基本形式，属于典型的拟血缘关系组织，除在日常的生产生活中守望相助外，大多一起修习武艺。如铁鞭会和小刀会便是因所持武器得名，桃园会因慕桃园三结义得名，子龙会的会名则来自三国时蜀将赵子龙③，可见秘密结社作为武术修习团体的特征，大陆的武术流派也由此传入台湾。这些结社原本只是普通的结义团体，但由于发展迅速，很快引起清政府的注意。大陆和台湾的地方官员都奉朝廷之命对其严格查抄，反而使其转入地下，不仅团结愈加紧密，而且被蒙上了一层神秘色彩。

不同于上述在闽粤台三地自发分布的秘密结社，在后世影响深广的天地会，则是在这一时期由闽粤天地会会众传入台湾。历史上著名的福建人严烟渡海入台传播天地会事件发生在乾隆年间，最初只是"为有婚姻丧葬事情，可以资助钱财；与人打架，可以相帮出力；若遇抢劫，一闻同教暗号便不相犯"④，以相互救助为目的。随着这一类秘密结社的发展和清廷统治的腐败不断加剧，各地都爆发了不同程度的天地会起义，在台湾率众起义的漳州移民林爽文，便是听闻内地的天地会活动，后由严烟介绍入会。天地会等秘密结社因其在东南沿海，

①　陈其南. 台湾的传统中国社会 [M]. 台北：允晨文化实业股份有限公司，1987：93.
②　庄吉发. 清代台湾会党史研究 [M]. 台北：南天书局有限公司，1999：79-81.
③　庄吉发. 清代台湾会党史研究 [M]. 台北：南天书局有限公司，1999：79.
④　庄吉发. 清代台湾会党史研究 [M]. 台北：南天书局有限公司，1999：128.

尤其是在台湾的活动，被后世与郑成功据台抗清结合起来，并被赋予了反清复明的意义，不仅成为武侠文学作品的重要题材，而且成为全世界华人共享的文化符号。

天地会等秘密结社成立之初，往往作为原籍相同的移民组织，无论是起事抗官还是民间争斗，都以原籍意识作为分类标准。随着入台汉人定居日久，移民社会土著化，祖籍成为一个抽象符号，其他更具象、更易感知的符号代替祖籍成为身份认同符号，对台湾民俗体育的传承环境也产生了影响。其中，最为典型的是台湾民俗体育与庙宇及相关迎神赛会活动的紧密联结。在史料中，大约到同治年间便已几乎没有再记载以祖籍为划分的大规模械斗，反而在苗栗等地方发生了同籍人群内部的械斗。① 这显示出经过数代生息，原本的移民社会已经土著化。在这种情况下，神灵和供奉神灵的庙宇则逐渐成为自我身份认同的重要符号。尽管对具体神灵的信仰是由入台移民分别从家乡带来的，但随着移民土著化，祖籍观念不断削弱，在庙宇周围一定范围内形成祭祀圈，来自闽粤两省的移民被神灵信仰和祭祀行为统合成一个地缘性的整体，并实现了由原本的祖籍意识向地缘意识的转化。② 当这种转化完成后，以艺阵为代表的台湾民俗体育就获得了在相对稳定的条件下传承的可能性，并将大量其他民俗艺术包含其中，形成了独具特色的民俗体育传承环境。台湾的汉人社会就此完全形成，民俗体育在信仰与祭祀活动中传承的情况，一直持续至今。如在台南仅有 2 万余人的渔港茄萣地区，当地四大庄头主庙建醮仪式就集中了武阵、文阵、游艺阵三大种类的艺阵，不仅有在闽、台两地广泛分布的宋江阵、狮阵等阵头，还保存了在其他地方已经所存不多的旗阵，共计 251 个阵头。除以寺庙祭祀圈构成的地缘关系外，以姓氏集团构成的角头制还同时体现了民俗体育区域内血缘组织（姓角）的紧密关系。③

相较之下，大陆的民俗体育与寺庙及相关信仰和祭祀活动的关系则没有那么紧密。一方面因为大陆的民俗体育多以师徒方式传承，而非依托于地缘集团和血缘集团。另一方面由于没有经过从移民社会到土著社会的大规模转变，大陆的庙宇即使有信仰圈，也极少产生对周边不同社区的统合作用。

大陆的民俗体育也在时局影响下数度沉浮，在民国之初的西风东渐之下，中华民俗体育就遇到了观念上的挑战。

① 庄吉发. 清代台湾会党史研究 ［M］. 台北：南天书局有限公司，1999：112.
② 庄吉发. 清代台湾会党史研究 ［M］. 台北：南天书局有限公司，1999：115-116.
③ 徐雍正. 茄萣的艺阵 ［EB/OL］. 台南大学主页公开论文，2020-10-15.

第五节　携手并进的两岸民俗体育文化

在 1895 年被日本强占为殖民地后，直至 1945 年光复为止，台湾很多民俗体育活动在殖民统治下走向衰落，而龙舟、艺阵等则被改造为反映殖民统治意志的工具，部分与民俗体育紧密相关的节日、祭典也被强行改造。① 但是，从 20 世纪中期成书的台湾地区各县地方志来看，即使在非常困难的情况下，根植于汉人移民社会的台湾民俗体育仍然保留着强烈的中华文化色彩，成为光复后中华民族文化在台湾复兴的重要力量。

而在大陆方面，辛亥革命成功后告别延续 2000 余年的封建社会，接受西方教育的文化精英在经济、教育等重要领域掌握了话语权，其影响涉及全国文化生活的方方面面，民俗体育也不例外。

一、民国期间对民俗体育的整理和提倡

民国初期，新文化运动和五四运动给中国的思想文化领域带来巨大影响。② 各地为禁止传统的迎神赛会而发生不少冲突，有的地方竟至引起乡民骚动，引发捣毁新学事件。③ 在这种彻底不妥协的反帝反封建运动推动下，中国近代体育运动也经历了重大演变：开始用近代科学的观点研究和倡导体育，废除影响体育的兵操，在运动竞赛上摆脱帝国主义的操纵控制。在 20 世纪 20 年代，还出现了以"中西体育"或"新旧体育"为名的"洋土体育之争"。④

虽然西方近代体育在中国初期传播对晚清旧制学校产生了一些影响，但富有民族特点且大众化的中国传统体育在近代中国体育中的地位并未被取代。随着城市的发展、人民的生活水平提高，也有余力促进民俗体育的发展。北洋军阀政府教育当局由之前的不加过问转变为开始有限度地支持某些传统体育活动。1932 年 9 月颁布的《国民体育实施方案》中推行事项"收集民间旧有之体育活动，改良之，推广之"。同年 11 月，训令各省市教育厅局调查乡村体育活动教

---

① 丁世良，赵放. 中国地方志民俗资料汇编·华东卷［M］. 北京：书目文献出版社，1995：1589.

② 本部分内容，多承台湾台南大学体育学系暨研究所、民俗体育发展中心主任蔡宗信教授赐教，为免烦冗，不再一一标注。

③ 中国体育史学会. 中国近代体育史［M］. 北京：北京体育学院，1989：127.

④ 倪依克. 论中华民族传统体育的发展［D］. 广州：华南师范大学，2004：45.

材，按制定之调查表，分别填报汇呈，以便依科学方法、教育原理，改良实施。训令如下：

> 查提倡国民体育，为振兴民族切要之图，前经本部制定国民体育实施方案，令饬切实施行在案。惟体育活动，一方须根据学理，为整个之设施；一方须切合地方之环境与需要，始易推行。我国各地方乡村民众之团体活动，如北方之双石头会、南方之划龙船等，个人活动，如踢毽子、耍石锁，乡土游戏，如捉迷藏、指星玩月等，均有体育价值，惜未能应用科学方法、教育原理加以改良，致为学者所忽视。①

这一训令虽未收到什么实际成效，但在一定程度上表明了教育行政机关对民俗体育活动的承认与关注。1933 年 4 月，教育部通令各省市普遍提倡体育并注重团体运动，又通令一律传习弹丸、风筝、空筝（核铃）、打梭（橄榄棒）、竞渡及射术、毽子等，以促进民众体育。

从辛亥革命到 20 世纪 30 年代，有关民间游戏的调查及论著明显增多，如《体育与卫生》、天津《体育周报》、湖南《体育周报》、上海《勤奋体育月报》及后来全国体协之《体育季刊》等，均曾发表不少有关整理民俗体育活动如踢毽、滑冰、跳房、打花棍、空竹、石锁、跳绳、儿童游戏以及调查民间体育活动的文章。有些经过整理、改编的民间游戏作为中小学体育教材的情况也有所增加，如金兆钧所著《中国游戏》、沙涛的《踢毽术》、王怀琪的《正反游戏法》等。这些情况表明，人们不再是从练兵、娱乐、礼教等意义上去认识民俗体育，而是认为民俗体育同样具有强身健体和教育等功能。但这些主要还是停留在收集整理和对项目进行改编上，大多由个人零碎地进行，还没有从总体上就民俗体育进行系统的、科学的考察。1937 年，北京大学共编辑和出版 6 期《谣俗周刊》，在第 2 期发表了当时"中央研究院"给读者邓娴的一封公开信，信中提到"风俗与习惯又分社会制度、生活仪式、职业与实业、四季节令、游戏与运动诸项"。由此论之，运动在民俗学中已渐成一环，不过在其定位上仍欠缺具体明确。大体而言，1912—1949 年的中国民俗体育发展大致可从体育节令、单项比赛、综合性运动会等不同角度加以把握。

（一）体育节令

1935 年，当时的国民党中央党部民训部依据旧时节序及各地一般风俗习惯，

---

① 吴文忠. 中国近百年体育史 [M]. 台北：台湾商务印书馆，1967：152.

制定十二体育节，令各级党部提倡推行，亦发展国民体育之一途。虽然政府积极推展竞技体育与民俗体育，然而实际推行状况如何，尚不得而知，但已看出有关部门的用心程度。此外，为提倡国民运动风气，政府还利用地方风俗节日提倡运动比赛。1942 年 4 月，当时的国民政府又批准了教育部提案，将农历九月九日定为体育节，举凡武术（时称"国术"）、竞走、爬山、游泳、骑马、划船、赛车、举重、球类、田径等，均可酌量采用。但是，从当时推行的运动项目来看，能代表中国民俗体育的仅武术和划船两项，这不免令人失望。毕竟，若是要呈现中国地方民俗特色那就必须以具有代表性的民俗体育为主，而不是以西方体育运动项目为主轴，民俗体育仅属陪衬。由此可见，在进入现代社会后，民俗体育相对于西方传入的近现代体育项目，处于劣势地位。但是，在社会各界的坚持下，民俗体育仍然获得了一定的生存空间。

（二）单项比赛

1. 龙舟竞渡

前文提到，民俗体育活动与节日之间稳定和紧密的联结从汉代已经开始，但在众多节日民俗体育活动中，分布范围最广、最具象征意义的无疑是端午节的龙舟活动。自民国成立后，农历被废止，公历成为国定历法。改历对传统节日以及与传统节日伴生的民俗体育都带来了一定冲击。如 1934 年，当时的首都南京废除龙舟竞赛，其报道如下："本年废历端阳将届，市民拟定期在秦淮河举行龙舟竞渡，事虽吊古，但闻二十余年前，本京举行龙舟竞赛、文德桥坍倒伤亡人命颇众，现查秦淮各段桥梁，年久未修、腐旧不堪，恐再发生危险……"该报道同时指出，南京久未举行龙舟竞渡，又因人口众多等理由，龙舟竞赛无法顺利举行。虽然政府废除端午节，但此节庆已成为民众生活的一部分，因此 1936 年 6 月有报道指出："当局恐妨秩序、未予许可，惟下关沿江及上新河中华门外各船扶，皆不忘古例，爱凑闹，扎饰龙舟，备有锣鼓音乐，举行竞赛……"①同年 6 月，汉口市举行第一届民众划船比赛，全程 5200 米，参加龙舟 32 只，划夫 28 人至 160 余人不等，两旁观众达 20 万余人；另外，1943 年 6 月，当时的陪都重庆市更曾举办大规模龙舟竞渡比赛，由当时的中华全国体育协进会会同"新生活运动总会"和"全国慰劳会"共同举办。时任行政院副院长、中国奥委会委员孔祥熙及各国驻华外交使团，都曾前往观看。② 由此可知，龙舟竞渡历经政府支持、停办、支持等政策上的摇摆不定与操纵。另外，也足见无论施政

---

① 废历端节京市情况 [N]. 中央日报，1936-06-24（3）.

② 何培金. 中国龙舟文化 [M]. 北京：三环出版社，1991：98.

者态度如何摇摆，龙舟竞渡一直深受地方民众喜爱与关注。

2. 风筝比赛

自 20 世纪 30 年代初开始，按照有关规定，民俗体育活动的管理由体育场和民众教育馆负责。当时以传统体育活动为内容的各种运动会逐渐增多，这些运动会大多仿照近代运动会的形式，有一定的规则和裁判，按省或市、县等行政区划为单位举行，初步摆脱了依附于庙会、宗教节日的状况。例如，1933 年 3 月长沙市举行风筝比赛前，就由湖南省立公共体育场和长沙市民众教育馆共同制定了比赛简章。该简章将参赛者分为男、女和儿童三组。参赛风筝按平面、立体和现状式样分别放飞，评判员按风筝的制作技术和放飞技能等项评分。[1]1935 年 3 月 31 日举行首都第二届放风筝比赛，参赛人员共计 235 人，为便于评判起见，仍分为 6 组，即人物组、鳞介组、昆虫组、飞禽组、走兽组、其他组等。当天观赏人数约有 15 万人。整体而言，1934—1937 年，首都放风筝比赛共举行四届，由第一届的 300 余人参加竞赛到第四届只剩 56 人参加，似乎与抗日战争影响民众参与有极大关联性。

3. 踢毽子比赛

1933 年，各省市教育厅局公函称："查踢毽子为我国固有之优良运动，简而易举，有裨民众体育，自应尽量提倡，以利推行。"同年 3 月，南京社会局举行南京市踢毽比赛会。1935 年议决按期举行各种比赛，以资提倡，其中踢毽子比赛于 3 月 2—3 日在中央大学体育馆举行。比赛规则如下。

①与赛者不分男女老幼，报名时须注明参加比赛项目及曾踢毽子年数。

②比赛种类分盘踢、交踢两种，表演项目由与赛者自行决定，均以所踢数目多者为优胜。

③比赛时分甲乙两组，12 岁及以下者为甲组、13 岁及以上者为乙组。

④比赛时每人得踢两次，以两次中数目比多者为标准，不愿踢两次者停。

⑤比赛优胜者，由本会酌给奖品。

⑥毽子自备。

可发现，踢毽子项目已有竞赛规定，虽然规则尚不十分明确，但已看到其雏形。整体而言，1933—1937 年踢毽比赛共举行五届，第三届达 200 余人参加，到第五届仅剩 69 人参赛。

这次踢毽子和前述的风筝比赛，是关于民俗体育竞技化现象的较早记录。

---

[1] 严若艺. 民俗体育在城市中的演进与发展趋势研究 [D]. 南昌：江西师范大学，2008：32.

（三）综合性运动会

除上述单项竞赛外，20世纪30年代还举行过一些综合性运动会或民俗运动会。其中，从1931年当时教育部所设的民众业余运动会办法大纲中，可以看到民俗体育在当时的综合性运动会中占有一席之地。大纲内容如下：

1. 行政院直辖市及各县市为引起民众运动兴趣，普遍发展体育起见，应就各地举行民众业余运动会。

2. 行政院直辖市及各县市民众业余运动会，每年须于春季（四月至六月）或秋季（九月至十一月）举行一次，或二次，每次以一日为限。

3. 行政院直辖市民众业余运动会由各该市教育局举办之。

4. 行政院直辖市及各县市民众业余运动会，各界民众不分性别，年龄在二十岁以上五十岁以下均可参加。

5. 行政院直辖市及各县市民众业余运动会举行项目如左：①国术表演比赛。②田赛：跳高、跳远、投标枪、掷铁饼、掷铁球。③径赛：五十米、一百米、四百米、四百米接力。④游泳：五十米、一百米、二百米。⑤球类：篮球、队球、足球、棒球。⑥杂类：拔河、举重（石鼓）比赛。其他。①

在这里，民俗体育相关项目被归类于"杂类"，可见当时民俗体育的归类与定位尚未清楚，且有关单位对其也关注甚少。但是，民俗体育因其根植于民众文化的特点，并未因主管部门的忽视而销声匿迹。例如，1934年2月28日，在河南开封省立体育场举行了河南省第一届民俗运动会，共有职员及各项运动员、观众5万余人参加了这次盛会。这些综合性民俗运动会，实际上是将民众在生活中传承的民俗体育活动集中起来进行竞赛和表演，但在内容和形式上基本保持原样。这届运动会上有旱船、飞灯、舞狮、云龙、刺虎、捕蝶、抖牛、打梭、放风筝、踢毽、石锁、推小车等项目。大会组织的评议会对各项活动进行了评议，认为除少数项目无体育及艺术价值外，高跷、旱船、舞狮、流雀、龙灯、刺虎、戏蝉、沙袋等项目都具有体育价值，应该加以提倡或改进推广。

综上所述，自1934年第一届民俗运动会正式举办后，"民俗体育"一词已开始渐被使用，但此时期在名词运用上尚不明确，如"民俗运动""传统体育""民族运动"，甚至"杂类"等；另外，这一时期虽然国内政局动荡，但是政府

---

① 吴文忠. 中国体育发展史 [M]. 台北：台湾教育资料馆，1981：153-165.

部门的重视与提倡、城市建设发展加快，也间接促进民俗体育在城市中的开展，民俗体育也更加规范化、竞技化，更丰富群众的闲暇生活，也体现了群众对精神文明的需求。

经过这一阶段对民俗体育的整理和提倡，民俗体育在西风东渐的形势下受到一定冲击的同时，开始呈现竞技化趋势，部分比较有代表性的民俗体育活动在原有的传承基础之上，获得了新的生存空间。这种现象是综合性运动会这种现代体育运动载体和民俗体育相结合产生的新形式。无疑，民俗运动会的主办者和运动员、观众等参与者并没有通过竞技化为民俗体育的存续与发展提供新载体的主观意愿，但在时代巨变、文化新旧交替的历史节点，竞技化使民俗体育在现代社会增加了存在感、提高了适应性，对民俗体育的后续发展产生了一定的积极影响。

二、中华人民共和国成立后的两岸民俗体育

1949 年，中华人民共和国成立，国民党退居台湾，两岸被人为分隔。两岸体育交流与合作在时局和政策的影响下，经历了长达 30 年的意识对峙和交流断绝，直至 1979 年两岸开始通邮、通航才开始缓和，并随着两岸交流而不断增多。虽然因台湾地区地方施政者的态度而时有反复，但与一般体育运动不同的是，两岸民俗体育因其根植于中华文化、具有高度同源性的特点，无论是否存在实质性的交流，都一直呈现非常强的中华文化向心力。

（一）人类非物质文化遗产背景下的大陆民俗体育

1978 年改革开放方针确立，大陆的政治、经济、文化建设都开始走上正轨。经过十余年的经济建设，20 世纪 90 年代初，大陆各地兴起乡土社会重建浪潮①，包括信仰、体育、娱乐等活动在内的民间民族文化随之复苏。同时，民间文化成为地方经济建设的重要资源，"文化搭台，经济唱戏"的现象在各地纷纷涌现。民俗体育因其鲜明的地域性特征和固有的表演性、观赏性，在各地的"文化搭台"中扮演着非常重要的角色。乡土社会重建和民俗文化资源化，不仅为民俗体育的实践和传承提供了舞台与空间，还为在此前数十年间一度被主流意识形态所否定的民俗体育提供了正名的机会，原本"落后、愚昧"的民俗体育一转成为地方的优秀文化传统。在行政部门和媒体、研究者的合力下，民俗体育在大陆再次焕发生机。随着两岸交流越来越便利，两岸体育交流也更加频繁和紧密，民俗体育也随之成为两岸文化交流的重要构成部分。

---

① 刘晓春. 一个人的民间视野 [M]. 武汉：湖北人民出版社，2006：33.

经过近 20 年的发展，大陆的民俗体育在 2006 年迎来了决定性的发展机遇。2003 年，联合国教科文组织通过《保护非物质文化遗产公约》（以下简称《公约》），旨在对以传统、口头表述、节庆仪礼、手工技能、音乐、舞蹈等为代表的人类非物质文化遗产加以保护，中国成为第一批缔约国之一。随着《公约》在 2006 年 4 月生效，中国也指定并公布了第一批国家级非物质文化遗产名录，其中"传统体育、游艺与杂技类"有 18 项。① 但是，在第一批名录公布之时，由于缺乏可借鉴经验，项目分类存在一定问题，大量民俗体育项目被划入了其他类别。如广东醒狮等狮舞作为非常典型的民俗体育，却被划入了传统舞蹈类。实际上，这一批名录中来自广东的传统舞蹈类项目，包括湛江人龙舞、汕尾滚地金龙、广东醒狮（含广州、佛山、遂溪各一项）、英歌（含普宁、潮阳各一项），都是非常典型的民俗体育项目。② 广东的这一情况非常具有代表性，在其他省份报送获批的国家级非遗项目中，也有大量民俗体育项目被划入其他类别。随着非遗认定工作的展开，民俗体育项目的地位得到了正视，在第二批名录中，该类项目达到 52 项，加上第三批的 31 项和第四批的 23 项，目前为止该类非遗项目共有 124 项。

非遗进入大陆的媒体和公众视野后，很快成为热点话题，轰轰烈烈的非遗运动在大陆各地展开，各级非遗的申报和认定工作可谓如火如荼，形成一项由民间传承人或群体、政府部门、社会民众、学者和商业组织等多主体参与的"盛大的社会文化运动"③。尽管学界对非遗运动展开的过程中所出现的问题有各种不同意见并进行了大量的讨论④，但非遗成为社会公众所熟悉的文化现象，

---

① 中国非物质文化遗产网·中国非物质文化遗产数字博物馆［EB/OL］. https：//www. ih-china. cn/project. html.

② 中国非物质文化遗产网·中国非物质文化遗产数字博物馆［EB/OL］. https：//www. ih-china. cn/project. html.

③ 安德明. 非物质文化遗产保护的中国实践与经验［J］. 民间文化论坛，2017（4）：18.

④ 王巨山. 非物质文化遗产保护原则辨析：对原真性原则和整体性原则的再认识［J］. 社会科学辑刊，2008（3）：167-170.
刘魁立. 非物质文化遗产的共享性本真性与人类文化多样性发展［J］. 山东社会科学，2010（3）：24-27.
王霄冰. 试论非物质文化遗产本真性的衡量标准：以祭孔大典为例［J］. 文化遗产，2010（4）：8-17.
王霄冰. 民俗文化的遗产化、本真性和传承主体问题：以浙江衢州"九华立春祭"为中心的考察［J］. 民俗研究，2012（6）：112-122.
刘晓春. 谁的原生态？为何本真性：非物质文化遗产语境下的原生态现象分析［J］. 学术研究，2008（2）：153-158.

极大增强了社会公众对传统文化的认识意愿，提高了传统文化的社会评价和地位则是不争的事实。大陆的民俗体育在这样的环境中得到了更大的发展机遇，同时也使其作为传统文化重要构成部分的观念性向心力被重新认识并得以加强。在新时期的两岸民俗体育交流与合作中，大陆民俗体育的正统和主体地位重新得到确认与强化的同时，随着交流的数量和质量不断提高，两岸民俗体育研究者的合作不断加强，民俗体育研究不断深入，台湾民俗体育与大陆民俗体育的同源性也越来越清晰和明确。虽然有因其社会和自然环境形成的多样性与特殊性，但其根源在于中华传统体育，与大陆民俗体育具有高度同源性的事实毋庸置疑。

综上所述，两岸民俗体育系出同源，都滥觞于中华民族先民的劳动和文化创造，在漫长的民族发展历程中，逐渐形成了鲜明独特的民族体育文化特征，根植于中华民族的历史、文化与社会，根植于中华民族的民众生活，是中华民族自我理解与认识的外化反映。自从汉人渡台，将各自传承的民俗体育与生产生活方式、社会结构和信仰同时带入台湾后，中华传统体育带着中华文化基因在台湾历经沧桑，从未断绝。与此同时，大陆的民俗体育也在社会变迁中带着自己的典型文化特征，不断适应和变化，保持着延绵不断的生命力。

两岸民俗体育的文化命脉传承，不仅体现在现实的交流与合作实践中。如果将眼光放远一些，就会发现两岸民俗体育所携带的文化基因，在全球华人的文化传承中都焕发着强大的生命力。即使是在两岸的直接交流无法实现的时代，两岸共享的民俗体育文化记忆也以不同形式发挥着强大的黏合作用。如前文所提到的天地会与武术之间的关系，以传说、武侠小说和影视作品的方式，一直为包括大陆和台湾人民在内的全球华人共享，并以其强烈的家国情怀在全球华人中形成强大的凝聚力。实际上，自从 20 世纪 70 年代台湾导演张彻、胡金铨起，中国武侠电影获得独步世界的伟大成就，所有这些电影的舞台背景、故事内容和文化意识，都来自大陆。2000 年，李安导演的《卧虎藏龙》在全世界大放异彩，它反映了传统武术对道德、秩序的理解，同时也反映了传统武术对身体的认识和理解、解释。正是由于中华武术传统所反映的文化意识由两岸民众所共有，像这样的艺术作品才能得以体现。这充分说明，民俗体育作为中华民族传统文化不可或缺的构成要素，不仅在现实的传承实践中发挥着同源文化的凝聚作用，在文化观念上也发挥着强大的文化向心力作用，成为两岸文化认同、民族认同、价值观认同的重要影响因素。

（二）依托学校为主要传承载体的台湾民俗体育

1945 年，台湾地区结束日本的统治，长期受到压抑的民间宗教信仰与庙会活动也终于得以复苏，各种民间社会活动也如雨后春笋般出现，而大型的民俗体育团队，例如舞龙、舞狮、跳鼓、宋江阵等，也迅速恢复活力。究其原因，其一，民间民俗体育活动传承已久，一般作为该村庄神明之"驾前"部队，在迎神赛会时，走在神舆之前，参与公众祭祀的活动，因此相当普遍地存在各村落之中。其二，民间宗教活动闽南语称为"拜拜""闹热"，除信徒、香客、祭祀人员之外，大型的民俗体育团队，带来喧天的锣鼓声，才真正让"拜拜"热闹起来。其三，当时台湾处于农业社会，经济尚不发达，人民生活普遍困苦，在娱乐较少的环境里，逢宗教节庆时才有机会热闹一番，因此筹组民俗体育团队也格外受到各村落的重视，村民也乐意参加。简而言之，随着中华传统文化在台湾恢复主体地位，民俗体育也恢复了原有的社会和文化功能，在民众的生活文化中得以复苏。

另外，和所有面对现代社会的传统文化一样，民俗体育也面对现代体育运动的挑战。1949 年国民党退居台湾以后，此前教育等管理部门对民俗体育的整理与提倡成为民俗体育进入学校体育教育的基础和契机。在 1951 年的学校课程标准中，六年级的体育科的田径项目中出现"跳绳"项目。在 1961 年的学校修订课程标准中，体育科的"游戏"中列入了"跳绳游戏"及"乡土游戏"，于"中、高年级"的团体活动中列有跳绳、踢毽子等项目。可以说，民俗体育的项目已在当时的学校中逐渐萌芽。但是，民俗体育在各级学校教育中的地位和比重相对于现代体育项目，尤其是奥运会比赛项目，仍然处于绝对劣势。根据蔡宗信的研究，这一阶段民俗体育在课程设计中的重要性及内容远不如其他教材，许多教师也就抱持着可有可无的心态而忽略了这些民俗乡土教材。

1966 年年底，中国国民党第九届四中全会召开，会议上以推行中华文化复兴运动作为讨论的中心议题，集合与会者意见，通过"中华文化复兴运动推行纲要"作为实践准则。随即由国民党发动，会同台湾教育主管部门等各有关机关团体进行筹备工作。

尽管此次所谓"中华文化复兴运动"有着不正常的政治背景，但客观上也带来了民俗体育在台湾第一次迅速发展的契机。这是民俗体育依托学校教育形成的第一波热潮，受到各界重视与支持，又逢国民小学学生恶补智育课业，以致体力衰退之时机，因此也将简便易行的"踢毽"及"跳绳"纳入体能测验，而不完全采用西方式的体能测验项目，虽为时不长，但也播下了民俗体育在学校萌芽的种子。

随着产业结构的不断调整，经济快速发展，从有农闲时间的农业社会转变为繁忙的工商社会，追求绩效、效率、进步的社会风气造成了传统农业社会的没落以及现代城乡结构的失衡。生活繁忙、人力缺失及组织团队费用昂贵，普通民众已无充足心力再去参与民俗体育活动，而持续坚持者，却也因人们愿意请电子花车或动用人力较少的项目来权充场面，也不敢再轻易筹组或聘请需庞大人力的民俗体育团队来参与庆典活动，造成古有的民俗体育活动日渐式微，而甚多赖以为生的技艺表演团体因而无以为继，有渐减少的趋势。加上长期以来教育政策致使年轻知识分子习惯以西洋艺术的标准来衡量传统艺术，认为民俗即粗俗，根本无法融入老一辈的民俗活动，民俗体育的传承产生断层。因此，在上述的政策介入未深，又在社会上不受重视造成民众参与意愿低落，同时面临民间营运不易传承等困难的情况下，民间的民俗体育活动产生质与量一同衰退的现象。

同时，学校体育政策的发展策略均着重在西式的体育项目，传统体育长期以来处于边缘位置，而民俗体育又是传统体育中的冷门项目，加之文化政策虽以扶持传统艺术为其方针之一，但对于体育类的传统动态民俗文化，因其主体性的差异，也将其置于陪衬性的边缘地位。因此，长久以来社会层面的民俗体育活动实际是依赖其本身自行运转的模式，大多数是依附各地的庙会活动以获得实践与延续的空间。但是，这种情况也促使民俗体育与几个有系统组织的大型庙会形成紧密联结，例如，北部大稻埕霞海迎城隍、中部大甲妈祖遶境、南部西港仔刈香、东港王船祭等，民俗体育中的舞龙、舞狮、宋江阵、跳鼓阵，也都成为其不可或缺的仪式构成要素。在长久缺少政策层面支撑的情况下，遇到社会环境的急速变迁，民俗体育在民众的实践层面总体而言并不活跃。在这样的情况下，大、中、小学在民俗体育的传承与实践中所扮演的角色愈加重要。

第三章

两岸民俗体育交流促进文化认同的功能与影响

第一节　两岸民俗体育交流的文化功能

民俗体育作为民众的身体型文化活动，具有其特定的文化功能。随着两岸民俗体育交流活动的逐渐开展，其文化功能的作用也逐渐得以彰显。近 40 年来，两岸民众通过积极参与民俗体育活动，营造文化共同体意识，培养对中华民族共同体的持续认同感，民俗体育交流已成为两岸在文化生活层面有效沟通的桥梁与纽带。两岸民俗体育交流既是民俗体育活动的交流，也是两岸情感与文化的交流，而且随着交流进程的深入，从原来的双向隔膜逐渐走向双向互动，两岸民俗文化认同也逐渐形成。

民俗体育具有生活性、文化性、身体性与仪式性的四重特征，各种丰富多彩的民俗体育活动的开展，在一定程度上有效促进了两岸同胞同根同源的文化共同体与民族共同体的建设，也增强了文化向心力与民族凝聚力。两岸民俗体育交流具有三个文化功能，分别是民俗文化的传承功能、民心相通的情感功能与民族国家的认同功能，现分述如下。

一、民俗文化的传承功能

民俗是民众通过代代传承的习俗持续重构其群体认同的生产方式与生活方式。民俗不是一个人的生产方式与生活方式，而是群体的生产方式与生活方式。所以，"民俗"这一概念，本身就是个体对群体的生产方式与生活方式的模式化的认同行为，具有从众效应。在文化层面，民俗称为"民俗文化"；在生活层面，民俗称为"民俗生活"。中国民俗学界一直有民俗的生活性与文化性的双重分析框架的学术传统，以高丙中《民俗文化与民俗生活》一书为代表。[①]张举

---

① 高丙中. 民俗文化与民俗生活［M］. 北京：中国社会科学出版社，1994：7-8.

文认为民俗行为的核心目的是维系个体和群体的认同，其根本是共同的生活方式与价值观，这就是民俗认同。民俗认同强调通过民俗活动，确认个体或群体的文化传统归属，使其日常生活具有意义，帮助其构建或重建认同感。①

同时，民俗也是传统习俗的代代传承，传承的过程是对传统文化认同的过程，而这一认同过程也是民众文化实践的过程。民俗文化的认同功能就是使民众意识到个体与群体的关系，确认个体对群体的归属，并且守护这一群体的生产与生活方式及其相应的价值观。因此，文化认同也是文化实践的动态过程，民众作为民俗主体，通过民俗活动的参与，也在不断建构其对民俗文化的认同。在一定程度上，对民俗文化的认同也是民众生产与生活方式的自我确认及其价值观的坚持，也就是说，民俗文化的认同功能是民众的自我赋权，是对自身的传统习俗的肯定。

民俗体育则是以情境化、仪式化与程序化的身体运动为主要特征的民众体育活动。民俗体育是民众的生活文化，也是民众的民俗文化。从民俗学学科角度来说，"民俗体育"这一概念是指民俗活动过程中相伴生的体育活动。民俗体育的发生首先是由于民俗活动的开展，如果没有相应的民俗活动，也就没有民俗体育的产生。因此，对于民俗体育而言，民俗是第一性的，而体育则是第二性的，民俗体育中的体育是指依附于民俗活动中的体育活动，民俗体育不能脱离其民俗语境，所以民俗体育活动的开展过程，实际上就是对民俗文化认同的生活实践。

庆仪式化的民俗体育，如舞龙、舞狮往往依附于春节、元宵节、中秋节或重要典礼仪式时举行，划龙舟则往往依附于端午节或重要典礼仪式时举行，叠罗汉、宋江阵、武术等民俗体育活动往往在春节、庙会开光或重要典礼仪式时举行。这些节庆仪式中的民俗体育具有浓厚的文化内涵与信仰及其伦理内容，其民俗体育活动往往是向地方神灵或者远古祖先致敬的方式，也是文化传承与文化实践的方式，因此体现其强烈的民俗文化认同功能，与以技艺展示为主的竞技体育有所区别。另外，节庆仪式化的民俗体育是节庆仪式活动的重要组成部分，有助于提升节庆仪式的节日气氛，营造节日的场景效应。

日常生活中的民俗体育，如踢毽子、打陀螺、抖空竹、拔河、跳绳、踩高跷、跳鼓阵、棋艺等主要在日常生活中开展，有时也会依附于节日民俗活动作为节日习俗的辅助内容而展开。相对而言，日常生活类的民俗体育其娱乐性、休闲性更为突出，而文化内涵则较少。当民俗体育逐渐发展成竞技体育形态时，

① 张举文. 民俗认同：民俗学关键词之一 [J]. 民间文化论坛，2018（1）：9-12.

其文化内涵也会相应减少。

民俗过程中所呈现的体育活动因为没有独立，所以要受到相应民俗文化传统与信仰禁忌的内在制约。作为一种民俗文化现象，民俗体育有其强烈的文化仪式性，有学者称为"仪式性民间体育"，并认为侗族抢花炮民俗体育活动是表达信仰和凝聚集体的仪式性活动，是群体记忆的保存方式。① 所谓仪式性民间体育，就是强调民俗体育活动开展过程中所体现的信仰神圣性与程序仪式性。

民俗体育的文化仪式性，在一定程度上也是民俗文化认同得以产生的重要途径，民众在参与民俗体育活动时，在神圣的仪式场景下，容易激发对地方神灵与祖先或者传统文化的强烈认同心理。在众多的民俗体育活动中，具有一定代表性的就是舞龙民俗体育。中国人是龙的传人，龙是中华民族的伟大图腾，也是中华民族的古老祖先，这些文化理念已经成为所有中国人的文化共识。舞龙这一民俗体育的开展，既是对中华民族龙文化传统的传承与认同，也是对中华民族文化共同体认同感与归属感的强化。

目前，在浙江的 10 个国家级非物质文化遗产的舞龙民俗体育项目中，兰溪断头龙、浦江板凳龙、开化香火草龙、泰顺碇步龙、萧山河上龙灯胜会、乐清首饰龙、玉环坎门花龙、平阳鳌江划大龙 8 个国家级舞龙非遗项目还保留民俗体育的特征，体现儒家家族文化与民间村落文化的特点。另外两个非遗项目奉化布龙、长兴百叶龙已逐渐向现代竞技型或现代舞台审美型演变。

大陆的舞龙民俗体育在其传承发展过程中，出现了民俗分化现象，但仍是以民俗体育为主，以竞技体育为辅。台湾地区的舞龙民俗体育也存在向现代竞技型或现代舞台审美型演变的趋势。当传统民俗体育型舞龙向现代艺术表演型或现代技巧型舞龙转型时，龙文化传承就出现了文化分化的现象，原有龙文化传统禁忌被打破，龙文化神圣性淡化。因此，两岸民俗体育在应对急剧变化的现代社会时，其相应的文化功能应得到保护与传承。只有文化得到传承，认同才可能产生，没有文化传承，也就不可能有文化认同。两岸民俗体育在文化交流的过程中，应特别注意民俗文化传承以及与之相应的民俗文化认同的功能，从而更为有效地营造并积极维护两岸共享的文化共同体。

二、民心相通的情感功能

自 1987 年台湾解除"戒严令"以来，台湾当局陆续开放台湾同胞赴大陆探

---

① 李志清. 乡土中国的仪式性少数民族体育 ［M］. 北京：中国社会科学出版社，2008：116-118.

亲，尤其是频繁的台湾老兵赴大陆探亲活动，使得两岸民众的情感联系日益加强。在两岸文化交流日益兴盛的形势下，1989 年上海社会科学院林其锬提出"五缘文化"概念，分别论述亲缘、地缘、神缘、业缘、物缘五种社会伦理关系，特别是自 1994 年林其锬在上海书店出版社出版《五缘文化论》一书以来，"五缘文化"概念在学术界得到广泛响应。五缘文化论是针对海峡两岸的经贸文化交流而提出的一个新的分析框架，这一理论分析框架一方面继承了中国传统的五行文化传统，另一方面是对中国伦理型社会在改革开放新时代的进一步阐发。

新儒家的代表梁漱溟曾在《中国文化要义》一书中认为，西洋近代社会是个人本位社会，而中国是伦理本位社会，中国不是家族本位，种种社会关系，就是种种伦理。① 伦理关系强调的是人与人之间的社会关系，梁漱溟是从人际关系的角度揭示中国人的伦理生活。梁漱溟认为，不同类型的人与人的关系的深化，是中国文化的基本特征，中国社会是伦理本位的社会，所以中国社会的文化特征就是以伦理代宗教。林其锬《五缘文化论》一书的论述总体上比较宽泛，但是作为一个分析框架的提出，却具有十分积极的理论建设意义。在林其锬《五缘文化论》一书的基础上，2013 年郑土有的《五缘民俗学》一书，则将五缘文化与中国民俗有机结合，提出亲缘民俗、地缘民俗、神缘民俗、业缘民俗、物缘民俗五种民俗文化形态，分析因缘生俗、由俗固缘、缘在俗在的五缘民俗特征，并对五缘民俗的文化内涵与功能进行逐一分析。②

五缘民俗的理论分析框架，对于海峡两岸的文化交流，特别是两岸民心相通的文化功能，具有一定的理论启示意义。在吸收佛教"结缘、惜缘"传统的基础上，中国的缘分观念持续发展，深入人心，已经演变成一个民俗生活概念，具有海峡两岸民心相通的良好文化基础。费孝通也高度重视"缘分"概念的理论意义，认为"缘"就是一套社会关系在很多条件下总合性地碰到了一起，没有缘是不行的。缘不是假的，是真实发生在人们的具体生活当中的。费孝通的《个人群体·社会》这篇文章总结其一生的学术历程，也是在思考这个问题。费孝通认为能动性在于个人，一个事情来了，接受不接受，选择不选择，主动权是在个人。③ 台湾的佛教文化也十分兴盛，佛教在一定程度上已经民俗生活化了，尤其是佛教缘分概念的民俗生活化。通过五种民俗方式的"结缘"是两岸

① 梁漱溟. 梁漱溟全集：第 3 卷 ［M］. 济南：山东人民出版社，1990：80-83.
② 郑土有. 五缘民俗学 ［M］. 上海：同济大学出版社，2013：8-12.
③ 张冠生. 费孝通晚年谈话录 ［M］. 北京：生活·读书·新知三联书店，2019：340.

民众在一个中国原则下民心相通的主要途径，也是产生中华民族文化认同与情感共鸣的主要方式，具有强烈的情感因素。

五缘民俗中的亲缘民俗以家庭的血缘亲情为基础，如20世纪80年代以台湾老兵赴大陆探亲为主题的亲缘民俗活动，表现的是两岸民众由于政治军事的原因，老兵家属在两岸长期隔离30多年后的人生喜相逢的生活事件。亲缘民俗是家庭与家族式的情感沟通和交流，大陆的祠堂也向台湾民众开放，大量台湾民众来大陆认祖归宗，体现两岸深厚的亲情基础。

地缘民俗方面，由于台湾与福建、浙江、广东三省在空间距离上最近，因此台湾与这三个省的民俗活动交流也最为频繁。而在闽台、粤台与浙台地缘民俗的交流过程中，以闽台地缘民俗最为突出。据福建学者研究，福建和台湾的绝大部分少数民族在远古时期同属于百越中的一支：闽越。自汉武帝以来，大量中原移民移居福建，而在明清时期，大量福建人移居台湾，占当时台湾人口的80%，台湾民俗也受到福建民俗的深刻影响。清代丁绍仪描述这一现象为："台民皆徙自闽之漳州、泉州，粤之潮州、嘉应州，其起居、服食、祀祭、婚丧，皆悉本土，与内地无甚殊异。"① 丁绍仪将"台民"的主要来源归为福建与广东两省，并将福建置于首位，说明闽台两岸民俗具有一定的共享性，也揭示闽台的主体民众同根同源的历史事实。地缘民俗的组织形态往往是同乡会或者老乡会，通过地缘关系将两岸的民心关联起来，并开展相应的文化与经济活动。

神缘民俗则源于两岸共同祭拜的神灵，如浙江象山的如意娘娘、福建莆田的妈祖。明清时期，闽粤移民来到台湾的时候，往往携带祖籍寺庙的香火、圣符或神像，以求神灵保佑。据1959年台湾地区文献委员会调查，台湾各寺庙所奉祀神明，其祖籍出于四个省，即福建、广东、江西、浙江。江西神灵是张天师，浙江是普陀观音，广东嘉应州是岳帝及祖师公，潮州是三山国王及观音，其他皆传自福建。② 神缘民俗由于神灵信仰的因素，许多民俗体育活动都是集中在神灵庙会开光的时候开展活动，如在每年的农历三月二十三日，闽台两岸民众均会举办舞龙、舞狮等民俗体育活动，娱神娱人，以示节庆纪念。2020年4月15日，即农历三月二十三日，纪念妈祖1060周年诞辰春祭典礼在福建莆田妈祖祖庙举行，同时台湾也在祭祀共同的神灵妈祖，台中市大甲镇澜宫、台南市盐埕天后宫、高雄市大寮普惠宫等地的连线画面传递了两岸民众深厚的同胞情谊。

---

① 方宝璋. 闽台民间习俗［M］. 福州：福建人民出版社，2003：8-9.
② 方宝璋. 闽台民间习俗［M］. 福州：福建人民出版社，2003：310-311.

业缘民俗主要表现为两岸相同职业或行业的人员定期举办的相关文化活动，如行业协会年会等。两岸的手工艺人与商业人士，因为技艺交流与两岸经商的需要，通过成立行业协会的组织形式合法开展相应的文化活动，如 1993 年海峡两岸医药卫生交流协会在民政部正式登记，是国家卫生健康委主管的从事两岸医药卫生交流的唯一国家级社会团体。

物缘民俗则围绕一个特定物化形态展开相关民俗活动，如寺庙、祠堂、古民居、地方特产等。物缘民俗在提升海峡两岸物产的经济价值与文化内涵的同时，也使物质形态的地方文化产品发展为文化品牌，促进两岸经济发展。同时，物缘民俗与神缘民俗、地缘民俗、业缘民俗等民俗形态息息相关，也丰富了两岸五缘民俗的整体发展。

五缘民俗与民俗体育也互为关联，在五缘民俗活动开展时，往往伴随相应的民俗体育活动，如在祠堂、操场、庙会等场所向台湾民众展示舞龙、舞狮、传统武术等民俗体育，增进双方的文化认知与情感沟通。五缘民俗的分析框架，均指向两岸民心相通的文化心理诉求，侧重两岸民众的情感沟通与交流，从而为共同体意识的营造打下良好的民众心理基础。

五缘民俗虽然是营造两岸共同体意识的桥梁和纽带，也是一个可以实践操作的分析框架，但需要指出的是五缘民俗本身就是文化共同体（cultural community），只是将文化共同体在不同的情境下更加细化为血缘共同体、地缘共同体、业缘共同体、神缘共同体、物缘共同体一共五个亚文化共同体，但是国内关于五缘民俗的讨论没有和共同体理论相结合，也没有意识到五缘民俗本身就是文化共同体，因此五缘民俗的理论分析框架还需要进一步完善。20 世纪初德国社会学家滕尼斯就曾指出这一点。滕尼斯认为社会有三种共同体，分别是血缘共同体、地缘共同体、精神共同体，而且这三种共同体之间存在逐渐递进发展的关系：血缘共同体发展为地缘共同体，而地缘共同体则继续发展为精神共同体，精神共同体是最高形式的共同体。血缘共同体的标志是亲戚，地缘共同体的标志是邻里，而精神共同体的标志是抽象的友谊。友谊是志同道合，同心协力一起工作，职业或艺术相同或相似最容易产生友谊，而友谊的纽带也往往与城市的神灵有关。[①] 滕尼斯讨论的精神共同体类似国内学术界讨论的业缘共同体与神缘共同体的复合体，而滕尼斯强调的最高共同体的友谊精神则是一种互助友善的文化精神，对于海峡两岸的共同体建构具有相当的理论积极意义。五缘民俗是文化小共同体概念，从属于中华文化的文化大共同体。正因为海峡两岸同属

---

① 斐迪南·滕尼斯. 共同体与社会 [M]. 林荣远，译. 北京：商务印书馆，1999：66-67.

于中华文化共同体，二者才会对中华文化产生相同的情感。华人无论在哪里，对于具有中华文化元素的文化符号，如孔子、龙、凤、家族祠堂等都会产生强烈的情感共鸣。两岸本一家，两岸民众使用相同的汉语，共享中华传统文化，同属一个中华文化共同体，所以才具有民心相通的基础。

三、民族国家的认同功能

陈寅恪在其著作中反复强调文化的重要性超过民族的重要性，不能将民族的重要性凌驾于文化之上。在分析南北朝历史时，陈寅恪指出民族问题，实际是文化问题。南北朝历史不是民族问题，而是文化问题，文化的重要性超过种族，也就是民族。南朝的民族问题与北朝的民族问题，都是文化问题。陈寅恪说：

> 寅恪尝于拙著《隋唐制度渊源略论稿》及《唐代政治史述论稿》中，详论北朝汉人与胡人之分别在文化，而不在种族。兹论南朝民族问题，犹斯旨也。①

陈寅恪的学术洞察力点明了在民族与文化之间，是以文化定民族，而不是以民族来定文化，更不是以民族来定政治，这也是中国文化的基本特征。在 20 世纪 50 年代大陆的民族识别工作中，识别民族的最大标志就是文化，也就是历史、语言与民俗是否相同。如果历史、语言与民俗相同，就是同一个民族，否则就不是，并以民俗文化为主要标准而不是以宗教文化为主要标准识别区分民族，这是中国的传统。这一传统在中央政府的文件中也得以继承下来。2005 年 5 月 31 日，《中共中央、国务院关于进一步加强民族工作加快少数民族和民族地区经济社会发展的决定》提出了新时期中国共产党的民族理论和政策，该决定第一条开宗明义强调了民族的共同体意识，并且将民俗的重要性放在宗教的前面，第一条的内容是："民族是在一定的历史发展阶段形成的稳定的人们共同体。一般来说，民族在历史渊源、生产方式、语言、文化、风俗习惯以及心理认同等方面具有共同的特征。有的民族在形成和发展中宗教起着重要作用。"在这一中央政府文件中，"生产方式、语言、文化、风俗习惯"都与民俗的内容基本重合，同样突出了民俗在民族共同体中的重要性，而把宗教的重要性放在第二位置。

---

① 陈寅恪. 金明馆丛稿初编 [M]. 上海：上海古籍出版社，1980：106.

因此，文化认同是民族认同的基础，而民族认同又是国家认同的基础，只有文化认同与民族认同得以建立，政治意义上的国家认同，或者说政治认同才最终建立起来。也可以说，文化共同体是民族共同体的基础，而民族共同体则是国家共同体的基础，或者说民族共同体是政治共同体的基础，这样现代意义上的民族国家才得以真正建立。

有学者研究指出，中华民族是具有国家形式的民族共同体。在面临外敌入侵的时候，梁启超在1902年的《论中国学术思想变迁之大势》一文中首先提出"中华民族"的概念，提高了国人的凝聚力与自觉意识。而中华人民共和国的成立，实现了中华民族与国家的统一，建立了中华民族的民族国家。中华民族共同体，既是命运共同体，也是文化共同体，更是政治共同体。而国家认同问题，往往出现在多民族国家中，某些民族群体不认同国家，或将民族认同置于国家认同之上。[①] 所以作者进一步认为，中华民族以共同体的形式存在，如果建立了牢固的中华民族认同，中华民族认同就可以直接转化为国家认同，因为中华人民共和国是中华民族的民族国家，对中华民族的认同，就是对中华人民共和国的认同。[②] 费孝通在一次国际学术演讲中也指出，中华民族作为一个自觉的民族实体，是近百年来在中国和西方列强对抗中出现的，但作为一个自在的民族实体则是几千年的历史过程所形成的。中华民族是多元一体的格局，并且存在多个层次。[③]

民族国家作为现代性概念，强调的是现代民族共同体意识。而对于"认同"（identity）这一学术概念来说，英国文化研究学者凯文·罗宾斯（Kevin Robins）十分重视认同的统一性的整合力量，值得注意。在1995年的《认同的空间：全球媒介、电子世界景观与文化边界》（*Space of Identity*）一书中，凯文·罗宾斯与戴维·莫利（David Morley）均强调了多元统一的认同感建立的重要性，并以当代欧洲十分严重的认同危机为例，分析欧洲文化的统一性在欧洲一体化社会文化发展中的重要作用，该书在2001年有中译本，并由南京大学出版社出版。在21世纪，凯文·罗宾斯仍然强调认同的文化统一性观点，并指出：认同的核心就是坚持文化意义上的统一性原则，而不是多元化和多样性；认同强调的是

---

①　周平. 中华民族：中华现代国家的基石［J］. 政治学研究，2015（4）：21-24.
②　周平. 中华民族：中华现代国家的基石［J］. 政治学研究，2015（4）：24.
③　费孝通. 中华民族的多元一体格局［J］. 北京大学学报（哲学社会科学版），1989（4）：1-19.

历史意义上的连续性原则，而不是变化和转型。① 凯文·罗宾斯的意思是说，认同实际是一种文化心理层面的归属感，强调的是整体的统一性，而不是分裂和多样性，强调的是历史的连续、文化的传承，而不是历史的中断。加拿大政治哲学家查尔斯·泰勒（Charles Taylor）在《共同体与民主》一文中也指出，生活在同一政体下的不同群体，必须针对一个能共同接受的甚至是妥协性的政治认同问题，需要进行持续的协商，从而达成共识。② 也就是说，文化认同问题，需要与政治认同互为关联，并在一个共同体的框架内才得以持续完成，而这一共同体在中国语境中就是指现代意义的"中华民族"的民族国家一体化的共同体。

民俗具有民心凝聚的文化认同与整合功能，所以民俗在中国大陆的民族识别工作中起到了十分重要的根本性作用。民俗体育作为民俗的重要组成部分，同样具有深厚的民族历史的文化内涵，民俗体育的文化表现形式往往与民族文化密切相关，如舞龙与划龙舟的民俗体育，在闽台、粤台、浙台等地区都有传承，舞龙与划龙舟的民俗体育都围绕龙这一民族文化象征符号展开，龙作为中华民族的图腾，具有强大的文化整合能力，这与中华民族具有强大的民族整合能力的文化功能是相同的。龙的文化整合能力，中华民族的民族整合能力，都强调整合与统一，这是认同的基本原则。1943 年闻一多在其论文《端午考》中证明端午是龙图腾的节日，也是在当时抗日战争的背景下，为进一步凝聚民族力量，增强民族自信心而撰写的论文。

两岸民俗体育日益复兴的当代，正是中华民族文化传统复兴之际，两岸民众作为民俗体育的参与者，也在参与现代民族国家统一性的建构。因此，民俗体育在文化领域也具有极为重要的民族国家建构的统一性认同功能。

第二节 两岸民俗体育交流对文化认同的影响内容与程度

两岸民俗体育交流所具有的文化功能的分析主要是静态分析，强调的是两岸民俗体育交流所具有的文化作用。但两岸民俗体育交流同时也是一个持续实践的过程，自 20 世纪 80 年代以来，近 40 年的两岸民俗体育交流对文化认同的

---

① BENNETT T, GROSSBERG L, MORRIS M. New Keywords：A Revised Vocabulary of Culture and Society［M］. Oxford：Blackwell Publishing Ltd, 2005：196.

② 查尔斯·泰勒, 张容南, 李义天. 共同体与民主［J］. 现代哲学, 2009（6）：93-100.

影响内容与程度均产生了积极影响。

两岸民俗体育交流对文化认同的影响内容主要集中在两岸民俗体育的参与者身上。两岸民俗体育的参与者也是民俗体育的主体，通过主体间的民俗体育活动的交流实践，在仪式化与场景化的文化时空中展现各自的身体，进一步认知民俗体育的相关知识与传统，并积极实现体育运动员、体育表演者、民俗传承人、文化公民四个社会身份在民俗体育场景下的身份融合，在身体运动中产生持续的文化认同效应。

两岸民俗体育交流对文化认同的影响内容可以从四个方面展开分析，分别是民俗知识与民俗符号认知的深化、青少年身体民俗的身体性意识的强化、四种社会身份融合的场景化、民俗体育表演的仪式化。

一、两岸民俗体育交流对文化认同的影响内容

（一）民俗知识与符号认知

1846 年，英国考古学家威廉·汤姆斯（William Thoms）将"民俗"定义为folklore，即民众的知识，这一定义体现早期民俗学的博物学风格。"民众知识"是一个相对宽泛的概念，可以进一步细分为民众的生产知识与民众的生活知识。民众的生产知识主要以农业社会的农业生产知识为代表，如大陆民众在历史上的刀耕火种的生产方式，台湾少数民族制作弓箭与狩猎的生产方式，美洲印第安人的耕种生产方式则是在可以捕到鱼的地方，也会用鱼做肥料，在一棵玉米下面放一条鱼。① 民众的生活知识则更为丰富，涉及一个人的生命周期的各个阶段的不同生活方式，如生老病死、婚丧嫁娶、体育保健等，都需要相应的生活知识；也涉及人对自然认知的知识，如中国人的二十四节气的自然知识与中医药知识等。

由于生产与生活本身具有不确定性，因此民众需要应对社会与自然的不确定性，从而产生相对稳定的经验与知识。民众的生产知识与生活知识的代代传承，就形成了民众相对稳定的生活方式，从而确立生活秩序，这样民俗就形成了。在这个意义上，民俗的产生是民众对其认知能力和创造能力的自我肯定与确认，民俗学是以民俗知识的文化认知作为学科的开端，而以文化认同作为学科的努力目标，即民俗学始于对生活的文化认知，继之以文化传承，而终于文化认同，从而形成对民众生产方式和生活方式的整体研究，并确认其生活意义。

---

① 克拉克·威斯勒. 人与文化［M］. 钱岗南，傅志强，译. 北京：商务印书馆，2004：114.

　　民俗体育的参与者，无论来自大陆，还是来自台湾，都在持续地认知其所参与的民俗体育活动，并在双向的互动交流过程中知己知彼。不断深化民俗认知的过程，其实也是互相了解对方习俗的过程，在一定程度上既是对自我生产方式与生活方式的确认，同时也是对他者生产方式与生活方式的尊重与理解。

　　两岸民俗体育的参与者在开展民俗体育展演或者比赛等活动时，首先面临的问题，就是生产方式与生活方式的分离现象。民俗体育的参与者往往并不直接参与民俗体育器具的生产与制作，例如，划龙舟的运动员一般不会制作龙舟；舞龙的运动员，一般也不会制作板凳龙或竹龙的龙头、龙身、龙尾；舞狮的体育运动员，也不会制作需要多道扎制程序的木架构狮子。因此，民俗体育的运动员虽然不参加民俗体育器具的生产过程，但是也需要了解民俗体育器具生产的相关知识及其民俗禁忌，从而更好地理解民俗体育发生的整个环节及其文化内涵与价值观。一般情况下，龙头、龙身、龙尾的制作空间是在祠堂、厅堂的地方公共文化空间内，也是在吉祥文化空间内扎制。扎制人员多为地方上的心灵手巧人士，这些民间艺人在地方上往往受到很高礼遇，部分艺人已成为国家级或省级非物质文化遗产项目代表性传承人，成为各级政府保护的对象。另外，舞龙前，龙头还需要开光，否则不能开舞，这是民俗体育的民俗知识，也是民俗禁忌。

　　如浙江萧山河上龙灯胜会流传于浙江省杭州市萧山区河上镇一带，起源于南宋绍兴年间，是在每年元宵节期间以河上镇溪头村为中心，以板龙表演为主，融合马灯、高照等民间艺术元素，持续时间长达五天的大型民俗活动。河上龙灯胜会每一板凳称为"一桥龙段"，表示男丁一人，即民间的"一桥一丁"，象征人丁兴旺。所以舞龙时的一个民俗禁忌就是不能将龙段，也就是板凳龙放在地上，要一直扛在肩膀上。浙江萧山河上龙灯胜会舞龙的开光大典一般在正月初五举行。先从钱塘江、富春江、浦阳江汇合的三江口取来圣水，再由德高望重的老人用毛笔蘸上圣水涂在板凳龙的眼珠上，为板凳龙开光，并将开光后的毛笔扔给观礼的民众，民众则争抢毛笔，抢到毛笔的民众回家后则将毛笔供在灶神前，象征家中的孩子会读书写文章。

　　在民俗体育表演的环节，也涉及对民俗知识的认知，如2006年国家级第一批非物质文化遗产名录中的民间舞蹈类有长兴百叶龙这一民俗体育活动。据课题组的田野调查，在浙江省湖州市长兴县林城镇天平村，人人以舞龙为荣，村里男子均会舞龙，不会舞龙者被认为不是男子汉。舞龙尤以舞龙头者最受村民尊敬，传统的村规规定，不会舞龙头的不能当村干部。如果龙头舞得好，民众则认为会给村庄带来吉祥，这是民众的文化认知。2007年，长兴县大剧院筹建百叶龙艺术团，邀请长兴百叶龙项目国家级非遗代表性传承人谈小明辅导舞龙，但天平桥有个传统的村规，舞龙技巧传内不传外、传男不传女，百叶龙只能由本村人来舞，不能把经验与技巧传给外人。100多年来，百叶龙一直未能出村表演，但是谈小明打破陈规，对外无私教授舞龙的知识与技巧。谈小明将百叶龙舞龙的内部技艺传授给外人，在村里也面临一定的舆论压力，经历了心理上的考验，当时有村民指责谈小明把村里的祖传宝贝送给了别人。但是谈小明认为，表演类节目也是公共遗产，有些经验大家可以共享，就是把技巧全部告诉外人，外人也不见得能真正领会百叶龙的奥妙之处。在一定程度上，这也是谈小明对于百叶龙技艺难以被真正学习领会的文化自信。

通过代表性传承人谈小明的努力，百叶龙的世代传承就突破了村落的空间限制，向城市发展，已在长兴县大剧院舞台上表演，而在长兴县大剧院舞台上表演舞百叶龙的演出人员，已经不再是林城镇天平村人。这也说明，民俗体育的传承主体并不是一成不变的，其人员具有一定的流动性，尤其是在商业化时代，人员流动性更为明显。2019年元宵节期间，长兴百叶龙还去台湾交流演出，长兴人还向好奇的台湾同胞耐心解释长兴百叶龙的舞龙技艺及其神奇的地方。

2019年2月20—24日元宵节期间，应台湾地区南投县政府邀请，浙江省三大非遗项目——长兴百叶龙、永康九狮图和金华婺剧组成"诗画浙江"灯彩艺术表演团，在台湾南投县参加2019南投灯会巡回演出，岛内10余家媒体到场报道该盛况。此次演出，具体是由浙江省海峡两岸经济文化发展促进会组织的。①

这次演出是在长兴县台办主任黄学明等领导的带领下，由浙江百叶龙文化发展股份有限公司和长兴职教中心组成的百叶龙艺术团一行65人，开展为期7天共计6场的文化交流巡演。此次赴台民俗文化交流，是长兴百叶龙艺术团出访史上规模最大、演员最多的一次。②

从长兴百叶龙赴台交流演出的事例，可以看出，随着交流的空间层面的扩大，民俗知识会打破原有的传承禁忌，从地方意义的相对保守狭隘的传统观念向更为积极开放的文化共享的现代理念演变，从而体现因文化交流的需要而在某一方面部分改变自身传统的现象。

舞龙技巧作为民俗体育的民俗知识，往往由舞龙的参与者掌握，师傅言传

① 浙江在线.浙江三大非遗项目首次同时亮相台湾吸引近万同胞观赏［EB/OL］.（2019-02-21）［2021-2-15］.https：//js.zjol.com.cn/ycxw_zxtf/201902/t20190221_9505865.shtml.

② 浙江百叶龙.百叶龙惊艳台湾非遗文化促交流［EB/OL］.（2019-02-26）［2021-02-15］.https：//www.sohu.com/a/297875953_776207.

身教，但是要舞得好，还需要一定的想象力与体力以及技巧。浙江宁波的奉化布龙，其舞龙技巧有一句口诀，即"龙身一节节，人心要齐一"。要求舞龙运动员想象自己是龙的一部分，像龙一样快速运动，并与其他运动员协作配合，不能自行其是，这就需要舞龙运动员具有良好的想象力与悟性，而这正是民俗知识中的默会知识（tacit knowledge）。有些民俗知识，即使师傅说得很详细，徒弟也不一定能领会。默会知识是指难以用语言表达的知识，而获得这些知识和技巧需要反复行动与实践。技艺高超的手艺人不可能用纯粹语言的方式表达其全部的职业知识，而学徒也不可能通过阅读这些语言提示而成为一个技艺高超的手艺人。① 这也说明，民俗体育中的民俗知识需要习练者运用想象力与悟性，并且反复操练实践才能明白，从而真正掌握民俗体育的精髓。

有些民俗体育的知识则具有神秘的传统文化内涵，如浙江磐安重阳节的炼火具有强身健体的功能，2021 年被列入第五批国家级非物质文化遗产名录，表演时在画有八卦图案的平地上要炼三堂火。在降僮的带领下，表演者赤膊赤脚从熊熊燃烧的炭火上快速走过，炼第一堂火时的方位是北进南出，再西进东出。如此反复穿梭，一刻钟为一堂。炼第二堂火改变顺序，改为西进东出，再北进南出，也是一刻钟。炼第三堂火，进出方向不限，三堂火共计 45 分钟。其中，北进南出的民俗知识是北方为坎卦，为水门，而南方是离卦，为火门，民间称为"开水火门"，即从水门进，火门出，而西象征死门，东象征生门，所以第一堂火的民俗知识必须是北进南出，然后西进东出，从生门出来。

另外，民俗体育在其传承发展过程中，总是以各种民俗符号的形式呈现。民俗体育作为一种具有文化特色的体育文化活动，使用各种丰富的民俗符号。民俗体育活动中的民俗符号，往往是以具有象征性的人物、神灵或者物象为代表，如人物符号、神灵符号、事象符号、服饰符号、色彩符号、数字符号、言语符号、造型符号等。民俗体育活动中的各种符号具有浓厚的文化象征意义，同时也具有文化整合的力量。李亦园曾特别指出端午节期间的划船赛舟比赛，用的不是普通的船，而是"龙船"，在这里龙的地位，就另有其结构上的意义，否则纪念屈原，用普通船就可以了，何必一定要用龙舟呢？②

李亦园的分析实际上点明民俗体育活动开展过程中所使用的器具，往往具有一定的文化象征意义，并不是普通的事物。端午节的龙舟，不是普通的船，而是模仿龙的形态而制作的船，如船头要放置龙头，船尾要放置龙尾，并与船

---

① 郁振华. 人类知识的默会维度 ［M］. 北京：北京大学出版社，2012：24-26.
② 李亦园. 李亦园自选集 ［M］. 上海：上海教育出版社，2002：325.

身相契合，船身两侧绘上龙鳞，从而形成龙舟的整体形状。划龙舟作为民俗体育活动，其体育器具龙舟，也不只是简单的体育器具，而是一种文化媒介，沟通人神之间的媒介。龙文化符号是一个综合体，具有整合的力量。汉代就有龙为鳞虫之长的观念，汉代许慎《说文解字》卷十一《龙部》记载龙的神奇伟大：

> 龙，鳞虫之长。能幽能明，能细能巨，能短能长。春分而登天，秋分而潜渊。①

历史上关于龙还有"九似"的画龙技法的概括。明代唐寅《六如居士画谱》卷三收录五代南唐董羽《画龙辑议》记载龙的"九似"是"头似牛，嘴似驴，眼似虾，角似鹿，耳似象，鳞似鱼，须似人，腹似蛇，足似凤"。龙作为想象的神圣动物，本身就是对其他动物的整合。古人认为，画龙者，得神气之道，龙的"九似"实际就是龙文化符号的整合能力，正如中华民族的概念是对56个民族的整合。民族需要更大空间的进一步整合，神灵动物也需要进一步整合，即龙为鳞虫之长。在这个意义上，龙与中华民族是对应的关系，两者都具有强大的整合能力，这也是认同产生的主要文化因素。

何星亮通过研究发现，中国的龙最早是氏族图腾，后来演化成空间范围更大的部落图腾，并最终成为更大空间意义上的中华民族的符号象征。而图腾观念和神灵观念是先后产生的，先有图腾，然后才产生神灵，而且两者互相整合。龙在中国，既是图腾，也是神。②

施爱东则认为，20世纪30年代，出于团结抗日的需要，知识精英为了生产国族图腾，就重新唤起龙的民族特性。20世纪80年代，在振兴中华的又一波爱国主义浪潮中，通俗文化的龙的传人重新唤醒了闻一多龙图腾的旧文章。大众传媒配合时政需求，最终完成了龙就是中国、我们就是中国龙的身份建构。③

实际上，传统在传承过程中也在不断被后人建构，并附加一些新的文化元素。龙文化符号的现当代建构具有历史渊源与民众基础，也得到了民众的广泛认同，所以龙成为中国人或者中华民族的符号象征已是中国人的文化共识，这为两岸文化认同的建构提供了坚实的文化基础。在民俗体育的场景下通过舞龙、

---

① 段玉裁. 说文解字注 [M]. 上海：上海古籍出版社，1988：582.
② 何星亮. 龙：图腾——神 [J]. 民族研究，1993 (2)：38-46.
③ 施爱东. "中国龙"的发明 [J]. 文学与文化，2013 (3)：19-34.

划龙舟，进一步强化龙文化符号的文化认知与文化认同。因此，民俗体育的参与者，首先感知识别民俗符号，其次进一步认知其文化象征意义，从而为文化认同的产生提供前期条件。

民俗体育活动中的其他民俗符号，如服饰符号也具有重要的文化意义。运动员上场时，不同民族的运动员，会穿上不同民族特色的服装，比如蒙古族的那达慕大会，运动员一般会穿上蒙古族民族服饰参加赛马、射箭、摔跤等民俗体育活动。色彩符号的运用，则体现不同的文化象征意义，一般而言，在中国吉祥文化语境中，红色象征喜庆吉祥，青色象征青春生命，黑色象征铁面无私或者权威，白色象征贵族审美或者美好与纯洁无瑕，黄色象征皇家高贵，等等。民俗体育活动中的数字符号也具有特殊的文化内涵，如福建厦门市翔安区内厝镇的宋江阵与台湾南部地区的高雄、宜兰等地的宋江阵其人数由最早的108人，减少为后来的72人、36人，最少是24人。2010年4月9日，厦门市翔安区内厝镇宋江阵表演团赴台湾高雄、宜兰表演，其人数是42人，这也是海峡两岸首次宋江阵文化的交流对接，而内厝宋江阵是60年来第一支入台表演的大陆宋江阵。台湾地区前领导人马英九参加了开幕式，马英九身穿阵头传统服，手持令旗，在致辞中，马英九强调台湾的宋江阵表演来源于大陆。[①] 据课题组的田野调查，内厝镇宋江阵表演团负责人、翔安区宋江阵文化研究会会长林良菽认为，60年到了，就应该有所行动，60是个大数，六十一甲子，这是周期大运数，宋江阵也要动起来。由此可见，民俗体育的开展，在民间层面一直遵循民俗文化的内在逻辑。

宋江阵以宋江命名，而北宋时期的宋江作为中国人心目中的忠义与侠义的代表，在一定程度上也是民间侠义文化与儒家忠义文化的文化人格的融合。宋江有情有义的文化人格，在民间具有强大的号召力，因此宋江在宋江阵中也是该项民俗体育活动的核心民俗符号。另外，海峡两岸的妈祖则是具备更深远的号召力、能带来广泛认同感的神灵符号。福建莆田的妈祖原名林默娘，后来由人而神，民间为了纪念妈祖，采用神灵冠名的方式命名民俗体育活动或者相关组织。如2012年4月7日，在台中市举办了第三届台湾妈祖武术大赛，厦门翔安武术协会派代表参加比赛。

两岸民俗体育中的民俗知识与民俗符号，需要运动员或者表演者具备一定

---

① 福建台胞之家. 厦门内厝宋江阵赴台表演　马英九现场"督阵" [EB/OL]. (2010-04-26) [2010-4-26]. http：//fjtl. taiwan. cn/n1080/n1239/n226102/n226208/n417373/766762. html.

的认知能力，了解民俗文化的历史及其价值观，只有认知深入，才能更好地传承民俗体育，也才能更好地认知对方，从而产生两岸命运共同体意识。

（二）青少年民俗身体意识

"身体民俗"的概念来自美国民俗学。根据彭牧的研究，1989 年，民俗学家凯瑟琳·扬（Katharine Young）按照民俗（folklore）的构词法，创造性地提出"身体民俗"（body folklore），并探讨有关身体的民俗或知识，特别是身体如何参与构建社会的意义。凯瑟琳·扬在《身体民俗》一书中认为，文化刻写在身体上。我们关于身体的信仰，对于身体的感知，以及赋予它的特性，无论是本意还是象征的，都是被文化所构建的。体态、举手投足和穿衣戴帽的方式都体现出我们是某一文化的成员。凯瑟琳·扬认为"身体民俗"研究的核心是关注身体的社会构建，身体是能动的创造与实践主体。①

张青仁在田野调查中发现丧礼过程的禁忌，首先就是对子女身体的约束。在湖南省麻阳县，整个丧葬仪式须在村中的权威老人即"老司"主持下进行。子女在"老司"的指挥下必须通宵坐夜、守灵，起水和出殡时还要三步一回、五步一跪。张青仁认为民俗作为生活文化，其对身体的规训赋予自然身体以社会含义。身体成为民俗的载体，身体从自然身体层面上升到了自然身体与社会身体的统一。另外，身体不仅是民俗规训的对象，更是民俗传承的主要途径。只有在身体的知觉中才能呈现民俗的本原含义，并且这种含义往往是超越了语言的层面，通过身体的知觉才得以真正体验的。②

由于中国的民俗学长期以来重视口头性与仪式性以及民俗事象的研究，对于身体性的关注是近十年来才开始的，因此需要进一步深入分析。因为民俗体育需要一定的体力与技巧，不太适合儿童群体与老年群体，而青少年群体与中年群体则相对适合。民俗体育的传承主体因此主要分为两类人群。第一类是地方意义上的中年人群，这一人群是民俗体育的中坚力量，也是民俗体育最为坚定的守护者与引导者，完全掌握传统民俗体育的相关技艺与知识，其中不少人员还是国家级非物质文化遗产项目或者省级非物质文化遗产项目的代表性传承人。

第二类是各类学校为主的青少年人群，包括从小学到大学以及职业技术学校、武术学校等，这一人群是民俗体育的习得者，还处于学习的成长阶段，可塑性强。由于两岸的文化教育政策的改变，民俗体育也以传统文化的合法化形

① 彭牧. 民俗与身体：美国民俗学的身体研究 [J]. 民俗研究，2010 (3)：16-32.
② 张青仁. 身体性：民俗的基本特性 [J]. 民俗研究，2009 (2)：36-44.

式进入校园，在大陆主要是以"非遗进校园"的方式，在台湾主要是以国民教育推广的形式。通过近40年的两岸民俗体育的交流，从整体上看，民俗体育传承的中年人群是民俗体育的引导者，而民俗体育传承的青少年人群则是民俗体育的追随者，从而形成一定的代际传承关系。

以学校为代表的青少年群体积极参与民俗体育活动，通过组建舞龙队与非遗传承基地的方式发展传统民俗体育。如宁波奉化区的奉港中学，成功组建九节龙表演团队，并多次参加全国农运会和各级地方政府举办的文艺活动。通过民俗体育活动的长期开展，青少年群体的合作意识与团结精神也得到了强化。

据课题组调查，大陆的浙江长兴百叶龙，2004年已在长兴县成立12个百叶龙艺术培训基地。在这12个基地中，有7个是学校，分别是长兴县职教中心百叶龙艺术培训基地、长兴县电大进修学校百叶龙艺术培训基地、长兴县清泉武术学校百叶龙艺术培训基地、长兴县实验小学百叶龙艺术培训基地、长兴县卫校百叶龙艺术培训基地、长兴天平小学百叶龙艺术培训基地、长兴第四小学百叶龙艺术培训基地；其他则是长兴县公安局与武警大队、卫生局、解放军部队等部门，作为丰富公安干警军人的文化生活和磨炼意志的有效途径。可以看出，长兴百叶龙的社会传承，以各类学校的青少年为主。

福建厦门市翔安区宋江阵文化研究会在2011年11月20日成立了翔安武术协会，并建立了12个武术培训基地或训练点，用于传授武术与宋江阵。其中9所是中小学，分别是内厝莲塘小学、内厝鲁黎小学、内厝官塘小学、内厝中心小学、内厝巷东中学、马巷后许小学、新店彭厝小学、大嶝双沪小学、新圩中学；其余3个均为村庄，分别是内厝赵岗村、内厝莲塘村、内厝新埯村，这3个村庄主要面向村民。2012年2月4日，厦门市翔安区宋江阵文化研究会应高雄市内门区紫竹寺邀请，组织"少年宋江阵"26人赴高雄表演，这是少年男子宋江阵。[①] 厦门市翔安区宋江阵的社会传承，也是以中小学的青少年为主。目前，在厦门市翔安区，有三支宋江阵表演团队，分别是翔安成年宋江阵、翔安少年男子宋江阵、翔安少年女子宋江阵，而少年宋江阵的人数已经超过成年宋江阵的人数。

在台湾也有类似的现象，自20世纪90年代起，台湾地区教育主管部门和地方政府开始在学校大力推行民俗体育活动，台湾已有500多所中小学成立了舞狮队。台湾台南大学、台东大学、义守大学、实践大学等大学成立了宋江阵

---

① 厦门市翔安区宋江阵文化研究会. 情系两岸深化交流：翔安武术协会工作开展情况 [Z]. 翔安宋江阵，2012：1-58.

表演团队。台南大学在蔡宗信教授的指导下，还成立了创意宋江阵，将舞龙、舞狮相结合，增加表演的感染力。在学校推广民俗体育活动，不等于学校的青少年就能自动确立对中华民族的共同体认同，针对青少年群体，还需要开展民俗体育教育，并与民俗体育的实践相结合，在这方面还需要系统的引导与实践。

在社会心理学领域被认为是认同理论创立者的德国的埃里克·埃里克森（Eric Erikson）也发现，认同危机总是出现在青年期和年轻成人期，年轻人往往失去历史连续性。青少年期是认同的关键时期，青少年的身体发生了变化，新的社会角色与原有角色会发生冲突，无法连续的时候，就会导致认同混乱。①

所以，当讨论民俗体育的身体性问题时，对青少年身体民俗认同的文化引导就十分重要。英国社会学家齐格蒙特·鲍曼（Zygmunt Bauman）在一次关于认同的主题谈话中，十分敏锐地指出认同的建立需要通过身体的可视化（visualization）："认同是为了穿戴和展示，而不是为了储藏和保存。"② 也就是说，认同的建立需要通过身体的动态形象展示，而不是静态的陈列。身体的可视化则是指身体需要在公共场合被展示，并接受各方面的审视。青少年身体民俗的身体性意识的培养与强化是民俗体育开展时的一个重要的文化维度。民俗体育参与者的身体，既是队员的身体与表演者的身体，更是民俗传承人的身体和文化公民的身体。而民俗传承人的身体与文化公民的身体对前者的队员身体、表演者身体形成了规训与引导，从而确保民俗体育的传承与表演具有文化共同体意识。正是在这个意义上，民俗体育表演者的身体也是被社会文化建构的身体，即被规训的身体（disciplined body），存在极为明显的青少年身体民俗的身体性规训现象。

民俗体育对青少年身体民俗的身体性规训，首先体现在动作程序化与套路化的规训上，这与以身体对抗为特征的竞技体育形成显著的区分。民俗体育并不刻意追求输赢与胜负，民俗体育重在文化传承与文化认同，以谦和合作为本，这与竞技体育的身体对抗的运动精神并不相同。民俗体育的身体运动具有程序化与套路化特征，遵循数百年传承的模式化动作与阵法，其身体行为具有可预测性，而竞技体育的身体运动行为难以预测。因为系列动作被规制化，民俗体育的身体运动往往沿着固定的线路，向神灵或观众展示模式化的动作，在各种套路的转换中，各种动作多次重复，整个民俗体育的过程是程序化的，所以民

---

① 转引自伍庆. 消费社会与消费认同［M］. 北京：社会科学文献出版社，2009：16-19.

② BAUMAN Z. Identity：Conversations with Benedetto Vecchi［M］. Cambridge：Polity Press，2004：89.

俗体育的身体行为，民俗体育的下一个动作与套路在懂行的人看来，都是可以预测的。而竞技体育的现场由于双方对抗性强，运动场内的比赛情况瞬息万变，运动员的身体行为几乎无法预测。民俗体育的动作是代代传承的程序化套路，不能随便更改，要求习得者细心体悟才能完全掌握。所以民俗体育的身体性，实际是对身体的一种文化安排与管理，对于青少年的身体自我管理来说，则更为重要。

龙狮民俗体育是中国具有代表性的民俗体育活动，其身体的规训性十分突出。如浙江龙游硬头狮子是流传于浙江省龙游县民间的传统舞蹈，也是一种民俗体育活动，目前是浙江省省级非物质文化遗产项目。龙游硬头狮子也称"硬壳狮子"，按单狮、双狮、群狮三种顺序进行表演。狮子头用樟木或枸木雕刻，由于龙游硬头狮子重达60余斤，需要身体强壮的青壮年人才能舞动，这对体力也是一个巨大的考验。龙游硬头狮子血盆大口，驴耳斜竖，身材粗短，狮皮用麻绳编制成狮毛，形象原始粗犷。春节期间，龙游硬头狮子表演时，在开锣、火铳、爆竹的热烈气氛烘托下，通过"起跳""摆威""夹口""撒衣""侧蹲""擎狮"等程序化动作，表演"跳街""开四门""踏八卦"三大套路，展示狮子高大威猛、驱邪镇妖、勇武刚烈的性格与精神。尤其是其中的"踏八卦"套路，还要求表演者对《易经》八卦方位（震卦，正东；巽卦，东南；离卦，正南；坤卦，西南；兑卦，正西；乾卦，西北；坎卦，正北；艮卦，东北）及其象征意义有一定的民俗认知，否则民俗体育活动无法开展，这其实是向传统致敬，也是对传统文化的认同，只是通过身体的运动得以表达而已。在身体运动开展的时候，民俗体育表演者的身体，也成了一个文化符号，承载着符号的文化价值，民俗体育的身体受到文化规范的内在制约。

除了舞狮民俗体育外，舞龙民俗体育也存在程序化与套路化的身体规训。作为国家级非物质文化遗产项目的浙江玉环坎门花龙，一般是在正月初一以后表演，主要是以龙绕柱的程序化动作的民俗体育方式呈现。如1929年，坎门三圣庙的一个舞龙班到城关老城隍庙的32根以工代殿廊立柱间表演绕柱。到了21世纪，坎门花龙大量活跃在省市举办的各种群众文艺活动与节日文化活动中，但是程序化动作与套路仍然不变。①

浙江奉化布龙已成为国内舞龙套路规定动作的制定者，在全国农运会与大学生运动会有上均有程序化的动作表演。奉化高级中学舞龙队于2008年8月17日代表中国参加在土耳其举行的伊滋密尔国际文化节和第四届国际库布克文化艺术节，表演的仍是程序化的动作与套路。

---

① 张一芳. 坎门花龙［M］. 杭州：浙江摄影出版社，2016：125-126，147-150.

通过长期的民俗体育身体动作的程序化规训，生理意义上的自然身体就会变成文化意义上的身体，而随着历史的发展与交流的深化，文化意义上的身体就会进一步上升为文明化的身体。英国的身体社会学家克里斯·希林分析了"文明化身体"的三个特征，即身体的社会化、理性化、个体化。身体的社会化是指身体成为社会行为准则的表达场所，人们越来越把身体作为社会性的东西进行管理；理性化是对身体的自我控制，表现为身体的道德行为；个体化并不是指孤立的个体，而是指相互依赖的个体，而人际关系的相互依赖也会使暴力减少。克里斯·希林认为，体育运动是一种相对非暴力的身体对抗形式，伴随着整个社会的暴力减少，以及人们更多地用非暴力手段来解决冲突，这是一种文明化的进程。克里斯·希林讨论的体育运动的非暴力性，主要是针对竞技体育，而民俗体育更多的不是身体对抗，而是身体合作，通过合作共同完成程序化套路的表演。这实际上说明，共同体的建构，需要双方共同行动。共同行动是共同体生活产生的基础，而海峡两岸民俗体育的开展，也是海峡两岸的民众共同合作、共同完成的过程。只有更多地开展海峡两岸民俗体育活动的交流，共同体生活才得以形成，而更高层面的文化认同也才会产生。也就是说，认同不是在对抗中产生的，认同只有在合作中才能产生，这是强调共同合作的民俗体育对于两岸文化认同建构的重要启示。

个体的文化认同是一个历史建构的具体过程，但国内研究身体民俗往往采用现象学方法，其实并不符合学术逻辑。对于民俗体育的身体性的分析，也不适合采用先验的现象学方法。社会学家特纳 1984 年在其《身体与社会》（*The Body and Society*）一书中也批评现象学以个体主义的方式阐述身体的具身现象存在很多问题，现象学分析方法缺乏历史内涵与社会内涵，没有意识到身体实际是被社会性的方式建构的。①

（三）四种社会身份的融合

两岸的民俗体育在近 40 年的交流过程中，也为研究者提供了丰富的研究内容，特别是以青少年学生为主体的两岸民俗体育活动开展的实践群体。民俗体育活动在两岸的开展，积极营造表演小共同体的场景化氛围。民俗体育活动往往是在一个特定的时空场景中进行表演，如节日或典礼期间的广场、寺庙、祠堂、学校、街道等，而场景化表演的民俗体育与小共同体的表演者身份密切关联，表演者的身份意识越强烈，民俗体育的场景化营造就越成功，文化认同就越容易建构。民俗体育的场景化表演，除了表演者的文化认同的建构外，观众

---

① 克里斯·希林. 身体与社会理论 [M]. 李康，译. 北京：北京大学出版社，2010：222.

也在参与文化认同的建构。因为观众与表演者共享两岸相同的文化传统，也就是中华传统文化，所以观看民俗体育活动，可以有效激发观众的文化记忆与文化情感，共同参与场景化的文化认同的建构。两岸民俗体育表演者的身份意识在场景化的表演中，是融合在一起的，而不是分离的。两岸民俗体育参与者的身份意识可以细分为四种类型，分别是民俗体育参与者的学员身份、民俗体育参与者的表演者身份、民俗体育参与者的传承人身份、民俗体育参与者的文化公民身份。

1. 民俗体育参与者的学员身份

两岸民俗体育的表演者，是表演小共同体的队员，更是学员，学员的身份点明了民俗体育习练者的学习者身份。两岸都经历过一段长达数十年的中华传统文化的断层时期，因此对于传统文化的学习与传承，已成为两岸文化认同建构的重要前提条件。

两岸民俗体育交流的主要群体是青少年群体，而这一群体本身还处于生长发育阶段，对于传统文化的认知与认同也处在学习的过程中。由于青少年群体的人生观与价值观还处在形成与培育过程中，因此更需要加强学员身份意识的培养，包括团队合作精神与集体荣誉感。

从现有的两岸民俗体育交流的资料分析来看，大陆的主办方特别重视学员的身份意识的培养，特别是团队合作精神与集体荣誉感。厦门市翔安区内厝中心小学校长林艺辉介绍翔安区宋江阵文化研究会在 2014 年联合四所学校，在三年级到六年级学生中进行选拔，成立了目前大陆首支"女子宋江阵"，每周六训练一天，四位老师负责训练，并对两岸宋江阵的交流做了描述与总结，着重分析了学员的集体荣誉感：

> 宋江阵已多次前往台湾等地进行文化交流。在这一过程中，宋江阵的学员们从中不但感受到了传统文化的魅力，也更加深刻地理解了团结协作的巨大意义：如果哪位学员最终不能上台，就会很失落。只要能上场，哪怕只是让她扛一个旗子都好。这种集体荣誉感，无论是经济飞速发展的大陆，还是生活步伐越来越快的台湾，都是在逐渐流失的，也是有待现代人努力寻找的。宋江阵已经不是一种单纯的阵头形式，而是一种能够培养个人素质的教育模式。①

---

① 厦门市翔安区宋江阵文化研究会，林佳怡. 我是厦门精神的践行者［Z］. 翔安宋江阵，2016：59.

翔安区莲塘小学五年级学生林佳怡在一篇文章中记录了自己作为女子宋江阵表演团队成员平时训练的心得体会，讲述自己学习宋江阵的各种辛苦：

> 台上一分钟，台下十年功。刚组建翔安女子宋江阵的时候，由于人员分布广泛，有初中生，有小学生，来自不同的村庄，不同的学校，每天下午只能自己在各自的学校训练，当放学的钟声敲响，其他同学欢天喜地地回家了，只有我们还坚持在烈日下，冷风中，出拳！站立！蹲马步！……双休日，节日里，寒暑假，当其他同学津津有味地看着电视，兴高采烈地外出游玩，娇嗔地在妈妈怀里撒娇的时候，我们女子宋江阵全体成员集中在宋江阵广场排兵布阵，一遍、两遍、三遍……①

因此，少年女子宋江阵也是一个学习共同体（learning community）。对于学员来说，其同样也是共同体意识的培养过程，特别是集体荣誉感的培养，集体荣誉感强调的是个体对群体文化规范的认同与服从。

民俗体育除了对学员的身体动作的程序化、套路化的身体化规训外，还对习练者的品德与人格提出了要求。"修身修性谦为本"，这是民俗体育对学员品德与人格的内在要求。由于套路复杂、程序化动作多，而且需要团队合作，往往难以在短时间内掌握，这也培养了学员吃苦耐劳与团结合作的体育精神。厦门市翔安区宋江阵文化研究会在 2012 年还制作了《少年宋江阵》队歌，在表演时演唱，歌词说：

> 宋江阵，霍哈霍哈……肩挑使命，不负众望，承前启后，创造辉煌。练功习武不怕艰苦，操演阵法生龙活虎。勇敢拼搏，团结协作，积极进取，勇攀高峰。②

《少年宋江阵》队歌表达的是青少年不怕吃苦的体育精神，展现良好的民俗体育人的精神风貌。民俗体育的习得过程，要求学员从一开始就培养吃苦耐劳与团队合作意识，实际也是协调个人与群体的关系，即个体对群体文化认同的

---

① 厦门市翔安区宋江阵文化研究会林佳怡. 我是厦门精神的践行者［Z］. 翔安宋江阵，2016：59.
② 厦门市翔安区宋江阵文化研究会. 翔安少年宋江阵队歌［Z］. 翔安宋江阵，2012：59.

建构。厦门市翔安区内厝中心小学校长林艺辉认为宋江阵也是青少年集体荣誉感的教育，而集体荣誉感的教育在海峡两岸当下的文化认同建构过程中也十分重要，这是为培育更大层面的中华民族的集体荣誉感打下良好的基础。

2. 民俗体育参与者的表演者身份

在时空化的表演场景下，民俗体育的表演者身份则凸显出来，民俗体育的表演也是民俗实践（the doing of folklore）的文化事件，强调民俗体育在表演情境中的实践行为，包括表演者的表演意识与表演效果。

根据杨利慧的介绍，中国的当代民俗学吸纳了美国印第安纳大学理查德德·鲍曼（Richard Bauman）的表演理论（performance theory），并进行民俗的整体化研究，不再只局限于文本本身，当代中国民俗学的研究逐渐向注重语境、过程、表演者和当下情境的研究转型。表演理论注重"情境性语境"（the situated context）和具体表演时刻（the very moment），注重在特定的情境性语境中，各种因素即时互动交流过程以及其中呈现的各种新生性。①

这是民俗学表演理论的一个贡献，即重点研究在具体的表演情境中，是一项有关为谁表演、观众的构成如何、表演的时间是什么、表演的空间是什么、表演的具体情境氛围如何、表演者的身体行为如何、表演者运用什么样的道具、表演者与观众是否互动、观众对表演者的表演是否满意等综合的研究，所以表演的目的是与他人沟通，表演理论的重心在于表演者个人，而不是文本。民俗学中的表演理论强调的是将个体的表演看成一次生活中的文化实践的事件（event），这里的"事件"是一个中性意义上的学术话语，并不是日常生活理解的负面意义的事件，如发生了一次交通事故，成为一个交通事件，而是指人的表演作为交流的活动，包括人与人的交流、人与神的交流、个人与自我的反思和交流等。所以，彭牧认为，当个人的风格、个性、经验、际遇等都被考虑了进来，民俗学才真正触摸到了有质感的个人层面。表演理论的转向，也就是民俗学的研究重心从"俗"（lore）到"民"（folk）的转变，因为以前关心的是民俗事象，现在才是民俗事象背后的人。②

目前，海峡两岸的民俗体育交流，以展示的方式作为区分，主要分为表演类民俗体育与竞赛类民俗体育两种类型。表演类民俗体育，如宋江阵、舞龙等项目，一般以单支队伍的表演为主，其表演性十分突出。随着两岸民俗体育交

---

① 杨利慧. 语境、过程、表演者与朝向当下的民俗学［J］. 民俗研究，2011（1）：7-27.
② 彭牧. 实践、文化政治学与美国民俗学的表演理论［J］. 民间文化论坛，2005（5）：93-94.

流的逐渐深化,表演群体的年龄呈下降趋势,目前最小的表演个人是来自厦门的7周岁的小学生。

2016年4月2日—10日在台湾高雄内门顺贤宫举行了2016年"高雄内门宋江阵嘉年华活动",在活动上大陆第一支少女宋江阵44人上台表演,大陆新闻有如下报道:

> 开门巡城、七星阵、连环阵、黄蜂出巢、八卦阵……阵法动作刚猛,气势恢宏,风格迥异。令现场观众大跌眼镜的是,这场处处显露出阳刚之气的表演,主角竟全是7岁至15岁的少女……44名散发着青春活力的少女,挥舞着拳脚一齐上阵。这一特殊的宋江阵由6个拳种组成,除了内容丰富的单练、对练之外,阵势的变化也层出不穷。一股浓浓的"闽南味",渗透在表演者的一拳一脚中——把翔安老百姓在生产生活中的独特内容汇入阵势,不仅让宋江阵别具一格,也使其获得前所未有的可看性。最小的7岁,最大的15岁,这些稚气未脱的孩子,在这个璀璨的舞台上,成了最令人瞩目的焦点。①

这则新闻报道,强调了两个元素:一是少女与低年龄段;二是前所未有的可看性,也就是现场表演的效果。宋江阵同样的表演内容,如果先由成年组进行表演,再由少女组表演,其表演效果在观众眼里会产生明显的区分。观众对于青少年组会有更多的艺术欣赏与情感认同,对于青少年也会有更多的宽容与理解,毕竟青少年群体还是一个学习者群体;而对于成年组,观众往往会认为那是他们应该掌握的。民俗体育表演者年龄的低幼化趋势,反而可以吸引更多的家长支持他们的孩子加入宋江阵的表演队伍。翔安区宋江阵文化研究会还向内厝中心幼儿园招收幼儿学员,主要是中班与大班,年龄在5~6周岁。有一位家长在一篇题为《从观众到传承之旅》的文章中写道:

> 家长对宋江阵有一个震撼性的认识是在(2016年)11月30日幼儿园宋江阵表演中,当家长们看到孩子们完美的宋江阵表演之后,他们多么希望自己的孩子也能表演。因为在表演中他们明白,表演的除了阵法、招式之外,还有武术的传承,胆量的考验,毅力的锤炼。活动结束后的一周,我不停地收到家长的咨询:"老师,还可以报名练习

---

① 王元晖,沈彦彦.大陆首支!少女宋江阵惊艳登台[N].厦门日报,2016-04-26(4).

宋江阵吗？什么时候还有表演？"①

　　大陆宋江阵从原来的宋江阵成人队，进一步拓展为宋江阵少年男子队，再进一步拓展为宋江阵少年女子队，最后还形成了宋江阵幼儿队。这四种不同层次、不同年龄的宋江阵，也在丰富宋江阵的表演内容与表演情境。

　　竞赛类民俗体育项目，往往多支队伍一起上场，具有明显的身体对抗特点，但是竞赛类民俗体育仍然具有一定的表演性。如海峡两岸经常举行的划龙舟民俗体育比赛，每条龙舟的行进路线都是直线前行，划龙舟比赛不可能出现船身急转弯的场面，因此，这也是民俗体育的典型特征，即动作的套路化与重复化特征。一般每条龙舟都要设置一面鼓，在比赛过程中通过敲击鼓面鼓舞队员奋力划船。在鼓点声引导下，队员划龙舟的动作整齐划一，具有强烈的节奏感与画面感，水上龙舟比赛项目虽然具有身体对抗性，但是仍然具有强烈的场景表演性。

　　3. 民俗体育参与者的传承人身份

　　民俗与非物质文化遗产（intangible cultural heritage）之间，存在大量重合的内容，两者互为指涉并内在关联。在联合国教科文组织的文件话语中，最早是用"民俗"一词表示民族民间文化的，2003 年以后才采用"非物质文化遗产"的概念代替"民俗"的概念，原因是亚洲国家的文化话语和欧美国家的文化话语在联合国教科文组织层面竞争的过程中，亚洲国家的文化话语胜出。2004 年，美国加利福尼亚大学伯克利分校的哈弗斯登（Hafstein）在《非物质文化遗产的概念制造》一文中以个人参加 2003 年联合国教科文组织《保护非物质文化遗产公约》起草专家委员会的亲身经历，指出欧美国家代表和亚洲国家代表之间存在文化观念的差异，把"非物质文化遗产"概念最终替代欧美更愿意使用的"民俗"概念看成亚洲文化观念的胜利。也就是说在概念的选择上，亚洲国家的非物质文化遗产的话语表达最终被联合国教科文组织采纳，代替之前广泛使用的"民俗"概念。②

　　2003 年，联合国教科文组织《保护非物质文化遗产公约》对非物质文化遗产概念的定义是：

---

① 厦门市翔安区宋江阵文化研究会廖翠榕. 从观众到传承之旅 ［Z］. 翔安宋江阵，2016：55.

② 高丙中. 非物质文化遗产：作为整合性的学术概念的成型 ［J］. 河南社会科学，2007（2）.

被各社区、群体，有时是个人，视为其文化遗产组成部分的各种社会实践、观念表述、表现形式、知识、技能以及相关的工具、实物、手工艺品和文化场所。这种非物质文化遗产世代相传，在各社区和群体适应周围环境以及与自然和历史的互动中，被不断地再创造，为这些社区和群体提供认同感与持续感，从而增强对文化多样性和人类创造力的尊重。[①]

联合国教科文组织这一定义重视个人与群体的文化传承的作用，强调非物质文化遗产不断被创造，并提供文化认同感与持续感。实际上，非物质文化遗产的文化认同感与民俗的文化认同感是一脉相承的，这一定义与"民俗"的定义十分接近，只是非物质文化遗产更突出文化的遗产意识，在其他方面则都是相同的。

在非物质文化遗产的话语体系中，传承人与代表性传承人是两个不同的概念。非物质文化遗产的传承人群分为传承人与代表性传承人两类。传承人是指参与非物质文化遗产传承的相关人员，这一人群数量最大，包括学习传承非物质文化遗产的学员或从业人员。代表性传承人则是各级政府认定在各自的非物质文化遗产项目中具有一定代表性的传承人。从数量上说，一般每个非物质文化遗产项目的代表性传承人数量很少，国家级的一般有1~5人，省级的一般有1~8人，市级的则多一些，有1~10人。这些代表性传承人拥有各级政府的代表性传承人证书，每年政府都会给代表性传承人发放相应的津贴，而且有其他的社会活动，如不定期出席政府举办的非遗座谈会、发表代表性传承人各自的意见、接受媒体采访、接受各级政府的慰问等。而传承人相当于活动的一般参与者，因此没有相应的荣誉，也没有相应的财政补贴。民俗体育在非物质文化遗产保护传承的实践体系中，是分散在非遗的不同门类中。

在2003年联合国教科文组织通过的《保护非物质文化遗产公约》中，"非物质文化遗产"分为5种类型：①口头传说和表述，包括作为非物质文化遗产媒介的语言；②表演艺术；③社会风俗、礼仪、节庆；④有关自然界和宇宙的知识和实践；⑤传统的手工艺技能。

但在中国的非物质文化遗产名录中，由于中国历史悠久，文化丰富多样，非物质文化遗产被细分为十大类，即第一类民间文学，第二类传统音乐，第三类传统舞蹈，第四类传统戏剧，第五类曲艺，第六类传统体育、游艺与杂技，

---

① 王文章. 非物质文化遗产概论［M］. 北京：教育科学出版社，2008：42.

第七类传统美术，第八类传统技艺，第九类传统医药，第十类民俗。在中国化的非物质文化遗产分类中，民俗成为非物质文化遗产的第十个门类。民俗中的民俗体育则分散在第三类传统舞蹈，第六类传统体育、游艺与杂技，第十类民俗中。

民俗体育是非物质文化遗产传承的一种传统文化形态。在民俗体育的传承人群中，少数是中老年群体，其中有的还是该项目的国家级代表性传承人，其文化合法地位得到政府在法律层面的有效保护，在民俗体育传承过程中，还起到项目示范与引领的作用，其身份十分特殊。数量上更多的则是以青少年为主的普通的传承人，也就是一般意义上的民俗体育的参与者，以学习与活态化传承为主，但也正是这一普通的传承人群，成为民俗体育得以发展和壮大的主力军。所以民俗体育的传承人身份，不管是代表性传承人，还是普通的传承人，都有其相应的文化使命，也就是将民俗体育代代传承、发扬光大，只是在这一过程中，双方所起到的作用具有一定的差异。

4. 民俗体育参与者的文化公民身份

民俗体育的发展，与文化政策息息相关，文化政策往往影响民俗体育的发展方向与规模。如台湾在1966年国民党执政时期，曾发起"中华文化复兴"运动，在一定程度上促进了台湾民俗体育的兴起，并逐渐向学校渗透。而大陆随着非物质文化遗产保护政策的实施、非遗进校园的推进，民俗体育也得到前所未有的发展空间。民俗体育在发展过程中，因为与各级政府产生一定的关系，所以民俗体育传承主体的"文化公民"（cultural citizenship）的身份意识也十分重要。美国政治学家加布里埃尔·阿尔蒙德（Gabriel A. Almond）对墨西哥、美国、英国、意大利、德国五个国家的政治文化进行了比较研究，指出公民具有忠诚的政治参与意识，对于国家有强烈的责任感，对于国家的主流意识形态表示认同和理解，对于国家政治事务能够自觉、理性、制度化地参与，对于政府的工作给予信任、宽容和理解，体现公民的爱国主义特征，并在法律框架内行事，并指出了参与型方式对于公民文化形成的重要性。[1]

阿尔蒙德强调公民的爱国主义情感对于国家认同的重要性，美国哲学家罗蒂也持相同的观点，罗蒂批评文化研究领域的文化"左派"以狭隘的地方主义和身份本质论，从内部挑战美国民族认同，而世界主义立场的文化"左派"则从外部否定民族国家的合法性。罗蒂坚持认为民族国家在全球化时代仍然十分

[1]　加布里埃尔·阿尔蒙德，西德尼·维巴. 公民文化：五个国家的政治态度和民主制[M]. 张明澍，译. 北京：商务印书馆，2014：4-19.

重要，民族国家是社会福利的保证与社会正义的后盾，是大众政治参与和推动社会变革的唯一途径，所以要用爱国主义或民族自豪感增强国民的凝聚力。①

而"文化公民"的概念是对"公民"概念的深化，强调的是文化对公民的深刻影响和公民在文化领域的文化意识与文化实践能力。英国的社会学家尼克·史蒂文森（Nick Stevenson）对文化设定了两种情形，一是民族国家层面的，二是全球化流动层面的。史蒂文森认为，我们理解文化的方式会影响我们如何理解公民性，这也就是公民性的文化维度（cultural dimensions of citizenship）。如果文化被认为是同质同源（homogenous）的并且是民族化的，那么民族国家与公民性的关系就要被优先考虑，只有这样才是符合学术逻辑的。如果文化被认为是旅行的、混合的、流动的，那么全球化就应该成为考虑的对象，而新的社会运动通过文化的沟通和共享，可以促成认同的政治（identity politics）。②

史蒂文森强调，在全球化社会高度流动的状态下，通过文化事件的开展与文化沟通及共享，文化活动的参与者的认同政治就可以建立起来。这对于海峡两岸的民俗体育交流这一文化事件的参与者双方都会产生新的影响，从而产生跨文化的人格，也就是文化公民的人格。

在民族国家维度内，由于海峡两岸长期的政治隔阂以及台湾多党政治对青少年教育的干扰，台湾青少年对大陆存在一定程度的意识形态偏见与误解，这与公民身份实际上背道而驰。"文化公民"概念则重点将文化对公民人格的影响进行考察，在中国语境中，则重视中华传统文化对中国公民的人格与行为的深度影响。因此，提高海峡两岸交流的频率与深度，利用各种场景营造民俗体育表演的文化活动仪式化，则有助于培养民俗体育表演者的文化公民的身份意识，中华传统文化的认同的建构也会减少一些阻力。

（四）民俗体育的表演仪式

民俗体育表演的仪式化的目的是营造民俗体育表演的神圣化场景，在神圣化场景中培养对传统文化的文化认同与对国家的政治认同。国内的仪式研究开始注意到民间社会与国家权力的复杂互动关系的研究。在民间仪式中，民间社会在国家在场的场景下，积极将地方信仰转化为民族国家符号，从而使之获得合法性并产生积极的效果。国家与民间互相合作，政府与非政府组织共同协商，这是一种新兴的政治机制，文化仪式的相互承认、相互融合正是国家与地方民

---

① 张旭东. 知识分子与民族理想 [J]. 读书，2000（10）：30-32.

② 尼克·史蒂文森. 文化公民身份：世界性的问题. [M]. 英语影印版. 北京：北京大学出版社，2010：16-18.

族传统、政府与民众新型关系的体现。①

也就是说，民间仪式在表演时，有国家在场，民间仪式实际成为一个国家事件的组成部分，民间与国家通过仪式的表演，共同完成了共同体建构的使命。而文化仪式的相互承认则是指象征国家的仪式与象征民间的仪式在同一场景下得以共时态呈现。如1981年5月17日，中央民族大学举办了首届蒙古族那达慕大会，中央政治局委员、中央统战部部长、国务院副总理等领导人参加会议，升国旗、奏国歌的仪式标志那达慕大会开始，身着蒙古族民族服装的女大学生护送国旗入场，仪仗队与运动员分别进场。主持人使用蒙古语与汉语开始会议议程，升国旗、奏国歌时，大家行注目礼，体现国家的庄严神圣，还有献哈达与赠送礼品的礼仪仪式，赛事则主要是打马球、摔跤和射箭。②

这场首届蒙古族那达慕大会，其中就有文化仪式的相互承认的内容：升国旗、奏国歌的仪式是典型的国家仪式，象征国家的在场与国家的力量；而仪仗队、歌舞表演、献哈达与赠送礼品的礼仪仪式，则是传统的民间仪式，这也是国家与社会的在民俗体育场景中的社会互动和相互承认。当然，在竞技体育中，也有升国旗、奏国歌的仪式，但是竞技体育往往缺少民间仪式的表演。以大陆的宋江阵为例，除了以武术为主体的民俗表现形式外，还在民俗体育表演的仪式化营造方面做了许多努力。宋江阵表演开始的第一个环节就是拜旗仪式，36人分列两行，由执旗、斧者率领，所有兵器高举晃动、敲击出声，队员高声呐喊，以壮声势。旗、斧以连续三次的"左青龙、右白虎、踏中宫"的动作行礼，这个礼仪通常用来参拜神明、接驾接阵或者迎接贵宾。③

这里提到的"迎接贵宾"，往往是指各级政府官员或者其他重要人物　而当行拜旗礼参拜神灵时，除了有方位上的讲究外，还特别要求表演者神态严肃，体现对神灵的虔敬之心。

民俗体育表演的仪式化除了国家仪式与民间仪式的相互承认，还有仪式本身的文化内涵及其文化认同的作用，特别是体现在对神灵和仪式符号的敬仰与认同心理。如台湾高雄内门的顺贤宫的宋江阵，多次来大陆交流演出。传统的高雄内门的顺贤宫的宋江阵是在每年的观音诞辰遶境之后，就谢馆结束，平时并没有宋江阵的演出，因而导致宋江阵演出次数减少。为了解决这个问题，顺贤宫招收内门的青少年，组成36人阵，这是内门第一个没有开馆也没有谢馆仪

---

① 郭于华. 仪式与社会变迁 [M]. 北京：社会科学文献出版社，2000：7-8.

② 郭于华. 仪式与社会变迁 [M]. 北京：社会科学文献出版社，2000：135-155.

③ 厦门市翔安区宋江阵文化研究会. 宋江阵阵法解释 [Z]. 翔安宋江阵，2013：32.

式的宋江阵。可以看出，高雄内门的顺贤宫的宋江阵，本来是以祭拜观音娘娘为中心的一个民俗体育活动，观音作为高雄内门的地方保护神，保的是一方的平安吉祥，也是宋江阵表演娱神的对象。

民俗体育的表演最初往往是为神灵表演的仪式活动，后来逐渐演变为人神共欢的仪式活动。如萧山河上龙灯胜会，目前已被列入第四批国家级非物质文化遗产名录，其民俗过程有很多仪式，除了画龙点睛的开光仪式外，还有板龙拜岩将老太仪式和化龙仪式。萧山河上龙灯胜会的板龙要去河上镇溪头村的岩将庙拜岩将老太，这个时候，家家户户摆香案、献供品、放爆竹，在家门口迎祭神龙，而龙头要向设香案的人家三点头，以示龙王赐福回敬。最后一天晚上舞龙灯时，需要在祠堂中绕柱舞龙，在广场上则有各种阵势与套路，如元宝抽心、柴爿扣等，其中最激动人心的是绞龙浆，即舞龙人员用尽全力，将龙段舞到散架为止，具有强烈的民间文化狂欢精神。最后在河中化龙，即化灯仪式，将龙头与龙段点燃，送龙王上天，整个民俗过程体现了对龙王爷的崇敬之情。

另外，仪式也往往具有双方结盟的文化共同体意义。国内彝族学者巴莫阿依将社会生活分为日常生活与仪式生活两类，强调仪式具有典礼的性质，给人的体验感最为强烈，给人的感受也最深，并将仪式分为人生仪式、社会仪式、生产仪式、宗教仪式四类。巴莫阿依曾对刘伯承将军与彝族头人果基小约旦歃血为盟进行分析。该仪式由彝族祭司毕摩主持，毕摩向神灵陈述结盟的正义性质与内容，呼请神灵保佑并请神灵作证。仪式上将牛血注入酒杯，与酒混合，让结盟双方喝下。再将牛皮撑起来，双方在宣誓结盟后一起从牛皮下钻过。神灵作证，同钻牛皮，同喝血酒，彝族人就相信双方已存在一种神圣联系，表明大家同生死、共命运，这是结缔并强化人与人、集体与集体之间联系的一种仪式。经过这一神圣的结盟仪式活动，小约旦就带领彝族人把红军安全地送出了凉山。①

仪式往往具有强化人际关系与彼此认同的文化功能。通过歃血为盟，红军取得彝族人的信任，与其结成一个命运共同体。民俗学研究的民俗生活，一般也分为日常生活与仪式生活两类，其中民俗体育就是仪式生活的重要体现。海峡两岸的民俗体育表演，由于参与者以青少年群体为主，从仪式的角度分析，也是青少年社会文化意义上的成人礼仪式。成人礼的意思是通过一个仪式的表演，说明该表演者已长大成人，承担相应的社会角色与社会责任。美国威斯康星大学拉克罗斯分校的 Harry W. Gardiner 与加利福尼亚大学戴维斯分校的

---

① 巴莫阿依. 凉山彝族山民的仪式生活 [J]. 民族艺术，2003（2）：6-14.

Corinne Kosmitki 在其合著中分析指出，文化仪式可以建立和表现一个人的文化身份，这些文化仪式一般是用来帮助青少年走向成年阶段，使这些青少年逐渐树立起"我是谁"的身份意识。①

除了神灵具有十分突出的仪式神圣性之外，仪式表演的道具、服装等也具有一定的文化符号象征意义，如宋江阵中反复出现的八卦阵中的八卦的文化符号，就具有神圣性与神秘性。厦门市翔安区宋江阵文化研究会还制作了《少年宋江阵》队歌，用于在表演时演唱，在一定程度上使表演仪式更具有气势。

从民俗体育表演的现场效果来看，仪式越神圣，则营造共同体意识就越成功。仪式表演，也是文化传播的过程和认同的过程，同时，在神圣化的仪式场景中，民俗体育表演者最容易产生传统文化认同。

二、两岸民俗体育交流对文化认同的影响程度

两岸民俗体育交流对文化认同的影响程度的分析，是以阶段性差异为主要特征。两岸民俗体育交流对文化认同的影响程度则是相对量化的分析，主要是影响程度的区分，借用、借鉴美国加利福尼亚州立大学跨文化传播学者吉恩·S. 菲尼（Jean S. Phinney）的研究成果，结合中国的具体文化语境，可以分为三个阶段，分别是海峡两岸中华文化身份认同阶段、海峡两岸文化身份疏离阶段、海峡两岸重寻文化身份认同阶段②，分别对应有文化认同、文化认同危机、文化认同重建三个不同的认同程度。

1987 年台湾解除"戒严令"后，开放台湾同胞赴大陆探亲或者允许居住在大陆的台湾家属访台，以及自 1990 年海峡交流基金会正式成立以来，两岸民俗体育交流日益兴盛时间跨度达 40 年左右，中间经历了许多波折。总体上，通过海峡两岸的民俗体育的交流，部分文化认同得以建立，但仍然存在认同危机，也就是仍然存在文化不认同现象。

自 1987 年以来，由于允许两岸分离近 40 年的亲属探亲，两岸的亲缘关系随之紧密起来，亲缘民俗共同体也得以逐渐建立。四川的王恩普回忆自己的舅舅来成都探亲的经过，当时舅舅已经 40 年没有回大陆了。在双流飞机场接舅舅回家后，舅舅回到故乡的第一件事就是给外祖父和贞姨扫墓。舅舅跪在地上，泣

---

① GARDINER H W, KOSMITZKI C. Lives Across Cultures [M]. 2nd ed. Boston: Allyn and Bacon, 2002: 73-74.

② PINNEY J S. A Three-Stage Model of Ethnic Identity Development in Adolescence [M] // BERNAL M E, NIGHT G P. Ethnic Identity. New York: State University of New York Press, 1993: 61-79.

不成声，临走时，在坟前捧起一抔家乡的泥土带回台湾，放在枕边，朝夕相视。舅舅说："看见家乡的泥土，便像看见了家乡的亲人。"①

随着两岸交流的不断深入，民俗体育也开始在两岸的异地文化空间得以展演。第二阶段，整体上两岸民俗体育朝着交流日益深化的路径发展，呈现良好的发展势头。无论是交流的频率与交流的程度，都有一定程度的提高和深化。以两岸民俗体育具有代表性的宋江阵为例，据闽、台两地专门从事宋江阵研究的台东大学吴腾达教授回忆，1992年12月，在深圳举行的中华大庙会，当时邀请台湾组队参加。吴腾达率领内门宋江阵、北港龙凤狮团、台北舞蹈团参加中华大庙会。其中宋江阵的表演，受到大家的热烈欢迎。但是，最令人意外的是，大陆方面的与会人员居然都是第一次见识宋江阵，不知道台湾有宋江阵，更不知道大陆在历史上也有宋江阵。②

而且随着两岸民俗体育交流的深入，两岸民俗体育技艺层面的交流也在不断深入。2015年12月1日，台南大学民俗文化专业的研究生来厦门翔安区交流，访问了宋江阵文化广场和闽台宋江阵博物馆。在宋江阵文化广场，台南大学民俗文化专业的研究生吴俊宜还现场向宋江阵队员和翔安武氏太极拳学员传授打鼓技法，受到大家的肯定和欢迎。③

除了技艺方面的交流，宋江阵的队员们通过去台湾表演，也加深了对台湾的了解。翔安宋江阵队员林华栗在一篇心得体会文章中说，宋江阵讲的是团结协作、积极进取，经过一次次排练，慢慢地大家就产生了默契，团结的力量就展现出来了。林华栗说他去台湾两次，都是参加比赛，通过比赛认识到了台湾的武术精神，也见识了台湾对手的强劲，这一切都激励他要不断提高自己，形成自我超越的意识。④

在两岸持续合作与努力下，国内唯一的闽台宋江阵博物馆在2015年10月1日国庆节当天开馆，同时举办首届厦门闽台宋江阵民俗文化节，共有12支宋江阵表演队伍。国内有翔安宋江阵、茂林宋江阵、赵岗宋江阵、同安宋江阵、漳州沙坂耀德堂宋江阵等10支，另外2支是来自台湾的代表传统阵头的高雄市内门顺贤宫宋江阵与创意阵头台南大学创意宋江阵。顺贤宫宋江阵是成年队表演，而台南大学创意宋江阵是大学生的青年队表演，还结合了舞龙舞狮，将多种民

① 王恩普. 悠悠故乡情：阿舅回大陆探亲花絮 [J]. 统一论坛，1994（2）：34.
② 厦门市翔安区宋江阵文化研究会. 闽、台两地宋江阵文化研究权威人士：吴腾达先生 [Z]. 翔安宋江阵，2014：76.
③ 厦门市翔安区宋江阵文化研究会. 传授技法，共同进步 [Z]. 翔安宋江阵，2016：72.
④ 厦门市翔安区宋江阵文化研究会. 宋江阵学习心得体会 [Z]. 翔安宋江阵，2016：46.

俗体育元素融合在宋江阵之中，体现台湾地区大学生锐意创新的文化创造力。台东大学吴腾达教授在现场深有感触，指出厦门的闽台宋江阵博物馆是国内首家，这让他们深表佩服。在首届厦门闽台宋江阵民俗文化节上，新店镇茂林宋江阵第四代传承人蔡乌山向闽台宋江阵博物馆捐献了清代双鞭。①

王明珂借华裔美国人的例子分析这一现象，认为需要强调族群文化特征的人，往往是有族群认同危机的人。王明珂举了一个族群认同的例子，台湾的王君是居住在台湾南部乡村的客家人，其祖先自广东迁来已有 200 多年。客家话是其母语，客家文化是其日常生活的一部分，但是外出求学时，客家人身份给他带来许多困扰。有时候，王君反而希望自己是闽南人或者外省人，但是面临族群生活上的困难，王君反而意识到客家人身份的可贵。于是他开始认真研究、保存客家文化。当遇到人生挫折时，王君首先想到的是回家乡，与客家的乡亲朋友们相聚，就是他疗伤止痛的良方。

另外，如华裔美国人也会经常以强烈的文化特征来强调族群身份，如参加华人教会、学古筝、学写毛笔字、打太极拳、在家中陈列有中国意味的摆饰。相反，当一个华裔不认为自己是华人时，也会因为认同危机，回避与中国有关的事物，如不去中国餐馆，不看与中国有关的书报、电影，甚至对中国人有敌意。②

自 2016 年以来，国民党仍然努力维护中华文化共同体的文化传承，这一阶段即海峡两岸重寻文化身份认同阶段。这一阶段至今没有结束，而且只有海峡两岸统一，这一阶段的中华文化身份认同的重建才能基本完成。

所以，针对台湾的族群认同危机，未来第三阶段的两岸民俗体育交流应在交流机制的稳定方面进一步提高。

第三阶段目前还没有实现。这一阶段，是两岸在中华传统文化的认知上取得共识，达成中华文化的认同，并通过民俗体育活动的定期化开展，进一步强化中华传统文化的历史记忆，营造中华民族的文化共同体意识的阶段。但是有一点要说明的是，文化认同是一个持久的长期过程，将来两岸统一时，台湾的文化认同问题仍然需要加强，文化认同问题需要数代人持续努力，而且需要国家政策、文化、教育、社会各方面的配合。

这三个不同历史时期的两岸民俗体育交流阶段的文化认同情况如表 3-1

---

① 厦门市翔安区宋江阵文化研究会. 2015 年首届厦门闽台宋江阵文化节隆重开幕［Z］. 翔安宋江阵，2016：15-16.
② 王明珂. 华夏边缘：历史记忆与族群认同［M］. 上海：上海人民出版社，2020：75-76.

所示。

表3-1 两岸民俗体育交流对文化认同程度的影响

阶段划分	对应时间	阶段性特征	认同程度差异
第一阶段	1949—1986 年	两岸文化身份认同	有文化认同
第二阶段	1987—2015 年	两岸文化身份疏离	部分文化认同
第三阶段	2016 年至今	重寻文化身份认同	重建文化认同

第一阶段向第二阶段演变的一个转折点是 1987 年台湾对赴大陆探亲的政策的松动。1987 年，台湾当局开放岛内民众赴大陆探亲，周纯娟意外地取得第一号《台湾同胞回乡探亲证》，成为首位经正式途径回大陆探亲的台湾同胞，当时全世界各大媒体都在报道两岸这一历史性事件。在上海的一家宾馆，当宾馆负责人听说周纯娟是第一位到大陆探亲的台湾同胞，特意端出精美菜肴招待她和常州的家人。此后每年，周纯娟都回到大陆陪伴老父亲，以补偿离别近 40 年的孝心，直到父亲去世，而且此后很长时间，周纯娟替台湾同胞寻亲成她生活的主题，不少常州赴台湾的参访团赴台，她也都参与接待。①

从这则新闻通讯中可以看出，1987 年周纯娟回大陆探亲时已是 57 岁，而 2014 年周纯娟是 84 岁，回大陆探亲近 30 年来，周纯娟一直是两岸友好的使者。1987 年成为海峡两岸开始通过合法化正式渠道交流的一个标志性年份，自 1987 年以来，两岸的合法化交流，最初仅限于台湾同胞回乡探亲，后来则对于台湾商人赴大陆经商也逐渐放开，并于 1992 年在广东省的深圳市举办中华文化大庙会。也就是说，到了 20 世纪 90 年代，两岸民俗体育活动才真正开始接触交流。

第三阶段还需要一定的时间，只有通过人群代际的更替与学校教育政策的改变，才能基本完成台湾对大陆的中华文化认同，即使将来两岸统一，台湾对大陆的中华文化认同工作仍将长期持续。因此，这一过程是一个长期的对中华文化认同的重建过程。

第三节 两岸民俗体育交流对文化认同的影响机制

机制是指系统性发挥作用的各要素的运行方式，是内在于文化交流活动更

---

① 刘晓华. 常台两地情：记首位循正式途径回大陆探亲的台胞周纯娟 [J]. 台声，2014 (4)：73.

为深层的整体性与系统性要素发挥作用的组织机能。只有建立了良好的机制，两岸文化交流的稳健有序发展的生态才能建立起来。两岸民俗体育交流对海峡两岸的文化认同产生了积极影响，其影响机制主要通过保障机制得以实现，即通过民俗体育教育机制、民俗体育传承机制、民俗体育互动机制三方面发挥对文化认同的影响。这三个机制内部，存在逐层递进深化的关系：民俗体育教育机制是民俗体育传承机制的基础，而民俗体育传承机制则是民俗体育互动机制的基础。三大机制共同作用，从而对民俗体育参与者的文化认同产生积极的影响。

一、民俗体育教育机制

民俗体育教育机制的具体内容，主要体现为对民俗体育的文化认知的机制，如民俗生活、民俗符号、民俗身体、文化认知、文化传承、文化认同、文化身份等各个有机要素的教育。两岸民俗体育教育主要通过各自的家庭教育、学校教育、社会教育三种教育方式实现相应的文化认知的作用。文化认知先于文化认同，如果没有正确的文化认知，文化认同将无从建立。民俗体育的参与者，如果只是把民俗体育当作锻炼身体的一种身体运动，则说明没有树立对民俗体育的真正的文化认知。民俗体育与竞技体育不同，竞技体育中的足球、篮球、羽毛球等球类运动都来自西方，这些竞技体育的文化价值观是西方式的，如竞技体育重视体育技法的创新、需要分出输与赢的运动博弈观和身体对抗的背后，实际是一种个人主义与自由主义文化的体现，虽然竞技体育的开展，也强调运动过程中的团队合作，但从本质上来讲，竞技体育是以个人主义与自由主义的文化为中心的。

民俗体育则以展示与表演的传承为主，强调的是对传统的归依与认可，其身体运动遵循传统的套路与定式，如舞狮、宋江阵等民俗体育，一般会要求走八卦方位，舞龙与划龙舟要求按规定的路线行进并把自己想象成龙的一部分，要求队员具有传统文化想象能力。如果没有传统文化想象力的培养，民俗体育将无法开展，也无法传承。足球、篮球、羽毛球等球类运动，如果也要求运动员走八卦方位，那西方意义上的球类运动就无法开展了。这里也可以看出，民俗体育本身就是对身体的规训，其身体自由度相对于竞技体育而言是比较少的，民俗体育强调的是对传统的认知与认同。

一般而言，民俗体育的家庭教育主要发生在武术或者民俗世家，由于这一类型的家庭的数量比较少，因此家庭教育并不是民俗体育教育的主要方式。

学校教育才是民俗体育教育最重要的场所，大量的民俗体育教育需要依托各级学校才能展开。大陆的"非遗进校园"往往包括民俗体育进校园的相关内容。如河上龙灯胜会流传于浙江省杭州市萧山区河上镇一带，起源于南宋绍兴年间，是在每年元宵节期间以河上镇溪头村为中心，以板龙表演为主，融合马灯、高照等民间艺术元素，持续时间长达五天的大型民俗表演活动。河上龙灯胜会每一板凳称为"一桥龙段"，表示男丁一人，即民间的"一桥一丁"，象征人丁兴旺。河上镇中心学校已经设立河上龙灯胜会传承基地，使家乡民俗文化进校园，让中学生热爱并传承家乡文化。

翔安宋江阵目前是福建省省级非物质文化遗产项目，因此也需要在学校和社会层面开展相应的非物质文化遗产教育，并与民俗体育教育相结合。在福建省，宋江阵有不同层级的非物质文化遗产名录体系，如漳州沙坂村的"龙海宋江九州八卦阵"，在 2008 年 11 月被列为漳州市第三批非物质文化遗产名录。龙海宋江九州八卦阵分为 24 人的小八卦阵、48 人的中八卦阵、108 人的大八卦阵。①

民俗体育的社会教育是对学校教育的有效补充，由于民间团体的不断发展，一些民俗体育的社会团体也会招收相应的学员学习传承民俗体育。如厦门翔安区宋江阵研究会，通过组建宋江阵成人队、青少年队、女子队、幼儿园队的不同年龄层级队伍，实现民俗体育的不同层级的教育。宋江阵成人队是典型的民俗体育的社会教育形式，成人队的队员一般都是村里的村民，只有在习练宋江阵时才组织起来，具有临时性的特征。而宋江阵青少年队、女子队、幼儿园队则依托不同的学校开展民俗体育教育，并不只是强身健体，还有对地方传统的认知、对集体荣誉观念的认同与团队共同体意识的培养。

据课题组调查，厦门翔安区闽台宋江阵博物馆的大厅正前方是香樟木雕的庄严肃穆的"田都元帅"像。田都元帅原名雷海青，唐代人，是当地家喻户晓的忠烈乐官，是宋江阵的守护神，是著名的戏神，也是演员的保护神。当地传说，唐代天宝年间（742—756 年），发生安史之乱。叛军攻陷城池，安禄山喜欢听戏曲，就抓来梨园弟子，在洛阳禁苑中的凝碧池畔，宴会奏乐。乐工们不敢反抗，敢怒不敢言，但是乐工雷海青愤怒地将琵琶掷在地上，面朝唐明皇逃跑的方向，放声大哭。安禄山大怒，下令捉住雷海青，当场杀掉。所以雷海青是忠烈乐官，与宋江阵的宋江所代表的忠义文化，一个忠烈，一个忠义，形成民间文化中的忠诚文化的社会教育。宋江阵虽然以宋江命名，但是这一民俗体育在民间还有忠烈文化在社会中的教育，并与神灵信仰相结合。当地民间认为，

---

① 厦门市翔安区宋江阵文化研究会. 引进吸收取长补短［Z］. 翔安宋江阵，2012：9.

只有拜了田都元帅，表演才会平平安安，这也是民俗体育的社会教育的层面。

二、民俗体育传承机制

在民俗体育教育机制的基础上，民俗体育传承机制才开始发挥作用。民俗体育的代代传承，是民俗体育发展的重要保障与动力机制。如果民俗体育发生传承的断代现象，那么民俗体育的发展就会面临困境。民俗体育的传承机制主要通过传承人发挥其作用，即主要依托代表性传承人与传承人两大群体。其中代表性传承人是民俗体育项目的示范者与引领人，对于青少年的传承人群体而言，具有相当于传统意义上的"师傅"的社会角色，民间俗语"师傅引进门，修行靠自身"，说的就是师傅的引领与指导。民俗体育类非物质文化遗产代表性传承人是指经国务院文化行政部门认定的，承担国家级非物质文化遗产名录项目传承保护责任，具有公认的代表性、权威性与影响力的传承人，相对而言数量较少，但在项目发展中具有地方的权威性，多为德高望重的中老年人。

2008 年文化和旅游部发布了《国家级非物质文化遗产项目代表性传承人认定与管理暂行办法》，其中第四条规定了成为国家级非物质文化遗产项目代表性传承人的三个条件，第十二条是各级文化行政部门应对开展传习活动确有困难的国家级非物质文化遗产项目代表性传承人予以支持的四种方式，第十三条是国家级非物质文化遗产项目代表性传承人应承担的五个义务。具体规定如下：

第四条　符合下列条件的公民可以申请或者被推荐为国家级非物质文化遗产项目代表性传承人：

1. 掌握并承续某项国家级非物质文化遗产；

2. 在一定区域或领域内被公认为具有代表性和影响力；

3. 积极开展传承活动，培养后继人才。

从事非物质文化遗产资料收集、整理和研究的人员不得认定为国家级非物质文化遗产项目代表性传承人。

第十二条　各级文化行政部门应对开展传习活动确有困难的国家级非物质文化遗产项目代表性传承人予以支持，支持方式主要有：

1. 资助传承人的授徒传艺或教育培训活动；

2. 提供必要的传习活动场所；

3. 资助有关技艺资料的整理、出版；

4. 提供展示、宣传及其他有利于项目传承的帮助。

对无经济收入来源、生活确有困难的国家级非物质文化遗产项目代表性传承人，所在地文化行政部门应积极创造条件，并鼓励社会组织和个人进行资助，保障其基本生活需求。

第十三条　国家级非物质文化遗产项目代表性传承人应承担以下义务：

1. 在不违反国家有关法律法规的前提下，根据文化行政部门的要求，提供完整的项目操作程序、技术规范、原材料要求、技艺要领等；

2. 制定项目传承计划和具体目标任务，报文化行政部门备案；

3. 采取收徒、办学等方式，开展传承工作，无保留地传授技艺，培养后继人才；

4. 积极参与展览、演示、研讨、交流等活动；

5. 定期向所在地文化行政部门提交项目传承情况报告。

2008 年文化和旅游部以体制保障的方式确保了国家级非物质文化遗产项目代表性传承人的合法权益与应履行的义务。在大陆，除了国家级非物质文化遗产项目代表性传承人，还有省级非物质文化遗产项目代表性传承人、市级非物质文化遗产项目代表性传承人、县（区）级非物质文化遗产项目代表性传承人，一共四个层级的非物质文化遗产项目代表性传承人。通过四个层级的代表性传承人的传承实践，从而确保该项目能够代代传承。

除了四个层级的代表性传承人，数量最多的就是普通的传承人，只要参与民俗体育活动，就都是该项目的传承人，需要传承相应的文化传统，并维护民俗体育项目的文化价值观。另外，各级中小学、职业技术学校等教育单位，通过成立校非遗保护传承协会、相应项目的非遗传承基地等相关途径，通过制度化、组织化的方式传承非遗，如宁波奉港中学在体育教师王基明的努力下，将原来的校舞龙队发展成奉化布龙国家级非遗项目的传承基地，从而更好地发挥学校在非遗传承中的重要组织作用。

三、民俗体育互动机制

在民俗体育传承机制的基础上，只有双方互相交流，通过互动的机制，双方间的彼此的文化认同才可能建立起来。如果一项民俗体育活动一直停留在地方上发展，没有外出表演，也不与其他的社会群体交流，那么这种封闭式的发展从长远来看不利于培养更为宏大的公民视野，而会被地方化，有可能被一些别有用心的政党利用，作为挑动地方意义上的族群斗争的文化工具。

两岸民俗体育的交流是培养认同的有效途径，但是也要防止为交流而交流的低效、无效交流现象。有研究者指出台湾高度重视两岸青少年交流，组织大量青少年参访团游览大陆培养其民族情怀，但是互动问题没有得到解决。在海峡两岸交流中，部分台湾民众始终对大陆抱持敌意，缺乏认同意愿，不愿意从互动中寻找共同理念。

文化互动机制采用建构主义的方法，认为通过生活中的双向交流，就会逐渐形成交流共同体，而其中的学习者会受到这一交流共同体的影响，从而产生相应的认同心理。但问题是，建构主义要求在具体的生活情境中的双向交流，不是单向度的缺少沟通的无效、低效的交流。

在英语学术界，交流也被称为"沟通"，是同一个英语单词，即 communication。交流的目的是沟通与协商，将某一传统文化，或者具体的活动安排进行生活中的沟通与协商，在这一实践的过程中，跨文化的人格才会形成。民俗学界提出的"民俗协商"概念，在一定程度上回答了这个问题。高丙中把生活事件中的民俗协商过程称为"懂事"。事件不是个人所为，事件是社群的、组织的、社会的概念。作为民俗主体，需要从个人的角度，但也要从人与人相结合的社会这个角度，将这些因素都考虑到，才能讨论事件，才能通过事件来看民俗在当下是怎样运作的。民俗学一直都视"民"为一个社群，关注的是其集体性、群体性，如果涉及的是个人的，那就不是民俗，而是个人兴趣、偶然行为。只有社群的、历史积淀的，才是民俗。而事件是相关的人在一起商量后才发生的，过日子也是协商出来的。所以，高丙中总结为人跟人相遇之后的互动，实际上都是基于民俗的，是民俗协商与民俗实践的过程，也就是生活本身的文化维度。人与人之间的互动之所以是可能的，是因为中间有民俗，不论是已经被确认共有的民俗，还是将要协商达成共识的民俗。有了民俗，即使是不同的民俗，人们相互之间才可以互相沟通、理解，才可以商量并达成新的解决方案。①

在这篇文章中，高丙中并没有进一步讨论何为"懂事"，实际上对于民俗体育的参与者来说，除了能明白许多人生道理，参与民俗体育活动的过程也是一个人通过与他人交流逐渐成长的过程，这也是一个人的人格完善的过程。翔安宋江阵队员林华栗在其一篇心得体会文章中说自己每次去柯依达公司练武，林总（指厦门市翔安区宋江阵文化研究会会长林菽良）就过来教他，每次都意味深长地跟他讲一些做人的道理，让他受益匪浅。而且林华栗指出，除了在大陆与教练交流，去台湾交流也大大开拓了眼界，他也在通过交流不断提高自己。他去台湾两次了，都是去参加比赛，通过比赛认识到了台湾的武术精神，这一

---

① 高丙中. 世界社会的民俗协商：民俗学理论与方法的新生命［J］. 民俗研究，2020（3）.

切都激励他要不断提高自己。①

交流共同体的建构，也就是协商共同体的建构，交流双方就某一问题持续沟通，从而基本达成共识。以前大陆组织的台湾青年学生的大陆观光，之所以交流效果不好，是因为交流参与者的参与度不够。如在大陆的知名景区观光时，当导演介绍相关景点时，这些来自台湾青少年的部分听众可能心不在焉地听一会儿，不太放在心上，因为与自己的关联并不大，这是一种局外人的交流方式。但如果是现场民俗体育表演这样的生活参与度高的生活实践，民俗体育的参与者必须全神贯注，才能完成相关的身体动作。对生活事件的参与程度的高低，决定了交流的质量与效度。在这个意义上，有效的交流作为生活中的实践，也是建设交流共同体的关键，只有这样，文化共同体，乃至民族国家共同体的建构才有可能实现。也就是说，文化共同体并不是一个静态的概念，文化共同体产生其应有的文化功能，需要两岸通过交流才能发挥其作用。也正是在这个意义上，文化共同体的产生需要建立在双向交流的基础上，有了交流共同体的社会实践，才会有真正意义上的中华文化共同体的形成。

第四节　两岸民俗体育交流促进文化认同的基本路径

近40年两岸持续的民俗体育交流，也在一定程度上实现了两岸文化认同的建构，其实现的两个途径主要是通过人群的主体方式与中华文化整合的方式。所谓两岸民俗体育交流促进文化认同人群的实现途径也就是通过五缘民俗建设交流共同体，在交流共同体的建设中促进身份认同的逐渐形成，而两岸民俗体育交流促进文化认同的文化整合方式就是充分发挥中华文化在两岸文化认同中起到的元认同（meta-identity）作用。

一、两岸民俗体育交流共同体的身份认同

五缘民俗不只是将海峡两岸联系起来的文化因素，五缘民俗本身也是交流共同体，通过亲缘、地缘、业缘、神缘、物缘五种关联方式，将人与人有机联系在一起，五缘的每个缘分都在发挥其应有的交流共同体的作用。通过近40年的海峡两岸民俗体育的交流活动，可以发现五缘民俗的交流共同体并解决的不只是"我是谁"的问题，更是"我从哪里来"的问题以及如何认识对方的问

---

① 厦门市翔安区宋江阵文化研究会. 宋江阵学习心得体会 [Z]. 翔安宋江阵，2016：46.

题，这在学术上有很多探讨。在五缘民俗中，发挥重要作用的往往是祖籍意识的身份认同问题，即台湾人到大陆认祖归宗的祖籍溯源的活动。而族群的祖籍意识的身份认同就是追问一个问题："我从哪里来？"英国的跨文化传播学者斯图亚特·霍尔（Stuart Hall）被尊称为"文化研究之父"，他认为当一个人判断自己是否和别人或团体共享一套共同的特征时，这个人就开始鉴别，鉴别是一种过程、一种建构，身份建构的过程是充满矛盾、相互关联的过程。在全球化中，身份总是在变化。当我们询问身份时，不仅要问我们是谁，而且更重要的是要问我们从哪里来。身份是在历史、文化、社会等话语内得以建构，而不是在之外。①

台湾与大陆的文化是同源的，台湾的主体文化来自大陆，这是在亚洲文化的视野中分析问题，而美国的人类学家通过文化源头追溯的方法，却发现欧美文化与亚洲文化本来也是同源的，只是在后来的发展过程中遗失了原来的部分文化，从而变得与原来的文化不一样。美国人类学家克拉克·威斯勒在讨论文化的连续性时指出，美国文化主要来自英国，英国文化来自欧洲大陆，而欧洲文化作为一个整体，其文化来自罗马帝国，罗马帝国的文化又以希腊为基础，而希腊文化以克里特岛文化为基础，克里特岛的文化是来自小亚细亚和埃及，但埃及的文化受到亚洲文化的强烈影响。所以，欧美文化和亚洲文化是同源的，而小麦的栽培、面粉和面包的制作在《圣经》时代就是从亚洲兴起的。②

因此，文化溯源的方法是建构群体认同的重要路径，人类学与考古学的材料已经说明欧美文化与亚洲文化的同源性，人类是同一个命运共同体，而对于亚洲内部空间来说，台湾与大陆的文化也是同源的。文化同源，人群同宗，这样就解决了文化主体与文化源和流的关系：从认同的角度，当然是流的文化向源的文化的追溯与认同。

两岸在交流的过程中，通过圆谱等仪式，发现自己的同宗文化的文化身份。目前在闽南与台湾的民俗体育的交流过程中，更多的是强调同宗同源的文化身份，从而产生彼此的亲切感，拉近双方的距离，在交流共同体中营造文化共同体意识。

二、中华文化对两岸民俗体育的文化整合

中国的传统是以中华文化作为元认同，在中华文化的旗帜下，只要认同中

---

① 武桂杰. 霍尔与文化研究 [M]. 北京：中央编译出版社，2009：45-46.

② 克拉克·威斯勒. 人与文化 [M]. 钱岗南，傅志强，译. 北京：商务印书馆，2004：35.

华文化，就是中华民族的成员，更不会对某地族群产生歧视，从而体现强大的文化包容性。在这个意义上，中华文化成为一个元认同的文化，具有强大的文化整合力量。从中华文化符号、中华文化仪式、中华文化形象、中华文化活动、中华文化仪式、中华文化功能、中华文化认知、中华文化传承、中华文化认同、中华文化价值观等进行一个体系化的建构，形成中华文化对民俗体育的强大整合能力。

民俗体育中的民俗符号、民俗仪式、民俗活动、民俗功能、民俗认知、民俗传承、民俗认同、民俗价值观也都是中华文化系统中的一个有机组成部分，受到整体的影响与制约。在一定程度上，有什么样的中华文化，就会有什么样的民俗体育。中华文化的整合能力强调的是对其他文化的整合影响的能力，包括中华文化的连续性，如果中华文化连续性中断，就会发生文化认同的危机，这也是前面反复强调的文化传承的重要性。

从建设路径的具体内容上说，中华文化对两岸民俗体育的文化整合主要体现在四方面。一是强调民俗体育中的中华文化符号的统摄力，如龙文化符号、狮文化符号、观音文化符号、妈祖文化符号等事物与人物、神灵的强大的符号象征意义及其文化统摄力。二是重视民俗体育中的民俗仪式的举行，通过场景化的神圣的文化仪式凝聚人心。三是民俗体育的身体规训，使民俗体育的身体运动程序化与套路化，从而体现中华文化对身体运动的规训。正如政治学者伊罗生指出的，身体是创造认同最显而易见的要素，身体是认同的标记。[1] 要创造认同，首先要通过身体，身体由于肤色等差异最容易被识别。中国作为黄种人与美国的白种人在身体上首先被识别出来，而民俗体育是身体化的、模式化的体育运动，通过程式化的身体运动展现自我。海峡两岸都是中国人，这是身体的原初性特征，也是认同得以建构的身体基础，即人种相同。四是通过五缘民俗的交流共同体的建构，从文化身份上营造共同体意识，从小共同体向大共同体演进，实现文化身份的归属感，展现其忠诚的文化意识。

对于中华文化而言，文化认同本质上是一种文明认同（civilizational identity）。中华文化在世界意义上是一种文明类型，与欧洲文明具有明显的区分。文明内部的认同与不同文明之间的认同具有不同特点。不同文明之间的认同十分困难，而同一文明内部的认同，虽然受到政治等因素的负面干扰，但是相对而言，只要解决其政治因素，其内部的文化整合相对不同文明之间，其整合路径则十分

---

① 哈罗德·伊罗生. 群氓之族：群体认同与政治变迁 [M]. 邓伯宸，译. 桂林：广西师范大学出版社，2015：92-95.

清晰。这一整合路径就是通过双方的持续交流，在交流中共同行动，形成稳定的共同体生活，通过共同行动逐渐达成共识，在共识的基础上，就会产生文化认同。只要海峡两岸的民俗体育活动能够持续稳定地交流，中华文化认同建构就会持续强化，中华民族的伟大复兴为期不远，必将实现。

第四章

两岸民俗体育交流历程与文化认同

第一节　两岸民俗体育文化交流历程

　　两岸民俗体育交流是两岸体育交流的重要组成部分，需要在两岸体育交流的背景下研究两岸民俗体育交流的历程。本部分对大陆和台湾的民俗体育的交流做了全面的梳理。

　　在两岸体育交流中，民俗体育作为体育的一个重要领域，特别是在民间交流方面发挥了重要作用。

　　2012年，新一届中央领导集体在国家博物馆参观《复兴之路》展览过程中首次提出中国梦，习近平总书记也倡导各民族同胞共同努力，早日实现中华民族伟大复兴的中国梦。① 党的十九大描绘了实现中华民族伟大复兴中国梦的宏伟蓝图，明确将两岸和平统一大业作为中国梦的重要内容之一。实现祖国统一大业，早日实现两岸和平统一是政治问题，必须用政治的手段去解决，但与此同时有必要发挥两岸民俗体育的桥梁作用，增加两岸同根同源互知，增进两岸同胞民族感、归属感，增强同宗同族和民族文化认同。

　　随着海峡两岸体育交流的进程，民俗体育交流也在不断加强。最初阶段是从1988年至2006年，属于零散交流，并集中于福建、广东、台湾地区，此后逐步扩展到两岸全局。

---

① 刘明福. 习近平民族复兴大战略：学习习近平系列讲话的体会［J］. 决策与信息，2014
（8）：26.

表 4-1 两岸民俗体育交流一览

时间	地点	活动名称	主办方	活动概况
1988 年 10 月	厦门	海峡两岸武术交流大会	不详	两岸武术界首次交流，黄善德率武术文化交流团 50 多人参赛
1995 年 12 月	厦门	"鎏源杯"首届海峡两岸武术邀请赛	厦门市体育总会、厦门市武术协会	3 支台湾地区代表队、3 支厦门代表队、1 支泉州代表队参赛
2002 年 10 月	佛山	"鹰牌陶瓷杯"首届粤港澳台狮王争霸赛	国家体育总局社会体育指导中心、中国龙狮运动协会	粤港澳台四地各 2 支狮队，共 8 支队伍参赛，是四个地区首次举办海峡两岸暨香港、澳门的醒狮比赛
2006 年 5 月	佛山	第一届"中国·张槎针织杯"世界舞龙夜光龙锦标赛	中国龙狮运动协会	台湾代表队参加，并获得金奖
2006—2019 年	厦门	首届"嘉庚杯""敬贤杯"两岸龙舟赛	中国龙舟协会、福建省体育局、集美区人民政府、厦门市体育局、厦门市集美学校委员会	自 2006 年以来已成功举办了 13 届，成为海峡两岸文化交流、传承的重要平台。2019 年龙舟赛设有 4 个组别，共有 53 支队伍报名参赛，其中台湾参赛队伍 27 支约 702 人，大陆 26 支，台湾参赛队伍创历史新高，首次超过大陆参赛队伍
2006 年 10 月	泉州	泉州市首届"金威颐园杯"海峡两岸龙舟邀请赛	不详	福州仓山、金门、集美大学、漳州龙海等海峡两岸的 8 支代表队近 250 名运动员参加 250 米和 1000 米直道竞速比赛
2006 年	厦门	集美海峡两岸龙舟赛	国家体育总局社会体育指导中心、中国龙舟协会等	金门有 4 支队伍参赛

时间	地点	活动名称	主办方	活动概况
2008 年 10 月	泉州	第六届全国农民运动会	农业农村部、国家体育总局、中国农民体育协会	台湾地区代表团参与龙舟比赛
2010 年 6 月	枣庄	海峡两岸龙舟邀请赛	山东省台办、枣庄市政府	来自台湾、浙江、江苏等省市的 13 支国内代表队和 1 支国际友人代表队 400 名队员参赛
2010 年 10 月	杭州	"德信·臻园杯" 2010 年京杭大运河全国龙舟邀请赛	中国龙舟协会，浙江省、杭州市体育局，杭州市旅游委员会、杭州市京杭运河综合保护委、拱墅区人民政府	台北花莲龙舟队夺得公开组团体冠军
2010 年 12 月	台湾	2010 年两岸大专院校舞龙舞狮联合表演及龙狮运动学术交流活动	中国台北龙狮运动总会、台湾体育学院	台湾：中国文化大学、台北市立体育学院、台湾体育学院、彰化师范大学参加联合表演和交流活动。大陆：北京体育大学北狮队、武汉体育学院南狮队、南京理工大学舞龙队参加
2011 年 4 月	合肥	第五届海峡两岸中华武术论坛	致公党中央、致公党安徽省委	在论坛交流中，海峡两岸暨香港、澳门武术界和体育界的专家学者对武术进行了多角度、全方位、深层次研讨，提出了许多新观点、新方法

续表

时间	地点	活动名称	主办方	活动概况
2011 年 5 月	福州	福州海峡两岸龙舟赛	福州市政府主办，福州市体育局等承办	台湾龙舟队伍有苗栗县飞越青年发展协会龙舟队、苗栗文化观光休闲产业发展协会龙舟队、台北市福建同乡会龙舟队、台中市龙舟队、高雄市龙舟队 5 支队伍参赛，达 100 余人
2011 年 5 月	保定	中国保定第四届空竹艺术节	河北省体育局、中共保定市委、保定市人民政府	台湾地区的著名空竹艺人、国际空竹大师卓家宏先生参加开幕式表演
2011 年 5 月		台湾食鹤拳宗师首赴大陆寻根	无	台湾食鹤拳第三代掌门人刘长益首次来到大陆开展武学交流活动，为福建精武武术训练中心里小学员上示范课
2011 年 6 月	枣庄	中国·枣庄"浙江商会杯"海峡两岸龙舟邀请赛	山东省台办、枣庄市政府	台湾地区代表队、澳门代表队获得"最佳拼搏队"称号，台湾地区代表队荣获优秀组织奖
2011 年 6 月	厦门	"梦圆两岸 民间达人秀"第三届郑成功文化节	厦门市人民政府	台湾地区的陀螺达人林森海在"梦圆两岸 民间达人秀"比赛中获得冠军
2011 年 10 月	河北	中国吴桥国际杂技艺术节	文化和旅游部与河北省人民政府	林森海代表台湾参赛选手精神抖擞地亮相，表演《陀螺特技》节目
2012 年 8 月	北京	第三届中国"广内杯"空竹邀请赛	北京市文化局、体育局、台办	台北体育学院文化艺术队受邀作为表演嘉宾和参赛选手参加。台湾的选手宋佳政，更有"扯铃达人"的美称

续表

时间	地点	活动名称	主办方	活动概况
2012 年 10 月	莆田	"仙台一家亲"妈祖文化交流活动	仙游县妈祖文化交流协会、台北松山慈佑宫董事会	300 多名来自台北市松山慈佑宫的两岸妈祖信众参加了开幕式
2012 年 11 月	台湾	两岸陀螺爱好者以鞭会友	无	到台湾环岛旅游的河南省鞭陀运动协会 77 位成员，27 日一行人以陀螺会友，团员见 150 斤大陀螺任由个人抛打
2013 年 1 月	厦门	会香祭典霞城城隍庙建立 350 周年	不详	台湾地区 25 家城隍庙 700 多名台湾信众参加庆典。嘉义市城隍庙、松山霞海城隍庙、台北霞海城隍庙、云林斗六城隍庙、基隆护国城隍庙等在阵头踩街表演中登场。福建海澄、云霄、长汀等地的 30 多家城隍庙则带来了具有闽南传统民俗的车鼓弄、宋江阵、拍胸舞等表演
2013 年 5 月	烟台	2013 妈祖文化节暨妈祖诞辰 1053 周年祭奠仪式	烟台市台湾事务办公室、烟台市文化广电新闻出版局	两岸宫庙代表、台胞及当地群众 1000 余人参加。分为妈祖更换凤冠、霞帔仪式，妈祖诞辰进献头炷香祭奠仪式，烟台市 2013 妈祖文化节开幕式和纪念妈祖诞辰 1053 周年祭奠仪式，参观《妈祖文化陈列》四部分

续表

时间	地点	活动名称	主办方	活动概况
2013 年 5 月	金门	两岸 20 家城隍庙齐聚金门举行城隍遶境活动	不详	厦门城隍庙、海澄城隍庙、霞城城隍庙、长泰城隍庙等 20 家来自厦漳的宫庙齐聚金门，与金门、台湾地区的宫庙共同在金门城区进行迎城隍遶境活动
2013 年 8 月	台州	两岸青少年武术比赛交流大会	台州市椒江区人民政府、台州市椒江区体育局	台湾中华武术总会、中华武术总会海外分会及台州各代表队，共 17 个代表队 300 余人参加。台州、台湾两地武术团体开展各种拳法、器械、绝技的演练，以及武术文化研讨等活动
2013 年 11 月	开封	中国开封第 31 届菊花文化节全国鞭陀精英展示大会	开封市政府、中国鞭陀联合会、开封市体育局	台湾地区民间体育大师林森海向开封市的鞭陀爱好者表演了"三阳开泰、六六大顺、保龄球陀螺"等陀螺特技，并与回族爱好者们一道切磋了"撂石锁"技艺
2013 年 12 月	北京	第四届中国广内空竹文化交流暨邀请赛	北京市文化局、体育局、台办	以"抖起中国梦"为主题，共设专业组、未来之星组、国际友人组三个组别，还开展了特色花样技艺展示赛。台湾的"空竹达人"宋佳政表演《艺·域》空竹节目，李连元老师与台湾地区空竹艺术团团长签订友好交流协议

时间	地点	活动名称	主办方	活动概况
2013 年 12 月	广西	台湾台北市景美女中拔河队赴广西交流	广西桂台经济科技文化交流协会、台湾中华运动传播协会	拔河世界冠军台北景美女中女子拔河队到广西开展交流
2014 年 1 月	福建	首届海峡两岸清水祖师文化节	泉州市人民政府、福建省闽台交流协会、福建省闽南文化发展基金会	海峡两岸暨香港、澳门以及东南亚等地清水岩分炉和信众代表共 1300 多人参加。中国佛教协会常务副会长、五台山住持释妙江法师主持颁典仪式，两岸 1000 余信众在雨中进香叩拜
2014 年 5 月	江苏	"如皋市'体彩杯'海峡两岸象棋大师赛"	江苏省棋类运动协会，如皋市体育局、如皋市体育中心、如皋市棋类协会	中国台北象棋协会理事长薛嘉昀一行 12 位象棋大师到如皋开展交流活动。江苏棋院副院长、特级国际大师徐天红陪同
2014 年 5 月	台湾	2014 年台湾中华杯国际少林武术大赛	不详	山东菏泽市洪拳协会会员 19 人应邀赴台参赛。菏泽市共 12 名队员参加了比赛，经过奋勇拼搏，共夺得 38 枚金牌、4 枚银牌、4 枚铜牌
2014 年 7 月	台湾	花莲县少数民族联合丰年节	不详	广西田阳县的舞狮队和宾阳县的游彩架赴台，参加花莲县少数民族联合丰年节。目睹广西传统民族民间文化艺术的绝活——广西田阳舞狮表演、刀尖狮技和广西宾阳游彩架
2014 年 10 月	厦门		无	"台湾陀螺王"林森海来到福建厦门的翔安区小嶝休闲渔村交流

时间	地点	活动名称	主办方	活动概况
2015 年 3 月	广州	广州市越秀区第五届广府庙会	广州市越秀区台办、民宗局	台湾新北市芦洲护天宫地母庙主任委员李益义一行 51 人参加。芦洲护天宫地母庙的八大"天宫神将"和北管乐团艺术队伍随城隍出巡队伍参与了巡游的全程活动
2015 年 9 月	商丘	中国·夏邑第三届鞭陀文化节	河北省社会体育管理中心、夏邑县人民政府	中国台北队鞭陀大师林森海进行了 80 公斤重陀才艺表演
2016 年 6 月	漳州云霄	2016 年云霄县龙舟大赛暨第七届海峡两岸青年龙舟赛	云霄县人民政府	
2016 年 12 月	北京	第七届"广内杯"空竹邀请赛	北京市文化局、体育局、台办	中华全球洪门联盟、台湾地区社区代表、台湾空竹（台湾又称"扯铃"）达人以及各地区的参赛者共享中华传统文化盛宴
2017 年	金门	第九届端午节龙舟竞赛	金门县政府	表演组由中兴大学、台湾清华大学、厦门大学、浙江师范大学、金门大学 5 队组成，比赛共有 30 场次
2017 年 5 月	保定	中国·保定第九届空竹艺术节	河北省体育局、中共保定市委、保定市人民政府	来自北京、台湾地区，以及马来西亚 319 支代表队 4500 多名空竹爱好者参加了此次活动。台湾小选手们带来了《空竹韵海峡》表演

续表

时间	地点	活动名称	主办方	活动概况
2017 年 5 月	宁波	"两岸一家亲·龙舟端午情"秀美浃江龙舟赛	不详	来自宁波和台湾地区共计 21 支代表队同场竞技
2017 年 6 月	上海	首届两岸城市龙舟文化交流活动	上海市、南京市龙舟运动协会，水岸台北端午嘉年华筹备处、新北市体育总会	来自两岸暨香港、澳门的 16 支龙舟队伍参加
2017 年 7 月	天津	台湾少林洪拳总会京津参访团到西青区考察交流	区委统战部（台办）、天津市黄埔军校同学会	台湾少林洪拳总会尤少岚馆长带领参访团参观了霍元甲文武学校，实地参观了学生宿舍、训练场馆等，并与现场教学的武术教练进行了演示交流
2018 年 4 月	漳州	海峡两岸空竹文化交流活动	不详	以"清新福建·花样漳州·炫美空竹"为主题。台湾苗栗县后龙小学扯铃队（空竹文化表演团）一行 65 人，在校长林信全的带领下，到平和国家重点文物保护单位绳武楼参加活动
2018 年 5 月	烟台	2018 烟台天后行宫妈祖文化节	烟台市文化广电新闻出版局、烟台市人民政府台湾事务办公室	包括妈祖遶境祈福（巡游仪式）、纪念妈祖诞辰 1058 周年春祠祭典仪式等。烟台市莆田商会进行国家级非物质文化遗产"莆仙十音八乐"表演
2018 年 5 月	遂宁	遂宁—台北木球交流活动暨遂宁市木球运动启动仪式	遂宁市台办	两地代表交换了木球运动合作意向书。参赛的台北代表队与遂宁代表队切磋了技艺

续表

时间	地点	活动名称	主办方	活动概况
2018 年 6 月	台北	第二届两岸城市龙舟文化交流活动	遂宁市台办	在台北市基隆河大直桥下大佳段河道举行
2018 年 8 月	福州	国家级非遗咏春拳海峡交流中心暨福州融侨旗舰传习所在福州揭牌	不详	海峡两岸咏春同门弟子以及社会各界人士近 200 人出席该活动。国家非遗咏春拳代表性传承人郑祖杰代表国家级非遗咏春拳海峡交流中心与台湾地区咏春拳运动学会互赠会旗以表纪念
2018 年 9 月	北京	第九届"广内杯"空竹邀请赛	北京市文化局、体育局、台办	台湾高雄活力健康扯铃发展协会的空竹高手们参与比赛，献上精彩的《两岸同心——高雄心北京情》空竹节目表演
2019 年 5 月	南京	第三届两岸城市龙舟文化交流活动暨第二届南京秦淮河龙舟竞渡大赛	北京市文化局、体育局、台办	南京市、上海市、台北市、新北市 12 支队参赛，324 名运动员相聚外秦淮河，南京港华队勇夺本次赛事桂冠，台北关渡宫龙舟队、台北霞海城隍庙龙舟队分列第 2 名、第 3 名
2019 年 6 月	高雄	"龙跃爱河——2019 高雄爱河端午龙舟嘉年华"比赛	高雄市政府	上海中医药大学龙舟队获得冠军
2019 年 6 月	漳州	2019 海峡两岸华安九龙江龙舟邀请赛	华安县人民政府、漳州市旅游投资集团有限公司	以"两岸心·龙舟情"为主题

续表

时间	地点	活动名称	主办方	活动概况
2019 年 11 月	南平	中国龙舟公开赛总决赛（福建·南平）暨"茶娃杯"延平湖海峡两岸龙舟邀请赛	国家体育总局社会体育指导中心、中国龙舟协会、福建省体育局、南平市人民政府	首次邀请金门两支实力雄厚的龙舟队来延平参赛
2019 年 12 月	绍兴	两岸学子交流活动	绍兴市教育局	台湾地区后龙小学空竹队访问团一行 39 人到越城区袍江小学交流访问
2019 年 12 月	绍兴	海峡两岸（越城）校园空竹大赛	国际空竹联合会、越城区人民政府	比赛分空竹舞台艺术赛、空竹竞速赛（锦标赛）两大项，吸引了来自两岸的 300 余名学生参与比赛
2020 年 9 月	厦门	第十二届海峡论坛	国务院台办、福建省人民政府	快阁苑小学 25 名学生携手台湾地区苗栗空竹队集体亮相厦门国际会议中心进行空竹表演

　　中华民族文化的同源性和同质性，特别是闽台文化在地缘等方面的相似性，使得两岸区域间的民俗体育文化交流成为可能。厦台、闽台、遂台民俗体育文化是中华民族文化一体多元中的重要组成部分，都顺应并培育于两岸同胞共存的生存环境和精神需求，以具有明显民俗体育文化特征的厦台民俗体育文化为例，在地缘近、血缘亲、史缘同、文缘通等民间风俗基础上，"以点带面、从线到面"逐步形成区域大合作，推动两岸文化大发展成为两岸民俗体育文化工作探索的重要内容。2007 年 6 月，经文化和旅游部批准，厦门市恢复了传统民俗节日，并重点推动"一区一节"活动，积极打造颇具影响力的对台文化交流合作平台。其中包括郑成功文化节、福德文化节、保生慈济文化节和池王爷信仰、凤山祖庙等民俗文化庙会（见图 4-1）。

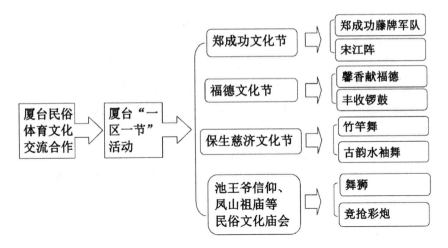

图 4-1　厦台民俗体育交流"一区一节"活动

第二节　两岸民俗体育交流的特征、渠道与价值

一、两岸民俗体育交流的特征

(一) 民俗相同，文化先行

"三通"的实现，为两岸各种交流提供了最基本的保障，文化同源、体育的国际语言性为民俗体育交流提供了交流前提。

节庆习俗、民俗活动、宗教信仰、生活习惯等形成的民俗体育活动基本相同，民俗体育活动具有相似性，使得交流成为可能。如春节送灶神、重阳节登高、端午节赛龙舟、元宵灯会等节庆习俗下的民俗交流较多，两岸以宋江阵为代表的攻炮城、神猪竞赛、花鼓阵等信仰类活动，在阵法、人数、表演形式等方面都具有极高的相似度。

以祭祖、缅怀先烈为主题的文化同源性，是人们渴望交流的重要原因。基于人们顺应自然、满足生活的愿望，通过祈求、祭拜的方式来求得风调雨顺、国泰民安的祭祀、祭祖等活动仪式都充满了相似性，使交流得以实现。诸如孔子诞辰祭典、妈祖诞辰祭典、上白礁谒祖祭典、城隍爷出巡祭典、中元节普渡祭典、烧王船祭典、打耳祭等，此类交流也是两岸交流的主要特征。还有人们对健康、修身养性的追求是两岸民俗体育交流的典型特征。这类活动包括空竹、踢毽、跳绳、鞭陀螺、中华武术、武术气功、拔河等。

娱乐性与竞赛性等是现代人生活方式的追求和体现。娱乐表演的民俗体育活动在表现形式上体现了较强的融合性，是音乐、技巧、舞蹈与美的集中表现。诸如车鼓阵、舞龙、舞狮、划龙舟也是交流活动中不可或缺的项目。而民俗体育的竞赛，既体现了竞技体育追求更"高""快""强"的核心价值，又融合了中国传统民俗体育的"和""寿""礼""健"等核心价值观，破解了只求胜利竞技观的困境，完成了价值再塑，由此带来的民族融合成为新的价值点，这种特征是其他项目难以取代的。有学者认为，在社会转型过程中，民俗体育项目的竞技化是一种必然，如龙舟①，因此民俗体育交流不可能没有竞技。

（二）官方主导，民间唱戏

两岸交流起于制度上的破冰和思维的突破，行于真正的商业和文化、体育交流。从商业部、文化和旅游部、体育总局等的统计数据来看，最初打破这种僵局的是商业交流、文化交流和体育交流。在体育方面，代表我国参加国际大型活动的中国奥委会和中国台北奥委会起着非常重要的作用。自1979年中国恢复奥运成员国地位开始，这种工作就逐步展开，两岸奥委会的交往也同时起步，两岸奥委会为破解交流中的问题每年一次进行对话。国家体育总局、福建体育局、江苏体育局等组织的活动，促进了这种交流，确立了官方主导地位。

各种民间体育协会的活动也成为助力两岸交流最重要的工具，两岸自行车协会、龙舟协会、帆船帆板协会、龙狮协会，以及商会、台胞会、工商协会、统一促进会等组织的活动，起到了助推的作用，不仅促进了两岸民俗体育的交流，更从广泛的角度促进了文化、旅游、商业、体育的交流。

（三）求同存异，各展风采

从两岸民俗体育发展的历史来看，在近现代有着不同的经历和发展，从古代开始至清朝，两岸的文化是一脉相承，文化同源。《马关条约》后，台湾地区进入日本的殖民统治时期，外来文化的渗透在一定程度上改变了一些项目的发展，使其形式上有了变化，导致同样的项目发展出不同的风格。这些变化既显示了文化同源的意义和价值，又显示了文化的发展特质，使得文化汲取精华、创新发展成为可能，台湾艺阵的多样性就是很好的例证。

闽、台两地的艺阵，起于同源，但流派众多、表现形式丰富多彩，福建的艺阵有25种阵法，台湾的艺阵有81种阵法之多。大陆在龙舟竞技化、多样化

---

① 胡娟. 龙舟竞渡流变历程中的现代发展［D］. 北京：北京体育大学，2007：15.

上的成果，台湾在陀螺上的竞技化和表演化的发展也为我们拓宽了交流渠道。

二、两岸体育交流的渠道

民俗体育作为两岸体育文化的重要组成部分，一直以多渠道、多方法、多形式的特点积极开展，助力于两岸交流合作、增进互信、提升共同感。本研究搜集了 1949 年至今两岸民俗体育交流合作的大量具体事例活动，将两岸民俗体育交流渠道归纳为三方面：两岸官方渠道交流渠道，两岸奥委会交流渠道，两岸民间组织交流渠道。

（一）两岸官方渠道交流渠道

两岸教育、体育部门等官方渠道为两岸民俗体育交流合作提供了便捷。全国体育总会所属单项协会包括中国田径协会、中国篮球协会、中国羽毛球协会、中国技巧协会、中国游泳协会等共计 35 个，两岸各单项体育协会主办或委托会员单位承办各类运动竞赛。

（二）两岸奥委会交流渠道

1979 年日本名古屋会议通过新决议，承认北京之奥委会名称为"中国奥林匹克委员会"，国家奥委会会歌、会旗和会徽为中华人民共和国国歌、国旗和提交并经执委会批准的会徽。位于台北的委员会则称为"中国台北奥林匹克委员会"，会歌、会旗和会徽有别于目前使用的会歌、会旗和会徽，并须经国际奥委会执委会的批准。因此，两岸奥委会的交流合作分别指中国奥委会和中国台北奥委会之间的交流合作，包括安排各项制度性活动、组织两岸优秀教练员互访学习培训、建立定期互访机制、展开体育交流座谈会等。

（三）两岸民间组织交流渠道

两岸民俗体育政策法规、活动策划、统筹安排，除两岸奥委会之间往来以及官方主办的各项活动外，更多地以民间小团体机构组织或两岸基层体育组织安排举行。由中国单项体育协会认证，各地方主办的各项两岸民俗活动都属于两岸基本体育组织之间的交流。两岸民俗体育在民间也以自发自然的形式一直往来交流，这类两岸民俗体育活动多是由地区工作委员会、台湾同胞联谊会、教育处等联合承办，如两岸百人登山活动、环骑活动、横渡活动等。

三、两岸民俗体育交流的价值

（一）两岸民俗体育交流对主客体关系的正确定位

价值主体与价值客体是价值产生过程中的重要因素，探讨价值主体与价值客体的关系有助于正确理解价值是如何生成的。

价值主体在物质形式上把握、改造和占有价值客体，价值客体则被价值主体把握、改造和占有，以满足价值主体的需要，是一种物质性的双向关系结构。民俗体育本身似乎是主体，其功能、特点、作用等通过民俗体育对外环境而产生，但是，两岸民俗体育活动归根结底是人的活动，其出发点与落脚点都应回到人这一主体上；两岸民俗体育则恰恰是客体，并且只有明确主客体，才能坚持人本主义，不走物本主义的歪路。在马克思价值主客体的实践关系中，价值主体基于价值认识及自身生存和发展的需要进行创价实践活动，实现对价值客体的改造，把自己的能力和力量物化为价值产品，甚至创造出单纯的自然进化所不能产生的东西，即人化自然在物质形式上把握、改造和占有价值客体以满足自己的需要。

价值客体制约着价值主体实践方式的选择和客体以满足自己的需要，价值客体制约着价值主体实践方式的选择和实践结果的产生。人的生理结构、心理结构和精神文化在一定程度上规定了两岸民俗体育发展的总体走向，并且作为主体的人的活动，通过两岸民俗体育来更好地认识和改变人，只是这种认识和改变是有一定局限的，它受限于当时人的行为活动、思想境界和物质条件等，另外，它也受限于当时环境的影响，即社会环境和自然环境的制约。客体是由物质世界的某些物质发展而来的，客体转化为价值客体必须具备的条件是具有某种属性的客体必须是在主体本质力量和活动范围之内，任何客体只有当它纳入主体活动的实践范围，与一定主体的目的、需要、利益联系在一起，从而成为价值活动的一个组成部分时才生成价值。作为客体的个别两岸民俗体育项目，从人类起始时就以某种形式存在，但在被人们的认识能力和实践能力触及之前，其对人类的生存和发展来说，只是一种非价值形态的存在物。其属性、功能、价值等只有通过人类实践活动纳入两岸民俗体育活动范畴后，才被称作价值客体。

（二）两岸民俗体育交流对社会文化的融合与超越

从人们渔猎、集居、祭祀等原始活动开始，每一种民俗体育活动都不是凭空产生的。约翰·赫伊津哈在《游戏的人》中就指出：游戏早于文化。随着社会文明的提升与社会结构的更迭，松散原始的游戏慢慢向规则化、组织化的游戏状态转变，在与文化不断的冲突、碰撞、融合过程中，又逐渐成为文化的一部分。[①] 两岸民俗体育也是如此，两岸民俗体育并不等同于原始体育元素符号的

---

① 张萌萌. 赫伊津哈游戏论研究 [D]. 济南：山东大学，2013：15.

机械累加，在其自身存在与演化的进程中，是以非纯粹的自然演进模式进行的，人类文明的高度越高，两岸民俗体育的活动形式就越多样，两岸民俗体育活动中所承载的文化要素就越丰富。我们可以将两岸民俗体育看作一个个单独的音符，那么将这些简单符号串联成五线谱的正是中华传统文化，这些两岸民俗体育活动正因为与中华传统文化结缘，方能在滔滔的历史长河中未遭到摒弃。古罗马的人兽格斗，是轻贱格斗者生命使之与猛兽鏖斗从而满足贵族嗜好欲望的活动，在倡导社会主义核心价值观的今天早已消失，但在那个特定时代却受到了上流社会狂热的追捧与推崇，根本原因是其赖以存在的价值基础是野蛮落后的奴隶制度和残酷的阶级压迫，而人兽格斗满足了特定时期人们社会的价值需要。

两岸民俗体育的价值体现也映射着社会生存发展的意义。空洞无物、与社会文化价值相悖的两岸民俗体育活动必然行而不远、难以续存，而有着深厚底蕴文化价值的民俗体育活动则承袭不止，源远流长。踢毽子是民间流传盛广的一项体育项目，因器材简易、形式活泼、场地要求低等受到广大群众追捧与喜爱。"毽子"以文字形式被正式记载最早出现在宋代，明人徐炬著《事物原始》时引宋人语曰："今时小儿以锡为钱，装以鸡羽，呼为箭子。"从文字描述来看，此时的箭子与现在的毽子已无较大差异，但在当时，毽子仍只是被视作娱乐趣味的活动。民国时期，中国体育受到了西方竞技体育的强烈冲击，踢毽子活动的娱乐消遣属性与竞技体育所要求的"更高、更快、更强"相矛盾，因此不能融入近现代体育大家庭中，只能靠一些新老踢毽子人勉强维持。

中华人民共和国成立后，踢毽子活动又得到了很好的保护与发展，这与当时社会开始重视民俗体育活动息息相关。1963 年，踢毽子还被正式编入小学体育课程教材。1984 年，为弘扬民俗体育活动，振奋民族精神，国家体委正式将踢毽子列为全国比赛项目之一，并颁布了《毽球竞赛规则》，将"踢毽子"改称为"毽球"。[①] 踢毽子这一民俗体育活动的诞生、成长、兴盛、衰落以及今天的重新发掘与创新，取决于不同时期社会文化的形态、结构、属性等，其意义都围绕着能否满足当时社会文化价值的需要，从而被制约受限或选择创造。

两岸民俗体育作为一个动态的不断发展创新的事物，其价值都是以人为基本点出发，以满足当时人们需要为标准，与社会文化价值相互融合并遵循社会文化价值内涵，及时有效地根据社会规则和标准调整自身行为，使之与文明活

---

① 买佳. 民族传统体育在我国学校体育教育中的发展与经验启示［D］. 武汉：华中师范大学，2014：8.

动相互协调整合，在某个时间节点上又超越社会文化价值，成为一种抽象的存在。20 世纪 80 年代后，赛龙舟被列入中国国家体育比赛项目，端午节赛龙舟活动更加蓬勃开展，在中国华北、东北和远离两河流域的内陆，虽然水资源分布不平衡导致开展环境极其困难，但是作为两岸民俗体育的重要环节之一，赛龙舟的文化底蕴却被大众认可与接纳，龙作为华夏民族虔诚崇拜的精神图腾，渗透到人们生活的方方面面，并被附上各种传奇色彩。这一具有浓郁民俗色彩的群众性娱乐活动，不仅是中国传统体育项目，而且已成为传播弘扬"龙文化"的重要载体，促使两岸民俗体育进一步深入交流。在这一点上，赛龙舟远远超越运动本身，也远在于社会文化价值之上。

第三节　两岸民俗体育文化的认同本质

当今学界的众多学者对文化认同的本质有不同的解读与观点，其中最有代表性的观点还是价值类型说和态度情感说。两者都认为个体的文化认同其实是社会文化在个体内心中稳定的体现，其表现为个体对于某种相对稳定的文化模式的确认感，其实质是一种"自我认同"的再现。[1] 文化认同是维系社会群体的一种天然纽带，是民族认同所必不可少的因素，同时也是维系社会稳定的基石。

两岸文化一脉相承，同根同源。在宗教信仰、语言艺术、社会价值规范、风俗习惯等各方面，都体现了两岸高度的文化认同。而民俗体育文化认同隶属于社会文化价值，也就是文化认同的一部分。

一、草根通俗性

闽南文化作为中华民族传统文化中的一种区域性文化，具有开放互补性、边缘从属性、多元复合性三个显著特征。而这三个特征又集中体现了"草根性"。这种"草根性"是两岸民众间文化认同的基础，特别是闽南群体间。[2] 闽南文化中有很多很高雅的东西，但最能打动民众内心、拉近民众间距离的往往是那些"草根性"、民间性、通俗性的东西。而这对于极具"草根"色彩的民

① 陈振勇. 少数民族体育文化促进民族关系和谐的理论与实践研究 [M]. 北京：中国广播电视出版社，2016：23.
② 黄顺力，李卫华. 闽南文化的特征与两岸民众的文化认同 [J]. 闽台文化交流，2008 (1)：30-34.

俗体育项目来说，便是其最大的优势。两岸民众在民俗体育文化上的交流与沟通，是最便利和深入的，也最容易加强这种文化纽带的作用，进而产生文化认同感。

二、宗族亲情性

闽台宋江阵本身具有移民文化的特征，台湾宋江阵源于历史上闽南地区的多次移民，而移民经历使他们心中蕴藏着强烈的思乡之情与族根意识。族根意识又反过来影响宋江阵，逐渐成为闽台民众心中共同的民族文化象征，如2012年台南七股树子脚宝安宫的"白鹤阵"表演团前往漳州龙海，踏上"寻根之旅"。少数民族中男女老少往往共同参与打陀螺运动，富有"台湾陀螺王阿海师"美誉的台湾桃园大溪人林森海频繁现身大陆各地，寻求与大陆的陀螺传承人、爱好者等进行比赛、交流。

两岸民俗体育虽在组织形式、外在形态上存在一定差异，但究其文化根源都是由中华民族创造并传承下来的。作为一项融入了宗教及习俗的集体活动，满足族群的需要，成为这些族群体形成凝聚的一种文化符号，体现着祖国大陆人民与台湾同胞一脉相承、手足情深的历史渊源，而族群认同不仅凝聚着情感共识，更是产生中华民族认同的前提条件。

三、信仰同通性

两岸信仰文化历史悠久，根底深厚。如今，围绕共同的民间信仰，海峡两岸举办多种祭祀、庆典活动。两岸携手发扬和传承英雄崇拜、传说故事的历史记忆，可以在两岸人民心中引起情感的共鸣，弘扬共同信仰将成为两岸民俗体育文化沟通的重要途径。

宋江阵源于福建省厦门市翔安区马巷镇赵岗村，始于明朝嘉靖年间，在清初得到大发展。该村的村民相传是唐朝末年农民起义军的后代。有两次大的福建向台湾移民，这些移民将他们已有的文化习惯、生活特征、信仰、宗教等都移植到台湾，也包括处于祭祀活动萌芽期的宋江阵。从民间文化的角度来说，闽台同属一个文化区，有着共同的信仰。"妈祖、临水夫人、保生大帝、王爷"等宗教信仰在闽台地区有着广大的推崇者，台湾与福建陈靖姑的十二婆姐也有千丝万缕的联系。关于陀螺的起源，有许多精彩的传说故事，既有源于偶然的娱乐消遣，也有为爱而旋转的遗留等。其既是人们对轻松快乐的向往，也是人们对某些情感的寄托。海峡两岸男女老少都精于打陀螺这一运动，而也许正是因为打陀螺从古延续至今承载着民众对美好愿望的情感寄托，所以某些地区在赛前还会举行祭祀陀螺神仪式。可见，中华民族拥有众多共同的信仰，而海峡两岸民众的共同信仰便是两岸同根同源的根基。

四、文化互动性

文化是一个民族和国家赖以生存与发展的重要前提，是数千年悠久历史的沉淀，也是日常生活的见证。加强两岸民俗体育文化互动将成为构建文化认同以及中华民族认同的重要纽带。宋江阵、打陀螺作为两岸共有的文化，经过历史记忆的维持与不断建构而发展至今，是历史的传承和延续。

自 2009 年以来，海峡两岸宋江阵长期保持着互相交流、共同传承的关系。以民俗节日为活动平台，社会团体为主要的参与对象，参与人员主要包括来自民俗表演团体习练者、爱好者以及青少年和大学生。高雄内门宋江阵嘉年华活动是目前海峡两岸最有影响力的艺阵交流活动之一。同样，随着两岸文化交流步伐的加快，两岸陀螺交流在 2011 年前后也随之兴起，以"台湾陀螺王"林森海来大陆交流为典型代表，各地方主办举行的多项展演活动也带动了陀螺文化的交流。因此，两岸民俗体育以民间小团体机构组织或两岸基层体育组织安排有利于淡化政治色彩，民俗体育固有的民间性、普遍性等特点有利于带动官方和政策的互动。因此，政府组织与民间非政治团体体育交流合作，可促进文化互动，实现广泛的社会参与，唤醒民众的文化归属感，从而构建文化认同。

五、民族统一性

有学者指出，文化认同是人们在一个民族国家共同体中长期生活而形成的对该民族国家文化精神的肯定性体认，它集中体现为对该民族核心价值的认同，是提升一个国家民族凝聚力和创造力的应然矢量与诉求标志。① 两岸民俗体育文化，由中华民族文化衍生出来，并依托中华民族文化而生。反过来说，文化认同的主体是人而非文化，人对本民族文化会有强烈的民族情感，此种情感则又会借着文化认同产生维护国家统一、民族团结、社会和谐稳定和塑造民族凝聚力、向心力的价值与功能。民俗体育活动中的民族性表现在活动中含有的民族符号、民族特色、民族特质上。比如，龙舟竞渡和舞龙舞狮所包含的"龙文化"，宋江阵的"尚武""保家卫国"等。由此发现，这些被赋予了民族烙印的民俗体育活动，增强了民族凝聚力，唤起了民族认同。因此，两岸民俗体育文化认同也是一种中华民族身份的认同。

---

① 刘振怡. 文化记忆与文化认同的微观研究［J］. 学术交流，2017（10）：23-27.

第五章

两岸龙狮交流与文化认同

第一节　两岸舞龙舞狮的起源与发展

舞龙舞狮是中国独有的民间文化，龙和狮皆有神秘色彩，让人闻而生怯，常常出现在祭祀仪式上，表达人们对神物的敬仰，希望得到神灵的庇佑。在中华文化的悠悠长河里，龙既是神物，也是中华民族的精神象征，深深地根植于每位国人心中。不论我们身在何处，只要看到龙形图案，内心顿时感觉无比自豪和幸福。而灵兽"狮子"，在现实生活中能够找到它的原型，只是跟流传下来的造型大不一样。虽然根据保存下来的建筑、壁画等文物，可以了解狮子的模样，但其与活物仍然存在有着较大的差异。龙和狮在人们心中占据着重要的位置，是人们娱乐活动不可缺少的部分。然而，随着时代的更迭，龙和狮在不同时期却蕴意着新的时代内涵。

一、大陆舞龙舞狮的起源与发展

自古以来，龙就是神灵的化身，能呼风唤雨，拥有强大的力量，掌控世间万物的命运。在人们心中，龙与人之间有着密切的联系。这种关联不仅仅体现在农业劳作的过程中，而且体现在人们的精神追求上。在远古时期，生产力还不够发达，农业生产受天气影响极大，人们屡屡遭受灾害影响，认为天上的神物发怒，将灾祸降临人间，于是形成了祭天求雨仪式，祈求来年风调雨顺，幸福安康。

在神话传说中，女娲用黄土创造人类，人又"化育"生灵万物，于是人就是万物的主宰，一代代繁衍生息。那么我们不禁会问，龙是从何而来呢？关于龙的传说有很多，根据史书记载，从夏朝开始，君主已经成为龙的化身。[①] 龙，

---

① 蔡宗信. 台湾舞狮历史发展脉络之探析 [J]. 身体文化学报，2005，（12）：11-26.

能翻云覆雨、神通广大、力大无穷，掌管云和水，是平民百姓的保护神。龙在汉代有很多记载。如《史记》中记载，刘邦的母亲刘媪曾在堤岸上休息，忽然，电闪雷鸣、狂风大作，天色灰暗，一条蛟龙盘旋在她的身上，从那以后刘媪怀孕在身，生下一子，就是刘邦。刘邦被认为是天之骄子，理所当然受到许多百姓拥护，顺其自然成为皇帝。陈胜、吴广大泽乡起义，同样是借助龙的神力，利用篝火蛊惑人心，人们相信这是神的旨意，发动第一次平民起义，从而揭开了秦末农民起义的序幕。

在原始时代，我们的祖先是怎么想象"龙"这种本来不存在的神物呢？要想知道龙的形成过程，大概我们也只能从历史文物中寻找答案。中华龙文化网站资料指出，龙纹发现先后顺序如下：内蒙古赤峰出土的陶器龙纹（距今7200年）、陕西宝鸡北首岭遗址出土的彩陶瓶上的龙凤纹（距今7000年）、河南濮阳西水坡遗址出土的龙虎蚌塑（距今5500年）、山西襄汾陶寺遗址出土的蟠龙纹彩陶盘（距今5000年）。[①] 从内蒙古赤峰到山西襄汾陶寺遗址龙纹的出土，属于新石器时期，是考察龙起源的重要依据。根据流传下来的龙纹形状，与现代龙的图腾对比，不难发现这个时期的龙纹，虽然造型简约，结构朴实无华，但龙的形状已具雏形。"从外形看，头似猪、体似虫、无角、无鳞，巨首、张口露齿、身体盘曲，有双足和四肢。"[②] 关于龙的形状，有"三停九似"的说法。宋人罗愿在《尔雅翼》中提出，"三停"即自首至膊，膊至腰，腰至尾，分别代表龙头、龙身和龙尾。"九似"即角似鹿、头似驼、眼似兔、项似蛇、腹似蜃、鳞似鱼、爪似鹰、掌似熊、耳似牛。由此可见，龙的形象是多种动物的复合形式，使其更具有神秘色彩。人们希望通过祭祀仪式，以表衷心，借此得到神灵庇佑。

综上所述，不论是神话传说，还是出土的文物、壁画，都能体现出龙在中国拥有悠久的历史，大致推算其最早出现在新石器时期，在夏朝君主已经被认为是龙的化身。在后来的许多帝王极其推崇龙，好像龙与君王之间存在着某种密切的联系，如刘邦的出生、宋太祖赵匡胤黄袍加身等。龙，是神力的化身，拥有至高无上的权力，掌管着万物生存。人们通过龙王庙或者祠堂祭拜神龙，希望风调雨顺、五谷丰登、家庭和睦、人丁兴旺。当然，龙是一种想象的神物，需要通过一定的形式展现出来，人们才能直观地了解它的模样。于是，龙的图案孕育而生，经过漫长的继承、发展和创新，渐渐固定下来。

---

① 庞进，赵晨宇. 中华龙文化兰州论坛论文集 [C]. 兰州：甘肃文化出版社，2007.
② 廖金文，江建垣. 苗栗舞龙文化 [M]. 苗栗：苗栗县造桥国民小学，2005.

　　由于龙的特殊地位，它影响到文化的各个方面，形成了独特的中国龙文化。刘晓等认为，舞龙运动是在龙文化的基础上诞生的一种运动，由早期民间的祭祀、求雨、巫术等形式逐步发展成具有民族特色的民间传统活动，并随着华人的迁移而传播到世界各地①。原龙纹是原始宗教的产物，它本身具有为神人之间传递信息的信使的身份，包含着浓厚的宗教观念，应原始巫术的需要而产生。由于先民对动物的敬畏、依赖和崇拜，便出现了各种动物的原龙纹。狩猎是原始人赖以生存的生产活动，动物与人的生活息息相关。费尔巴哈说："动物是人不可缺少的必要的东西，人之所以为人要依靠动物，而人的生命和存在所依靠的东西，对于人来说就是神。"② 舞龙作为与神沟通的媒介，是呈现龙的身体形态、生活习性以及强大生命力的载体，寄托着人们对美好生活的追求和向往。

　　狮子在国人心中有着独特的地位，在古代建筑、民间艺术、装饰等方面仍然可见它的身影。狮，是一种雄健、威武、勇敢的动物，古人称之为"百兽之王"。狮子被视为安详、守护、辟邪、吉祥的神物，以及勇敢和力量的象征。

　　舞狮在全国绝大多数地区都可以见到，但是作为动物的狮子在中国并无分布。狮子最初写作"师子"，显然是音译而来，但是来源不明。日本民俗艺术研究者本田安次推测其是取梵语 simba 的发音，故称狮子③，但并无确证。在《魏书·释老志》中，斯里兰卡记作"师子国"，可以说在一定程度上支撑了这一推测。④《后汉书》卷三中有汉章和元年（87 年）"月氏国遣使献扶拔、师子"⑤，记录了由西域向朝廷进贡狮子一事，应是狮子这种动物首次出现在中国。通常认为，舞狮第一次出现在史料上是在547—550 年完成的《洛阳伽蓝记》中，在记载长秋寺降诞会佛像出巡时，该书写道，"辟邪、师子导引其前"⑥。该书关于舞狮本身虽然没有做详细描述，但是对盛大的佛像巡游做了非常生动的记录：

　　　　四月四日此像常出，辟邪、师子导引其前。吞刀吐火，腾骧一面，彩幢上索，诡谲不常，奇伎异服，冠于都市。像停之处，观者如堵，迭相践踏，常有死人。⑦

---

①　刘晓，花蕊，王涛. 龙文化与舞龙运动的发展研究［J］. 沈阳体育学院学报，2009，28（5）：125-128.

②　费尔巴哈. 宗教的本质［M］. 北京：生活·读书·新知三联书店，1962.

③　本田安次. 日本の伝統芸能［M］. 东京：錦正社，2000：167.

④　魏收. 魏书·释老志：第 114 卷［M］. 北京：中华书局，1974：3031.

⑤　范晔. 后汉书：第 3 卷［M］. 北京：中华书局，1871：109.

⑥　杨衒之. 洛阳伽蓝记［M］. 周祖谟，校. 北京：中华书局，1963：36.

⑦　杨衒之. 洛阳伽蓝记［M］. 周祖谟，校. 北京：中华书局，1963：36-37.

　　这里描述的场景，恍惚令人联想到后世的庙会盛况。在这条史料中尤其值得注意的一点是，此时舞狮和佛教之间的关系，与后世的情形大为不同。同时，本条中还记述了在降诞会上所演的其他散乐，即所谓"吞刀吐火、彩幢上索"等。这些散乐与当时称作"师子舞"的舞狮一样，也在日本古图《信西古乐图》①中有所记载。

　　总体而言，关于舞狮的史料虽然早在北魏就已出现，但在当时尚属凤毛麟角。自中唐以后，除上述《通典》《乐府杂录》外，《旧唐书》和《新唐书》皆有关于"太平乐"的记录。《教坊记》有曲名"西河师子"等，唐末南卓著《羯鼓录》所记名曲中，除太平乐外，亦记有"西河师子三台舞"等，但未描述舞蹈形式。②通过笔记、诗歌等也不时可以看到舞狮的身影。其中最广为人知的，恐怕是白居易的《西凉伎》。③这首诗对舞狮的形态刻画极为生动细腻，除舞动时"奋迅毛衣摆双耳，如从流沙来万里"外，其中的"假面胡人假狮子"和"刻木为头丝作尾"两句也常常在舞狮等与狮子相关的"狮文化"研究中被引用。

　　从这首诗里，我们可以得到至少两个关于当时舞狮的重要信息。第一，舞狮者为胡人而非汉人，由安西都护进献而来，原准备任务完成后返回家乡；第二，当时的狮头亦是由木雕刻而成的，舞者头套狮头，身披毛衣，且从"紫髯深目两胡儿"来看，舞者为两人，估计是一前一后共舞一狮。就形态而言，与今天我们在中国各地看到的舞狮已经很相似。新疆出土的唐代舞狮土偶，可以直观地证明这一点。从这个土偶可以看出，当时已经形成了舞狮者二人由狮头和幕布覆盖、双腿露在外面的一种具象与抽象相结合的形式，而非完全由所谓"毛衣"将人套起来。这种舞狮，至少从造型上看，和现在广泛分布在东亚各国的一狮二人的舞狮有很多相同之处。但是很明显，无论是从舞狮者的角度看，还是从观众的角度来看，当时的舞狮都还是不折不扣的西域艺术。舞狮者因为西凉陷落导致"归不得"，因而"泣向狮子涕双垂"，"狮子回头向西望"；面对舞狮者的哀伤，观看的边将却因为"爱此曲"而"醉坐笑看看不足"，仍然是"取笑资欢无所愧"。显然，对舞狮的喜爱，并不能使边将对这些乡关路绝的异族人产生感情上的共鸣。

---

①　山田孝雄. 信西古乐图 [M]. 东京：新潮社，977：1-6.

②　南卓. 羯鼓录 [M]. 上海：上海古籍出版社，1986：13-14.

③　谢思炜. 白居易诗集校注：第1册 [M]. 北京：中华书局，2006：367.

图 5-1　新疆出土的唐代舞狮土偶①

　　在《洛阳伽蓝记》成书的南北朝时期，北魏佛教文化非常发达，这一时代也是佛教在中国的全盛期，是佛教由西域诸国进入中国数百年后，正处于逐渐本土化过程中的时代。但是，这并不代表佛教，以及随其传入的散乐等西域艺术已经被汉族民众吸收传承。首先，北魏并非由汉人建立的政权，而是由突厥系鲜卑人建立的。政权建立之初，没有宗教信仰的鲜卑统治者因仰慕汉文化而接受了儒学和道教，同时也积极向西域寻求佛教的教义。但是，当北魏太武帝废佛之时，仍然将汉文化奉为正统，将佛陀称为"胡妖鬼""胡神"，称佛教是"西戎虚诞，妄生妖孽"，称佛经为"胡经"②，通过强调其外来性去否定它的正当性。然而，佛教历经数百年在中原传播，已经稳定下来。不久佛教复兴，北魏迁都洛阳。当时的佛教组织，有意识地争取和统治者建立紧密联系，以求度过乱世、扩大自身的发展空间。其中，北魏的佛教尤其如此。因具有强烈的国家宗教色彩，当时政权迁移时，佛教和它的教徒组织也跟随着政治中心移动。③ 当时，洛阳的国际贸易往来非常兴盛，不仅聚集各国奇珍，天竺及西域诸国的佛教徒也

---

①　徐华铛，杨古城. 中国狮子造型艺术［M］. 天津：天津人民美术出版社，2004：168.

②　魏收. 魏书·释老志：第 114 卷［M］. 北京：中华书局，3033：3035.

③　魏收. 魏书·释老志：第 114 卷［M］. 北京：中华书局，3033：3035.

慕名前来。这些僧侣从遥远的国家到来，活跃在洛阳，积极参与翻译佛经等活动，有的还在历史上留下了自己的姓名事迹。《洛阳伽蓝记》所记的"师子"，承担着在佛像出行的队伍前面开路的重任，和佛教之间明显有非常紧密的关联。考虑到这些史实，当时的舞狮者到底是不是汉人，因为没有同时代的其他史料，实在令人怀疑。唐代舞狮无论是客观行动上还是主观认识上都还是西域艺术，此时降诞会上的开路狮子，其舞狮人是汉人的可能性应该不大。

时移世易，李唐终结战乱迎来盛世，"五方师子舞"等开始出现在史书上。但是，"五方师子舞"显然是在宫廷里表演的舞蹈，虽然五方五色体现了道教的五行思想，持绳者服饰却皆作昆仑像，也就是衣饰打扮是西域胡人的模样。《羯鼓录》中所记载的"太平舞、西河师子三台舞"，也都是在宫廷表演的舞蹈；羯鼓本身也是西域乐器，盛唐时为皇帝所好，才在宫廷和上层贵族间流行开来。此外，如前文所述，《乐府杂录》将"五方师子舞"划在了"龟兹部"。因此，这个时代的"五方师子舞"不管舞狮者及其余歌舞吹奏之人是不是汉人，都可以肯定，它在时人的意识中并没有被归入汉族的民间艺术之列。

简而言之，头套狮头、身上覆盖着幕布的舞狮在西域出现并完善，达到了相当高的水平，随着佛教东来进入中原等汉族地区。但是，很难由此就下结论说，当时舞狮已经在汉族民众中流布，可以视作汉族的民间艺术。无疑，在北魏时汉族民众在"观者如堵"的降诞会佛像出行时，应该至少是有机会看到舞狮的。但是，直至唐代，舞狮仍然只存在于宫廷和上层贵族间，又或者是西域诸国的表演者借以为生的技艺，而且从都护进献，"享宾犒士宴三军，师子胡儿长在目"，可以推知当时由胡人所舞的狮子，仍然是相当珍奇之物，对普通汉族人来说，即使是纯粹从观赏者的角度，应该也还算不上熟悉亲近的民间艺术。透过"五方五色"所表现的五行思想，尤其是黄色狮子只能在皇帝面前舞，特别尊崇代表"中央土"的黄色的做法，可以窥知舞狮的本土化。佛教传来和流布的初期阶段，为了能够更好地被统治者和汉族民众接受，借助黄老思想和儒家思想的力量，确实吸收了很多道家和儒家的要素，并在相当程度上实现了儒释道三教的合流。从这些情况来看，五方五色要素附加在舞狮上这一变化，是否与佛教在中国流布和安定下来的过程有关，也是一个值得在今后展开探讨的问题。

舞狮是什么时候作为汉族民间艺术确立的，就目前的研究来看还很难确定。但是，从现在已有的资料来看，应该可以做以下合理推测。北宋年间，民间艺人被编入军队，平时以自己的技艺在民间谋生，当宫中需要时被叫进宫中表演。就这样，民间和宫廷之间的乐舞交流变得频繁而紧密，给河南省后来的民间舞蹈带来了很大影响。通过这种机制，原本属于宫廷的舞狮流入民间，进一步和民间艺人从西域艺人那里学来的舞狮相融合，逐渐形成了作为民间艺术的舞狮。现在，河南省的舞狮中，有一种舞的引狮人，脸罩面具打扮成回教徒的模样①，可以从中看到河南省的舞狮和西域舞狮之间曾经有过的关联。宋代的《百子嬉春图》描绘了儿童嬉戏时将舞狮作为游戏的情景。单从画上看，可以推测现在的舞狮形式在当时已经基本成型。另外，从这幅图的名称和内容来看，舞狮当时已经被认为是春天的习俗，作为春天的象征之一出现在画面上。此外，还有一点值得注意的是，狮头看起来相当轻便。如前文所述，在白居易的诗中，当时的狮头是由木头雕成的，而现在使用的狮头大多是由竹骨扑纸制成，适合舞狮动作复杂、多变的艺术形态特点。由于绘画作品很大程度上受到作者主观意图的影响，《百子嬉春图》所画的狮头，是由木雕刻而成还是竹骨扑纸而成，由于没有宋代留下的实物资料作为参照，无法下明确结论。但是，通过张开的狮口露出舞狮人的脸这一点，显然不是木雕狮头可以做到的。因此，当时极有可能已经广泛使用更为轻便的狮头，则狮子的舞动形态应该也更接近现在的舞狮。

图 5-2　宋代佚名《百子嬉春图》（现藏故宫博物院）

---

①　中国民族民间舞蹈集成编辑部. 中国民族民间舞蹈集成·河南卷［M］. 北京：中国ISBN中心，1993：1-19.

舞狮的历史也影响到了它的分布。从20世纪80年代初起至20世纪90年代末，文化和旅游部、国家民族事务委员会连同中国舞蹈家协会进行了全国性民族民间舞蹈调查，其成果集结为"中国民族民间舞蹈集成"丛书初版。

从时间上来看，改革开放以后，大量内地年轻人口向经济发展较快的沿海地区流动，加上生活方式和观念的变化，各地都在不同程度上出现了民族和民间文化传承的世代断层。但是，在这一调查实施的时代，还具备通过对各地年长者或留在当地的部分年轻人进行访谈，并实际观看和记录其舞蹈演示，调查和记录各地舞蹈的形式与传承情况的条件。在这一意义上，这套集成可能是对中国在前现代社会产生、传承，并保留到现代社会的民族民间舞蹈进行全面把握的最后机会。从资料来看，直至20世纪90年代，除没有舞狮记录的西藏自治区外，舞狮几乎遍布中国。前面说过，舞狮历史上在西域形成并发展，随着佛教传入汉族地区。但是，现在舞狮盛行的区域，则主要集中在汉族地区。其中，被视作汉族和汉文化发祥地的河南省，当时有舞狮的县在全省占比高达98.6%。前面已经分析过，河南省作为中原腹地，直到北宋为止，很长一段历史时期中都是中国的政治和文化以及对外交通贸易的中心，经济和娱乐都曾经非常发达。唐代严格的城市分区管理制度和宵禁制度在宋代解体，宋代是历史上都市文化形成的关键时期。由于宋代的民间艺人录用制度，以及定期举办的宫廷艺人到民间公开表演，宫中的艺术与各种不同来源的民间艺术互相融合发酵，其中由西域诸国传来的舞狮很可能就是在这样的环境下被吸收到汉族的民间艺术体系中，在普通民众中流布开来的。紧随河南，北京等数个省级行政区也有90%以上的县（区）记录了至少一种舞狮。陕西、湖南、辽宁等省，存在舞狮的县占比也很高。而台湾地区则有60%左右的县级行政区至少记录了一种舞狮。

台湾与大陆密不可分，并且大陆的很多传统文化在台湾得以保留。据史料记载，康熙三十二年（1693年），台湾已经有舞狮存在。荷据时期，大批汉人入台，同时也带去了大陆多种多样的文化，据此推测台湾舞狮活动应该在17世纪中叶。[1] 根据"全国民族民间舞蹈集成"丛书，台湾地区的舞狮分布密度与福建省、江西省相当，这两个大陆省份与台湾地区均是客家人口大省。而同为客家民系主要分布省份的广东省，则有超过80%的县级行政区记录了舞狮，这一差距主要源于广府民系分布区域的舞狮。可见，台湾地区的舞狮与其根深叶茂的客家文化有密切关系，也印证了台湾舞狮于荷据时期由汉人带入台湾的历

① 蔡宗信. 台湾舞狮历史发展脉络之探析 [J]. 身体文化学报，2005（1）：11-26.

史记录，充分体现了两岸舞狮文化的同源性特征。

二、台湾舞龙舞狮的起源与发展

1987 年台湾结束了 38 年之久的封锁政策。百姓对中华文化的意识逐渐增强，民间也掀起了乡土文化寻根的热潮，海峡两岸同胞交流逐渐频繁。舞龙作为传统艺术文化的重要组成部分，受到许多百姓的欢迎和喜爱，在这一阶段迅速流行、发展壮大。下面从三方面了解台湾舞龙运动的开展状况，即民间、学校和军队。

在民间，舞龙运动分布非常广泛，以业余性质为主，一般在大型庙会或地方盛事才会出现。大多为临时组阵，由一人牵头负责，根据庙会的要求选定表演的内容和形式，由经验丰富的老师傅传授，利用业余时间组织训练，平时各忙其事。道具大多自制，或者由社会人士、庙会捐助。当然，也有一部分属于半职业队伍，有专人指导，教练配备齐全，在国术馆或者地方武馆训练，除参加重大庙会活动以外，还组织商业演出活动，赚取出场费或者门票，然后每个成员获得相应的报酬。这种类型的队伍，演出时龙、狮搭配，场面热闹壮观，能做出一些复杂和高难度动作，观赏性极高；有充足的经费，道具多为进口，颜色鲜艳美丽，使用轻便，给人活灵活现之感。

在学校，舞龙运动的发展仍然有较大的空间和优势。1992 年台湾教育主管部门为了推广传统艺术教育活动，设置专项资金，鼓励和支持传统艺术在学校的发展。舞龙运动得到发展的机遇，在运动会、体育文化节、校庆等场合，舞龙运动大放光彩，深受学生和老师的喜爱，渐渐成为学生引以为豪的象征，同时也能成为学校的名片。依据台湾地区教育主管部门（1993 年）的国民小学课程标准，1996 年台湾教育主管部门把民俗体育正式纳入体育课程，更加活络了体育课的多元化和民俗化。① 再加上各县市定期举行的民俗竞赛、民俗体育运动锦标赛，既为学生提供更高水平参赛的平台，在比赛的过程中又能增进各个学校之间的交流，相互学习，共同提高。

在军队中，舞龙运动扮演着重要的角色，极大地丰富了军营生活，为士兵们增添了更多的欢乐。在 1963 年，舞龙运动作为台湾军人极为喜欢的文化活动，就已在台湾军队日益盛行。军队还组建了诸多舞龙队伍，如全台湾最大的

---

① 廖金文，江建垣. 苗栗舞龙文化 [M]. 苗栗：苗栗县造桥国民小学，2005：106.

图5-3　台湾地区中小学民俗体育比赛上的舞龙（李永春摄）

龙队即由联勤四四兵工厂组成。① 此后每年春节，军人组成演出阵容，在电视台、庙会广场演出，既能增添节日气氛，又能使军民融合，营造欣欣向荣的场面。

　　作为祖国不可分割的一部分，台湾进入 21 世纪后十分重视传统艺术的发展，是舞龙文化成为人们娱乐文化中必不可少的部分。舞龙运动在推广的过程中，机遇与挑战并存。台湾教育主管部门十分关注舞龙运动的发展情况，予以资金支持，学校舞龙运动正朝着欣欣向荣的方向发展。但是，受商业思维的影响，越来越多的学校或团体向竞技舞龙的方向发展，一味追求难度、规模、套路等内容，舞龙文化渐渐失去了特有的味道，未免让人们有些担忧。

　　台湾舞狮的种类很多，称谓各不相同。吴腾达（1984）将常见于民间节日、国家庆典及田野采访所得之舞狮种类，以其造型、舞法分成开口狮、闭口狮、醒狮和北方狮四种。从表演形式和地区分布来说，台湾狮大致以新竹为界，分为南北两狮：南部称为"狮阵"，以打狮套为主，多属于闭口狮；北部称为"狮团"，以打狮节为主，多属于开口狮。醒狮却以采青为主，在华侨地区居多。而北方狮大多分布于华侨地区或者在影视作品中较多呈现。② 由此可见，台湾舞狮运动南北地区存在着显著的差异，各具特色，说明舞狮文化与地方传统紧密融合，形成独具特色的表演方式。

　①　中国铜梁龙灯艺术节组委会. 中国龙文化与龙舞艺术研讨会论文集［C］. 重庆：重庆出版社，2000：351-365.

　②　蔡宗信. 台湾舞狮历史发展脉络之探析［J］. 身体文化学报，2005（12）：11-26.

台湾民间的舞狮活动，仍然是街头庙宇人们常见的节日庆典活动之一。在台湾民间庙宇总数有一万多座，可见其规模之大、范围之广，并且形成了较为固定的大型庙会。例如，基隆中元祭、大甲妈祖新港遶境等。舞狮在发展的过程中，为了敬重神灵、娱乐民众，渐渐组成了阵容整齐、声势浩大的阵头团体。然而，这些狮团在发展过程中也遇到不少困境。其一，随着交通网络的发展，人们联系愈加方便，渐渐打破了地区的限制，舞狮南北差异已不再明显，具有地区特色的舞狮表演形式也很难保存下去。其二，舞狮阵容规模相对庞大，临时组阵困难。例如，金狮阵在表演时，需要人数较多，一时很难凑齐完整的阵容，再加上狮团大多参加较为重要的庙宇活动，平时极少组织训练，整个团体相对较为松散，极易解散。其三，受商业文化的影响，民间业余组织相对松散，资金不足，缺少创新，日渐式微，而职业队参加商业演出仍然具有很强的竞争力。但是，为了追求更高难度，获得评委的赞赏，竞技舞狮运动渐渐失去了原有的娱乐功能，导致越来越多的年轻人失去兴趣，甚至产生反感的情绪。由此造成更加严峻的后果，舞狮运动缺少新鲜血液，渐渐被人们遗忘。

20 世纪 90 年代以后，官方关注传统艺术的发展，颁布条例，设立资金，支持学校发展传统艺术，舞狮运动如雨后春笋纷纷在学校生根发芽。从此，舞狮活动的重心渐渐由民间转移至中小学。与此同时，人们的审美观念也渐渐发生变化，起初较为流行的台湾狮，渐渐被外表华丽的广东狮所取代，成为人们喜爱的舞狮类型。

图 5-4　台湾地区中小学民俗体育比赛上的舞狮（李永春摄）

第二节 两岸舞龙舞狮文化的异同比较

一、两岸舞龙舞狮文化的共同性

（一）龙狮文化蕴含的意义大致相同

随着时代变迁，龙狮活动功能与表演方式正悄然发生改变。两岸传统文化具有同源性，台湾龙狮文化来源于大陆，继承和保留了大陆龙狮文化的内涵，它具有驱除瘟疫、庙会祈福、娱乐表演、民俗节庆、竞技健身、文化交流等方面的功能，并且表演方式也呈现新的特点。依据地方民俗特色，龙狮活动也融入了当地的文化元素，借助现代科技声光技术，使龙狮文化的呈现形式更加丰富多彩。

（二）两岸舞龙舞狮乐趣本质发生转移

游戏被竞技所取代，竞技化大于娱乐化，仪式型动作逐渐趋于工具化、竞技化。20 世纪 90 年代后，经过政府推广和民间传承，舞龙逐渐趋于运动化，转型成趋于社会功利、政治取向的竞技化、工具化运动。[1] 进入新时代，人们的审美观念、娱乐方式发生改变，龙狮商业团体纷纷成立。为了谋求生存和发展，龙狮活动引入商业模式的观念，各个商业社团标新立异，不断尝试更高难度、更加复杂的技术动作，追求利益的最大化，导致龙狮文化偏离于民俗文化的土壤。一些民间自发组织的团体仍然保持传统的文化风格，缺少创新，渐渐被市场所淘汰，最终导致龙狮运动的娱乐性日渐式微。

（三）两岸舞龙舞狮重心由民间转向学校

龙狮运动与人们的生活紧密相连，是民间喜闻乐见的文化形式。在民间，重要节日、遶境活动都会出现龙狮的身影，参加活动的龙狮队自愿报名、临时组阵，道具由庙宇或社会团体捐赠，大家约定时间训练，参加活动以后自行解散，随意性很强。20 世纪 90 年代后，两岸经济发展较快，人们可以选择的职业更加多元，农村出现"城市化"的现象，大批青年进城打工，龙狮队的组建愈加困难，再加上传统艺术无人继承，因此，舞龙运动在民间渐渐被冷落。政府为了推广传统技艺，提倡民间技艺进校园活动，龙狮运动的发展重心渐渐由民

---

① 廖金文，江建垣. 苗栗舞龙文化［M］. 苗栗：苗栗县造桥国民小学，2005：70.

间向学校转移。

（四）两岸舞龙舞狮注重现代科技声光融合

随着龙狮运动与商业的联系越来越密切，龙狮运动逐渐向高度化的专业技术发展，实质上是龙狮的特技化与舞蹈化。龙狮运动是一项集体力、音乐、技巧、道具为一体的美的展示。人们为了吸引观众的眼球，获得最大的荣誉和利益，在舞狮道具上进行大胆的创新。早年在东南亚出现"夜光龙"，龙身由发光材料制成，加上灯光的转换，变幻莫测、活灵活现，让人有种身临其境之感。

（五）两岸舞龙舞狮道具规格与背景趋同

龙在国人心中有着独特的意义，是地位、血脉和信仰的象征，预示着好运和吉祥。人们在制作龙狮的时候也要遵循仪礼典章制度，对龙的大小、长度、高度等都有一定的要求。选用的数字也含有吉利的意思。龙身节间长度六尺至八尺（180~240厘米），龙竿长度三尺五（105厘米），青龙、金龙居多，多为单节数。[1]

在音乐上，民间较重视仪式动作，以鼓为主要乐器，锣、铙为辅助乐器，声势浩大、热闹壮观，更能体现仪式的庄重感。而在竞技龙狮表演层面差异较大，台湾地区大多仍然使用传统的鼓、锣、铙来伴奏，大陆采用剪辑好的音乐代替。

在服饰上，两地差别不大。表演一般在白天完成，选手统一服饰，颜色鲜艳，装饰华丽，服饰和龙狮的颜色一致，能够达到人龙合一的效果。选手能融于龙身，有更大的表演空间，能极大地还原龙狮生动活泼的一面。比赛之前，选手戴头巾、系腰带、着上衣、穿长裤，很是威风。

二、两岸舞龙舞狮文化的差异性

（一）两岸竞技舞龙套路不同

大陆以"日光龙"为主，南北风格各不相同，即"北刚南柔"。而台湾以"夜光龙"为主，每年台湾会举行盛大的夜光龙比赛，场面壮观，热闹非凡。另在套路风格和形式上也有很大差异。

大陆竞技舞龙，为了能博人眼球，舞龙套路的难度系数高。主要体现在龙体游弋、起伏、腾跃、绞缠、翻滚、穿插等方面，又要求运动员具备良好的身体素质，需要很好的默契，在快慢节奏的变化中展现力与美。此外，动作表现

---

① 廖金文，江建垣. 苗栗舞龙文化［M］. 苗栗：苗栗县造桥国民小学，2005：43.

不仅要体现出很高的观赏性，还要在造型、动作编排等方面下功夫，才能在众多好手中脱颖而出，真可谓动作花哨，难度颇高。

而台湾舞龙在套路上，既有翻滚腾跃、穿插绞缠等动作，又在各种静止的造型上下功夫，此起彼伏、动静结合、刚柔并进、转换明显，有很强的视觉冲击。台湾的夜光龙色彩鲜艳、光彩夺目，把龙的神韵淋漓尽致地表现出来。

（二）两岸舞龙舞狮伴奏音乐不同

大陆地区竞技龙狮运动，以播放背景音乐为主，多为欢快、喜庆的音乐，节奏感强。而台湾地区舞龙舞狮的音乐，由现场乐队敲锣打鼓，加入唢呐配合，队员跟着鼓点的节奏进行表演。队员除了需要动作非常熟练外，还需要队员之间十分默契，才能出色地完成表演。从观众的角度来看，鼓手们卖力地敲击鼓面，时而激昂，时而低沉，更能引起人们对传统艺术的认同和肯定。

（三）两岸学校舞龙舞狮开展的年龄层次不同

舞龙舞狮在台湾人民心中有着独特的地位，人们十分关注舞龙舞狮文化的发展，特别是 20 世纪 90 年代以后，舞龙舞狮的发展中心由民间走向学校。在台湾，舞龙舞狮运动在中小学开展十分广泛，有许多学校有自己的龙狮队，定期参加学校或县市的表演，孩子有很大的竞争优势，成绩优异者还能保送到更好的学校，所以一些学校非常重视龙狮运动，希望其成为学校亮丽的名片。

而在大陆，组建龙狮队的学校以高等院校为主。参加竞赛的队员多是从学校选拔的运动员，身强力壮，有一定的武术基础。高等院校的代表队也是龙狮比赛的主力军，有很强的实力，选手的成绩往往决定着学校对龙狮队的投入。而普通的学生是很难接触到龙狮运动的，他们感兴趣、愿意尝试，却很少有这样的机会。

（四）两岸舞龙舞狮阵容组合形式和规模不同

台湾地区以龙阵、狮团为主，是寺庙活动中最能与常民互动的一项民间艺术。它具有开路、辟邪、祈福的功能，龙狮阵头往往和其他阵头一起，组成声势浩大的香阵队伍，参加重要的遶境活动，较为常见的阵头有金狮阵、狮阵、醒狮团、龙阵等。而在大陆，神明遶境的活动渐渐消失，龙狮活动也极少出现在庙宇场所，即便是在生活中，我们能见到的龙狮运动也大多是单独成阵，没有台湾阵头那种声势和气派。

第三节　两岸舞龙舞狮交流的历史回顾与问题分析

一、两岸舞龙舞狮交流的历史回顾

要弄清楚台湾舞龙舞狮的源头，首先要了解台湾的历史。在明朝中后期，我国东部沿海海盗猖獗，民不聊生，为了能够减轻人们的财产损失，防止沿海居民与海盗联系，中央政府实施"海禁"政策。一部分沿海居民就此渡过黑水沟来到台湾，这应该是第一批迁移至台湾的大陆人，大概有6万人。大陆人到达台湾，不仅带去了先进的生产工具，同时也把生活方式和民俗习惯带到台湾，这就可以解释舞龙舞狮文化是如何从大陆传至台湾的。

（一）第一阶段（1620—1895年）

这一阶段为两岸龙狮文化交流的初步探索和发展时期。由于政策、世界局势改变等原因，客家人大量前往台湾，给台湾社会带来深刻的变革。台湾直到1860年才由移垦社会转型为定居社会。在此期间，龙狮表演被带往台湾，慢慢成为节庆假日、神灵遶境活动的重头戏。

在1661年郑成功攻台之前，据《台湾省通志稿》卷《人口志·人口篇》推测，台湾全岛有8000~10 000人，把舞龙狮文化传入台湾相对困难。[①] 郑成功登台带去众多士兵，贫民也想迁至台湾，使得明郑时期（1661—1683年）人口激增。史料显示，在1694年台湾就有舞狮活动的存在。荷郑末期台湾的汉人至少有12万，所以蔡宗信认为台湾舞狮轰动的起始点可再退至17世纪中叶。[②]

人们迁往台湾的过程中，路途遥远，凶多吉少，很多移民葬身鱼腹。人们为了祈求神灵保佑，纷纷祭拜妈祖。在施琅主持台湾工作时，康熙亲自敕封妈祖为"天后"，澎湖妈祖宫改为天后宫。庙宇的建成给人们提供了固定的朝拜场所，加上定期举行遶境活动，舞龙舞狮也成为民间重要的阵头参与其中。清初九十年禁止妇女来台，导致台湾妇女奇缺，大批移民壮丁无法成家定居，人心浮躁，喜欢用武力解决问题，造成台湾"三年一反，五年一乱"的现象。于是，地方自卫团体出现，由屯居地的长者或者族长出资，聘请会武功的师傅，在当地庙宇教导年轻人学习武功。除了练习武功外，还参加年俗节庆活动，组成舞

---

① 陈韶馨. 台湾省通志稿 [M]. 台北：台湾银行研究室，1964.

② 蔡宗信. 台湾舞狮历史发展脉络之探析 [J]. 身体文化学报，2005（1）：11-26.

龙舞狮阵头，增加庙会的热闹气氛。在朱一贵和林文爽事件后，政府为防止械斗事件继续恶化，禁止狮团的组织，于是现在能保留下来的狮团较少。

（二）第二阶段（1895—1949 年）

这一阶段，两岸龙狮文化交流在曲折中发展，在夹缝中求生存，并且出现短暂的震荡。甲午战争以后，台湾地区被迫割让给日本，台湾如无根浮萍，不知何去何从。日据初期（1896—1905 年），除了压制人们反抗外，日本还担心团体组织组成抗日组织，全面禁止地方进行军事训练，仅允许类似龙狮团或武术团在迎神赛会时出现。

到抗战时期，日本加紧了对台湾地区的殖民统治，实行"皇民化、工业化、南进基地化"的政策，禁止人们讲闽南语，强制穿和服、参拜神社，禁止带有一切中国文化色彩的戏剧艺术，不允许唱民谣。当时的台湾民众极其苦闷和惆怅，根本不知该去向何方；龙狮表演的境地极其艰难，人们只能在偏远乡间保留这种传统。在 1945 年，台湾"光复"，街头小巷到处都是庆祝的人群，人们张灯结彩，走街串巷，舞龙舞狮表演再一次走进人们的视野，成为庆祝抗战胜利的独特方式。

（三）第三阶段（1949 年至今）

这一阶段为两岸龙狮文化交流快速发展期。关于两岸龙狮交流历史的记载较少，暂且只能通过两岸体育的发展，来梳理龙狮运动的脉络。

1949—1979 年，台湾和大陆处于隔绝状态，互不来往，那就谈不上文化上的交流，在这一阶段龙狮文化交流几乎停滞。在当时，台湾实行"戒严"政策，保持战时状态，双方军事对峙达 30 年之久，直到中美建交双方才解除封锁。在此期间，政治动荡，民间自发组阵来维护地方治安，以舞狮与武术联结的团体为主，"金狮阵"就是其中的重要力量。金狮阵充当着重要角色，既参加遶境活动，又维持地方治安，分布非常广泛。根据史料，1946 年 3 月 3 日"金狮团与市民合作，为以换米挡止移糖出境，花莲市民大会，决定米荒对策"①，由此可见，金狮阵与人民的关系非常密切。

依据 1975 年 6 月台湾教育主管部门颁布的《普遍推行民俗体育活动》及台湾体育学者对台湾的民俗体育挖掘整理的资料分析，武术、摔跤、气功、围棋、中国象棋、宋江阵、龙舟竞渡、踏青、跳绳、踢毽子、醒狮舞龙、拔河、风筝、高跷、土风舞等 50 多种台湾体育传统项目，都是中华传统体育文化的组成部

---

① 金狮团与市民合作 [N]. 民报，1946.

分，这是丰富灿烂的中华文化在台湾传承与发展的佐证之一。

1979—1987年，台湾解除"戒严"状态，双方关系缓和，但是直接的接触很少，大多集中在异地交往。1980年在美国圣安东尼皇家学院，两岸田径运动员第一次在同一赛场比赛，实现了两岸体育交往"零"的突破。1986年福建羽毛球队与台湾队在香港进行交流活动，这是自中华人民共和国成立以来海峡两岸体育界在中国大地上的首次直接接触，此后两岸体育交流越来越频繁。

1987年至今。从台湾"戒严令"的废除到开放岛内民众大陆探亲，越来越多的台湾同胞来大陆寻根。台湾体育界人士、体育社团和某些体育运动员，以民间交流形式或以个人身份前来大陆进行有限度的体育交流活动，如1988年海峡两岸武术界在闽首次进行了单向直接体育交流。① 1989年，海峡两岸体育界开始进行直接交流。1993年，大陆体育运动队首次进岛访问为双向直接体育交流的起点。② 海峡两岸体育文化交往愈加频繁，也为龙狮表演的交流创造了条件。

1995年2月，经国家体委批准，舞龙运动被列入全国正式比赛（四类）项目，并于当年4月在北京颐和园举办了"首届全国舞龙舞狮赛"。国内的舞龙比赛的竞赛类别、参赛人数、参赛单位、赛场观众以及电视观众史无前例地激增。定期举行舞龙的5个赛事分别为：全国农运会龙狮比赛、全国龙狮锦标赛、国际龙狮邀请赛、全国体育大会龙狮比赛、全国龙狮精英赛。2002年广东佛山粤港澳台四地龙狮锦标赛，共8支龙狮队伍，这次是4个地区首次举办醒狮比赛。2006年，第一届世界舞龙（夜光龙）在广东佛山举行，台湾受邀参加，并获得金奖。2008年，台湾第一次参加农民运动会，当时龙狮表演已经成为比赛项目之一。2010年12月，受中国台北龙狮运动总会邀请，国际龙狮运动联合会协调北京体育大学、南京理工大学、武汉体育学院3所高校分别派出北狮、舞龙、南狮赴台北、台中等地进行交流活动。

由此可见，从两岸放宽限制允许同胞相互探亲，到落实"三通"政策，两岸同胞人员流动更加频繁，文化交流日益增多，特别是龙狮运动交流呈井喷式上升的趋势。对于两岸龙狮爱好者来说，这既是机遇，同样也是挑战。两岸龙狮文化在交流的过程中，互相取长补短，共同提高，从而为龙狮运动的创新和发展创造条件。但同时，对台湾保留较为完整的龙狮习俗造成一定的冲击，这

---

① 陈如桦，陈融，陈壮荔，等. 闽台体育交流合作回顾与现状分析［J］. 中国体育科技，2000（3）：46-48.

② 兰自力，谢军，骆映，等. 海峡两岸体育交流与合作的历史回顾与前景展望［J］. 天津体育学院学报，2002（17）.

需要正面的引导。

二、两岸舞龙舞狮交流存在的问题

1979 年后大陆和台湾逐渐放宽政策，两岸关系渐渐缓和。特别是 2008 年以后，全面"三通"正式开启，互派留学生、学术交流、民俗相互交往访问，两岸之间的文化交流更加频繁，龙狮运动迎来前所未有的发展机遇。但是，由于历史原因、社会制度不同和经济发展不同，两岸龙狮运动在发展的过程中出现一些危机，若不能加以正确的引导，可能会导致龙狮文化渐渐失去文化根基和土壤。比如，由于过分追求商业利益，竞技龙狮表演成为社会主流，这势必影响龙狮运动的推广，再加上政府的干预和民间力量的介入，龙狮运动成为个人获取功名利禄的方式，龙狮运动渐渐僵化，离年轻人越来越远。造成这种现象的原因，主要有以下四方面。

（一）制度性障碍

严永福的研究显示，受一些历史上遗留问题的影响，大陆和台湾之间一直存在信息的不对称，双方在互利互惠条件上也不对等。由于种种条件的限制，大陆文化越过海峡更加艰难。① 这在一定程度上影响了人们赴台交流的热情。两岸民间龙狮交流相对较少，多是一些竞技龙狮队之间的交流。

（二）认知上差异

两岸人民把"龙"作为中华民族的象征，把自己当作龙的传人，但是在某些领域仍然存在差异。当今社会非常强调文化的"本土化"，讲究文化继承和创新要保留地方特色。由于历史因素，两岸隔绝，台湾同胞对大陆人民仍然存在着一定的误解，特别是没离开过台湾的人们根本不了解大陆，不愿意正视大陆的文化，这种观念长期存在，在一定程度上影响了两岸龙狮文化的交流。当然，过分强调"本土化"又存在一些问题：忽视文化的一脉相承，文化缺少根基，久而久之失去龙狮运动的原始趣味。

（三）竞技化导向

舞龙运动除了追求比赛的胜利，同时也应该保留趣味性。从社会学的观点来看，龙狮文化具有非正式的、半正式的、正式的运动与职业运动四种分类形态。人们过分强调竞技性，而忽视了龙狮根本的娱乐属性，造成竞技化大于娱乐化，使这项运动也渐渐失去了自身的乐趣。在胜利主义的驱使下，人们为了

---

① 严永福. 对近十年来两岸文艺交流的思考［J］. 艺术评鉴，2018（18）：179-180.

争夺锦标，往往铤而走险使用一些非正当手段取得好的名次。在这样的环境影响下，人们往往追求短期利益，而忽略了长远发展，这与舞龙运动的初衷背道而驰。当然，有许多学校成立龙狮队时间较短，想在短期内取得成绩，需要每天进行较大强度的训练，队员们在疲惫的状态下，自然也感受不到运动的快乐。

龙狮竞技表演，包括音乐、工艺美术和技艺三方面的内容。队员跟着音乐的旋律，有节奏地舞动手中的龙狮，要求龙和音乐高度融合，才能使表演更加流畅。而工艺美术，更能给人最直观的视觉冲击，让人们赏心悦目。当然，在龙狮的制作过程中借助科技的力量，融入现代元素，龙狮的材料更加轻便、颜色鲜艳、形象逼真，也是一种美的享受。龙狮技艺水平则是各个队伍之间竞争的焦点，为了能够取得好的名次，需要在动作编排、技术组合、造型等方面下功夫，如果过度追求运动技术，往往与运动游戏的本质相偏离，失去了自身的娱乐性。龙狮是一项既可以表演又可以竞赛的运动，所以把它分成一般表演的全民娱乐活动和职业竞赛。在世界杯华人舞龙竞赛上，把技术难度分成三层，其中 C 层难度最大，一般人很难达到这一技术层次。竞技舞龙与武术、体操等项目相融合，成为一项评分的运动项目，难度和美感成为评分的重要标准。随着比赛难度的提高，舞龙向特技化、舞蹈化和体操化方向发展，使许多人望而生畏，渐渐失去参与龙狮运动的兴趣和热情。

（四）工具性制约

舞龙运动除了是一项竞技运动外，也是民族文化的表演艺术。龙狮表演既可以作为接待外宾的方式，又可以走出国门，弘扬中国文化。工具化的龙狮表演已经失去团结乡里、增进友谊的功能，地区、团体之间相互对立，不利于龙狮文化的推广和发展。

此外，金钱的功利化和技艺的泛滥化，也在一定程度上制约了龙狮运动的发展。在功利主义影响下，龙狮表演已经形成红包文化。早期民间自由组阵，家家户户接受拜帖，人们多自愿给些酬金，多少打赏即可，没有数额限制。而现在，每逢年庆佳节就有龙狮队挨家挨户登门表演，索要钱财，惹得人们极不高兴，久而久之人们对龙狮表演产生抵触情绪。另外，龙狮表演层次较低，观赏性和娱乐性不强。大多是临时组阵，队伍成员老少皆有，动作简单，加上几句道贺词，极易让人厌烦。小孩喜欢热闹，对此很感兴趣，但是大人们认为纯属坑蒙拐骗，不肯给钱，小孩在成长过程中没有龙狮文化的熏陶，渐渐失去兴趣。

第四节　两岸舞龙舞狮交流对促进文化认同的意义与策略

龙狮文化，作为两岸同胞文化传承和交流的媒介，是人们交往历史的见证，是人民情感和民族精神的纽带。

一、两岸舞龙舞狮交流促进文化认同的意义

两岸人民在长期交往的过程中结下深厚的友谊，中华文化是海峡两岸发展的精神土壤和根基。两岸龙狮队通过表演交往，既可以了解龙狮的发展情况，相互学习和借鉴；又可以在交往的过程中增进互信，在回味龙狮表演的过程中，回顾两岸交往的历史，加深对中华文化的认同感。此外，两岸互派代表队，使人们交流更加频繁，为来大陆探亲、寻根的同胞提供更加便利的条件。

（一）建立两岸联谊纽带

两岸同胞交流需要借助共同的媒介，才能引起文化上的共鸣。国民党失败后退守台湾，带去士兵、军官等职业人员有一百多万，这部分人从小接受正统文化的教育，对大陆有深厚的情感。1987年允许双方探亲，来大陆拜祖归宗的也主要集中在这类人群。而20世纪80年代后成长起来的年轻人，主要接受西方的教育模式，民族观念渐渐淡薄，这未免让人担心。这就需要两岸以共同认可的文化为桥梁，搭建起双方相互了解的渠道。龙狮运动深受台湾人民喜爱，在民间有广泛的群众基础。双方进行龙狮学术交流，定期举办比赛，是龙狮运动未来发展的必由之路。

（二）维持民族文化图腾

龙是中华民族的象征和标志，深深地根植于每位国人心中。它不仅仅是符号的象征，更是民族凝聚力的集中展现，集中表达了中国人民对中华文明的认同。从古至今，龙与人们的生产劳动密切相关。人们通过祭祀活动消灾祈福，在祭祀仪式上需要舞龙舞狮，表达人们对神灵的敬仰。在各种建筑、手工艺品中皆可见到龙形图案，说明它已经成为人们认同的文化符号。

二、两岸舞龙舞狮交流促进文化认同的策略

（一）确立两岸民俗体育政策

政府应该明确制定民俗体育政策，设置部门负责政策落实，定期监督和检查，对不符合规范的组织和团体进行整改。组织只有形成有效的管理机制，形成良性的发展，设置部门才有意义。当人们了解政策之后，心中才会有方向，人们才愿意为龙狮发展出谋划策。龙狮运动既是传统体育，又是传统艺术，政府需要了解各方面的需求，统筹协调，为民俗体育发展提供制度保障。

（二）回归舞龙舞狮的身体活动本质

龙狮文化具有很强的包容性和时代特征，随着时代的发展被赋予了新的内容。在古代，龙狮文化的主要功能是作为祭祀时的表演方式，出现在较为庄重的宗教仪式上，后来渐渐在民间流行，人们在农闲时节或盛大节日进行龙狮表演，走街串巷，非常热闹，既能"娱人"又能"娱神"，龙狮表演成为人们喜闻乐见的文化活动。随着科学技术的进步和生活水平的提高，人们能够通过科学探索解释一些自然现象，龙狮的神秘色彩渐渐退却，敬神娱神的宗教功能已不合时宜。此时，龙狮表演由宗教功能向娱乐健身的方向转变。人们有更多的闲暇时间，就需要游戏来释放过剩的精力，消除工作上的疲劳，放松身体，娱乐身心。龙狮表演时间一般在十分钟左右，既需要优雅的音乐，又需要结合高超的技艺，还需要队员充沛的体能，才能更好地展现出龙狮的力与美。但是，由于功利主义的盛行，人们为了争夺锦标，追求比赛的难度，使龙狮表演的娱乐功能渐渐丧失，导致人们对龙狮项目望而却步，这给龙狮文化的推广带来极大的挑战。

（三）保护、传承和创新龙狮文化

台湾龙狮文化来源于大陆，二者有着共同的时代特征，是两岸同胞交往的历史见证和美好回忆。发展舞龙运动是两岸人民的福祉，能拉近人与人之间的距离，消除历史隔阂。继承和保存龙狮文化，既是当今社会建设文化自信的需要，又是早日实现祖国统一大业的要求。民间龙狮文化的传承，既需要保留其精华，又要弃其糟粕、推陈出新、革故鼎新。学校和社会团体的传承与保存，需要社会资金和政府政策的扶持，龙狮协会要发挥管理作用，积极引导龙狮运动向竞技化、娱乐化、身体运动化等方面发展。同时要兼顾两边平衡，既要重视民间娱乐表演，又要兼顾竞技龙狮的协调发展。

（四）增进两岸龙狮文化学术与民间交流

近几年，两岸龙狮文化交流日益密切，在学术报告、民间表演等方面都有一定的合作。但是，两岸同胞仍然存在着一定的误解，尤其是年轻人受传统观念影响较少，再加上很少在大陆生活的经历，对国家感情、文化认同较为淡薄，这势必影响龙狮文化的传播，这就需要两岸相关部门相互磋商和交流，既要有政策上的引导，最大限度地破除交往过程中的障碍，又要建立长效的合作机制。

（五）引导龙狮运动文化进校园

在台湾，学校开展民俗体育活动，使学校在成为民俗体育传承实践基地方面具有特色。而在大陆，尽管 2006 年国务院就把舞龙运动纳入我国推行全民健身计划的重要活动项目之一，并且有 7 种舞龙项目被列为第一批国家级非物质文化遗产，但各级学校龙狮运动发展并不平衡，大多集中在高等体育院校，而普通的本科学校、小学很难有机会体验舞龙运动，并且各个学校差别很大。这就需要政府与学校联合，设立专项资金，学习借鉴台湾龙狮活动的成功经验，建设特色舞龙学校，提倡"一校一专"的精品课程。此外，需要制定学校龙队规格章程与竞赛办法，建立较为成熟的联赛制度。这既可以给学生展示自我的机会和平台，又能借助比赛的网络媒体让更多的人关注龙狮表演，形成良性的互动效应。

（六）加强两岸舞龙舞狮师资力量

一个学校能在某些体育项目取得优异成绩，除了跟学校政策有关，更与相应的师资配备关系密切。龙狮运动在学校是冷门项目，学校能够接触的机会较少，大多通过媒体了解一些。虽然学生对龙狮运动有很高的兴趣，但是受师资条件的限制，许多学校无法开展龙狮活动。这就需要学校制定政策，开展龙狮技艺研讨活动，定期组织教师接受技能培训，培育骨干教师，壮大师资队伍。此外，学校教师应该和民间艺人保持密切合作，积极关注社会龙狮发展状态。龙狮运动在学校有很大的发展空间，运动会、校庆等校园活动，为龙狮创造了展示的机会，并且能成为学校的名片，得到其他学校和社会的认可。

第六章

两岸龙舟交流与文化认同

第一节　两岸龙舟的起源与发展

一、龙舟的起源

龙舟始于中国，是流传在东亚、东南亚地区的民间文化交流活动。龙舟文化在我国有着2000多年的历史，"龙舟"一词现今所能见到的最早文献记载，源于前318—296年战国中期的《穆天子传》中的"天子乘鸟舟、龙舟、浮于大沼"[1]。根据《淮南子》《山海经》《楚辞》等古籍记载，可以证实秦汉以前龙舟就已是百姓出行的交通工具。据西汉淮南王刘安所作的《淮南子·本经训》记载，"龙舟鹢首，浮吹以娱"[2]，可见龙舟在当时已然成为百姓重要的出行工具。而当时百姓对于龙舟的起源可谓众说纷纭，时至今日流传最为普遍的主要有以下三种观点。

（一）纪念人物说

纪念人物说是以纪念屈原、伍子胥、曹娥、勾践等历史人物为主，其中以纪念屈原说影响最为深远。屈原的爱国主义精神在中华民族悠久的历史发展进程中被视为传统文化的瑰宝，民间主流认为，端午节的吃粽子、赛龙舟等文化习俗与屈原密不可分。据《隋书·地理志》记载："屈原于五月五日赴汨罗，土人追至洞庭，不见，湖大船小莫得济者，乃歌曰，何由得渡湖？因而鼓棹争归，竞会亭上，习以相传，为竞渡之戏，其迅楫齐驰，棹歌乱响，喧震水陆，观者

---

① 张婷，殷学锋. 龙舟文化的传承与发展 [J]. 文体用品与科技，2014（4）：37.

② 胡娟. 我国民俗体育的流变：以龙舟竞渡为例 [J]. 体育科学，2008（4）：84-96.

如云。诸君皆然，而南郡尤甚。"① 战国时期楚国爱国大夫屈原不得志而投汨罗江自尽，楚国百姓不舍屈原死去，便乘船一路追寻，追至岳阳洞庭湖时仍不见踪迹，便借划龙舟之势驱散江中之鱼，防止鱼吃掉屈原的尸身。为了纪念屈原，后人将每年的五月初五设为端午节，也就是龙舟竞渡的起源，后来逐渐发展成汉族最重要的民俗活动之一。到了隋唐时期，伴随社会、经济的繁荣发展，风俗活动逐渐变成了赛龙舟，而且"观者如云"，代代相传流传至今，遂形成了今日的赛龙舟，这也是流传最为深远和广泛的民间传说。

第二个龙舟纪念的人物是伍子胥，此故事在江浙一带流传最为广泛。吴王听信谗言误杀爱国忠臣伍子胥，于五月初五将伍子胥尸体装在皮革中投入钱塘江，其尸身随江水流动而不沉，当地百姓见状纷纷认为是伍子胥显灵。上天怜悯其为尽忠而冤死，故封他为潮神，老百姓为了纪念伍子胥便有了驾舟竞渡迎潮神的习俗，以此庇护一方神土和渔业丰收。《荆楚岁时记》对此就有相关记载："五月五，始迎伍君，迎涛而上，为水所淹。斯又东吴之俗，事在子胥，不关屈平也。"②

另外两种传说，一个是为了纪念东汉孝女曹娥。《会稽典录》中记载了曹娥救父投江的故事。在会稽上虞有一个叫曹娥的女子，她的父亲是一个为民做法的巫师，汉安帝二年（108 年）的五月初五这一天在舜江上举行迎潮仪式，其父不幸溺水身亡，尸体被江水卷走，年仅十四的曹娥，昼夜沿江号哭，随后投江救父而亡。另一个是为纪念越王勾践。越王勾践经过卧薪尝胆后越国渐渐恢复，在恢复实力过程中采用了以划龙舟来操练水兵。《越地传》中有如下记载："竞渡之事起于越王勾践，龙舟也。"③

（二）祛病驱瘟说

古人将五月称为"午月"，将五日称为"午日"，因此每年的五月初五便成了端午。竞渡先于端午节赛龙舟产生，许多地方皆可寻得踪迹，举办时间也不只限定于五月初五，但大多集中在春季，因为春季正是万物生长、瘟疫横行的时节，而竞渡的前身是"禳灾""送灾"，送灾是祈求神灵运用法术消除疾病。产生这种观念与仪式和当时整个社会的医学发展水平密切相关，人们对无法解

---

① 张婷. 龙舟竞渡演变历程研究 [D]. 荆州：长江大学，2015：66-67.
② 宗懔. 荆楚岁时记 [M]. 长沙：岳麓书社，1986：287.
③ 王航东，张殿亮. 对龙舟文化起源与功能的新思考 [J]. 广州航海学院学报，2014，22（4）：38-40.

释的自然现象、灾害、疾病等，只能以"送灾"的方式来处理，以寻求心灵的慰藉。①《礼记·月令》中记载，"仲夏，阴阳争、死生分，君子斋戒，止声色，节嗜欲"，由此可见古人会在五月初五采取相关的措施来达到消灾辟邪的效果。

（三）巫术仪式说

龙舟文化作为龙文化的分支，其自身具有特定的文化内涵和价值。全国不同地域的龙舟文化也表现出不一样的文化特性，在不同地域所展现的价值和内涵也各有其特点。比如，在广东岭南地区的龙舟文化实际是一种巫术仪式，它本身承载的是宗教内涵。岭南地区的民众习惯性把这种仪式称作"赶水鬼"。如果当地某河流或海港等水域常有人溺亡，当地民众就会认为该水域中有水鬼在作祟，为了驱除水鬼保证水域的安全，民众便自发在端午节当日向该水域撒铁粉并举办龙舟竞赛，想以此达到"驱鬼除灾"的目的。此外，也有一些地区将龙舟作为祭祀工具，不同区域的祭祀内容大相径庭。② 有些地方的龙舟竞渡则是为了祈求来年风调雨顺、五谷丰登。

虽然龙舟起源的确切时间和地点还未确定，但有一点是毋庸置疑的：龙作为中华民族绵绵不息的精神图腾，早在中国原始社会就已经存在，它是悠久历史的升华产物。在早期原始文化模式中，支配原始社会的工具是具有强烈自在性和自发性的文化模式，这一时期的人类从事的是采集、狩猎和简单农耕的生活，而这种生活体现的是一种以交感巫术、图腾崇拜、万物有灵等观念为基础的直觉思维。龙就是这种直觉思维下的产物之一，在中国悠久的历史文化中始终占据着统治地位。因此，对龙的崇拜成为一种习俗，成为当时人类生活普遍而特殊的社会存在，也是民众在战天斗地的实践发展过程中情感意识的共同选择和凝聚，龙舟即为这种神灵崇拜下的表现之一。③

二、两岸龙舟的发展

（一）大陆龙舟的发展

1984 年，香港举办了全国首届"屈原杯"龙舟比赛，龙舟运动迎来了新的发展阶段；同年，国家体委决定将龙舟运动列入全国正式比赛项目，且在 1985 年成立了中国龙舟协会。1988 年，中国龙舟协会正式出版了《龙舟竞赛规则》《龙舟竞赛裁判法》，在相关制度与法律的保护下，龙舟运动逐渐驶向正轨，也

---

① 佚名. 龙舟文化起源四说 [J]. 濮阳职业技术学院学报，2015，28（6）：13-14.
② 张一龙. 龙舟竞渡起源五说 [J]. 濮阳职业技术学院学报，2015，28（6）：13.
③ 胡娟. 我国民俗体育的流变：以龙舟竞渡为例 [J]. 体育科学，2008（4）：84-96.

正因如此，自 1988 年起，全国陆续举行规模不一的国际龙舟赛事，为龙舟文化迈向国际舞台夯实基础。在多方努力之下，1991 年 6 月 14 日，国际龙舟联合会正式成立，秘书处设立在中国香港。1992 年 8 月 23 日，亚洲龙舟联合会在中国北京成立，发起国家与地区有日本、马来西亚、新加坡、泰国、中国台北、中国香港等，秘书处设立在中国北京。目前，国内已有北京、上海、天津、广东、湖北、江苏、陕西等 20 多个省区市常年开展龙舟比赛，其中 10 多个省区市成立了自己的龙舟协会。① 龙舟运动也从传统的区域性民间活动逐渐发展成每年有 30 多项的国内外大型赛事，参赛运动员、群众累计可达千万。2009 年，联合国教科文组织将"中国端午节"正式列入"世界人类非物质文化遗产名录"，这里面就包含了龙舟竞渡内容。而"中国端午节"申遗的成功，无疑证实了在人类文明历程中，中华民族文化以其独特的民族性与优异性传承至今，为龙舟运动的发展增添了强大的动力。②

另据报道："广州地区 1980 年有龙舟 175 艘；1981 年 222 艘，活动 1121 次；1983 年 343 艘，活动 1002 次；1984 年 358 艘，活动 1188 次。四川省五通桥 1979 年恢复龙舟比赛，1982 年延长了原本的比赛时间，由每年活动一天发展到了两天，并出现了女龙舟和夜龙舟形式，到 1984 年活动三天。""在广州两区两县〔郊区、黄浦区、番禺县、增城县（现增城市）〕1980 年的观众为 60 多万人次，1981 年 160 多万人次，1982 年 175 万人次，1983 年约 139 万人次，1984 年约为 160 万人次。江西高安县，全县共 60 多万人次，每年来县城观看龙舟竞渡的就不下 10 万人次。广东清远县 90 万人口，1984 年到县城观看竞渡的达 8 万多人次。"可见在党的十一届三中全会后，我国的民族传统习俗文化发展规模与速度直线上升，龙舟竞渡又重新回归到各个地区的生活中，各地的竞渡比赛又是一片繁荣的景象。

表 6-1　《人民日报》1985—1995 年对龙舟的报道

年份	地点	参赛数	名称或备注
1985	澳门		第四届澳门国际龙舟赛
1985	香港		香港国际邀请赛
1985	湖北宜昌		第二届屈原杯

①　张明军. 龙舟历史文化与发展现状研究［D］. 兰州：西北民族大学，2010：54-56.
②　刘大海. 中国龙舟运动发展的现实问题及对策分析［J］. 体育世界，2013（8）：71-72.

续表

年份	地点	参赛数	名称或备注
1986	香港	112 队	香港龙舟邀请赛
1987	香港	121 队	香港龙舟邀请赛
1987	福建厦门		"嘉庚杯"国际龙舟邀请赛
1987	四川成都	54 队	第三届屈原杯
1988	北京	26 队	国际旅游年龙舟赛
1988	湖南岳阳	28 队	第四届屈原杯
1988	香港	130 队	香港国际龙舟邀请赛
1990	北京颐和园	123 队	第一届昆明湖龙舟大赛
1990	湖南株洲	20 队	活动于端午节举行
1990	江西九江	11 艘	活动于端午节举行
1991	北京颐和园	68 队	第二届昆明湖龙舟大赛
1991	湖南岳阳		第一届中国湖南汨罗江国际龙舟赛
1991	福建乐山	58 艘	活动于端午节举行
1991	北京	21 艘	第一届九龙杯
1991	云南西双版纳		第四届全国少数民族运动会
1992	江西九龙		第六届屈原杯暨庐山杯
1992	北京		第三届昆明湖
1992	湖南岳阳		1992 中国湖南岳阳汨罗江国际龙舟赛
1992	北京		1992 北京九龙杯国际龙舟邀请赛
1992	湖北宜昌		第一届三峡国际龙舟拉力赛
1993	湖南、江西、北京		1993 炎黄杯世界华侨华人龙舟赛
1994	广东东莞		1994 宏运国际龙舟邀请赛
1994	北京		北京中日友好龙舟邀请赛
1995	澳门		澳门乙亥端午国际龙舟节

续表

年份	地点	参赛数	名称或备注
1995	湖南岳阳		第一届世界龙舟锦标赛
1995	福建闽江口		1995 惠泉杯海峡龙舟赛
1995	新疆五家渠		1995 全国龙舟赛

1. 两广地区

两广各地区都有过举办大型龙舟赛事的经历，拥有强大的组织能力和成熟的竞赛方案。2004 年中国—东盟国际龙舟邀请赛在南宁举行，此赛事在东南亚、欧美等地区也具有广泛的影响力。近几年南宁举办越来越多的国际龙舟赛事，比如，2016—2018 年南宁连续三年举办中国—东盟国际龙舟邀请赛，并取得了广泛的影响，其中就吸引了来自东盟 5 个国家的多支队伍，共计 50 多支龙舟队近 1000 多人进行激烈的竞争；广西梧州每年端午节都会举办龙舟大赛，来自各个村镇和企业单位的参赛人员积极参与，参赛阵容强大。2017 年、2018 年中国龙舟公开赛于贺州昭平举办；2018 年广州国际龙舟赛于广州荔枝湾举办；2018 年广东省第三届传统龙舟争霸赛于江门新会举办；2018 年第十三届亚洲龙舟锦标赛于顺德举办。这些赛事都是当地大型的体育活动赛事，开幕式表演形式以本地特色节目为主，这不仅展示了当地的传统文化，还以地方、民俗特色为主导，突出了当地的民俗特色，带给观众一种视觉上的龙舟盛宴。① 与此同时，政府通过承办龙舟赛事活动，采取相关措施，做好比赛场地周边环境整改与改善当地水域条件，积极带领居民参与保护水域环境的活动，为改进城市环境贡献自己的力量。

2. 浙江地区

由于历史原因，1994—2004 年这十年时间，温州龙舟竞渡因故未开展，直到 2004 年 6 月 1 日龙舟竞渡才得以开禁，温州龙舟竞渡也迎来快速发展的时段。而当地政府的大力支持是温州龙舟竞渡迅猛发展的主要因素之一。2011 年，在政府的大力支持下温州龙舟协会成立，前后吸引了 1400 多条传统龙舟进行注册。同时龙舟比赛活动日益增加，在 2011 年至 2014 年这四年间，温州共举办 2 届市龙舟锦标赛，3 届南塘河龙舟拉力赛，2 届中华龙舟大赛（温州站），1 届

---

① 陈丽冰. 两广龙舟运动开展现状的调查与研究 [D]. 广州：广州体育学院，2019：35-36.

温州龙舟俱乐部联赛积分赛。①

宁波的云龙镇，在政府领导和支持下，每年端午节都会举行大型的龙舟比赛。云龙镇"龙舟竞渡"项目在 2009 年被列为鄞州区非物质文化遗产名录，经过当地政府的保护和支持，于 2012 年被列入浙江省非物质文化遗产名录。2009—2014 年，云龙镇长山江河面上，曾连续六年举办全镇性的大型龙舟竞渡赛事。全镇共有龙舟队伍 10 支，龙舟 18 条。② 2014 年端午节这一天，宁波市云龙镇荣获"中国龙舟文化之乡"称号，这与该地悠久的龙舟竞渡习俗密不可分，也得益于当时政府在改革开放后积极恢复龙舟竞渡习俗、承办大型竞渡赛事，大力弘扬现代体育精神。

3. 江西宜春

近些年，宜春地区频繁举办业余龙舟赛，每年端午节的业余龙舟赛传统一直延续至今。宜春人自发成立了多个业余和专业龙舟队，并在一系列比赛中取得优异成绩。例如，宜春市为迎接农运会在 2001 年 5 月举行"青龙杯"大型业余龙舟赛，来自袁州区街道、乡镇的近 200 条业余龙舟搏击竞赛，4000 余位农民在锣鼓声、呐喊声中奋力拼搏。2004 年 6 月 1 日，在宜春市水上基地举办的宜春市第三届"青龙杯"业余龙舟比赛，就有湖田乡、官园街、西村镇、渥江乡、下浦街、化成街、凤凰街、农牧实验场、青龙集团等单位组织积极参与。宜春高安代表队在全国第五届农民运动会业余龙舟比赛中取得了很好的名次。特别是宜春学院新组建的男女业余龙舟队，取得了显著的成果，男队在中国业余龙舟协会举办的 2007 年首场全国性业余龙舟赛事"万泽杯"全国业余龙舟精英赛中，勇夺 500 米直道竞速赛第二名，总积分排名全国第四，展示了宜春业余龙舟竞渡的实力，进一步提升了宜春竞渡的知名度。③

龙舟运动凝聚着中华民族上下几千年的光辉历史成就，现代龙舟运动深受传统龙舟运动的影响，其发展形势更是离不开传统龙舟，需要在其基础上"取其精华，去其糟粕"。随着社会主义现代化的发展以及经济的冲击，特别是商品经济对传统文化的冲击，现代龙舟运动逐渐成为一种具有较强经济贸易色彩、以文化促进商品经济的综合活动。龙舟文化内涵也由此得到更广泛的延伸，内

---

① 彭艳芳. 浙江民俗体育传承与发展：以温州龙舟竞渡为个案分析 [J]. 浙江体育科学，2015, 37（1）：42-46.

② 唐月霞. 宁波云龙镇龙舟竞渡习俗研究 [D]. 金华：浙江师范大学，2015：40-41.

③ 张丽萍. 中国业余龙舟竞渡运动的发展现状调查研究 [D]. 兰州：西北民族大学，2012：47-49.

容也越来越丰富，并将进一步带动和促进以龙舟文化为核心的多种文化模式的形成。①

（二）台湾龙舟的发展

晚明时期，受到"海上丝绸之路"的影响，我国东南沿海一带经济快速发展，在浙江和福建一带的农民开始掀起一股向台湾移民的浪潮。尤其是在郑成功收复台湾以后，台湾经济开始步入一个全新的发展时期，汉人移民的垦殖活动范围不断由台湾沿海向台湾内陆扩大，"龙舟竞渡"的文化习俗伴随着垦殖活动的开展，逐渐在台湾地区落地开花，繁荣发展。②

康熙三十三年（1694年）清朝首次编纂台湾地方志，康熙三十五年（1696年）上梓的《台湾府志》便有"端午日，竞渡……游人置杆船头、挂以锦旗，捷者夺标而去"的记载。这是台湾关于端午龙舟竞渡最古老的古文献记载。由此可推测龙舟竞渡在台湾地区至少存在300多年。根据乾隆十二年（1747年）的《重修台湾府志》"自初五至初七，好事者于海口浅处，用钱或布为标，杉板渔船争相夺取，胜者鸣锣为得彩，土人亦号为斗龙升，谓主一年旺相，以上并旧志"的记述，受当时动荡的政治影响台湾的竞渡形式也在摇摆中不断改变。

而据台湾古谚语："西仔反前就有扒，西仔反年再创新。""西仔反"指的是1883年清代光绪年间的中法战争，当时便有称"扒龙船"的龙舟竞渡，由此可见清末民间就有龙舟活动。③

1. 清朝时期

康熙时期收复台湾以后，清朝统治者认识到，在自然法则统领下的原始龙神文化与帝王推崇的龙舟文化两者之间已具有不可分割性。"龙舟竞渡"从简单的图腾演变成政权的符号，并为政局的稳定、社会的安定、秩序的维持提供保障。于是自清康熙二十三年（1684年）起，清朝统治者开始把龙神文化和"龙舟竞渡"当作一种农耕"仪礼"在台湾地区推广，并十分重视"龙舟竞渡"的社会作用和绩效。在清王朝的推动下，"龙舟竞渡"几乎遍及台湾全岛。④

从"龙舟竞渡"的组织者来看，每个时期的组织者受当时统治者的影响不

---

① 王星辰. 龙舟文化的起源及发展展望 [J]. 体育科技文献通报，2009，17（12）：105-106.

② 黄丽云. 龙、船、水与端午竞渡：龙神信仰的文化符号 [M]. 北京：社会科学文献出版社，2018：145-146.

③ 连横. 台湾通史 [M]. 北京：人民出版社，2011：213-215.

④ 黄丽云. 龙、船、水与端午竞渡：龙神信仰的文化符号 [M]. 北京：社会科学文献出版社，2018：142-143.

尽相同。在康熙时期，竞渡活动主要是由"富人"组织的，以游戏为目的；到乾隆时期，则是由所谓"好事者"组织；到了道光期间，"龙舟竞渡"的模式基本定型；到光绪时期，伴随商品经济的发展，"郊商"开始介入并主导了"龙舟竞渡"活动。组织者的变迁受到当时台湾经济发展水平的影响，但"龙舟竞渡"的参与者一直都是台湾的农民、渔民和中小商人。由于进行"龙舟竞渡"需要做好制造龙舟、组织、比赛前的训练与准备、祭祀龙王仪式的筹备以及对获胜者的奖励等的准备工作，而这些都属于经济范畴，民间参观"龙舟竞渡"的热潮更是带动了周边商业的发展，所以久而久之便逐渐形成了地方性的经济圈。

2. 日据时期

1895 年中日甲午战争中国清政府惨败，签订屈辱的《马关条约》，割让台湾地区给日本。当时的日本面临产业革命高潮，急需对外的商品输出和资本输出，因此在占领台湾地区之后将台湾定位为支持日本国家工业化的后盾和向南方进军的基地。此外，日本殖民者试图采用以渐进式的"同化"为主的统治方针并全力推进"皇民化运动"，强制性要求台湾地区世代居民启用日本姓名、使用日本语言、穿日本传统服装，并改变台湾传统民俗信仰和宗族观念，要求其改信日本神道，以驱使台湾地区民众为日本帝国"尽忠"。

在"皇民化运动"中，"龙舟竞渡"也未能幸免于难。但在明末时期，"龙舟竞渡"的习俗早已传播到日本长崎等地，所以日本殖民当局为了制造所谓的中国与日本在民族文化上的"同一性"，表面上并没有禁绝台湾民间举行的"龙舟竞渡"活动，但实际上正在逐步改变与扭曲台湾"龙舟竞渡"的形式和原本的精神实质。例如，原来台湾每年在端午节日举行的竞渡活动，时间改在春秋两季举行，而且参加竞渡的龙舟数量也由并列的两艘被迫改为三艘，即参赛的三艘船，分别代表中（黄色船）、日（绿色船）、冲绳（黑色船）三方，这样的竞渡方式正是日本殖民当局为了成功占领台湾而开展的示威活动。此后"龙舟竞渡"的政治色彩越发明显，承办单位多为日本政府属下的铁道部、工事支部、税关支署、专卖局、财务局、土木部等机构。① 由他们组织的所谓"龙舟竞渡"，不再是单纯的民俗活动，而是带有政治色彩的用来庆祝日本占领台湾地区的"光荣祭典"。

---

① 黄丽云. 龙、船、水与端午竞渡：龙神信仰的文化符号 [M]. 北京：社会科学文献出版社，2018：126-128.

3. 1945 年至今

1945 年，台湾回归祖国，端午赛龙舟的传统习俗自然也和大陆一样保留了下来。1950 年出版的《初级小学国语常识课本》中就介绍了端午习俗。到了 20 世纪 50 年代，端午龙舟赛常常吸引数以千万的人观看。

龙舟竞渡在 20 世纪 50 年代受到台湾各地的青睐，当时的端午竞渡依旧延续日本治理时官方历法、民间历法。一方面，政府于 1967 年修订教材，将端午节写入其中，并注释了其来源于屈原，将屈原与"龙舟竞渡"联系起来；另一方面，龙舟竞赛每年吸引成千上万的人观看欣赏，1958 年 10 月，在非端午节的时间举办了龙舟赛，吸引了十万名观众。1962 年台南运河的龙舟竞渡赛是史上伤亡最为严重的一次，船上观看比赛的人数过多导致翻船，造成了二十男二女的死亡，该事件给当时的社会造成很大的影响，但最后的责任追究却不了了之。因此，出于安全考虑，台南运河从 1963 年起停办龙舟赛，台北市也在 1964 年宣布停办龙舟比赛。

1964 年至 1974 年这十年间，台湾各地只出现了少数零星的龙舟赛事报道。只有宜兰礁溪的二龙村因为祖传的消灾避难的习俗，在停办数年后于 1966 年恢复，其他地区为了考虑赛事安全，举办也必须缩小规模，或全部由机关学校队伍参加，以保证参赛秩序安全。一直到 20 世纪 70 年代中期，台北、台南即彰化鹿港等地又开始举办龙舟竞赛的活动。1974 年，停办了十二年之久的台北市龙舟竞赛大会重新举办。而从 1963 年起停办的台南运河，也于 1973 年端午的 6 月初恢复，之后台湾各地陆续恢复龙舟竞赛活动。

到了 21 世纪初期，随着台湾相关官员对传统民间社会的统治与镇压，以及工业化社会逐步削弱传统生产关系的影响力，机构主导的这场运动没有进一步向基层社会扩散，最终导致 2000 年前后，台湾各地纷纷出现民众参与龙舟热情退却，各地龙舟竞渡无法继续的困境。譬如，嘉义县东石乡龙舟赛参赛队伍仅有 25 支，到 2001 年就只有 23 队，数量逐年减少；宜兰从 1983 年开始举办的县长杯龙舟赛，20 世纪 90 年代晚期每年六七十支队伍参赛，观众达十多万人，但随着中学、小学教职员不用强制性参与龙舟竞赛，2001 年宜兰县政府大力宣传龙舟比赛，但实际参赛队伍依旧很少。

时至今日，由于社会与经济的快速发展，人们对于传统文化的重视程度也越来越高，台湾各地每年都会举行规模各异的龙舟竞赛。伴随着近几年与大陆交往的密切联系，两岸的龙舟文化交流活动也越来越频繁，这也大大促进了台湾地区"龙舟竞渡"的发展。

第二节　两岸龙舟文化的异同比较

台湾的"龙舟"实为中华民族"龙舟"发展过程中的重要组成部分，同时也是其中的一小分支。但由于台湾特殊的地理位置与时代背景，台湾的"龙舟"既与大陆的"龙舟"有着"同一性"，又有着本地区的"特殊性"。

一、两岸龙舟文化的共同性

（一）两岸龙舟传统文化信仰一致

不论是大陆的龙舟，还是台湾的龙舟，最初的文化信仰都如出一辙，都以纪念人物、祛病驱瘟、祈雨除厄、祭祀龙王等信仰为龙舟竞渡的目的。例如，《续齐谐记》中记载："楚大夫遭谗不用，是日投汨罗江死，楚人哀之，乃以舟楫拯救。端阳竞渡，乃遗俗也。"而台亦有记录，1899 年 6 月 28 日台湾报纸描述："古者五月五日竞渡龙舟为忌屈原之魂，后世因之为成例。"同时有记载，台湾地区有洲美里，洲美里的中心位置有专门祭祀屈原的庙宇——屈原宫。据说这座庙宇建于 1776 年，洲美里在过去是半农半渔的村落，从康熙六十年（1721 年）的清朝开始，端午时节供奉屈原为水仙尊王，并举行赛龙舟的祭祀活动。

此外，《罗定州志》中记载在农历五月五日这一天，大家在采莲船上观看竞渡，到午夜时分，敲打锣鼓、燃放爆竹以此来迎接神灵，以达到驱除瘟疫的愿望。《武陵竞渡略》中记载，五月五日这一天划船的人，需要带上巫师画的符咒、将赤黄色小旗以及白鹭的羽毛插在两鬓，用这样的方式达到辟邪的目的。在台湾也有相关方面的记载，如 1899 年 6 月 28 日有报纸描述："有摆接兴直堡交汇之溪名曰双，港口近来溺死多人，皆云不斗龙舟致有鬼魅作祸……"由上可知，海峡两岸的龙舟竞渡都有驱病辟邪的目的。

闽、台两地在端午节皆有祭祀龙王的活动。祭龙王是"十年九旱"地区在农事上祈求一年中有充足雨水、没有天旱的一种宗教仪式。在台湾，新造的龙船上的龙头，需要在端午竞渡开始时通过道士为龙头点眼，将龙留于船内，保障龙船的安全。这个典故出自南北朝画家张僧繇在金陵安乐寺画壁画时"画龙点睛"的典故。台湾民众将这个典故运用于实际，作为龙舟竞渡前的点眼仪式。和大陆在端午节吃粽子不同的是，台南地区在端午节吃一种名叫"煎堆"的食物。传说郑成功率军进驻台湾之初，军粮供应不足，到了端午节无米包粽子。台湾居民听到这个消息，纷纷拿出薯粉、花生、豆类。郑成功下令将它们掺和在一起，油煎成"堆"，共同欢度端午节。此后，台南人每年过端午节都要以"煎堆"代替粽子，流传至今。①

综上所述，海峡两岸虽然隔海相望，但在龙舟文化的习俗与信仰上，可谓如出一辙，这充分体现出中华民族的"敬天畏祖""天人合一"的传统文化内涵。

（二）两岸龙舟文化宗族色彩相近

家族与宗派是传统身体文化结构中，认同身份与社会关系的主要内核。对照当代西方文化论中英美主流文化对"同乡""同宗"等认识论的欠缺，中国社会从基层乃至上层，整体是以家的扩大即所谓"差序格局"作为构成社会关系的基础。这种关系导致 19 世纪末 20 世纪初鼓吹国家富强的民族主义者的深思，如梁启超提出的观点：中国的"政权外观似统一……而国中实分无量数之小国体，或以地分，或以血统分，或以职业分"。他主张中国人民应从地域、家庭和职业的束缚中解放，成为民族国家的"新民"，不需要借助任何工具。这恰好与这些国族主义期待的相反，中国农村一直都是以同宗族的成员构成的自然村落，直到现在，各村依旧由宗族构成，而且设置了宗族祠堂和信仰礼堂，通过龙舟竞渡这样的活动，不仅可以密切宗族成员间的联系，还能增强宗族或家族的团结与凝聚力。

在未步入现代化生活时期的中国南方，村族每年都要举办龙舟竞渡的比赛，其赛程大致分为 5 个程序：①起龙；②采青；③赛龙；④藏龙；⑤散龙。除了上述这些仪式之外，还有建造、保养船只和朝堂的过程，所以整个比赛过程是既需保持热情又需消耗金钱的。而这些钱的管理、开销和汇总与官方的财政系统并无关联，它们是通过各村或氏族的"龙船会"来获得保障的。龙船会基本由姓氏宗亲的"宗祠"成员组成，如曾应枫、陆穗岗所述："从明末到新中国成立以前，扒龙船活动具备强烈的宗族色彩，基本由姓氏族群为组织单位。龙舟会由村民选择德高望重的长辈和领头人主持，管理龙船节重大的活动。"资金筹措的方式主要有三种：①太公支出（太公田的生产收入或公业商铺、佃租营收等）；②社员们的募捐赞助（捐助完会张贴捐额，体现"面子"）；③投标竞拍（被兜售的对象大多是竞渡所使用过的工具或象征物，像划手的位置、用过的锦

---

① 王予霞. 从端午节习俗看厦门与台湾的文化传承关系［A］. 厦门市社会科学界联合会，厦门市台湾事务办公室，厦门市中华传统文化研究会，2009：3.

标、各种划手用过的物品等）。

在早期的中国社会，龙舟竞渡的"竞"不仅是船只之间的竞争，还是各乡族之间的竞争，包括水域条件或经济等各方面的竞争。例如，在中国陕西省安康市，与其他地方一样，是一村或一宗族就拥有自己的一艘龙船，且每艘船也与该村或宗族集体的信仰中心相关联。表面上看一艘龙船代表一个自然村或一个社会群体，但在他们眼里，一艘龙舟就代表一个同姓氏族的宗族或一个婚姻集团。内心尊崇的也就是自己祠堂上所供奉的，龙舟名号也往往是本家的字号或所从事的本业。

根据《台湾文献期刊》《台湾日新报》对龙舟竞渡的报道，清朝时期台湾已有龙舟竞渡活动，与陕西安康等地一样，19 世纪和 20 世纪台湾许多地方龙舟竞渡同样是以宗族为纽带展开的竞争活动。这种社群之间的竞争关系，通过竞渡这种整体社群间接或直接参与的方式再现，进一步加强社群的交往关系，由此缓解宗族之间的冲突，构建良好的社会关系。

由此可以发现，无论是大陆还是台湾的龙舟竞渡，宗族或宗派都是影响其发展的重要因素。在这一点上，两岸都有异曲同工之妙。

（三）两岸龙舟竞渡程序基本一致

不管是大陆还是台湾的龙舟竞渡，其竞渡程序都大同小异。台湾的龙舟竞渡还保留着一些传统的赛前仪式，如"开光点睛""请水神""接龙船""祭江"等，赛后，还有"送水神""收龙船""谢江"等祭典，这些仪式从清朝一直沿用至今。虽然两岸龙舟竞渡仪式在名称上有些许差别，但仪式内容基本相同，因此两岸的龙舟竞渡仪式大致分为 5 个程序：起龙、采青、赛龙、藏龙、散龙。

起龙：大陆的龙舟大多要埋或藏起来，因为龙舟是由木头所做，经过日晒雨淋木材容易腐烂。通过一个仪式，让人或物转换身份或跨越世俗，达到一个神圣化的过程，将"沉睡"的龙船唤醒。起龙一般是从农历四月到五月初都有，通常有祭拜庙神、祭拜船，乃至神明进驻或分化神明的气息到船上的神圣化过程。而台湾的龙舟大多供奉在宗族寺庙里，通过人们日常的祭拜赋予龙舟神灵气息，伴随着"献江启渡"等仪式，将灵气完全激发出来，以祈求天神庇佑一方风调雨顺。

采青：这是一个持续圣化并扩大巡游，是让人们提前感受竞渡的热闹气氛，此时龙船持续圣化，邻里民众也被告知即将进入一个非常（反日常化）的时间。台湾在赛前也有类似"采青"的仪式，其具体内容是在进水仪礼开始之前，台湾各地开始营造比赛气氛，农历四月初一、四月十五和五月初一，要分别打三次"预备龙舟鼓",人们开始做好准备工作,也就有了"五月节,龙船鼓"的谚语。除了龙舟竞渡之外,还有放水灯、请戏班表演平安戏,以此来庆祝龙舟赛。这种特殊的传统形式受到人们的喜爱,吸引了众多游客前来参观游玩,更被台湾交通运输部门指定为重点观光活动。

赛龙:这是人们印象中龙舟竞渡的关键环节,它会大量消耗人们的体力,并创造人与人、俗与神的交换空间。竞渡本身娱乐人也娱乐神,在凝聚小团体时也以冲突的形式整合大团体。而台湾的赛龙,以焦溪二龙村为例,二龙竞渡的双方,是在航程中,通过彼此间的默契和现场判断,来决定这场比赛究竟算不算数。在航程的途中,根据彼此的自由意志和现场判断,来决定这场比赛是要从航程中的哪一个时间点才开始成为这一场速度的竞赛。

藏龙:从竞渡赛龙的激烈环节回归到日常,常常是竞渡结束前举办的各种仪式,也是龙舟重回起龙的环节,也暗指人间与非人间的轮回。台湾的"收龙船"仪式,象征着竞渡的圆满结束,人们通过胜利的竞渡获得神灵的恩赐,故家人平安、风调雨顺。

散龙:以一场群众集会作为开始,那么必定会以另一场集会来收尾。藏龙过后,各村各镇为感谢神灵保佑和龙舟竞渡圆满结束会大摆筵席。同时乡民们会争相竞买竞渡的龙舟和贡品,认为它们沾染了神圣的气息,能够得到神明福运。而台湾地区在龙舟竞渡比赛之后有一套习俗,即择吉日谢水神,安置龙船,举行谢江仪式。

综上所述,龙舟竞渡的程序在大陆和台湾大体是相仿的,只是存在一些以地方为特色的细节差异,这不仅证明两岸龙舟同根同源、一脉相承,也说明了两岸龙舟文化逐渐趋于同一,随着两岸龙舟日益频繁的文化交流,这种以地方为特色的差异也会逐渐变小。

(四)两岸龙舟竞渡赛事秩序不够稳定

早期的龙舟竞渡活动,举办时间相对而言较长,一般情况下,常常需要举行半个月甚至一个月,因此,不论是大陆还是台湾,在举办期间经常会发生各种打架斗殴事件,伤人停赛的现象屡见不鲜,如《说郛·闽部疏》记载:"端午节尤重竞渡……往往殴击至杀人成狱,禁稍弛,复竞,其俗也,不能革也。"又如1984年所描述:"在地主、恶霸的把持下,有些龙舟在赛前就准备了枪支,并将其置于船内,船上竞渡的人竟背上了枪,各方火药味甚浓,气氛异常紧张,稍有口角争议,动辄持枪伤人,如番禺神山与雅瑶在1937年5月的初三在龙舟赛中发生打斗,神山村受伤36人,雅瑶受伤19人,当发生斗殴时,双方船桨横飞，血肉相搏。还有南埔三乡与大领乡也曾因竞渡而发生斗殴事件，这是以地主、恶霸为代表性的农民的宗派主义和锦标主义，以达到他们浑水摸鱼的目的。"① 官府对龙舟竞渡的政策也摇摆不定，南宋曾明文规定："竞渡一节，法有明禁，造意者徒一年，随从减一等，此其条亦不轻矣。"但很多时候受到各种因素的限制无法禁止，官方选择缩短龙舟竞渡的天数，降低发生骚乱的次数或尽可能避免耽误生产，且明令参与者不可携带武器②。

在日据初期，台湾部分地区相沿端午举行的庶民嬉戏"掷石"，如现今台中市沙鹿地区者，有"掷石惯例，六月十二日即端午佳节，大肚中保沙鹿街人等，于妈舞山上排列两边，取石相掷以决胜负"。当地居民排列在两边，相互扔掷土石攻击，以致"遍体受伤，满面皆血亦有所不惜"。另外，嘉义东石地区有云"嘉义风俗，旧时代时，每年端午日儿童掷石为戏，以除灾异。后来相延，甚与掷输者携带枪刀器具……当道极欲痛除，是日警官督带壮丁先赴该地弹压严行禁止云"。这种掷石的娱乐方式，稍有不慎就会引发暴力流血事件，严重甚至会影响社会的稳定与发展，因此官方对于掷石的问题也十分重视。

两岸龙舟竞渡斗殴事件为何频频发生？究其所源可知：宗派与村族为了荣耀和得标的利益是主要原因；不具备严格的竞赛规则、组织、航道及竞赛规格，加上强烈的胜负欲，也是引发斗殴乃至于械斗的主要原因之一。

二、两岸龙舟文化的差异性

两岸官方对龙舟的不同诉求是主要方面。自战国时期有"龙舟"记载以来，龙舟文化与官方就有千丝万缕的关系。唐初，宰相魏征以其权威和著作正史的地位，将屈原投江故事与竞渡活动紧密联系，而后每逢端午佳节，人们会自觉将投粽子、赛龙舟与屈原爱国投江相联系起来。龙舟竞渡的实行是对屈原崇拜的象征，也是帝制专政主义的威仪象征，以此种形式来塑造民众思想。

据魏襄王古墓中所发现的《穆天子传》记载，"天子乘鸟舟、龙舟浮于大沼"，意思是指周穆王乘天子用的豪华龙舟向世间展示天子职权和政权的力量，以此来显现皇室的高贵。明代高启的《端午写怀》、唐顺之的《午日庭宴》，均表明明代皇帝于端午之日，"赐宴群臣"并与其一起"观竞渡"的盛况，也是延续了唐宋以来宫廷端午的惯例。而现今大陆随着历朝历代封建主义的色彩趋

① 黄丽云. 龙、船、水与端午竞渡：龙神信仰的文化符号 [M]. 北京：社会科学文献出版社，2018：183-185.

② 黄丽云. 龙、船、水与端午竞渡：龙神信仰的文化符号 [M]. 北京：社会科学文献出版社，2018：183-185.

于淡化，龙舟竞渡也逐渐转型。因此，古代龙舟象征着帝皇专政主义的威仪，统治者多用其以"享乐"或是统一民众思想为主要目的。

台湾地区的龙舟竞渡经历清朝、日据和战后三个时期，"龙舟竞渡"在每个时期都被其统治者披上军事主义的"外衣"。例如，台湾被郑成功收复后，"龙舟竞渡"就作为练兵的一种手段，来增强军事实力。及至康熙帝收复台湾后，清朝统治者意识到，在自然法则的统摄下，原始龙神信仰与帝王所推广的龙舟文化两者休戚相关，于是"龙舟竞渡"在台湾开始与政权相联系，也给社会生活共同体带来安定。

到了日据时期，"龙舟竞渡"在军事中扮演重要角色。在日本统治者的眼中，"龙舟竞渡"是日本军国主义占领台湾的所谓"纪念日"，在昭和时期，每当日本皇太子"巡察"台湾地区时，就会有一场"龙舟竞渡"的"盛典"，这也是日本皇权意志的体现。因此，有学者指出："日本殖民时代之所以允许龙神信仰的续存，完全与普及日语一样，都是日本统治台湾地区的对策，其目的就是图谋打造所谓的'共有意识'和'民族认同'，其实质就是殖民帝国的政权扩张。"[1]

二战后，台湾管理权转移至国民党手中，从此台湾端午龙船竞渡增添了军人色彩，"龙舟竞渡"也成了军队的特训，这无非是国民党想借助崇拜屈原的精神来弘扬民族意识，巩固自己的政权。在这一时期除了几个渔港以外，其他港口扒龙船的竞渡专用船形状几乎是统一固定的。

从上述资料记载可以看出，官方对两岸龙舟展现的需求各不相同。大陆主要体现了"享乐"或统一民众思想，而台湾的龙舟竞渡则在不同程度上展现了军事主义色彩，此为两者的不同之处。

第三节 两岸龙舟交流的历史回顾与现状

海峡两岸龙舟文化一脉相承，同根同源。有记载以来，东吴国王孙权在230年派诸葛直、卫温带领水军万余人到达"夷洲"，这是大陆军队第一次到达台湾，也使两岸的"舟"得以相见。南宋时期设置澎湖巡检司，赵汝适所著《诸蕃志》记载："泉有海岛曰澎湖，隶晋江县。"随着南宋的政治中心逐渐南下，

---

① 黄丽云. 龙、船、水与端午竞渡：龙神信仰的文化符号［M］. 北京：社会科学文献出版社，2018：112-117.

澎湖地区容纳了更多的汉族人,此后汉人开拓澎湖并开始转向台湾发展,同时先进的生产技术和渊博文化也流入台湾。自此两岸的交流不断加深,台湾的龙舟文化也逐渐壮大。历经兴衰的龙舟文化在海峡两岸绵延不断,现在龙舟文化不仅是传承和弘扬中华文化的象征,更是两岸文化交流的枢纽,展现了两岸民众一家亲的家国情怀。

一、封建制度下的两岸龙舟交流 (1683—1840 年)

(一) 统治者政治需要的两岸龙舟交流

此时期两岸龙舟交流更多是统治者的一种政治手段。1683 年,施琅受命进攻台湾,郑氏投降。1684 年,台湾府成立。随后清朝统治者意识到,在台湾树立起自己的权威,才能更好地维持清政府的政权。于是龙舟开始作为政府权威的象征,并给台湾地区带来社会稳定和政府权威的构建。自清康熙二十三年(1684 年)起,龙舟竞渡作为一种农耕“礼仪”在台湾进行推广,清政府认为重视龙舟能够带来社会安宁和政府威信。在政府体制集权过程中,层级化官僚制的支配、控制,同化了社会运作的网络系统,造就了政府单一化、垂直式的龙舟竞渡与组织管理的模式。① 这种农耕“礼仪”主要是通过龙舟竞渡前一系列烦琐的程序来体现,以众多的形式赋予龙舟竞渡以庄严和神秘,以此展现皇权的权威。龙舟竞渡仪式大致分为 5 个程序:起龙、采青、赛龙、藏龙、散龙。由“起”到“散”,完成了一个轮回,其中夹杂了农耕文化礼仪,也完成了统治者的意志。赛龙舟既是节日活动,也是一个经由神圣化加强中央集权的过程。龙舟竞渡在清王朝的推动下,既完成了神圣化的过程,也推动了其在台湾地区的普及。

(二) 统治者喜好主导的两岸龙舟交流

直至乾隆时期结束,清政府都没有完成官方在台湾主办龙舟竞渡活动的愿景。在清代,乾隆皇帝对龙舟竞渡最有感悟,仅关于歌咏龙舟竞渡的诗就有 26 首,康、雍两帝的诗词不过各自一首。但是,乾隆皇帝的诗词主要表达了“非竞”主旨。乾隆皇帝本人并不是大肆宣扬龙舟竞渡,只是借龙舟竞渡声势浩大的场面在外国使臣面前彰显大国气象,展现国富民强。由于上行下效,管辖台湾府的福建官方对龙舟竞渡并没有太过重视。1764 年,台湾与大陆龙舟竞渡开

---

① 罗湘林,刘亚云,谢玉. 从故事到赛事:汨罗龙舟竞渡的底层视角 [J]. 体育与科学,2015,36 (1):81-85.

展官方交流，台湾知府蒋元君在台南市法华寺半月池主持友谊赛。此次友谊赛背离了单纯的龙舟竞技比赛性质，更像是上层统治者举办的龙舟主题的娱乐活动。这种"非竞"龙舟竞渡的场面极其宏大，甚至将竞渡时间从五天延续到了七天。这也表示随着台湾在乾隆时期的不断开拓与发展，地方群众也日趋注重娱乐。

道光时期，《彰化县志》记载：先是初一日，以旗鼓迎龙头，沿门歌唱，曰"采莲"。[①] 从这段文字中可以看到，彰化县有龙船鼓和沿街歌唱的习俗，唱的是"采莲"，这里也加深了龙舟竞渡"非竞"的主旨。彰化县的汉人移民祖籍大多是泉州府，在清朝时期以泉州货物集散地而出名的台湾鹿港地区最为显著。在鹿港进行田野调查的黄丽云发现，"采莲""龙头"祭祀典礼就是端午竞渡的延续，两者都是用旗鼓迎龙头绕街道环行，居民在道路两旁备下香案、贡品来祈求平安。这种仪式不仅使龙舟竞渡的活动更加丰富，同时也增添了热闹宏大的气势。

（三）人口迁徙背景下的两岸龙舟交流

随着商品经济的发展，在人口迁徙的背景下两岸龙舟文化交流愈加频繁。清朝东南沿海一带的城市发展相当迅速，特别是广州、福州、厦门这些对外贸易的沿海城市，展现出蓬勃生机，以至于大量清朝人口向东南沿海迁徙。此外，人地矛盾也导致了清朝人口向东南沿海迁徙。绝大多数的耕地相对集中于华北、华东、东南、中南、东北地区，东南地区城市的发展和大量荒山土地的开发与耕种地区形成对比，同时也引进了更多的人，使原属于中原、华北等地的龙舟竞渡文化，随着人口的迁徙不断和东南地区原有的龙舟竞渡文化相互碰撞、融合。清朝中期，中国人口突破四亿。[②] 郑成功从荷兰殖民者手中收复台湾后，台湾经济进入了一个新的发展时期。最初迁往东南沿海一带的居民选择了继续南迁，由台湾岛沿海逐次向台湾发展，龙舟竞渡的习俗也伴随着人口的迁移在台湾生根发芽。

台湾的移民来自大陆东南沿海的各个地区，因此台湾不同地区的龙舟竞渡有着不同的家乡风味。根据黄丽云的研究，台湾龙舟竞渡大致可分为"泉州模式""漳州模式""混合模式"三种。"泉州模式"的代表是鹿港地区，"漳州模

---

① 黄丽云. 龙舟文化等同政权符号：屈原崇拜与竞渡之国际比较 [J]. 云梦学刊，2010，31（4）：54-60.

② 陈西邨. 略论中国历代王朝的人口政策 [J]. 北京师范学院学报（社会科学版），1989（2）：87-93.

式"的代表是士林的"屈原宫","混合模式"是以宜兰二龙村为代表。从地理上看,福建泉州和台湾鹿港相邻,正是因为这种邻里关系,两地之间的来往较为频繁,鹿港地区龙舟竞渡就是主要效仿泉州的习俗。士林"屈原宫"是台湾唯一祭祀屈原的庙宇,并以举行龙舟竞渡为乐。士林的"漳州模式"是伴随着人口迁移而来的,自1721年漳州人向士林迁徙以来,士林的龙舟竞渡在潜移默化中增添了些许漳州习俗。宜兰二龙村的龙舟竞渡与鹿港、士林两地遵循的习俗都有不同,前者是在广泛吸收多地的龙舟竞渡特点之后形成了自己独有的特色而自成一体。

二、近现代社会的两岸龙舟交流（1840—2020 年）

（一）近代两岸龙舟交流被迫隔绝

两岸龙舟在台湾日据时期的交流几乎完全被隔断,交流仅靠血缘宗族的纽带存续。1895 年日本占领台湾后,在台湾北、中、南各地,例如,现在高雄市的高雄川、关帝庙港、妈祖宫港、台南运河、桃园龙潭,新北市的淡水、三峡、新店,台北市的基隆河、淡水河岸等,这些地方几乎每年都会有民众自发举行龙舟竞渡活动。在 1899 年的日据初期,有报道提及"台北端阳佳节最喜斗龙舟一连十余天,彼此争胜,欲罢不能"。从举行龙舟竞渡的地点来看,活动多在台湾近海地区举办,除去临近水道便于举行外,更重要的是近海地区更靠近大陆,居民多为大陆移民。割让台湾岛后,两岸交流困难重重,从而举办一场既代表故乡又有着宏大场面的龙舟竞渡成为移居者抒发对故乡不舍之情的一种方式,这也是这个时期龙舟竞渡活动如此多的一个原因。竞渡工具也是群体性的一种体现,被赋予了一定的情感。在大陆安康,几乎是一村或一个宗族就拥有自己的一艘龙船,龙船处于这个村或宗族集体信仰的中心。从表层来看,龙船代表的是一个村或是一个生活集体;但在村民眼中,龙船就是同姓氏族宗族或婚姻集体的象征,信仰也是自己厅堂上所供奉的。

1945 年台湾回归祖国怀抱,台湾端午赛龙舟的传统文化流传开来。1962 年6 月 10 日台南运河举办的龙舟竞赛在史上发生了最严重的一次事故,有多人死亡。因为这场意外,从 1963 年起台南运河停办了龙舟赛,同时也对台北龙舟赛产生了一定的影响,从 1964 年起台北市也宣布停办龙舟赛。在 1964 年到 1970年,台湾各地区只举行过为数不多的几次小规模龙舟竞渡。一直到 20 世纪 70年代中期,相关部门开始动员整个社会积极参与中华文化的复兴,台北、台南及彰化、鹿港等地才慢慢又有了龙舟竞赛的气息。

(二) 恢复时期两岸龙舟竞渡交流

1978 年改革开放后，节日的特殊意义越来越被国家和人民重视，并在这些节日上举办晚会和赛事来进行庆祝。面对民间的活动，政府也会在法定传统节日的举办中汲取一定的资源，因此两岸的龙舟竞赛不断增多。1984 年国家体委将龙舟立项并举办全国龙舟赛，由于形势问题两岸龙舟交流不多，以至于具有一定规模和连续性的龙舟竞渡比赛在 2006 年海峡论坛成立后才开始。2006 年举办了冠名为"嘉庚杯""敬贤杯"的海峡两岸龙舟赛，这届龙舟赛吸引了来自台北、福建各地共 51 支队伍参赛。截至 2020 年，该项赛事已经成功举办了 14 届，参赛的龙舟队伍高峰时期达 82 支。台湾前来参赛的龙舟队伍也逐年增多，在第 14 届"嘉庚杯""敬贤杯"海峡两岸龙舟赛上，台湾派出了 27 支龙舟队伍参赛，是有史以来参赛队伍最多的一次。2006 年至今，"嘉庚杯""敬贤杯"海峡两岸龙舟赛共计有 238 支台湾队伍参赛。可见，"嘉庚杯""敬贤杯"海峡两岸龙舟赛赛事本身赋有的历史记忆所凝聚的文化象征，成为台湾同胞中华民族身份认同、强化、重塑的媒介和工具，对赛事发展、两岸龙舟交流起着不可估量的作用。①

表 6-2　大陆部分龙舟赛事举办年份、参赛队总数　　单位：队

"嘉庚杯""敬贤杯"海峡两岸龙舟赛		中国汨罗江国际龙舟节		两岸城市龙舟文化交流赛	
举办年份	参赛队总数	举办年份	参赛队总数	举办年份	参赛队总数
2006	51	2005	17	2017	16
2007	61	2006		2018	11
2008	65	2007	12	2019	12
2009	70	2008			
2010	76	2009	12		
2011	75	2010	10		
2012	82	2011	12		
2013	78	2012	12		
2014	66	2013	15		
2015	60	2014	20		
2016	59	2015	20		
2017	52	2016	16		
2018	53	2017	16		
2019	53	2018	16		
		2019			

---

① 李红梅."嘉庚杯""敬贤杯"海峡两岸龙舟赛的传承与发展路径 [J]. 厦门理工学院学报，2020，28 (2)：7-11.

全国两岸龙舟交流比赛多地开花，两岸龙舟赛事交流互动成果显著。除了在厦门举行的海峡两岸龙舟赛事外，在我国各地都有龙舟交流赛事的举行。2008年在福建泉州举行的第六届全国农民运动会中，台湾代表团龙舟队取得了令人瞩目的成绩；2010年京杭大运河全国龙舟邀请赛中，台北花莲龙舟队夺得公开组团体冠军；2011年福州海峡两岸龙舟邀请赛中，来自台湾的龙舟队伍有台中市龙舟队、高雄市龙舟队、台北市福建同乡会龙舟队等队伍，参赛的台湾龙舟选手多达百人；来自台中轻艇龙舟队与云霄代表队在2016年首届海峡两岸青年龙舟赛中进行激烈竞争。2018年在台北市隆基河上举办的第二届两岸城市龙舟文化交流赛，吸引了来自两岸4座城市共11支龙舟队。2019年台湾高雄爱河龙舟赛中，上海中医药大学龙舟队获得冠军。各地承办的龙舟竞渡赛事越来越丰富，举办龙舟竞渡的城市也越来越多，极大地促进了两岸龙舟竞渡交流。

表6-3　台湾举办的部分龙舟赛事

赛事名称	举办年份	参赛队数/队	参赛人数/人
高雄国际龙舟邀请赛	2013	134	3000多
两岸高校龙舟邀请赛	2019	8	80多
台北国际龙舟邀请赛	2016	210	近5000
台北国际龙舟锦标赛	2009	200	近5000
"粽情高雄，龙跃爱河" 高雄爱河端午龙舟嘉年华	2019	132	3135

三、两岸龙舟交流的现状

（一）两岸龙舟对战组合与形式

公平竞争的两两对抗竞赛形式在两岸龙舟竞渡中都有体现，随着了解不断加深，两两对抗竞赛形式就逐渐被多组对抗竞赛形式代替。两两对抗竞赛是指两个社群之间的交换和竞争，通过社群直接或间接参与对抗竞赛的表现，以此来巩固社群交往的关系，并且能够达到社会冲突的整合。因此，台湾这种两两对抗的竞赛形式就伴随着大陆区域的独特乡俗，在人口迁徙和龙舟交流的背景下被保留下来。陕西安康当地龙舟竞渡的对战组合，主要包括火星殿对小桃园、东四王庙对西四王庙、竹木行对镇江寺等数组固定对手。在两两对抗的过程中，都是由专业的裁判执裁。厦门市集美地区早期的龙舟竞渡也是两队同时出发，轮流比赛。19世纪和20世纪之交，台湾许多地方的龙舟竞渡采用的就是两艘固定船只间的对抗，例如，在今天新北市的大汉溪，逢端午节新庄居民在河面上捉对厮杀。淡水的妈祖宫前，则有台北关渡地区的渔民、新兴北三芝与淡水鼻仔头地区渔民之间的较劲。

1923 年后，随着社会群体之间的频繁往来，比赛规模不断增大，船只数目也在增多，台湾渐渐解除了原本仅限于当地两两捉对厮杀的限制。但是大陆地区两两对抗竞赛的形式一直延续到 1951 年。1950 年陈嘉庚先生回国回乡定居后，积极组织集美村民和集美村师生在海上举办龙舟竞赛活动，并于 1951 年在集美举办首届龙舟赛。① 这场比赛的主办单位即集美学校，比赛前将 12 艘新造的规格近乎相同的小船分配给选手使用。比赛规则要求 12 支队伍两两出赛，每艘船赛三次。自 2006 年起，最初的集美龙舟赛正式改名为"嘉庚杯""敬贤杯"海峡两岸龙舟赛，并且向台湾同胞和海外选手开通渠道。从这些比赛可以看出，两岸的龙舟竞赛已经由两两对抗逐渐转为多组同时进行。目前，对于大陆地区多组竞赛形式的开始时间已经不可考证，但是据报道，从 2006 年举办海峡两岸龙舟赛时，两岸官方就正式开始采用多组竞赛形式。自此届龙舟赛后，多组同时竞赛成为龙舟竞渡交流比赛中的主要形式，如上海举办的首届、台北举办的第二届、南京举办的第三届两岸城市龙舟文化交流赛都是采用这种多组竞赛形式。

两岸龙舟竞渡从两两对抗竞赛到多组竞赛，这种转变不仅是大陆移民故乡整合冲突习俗的延续，也是随着两岸龙舟文化国际化、规模化趋势不断交流融合的产物。这种融合伴随着两岸龙舟竞渡对战组合形式的交流而不断加深。

（二）两岸龙舟交流地点与环境

由于地域特征、社会变迁等缘故，东南沿海与台湾的龙舟文化有着极强的交融性和相似性，两岸龙舟赛事多在东南沿海地区举行。以福建为例，福建和台湾距离较近，厦门角屿距台湾嘉义 120 海里、高雄 165 海里，福州到基隆也就 149 千米，从平潭岛至新竹也只有 60 海里②；福建对台交流借助"五缘"，其有着得天独厚的优势，这也是龙舟竞渡交流中不可忽视的因素。从中国龙舟协会官网发布的赛事安排可以看出，2019 年在福建举行的全国龙舟赛事有 3 场，分别是福建福州 2019 年中华龙舟大赛、福建南平 2019 年中国龙舟公开赛总决赛、

---

① 苏艳琦. 做大做强集美龙舟文化品牌 [A]. 厦门市社会科学界联合会，厦门市台湾事务办公室，厦门市中华传统文化研究会，2009：6.
② 林剑峰. 闽台龙舟竞渡项目交流与合作的现状与对策 [J]. 厦门理工学院学报，2015，23（4）：7-12，32.

厦门集美 2019 海峡两岸龙舟邀请赛。

在信息、交通发达的今天，各省会城市积极举办两岸龙舟赛事交流。随着两岸龙舟交流的不断深入，龙舟赛事不仅极大地促进了两岸文化交流，还对当地经济发展起着积极的推动作用，快速提升了城市影响力。[1] 来自澳大利亚、加拿大、英国等国家，以及港澳台地区的 111 支参赛队伍在 2011 年参与广州国际龙舟邀请赛。2013 年第四届世界大学生龙舟锦标赛在太原市汾河景区开赛，共邀请到来自欧洲、北美、非洲、亚洲 10 多个国家及地区的 62 支代表队参赛。这些省会城市自身环境占有一定的优势，不仅有适合比赛用的河道江流，而且也有足够的经济实力举办赛事。

两岸龙舟赛事进一步向大陆内部发展，一些环境条件具备的城市相继开展比赛。以山东枣庄为例，2010 年举办海峡两岸山东台儿庄龙舟邀请赛，来自浙江、台湾、山东、江苏的 13 支代表队，以及美国、波兰、法国等地的国际友人代表队共 366 名选手参赛。此外，台儿庄还设立了首个海峡两岸交流基地。2011 年，山东枣庄又举办了"浙江商会杯"海峡两岸龙舟邀请赛，枣庄市借助台儿庄古城海峡两岸交流基地这一平台，充分利用京杭大运河台儿庄段古运河的优越区位，积极打造水上运动品牌基地，树立运动品牌形象。

表 6-4　大陆以海峡两岸为主题的龙舟赛事　　　　　　单位：队

赛事名称	举办年份	举办地点	参赛总队数	台湾队数
海峡两岸山东台儿庄 龙舟邀请赛	2010	山东·枣庄	14	1
中国·枣庄"浙江商会杯" 海峡两岸龙舟邀请赛	2011	山东·枣庄	23	1
福州海峡两岸龙舟邀请赛	2011	福建·福州	36	5
"两岸一家亲·龙舟端情" 秀美涢江龙舟赛	2017	浙江·宁波	21	
海峡两岸华安九江 龙舟邀请赛	2019	福建·漳州	16	
2019"茶娃杯"延平湖 海峡两岸龙舟邀请赛	2019	福建·南平	32	2

---

① 曾应枫. 龙舟竞渡：端午赛龙舟 [M]. 广州：广东教育出版社，2013：17-18.

大陆充分发挥地理环境优势，不断展开一系列的两岸龙舟赛，借助当地经济环境、两岸交流平台、商会等有利因素，有实力的地区多会积极举办赛事。这些比赛对于大陆人民进一步了解两岸龙舟文化是十分有利的，同时也利于台湾群众对大陆丰富的文化进一步了解。

总体而言，两岸的龙舟交流由来已久，这根植于两岸共同的血脉联系。龙舟竞渡作为维系两岸民族的纽带，在经历了衰败与复兴之后，在现代展现出蓬勃的生机。龙舟竞渡不仅是一项简单的体育运动赛事，更是融入了两岸亲情一家的血脉传统，是民俗文化的延续与传承。龙舟竞渡中展现的传统文化并不是仅靠举办体育竞赛就能活跃起来的，将龙舟竞渡融入现代化的比赛制度，是时代发展的需要；文化的传承在宗族、地域里保存才能有其独特风味。在两岸龙舟交流中这种地域、亲情的交融，更能唤起两岸共同文化、血脉的联系。

（三）两岸龙舟交流复兴与衰败

现代化社会经济的快速发展加快了民间信仰活动的消逝，两岸龙舟竞赛作为端午习俗的一个重要环节，不可避免地受到现代经济活动的冲击。对于这场生活变革，我们曾经提出两种矛盾的说法。其一，随着现代城乡居民在日常生活中拥有越来越多的自由选择，传统民俗大量活跃起来，城乡各地区也以各种方式逐渐恢复了一些文化传统，我们称为"民俗复兴"。其二，观察传统体裁的民俗在农村社区的蜕化、碎片化、部分消失，我们也惊呼"传统文化濒临灭绝"。① 端午节预示着紧张的春耕已过而繁重农忙未至，在沉寂了一冬后人们会自发自觉地开展龙舟活动来调动生活的积极性，通过在我们看来封建的程序，来表达对幸福生活的追求。这些活动往往是在一个村落中依靠宗族的力量举行的，通过血缘关系加强宗族的凝聚力，在通过竞渡中神圣化的活动将宗族人员紧密联系在一起。社会经济的快速发展使人们的社会生产及生活活动已经脱离了季节的束缚，龙舟竞渡也添加了"龙舟搭台，经贸唱戏"的口号，显然现代社会经济的发展使龙舟竞渡也蕴含了功利内容和商业价值，这将对其无形的文化价值造成实质性的影响。原本在龙舟活动中许多凝聚家族信仰的仪式，如狂欢后的大摆宴席，在现代主流的赛事现状中都被剔除出去。由于两岸龙舟赛事的增多，国际化趋势日益显现，龙舟组织制定了统一的竞赛规则，其中就统一了"龙舟"形式。粤北龙舟赛事就发出"龙舟没有'龙筋'"的感叹。"龙筋"是粤北龙舟的特色工艺，用竹条捆扎模梁并串联成三条木方，这三条木方从船头贯穿船尾，这条"龙筋"紧贴龙舟，可以增加龙舟船身的强度，使龙舟更加

① 高丙中. 日常生活的未来民俗学论纲［J］. 民俗研究，2017（1）：19-34，157.

轻快。2006 年在统一使用玻璃纤维生产标准龙舟后，传统龙舟慢慢淡出人们视野，随后挑"龙筋"的这项传统技艺也逐渐消失。台湾也同样面临着这样的问题，传统的龙舟竞渡中"采莲"的前奏仪式也慢慢被竞渡比赛中各种典礼替代。

民间信仰活动的没落并不能代表龙舟竞渡的衰退，相反，随着两岸交流的需要，龙舟竞渡在两岸交流中至关重要。大陆和台湾都经历过龙舟的萧条，大陆在经历"破四旧"后大量龙舟被损毁，龙舟竞渡也一度被视为封建残余被禁止。台湾龙舟因为统治者消极应对械斗而被禁止，并在 1960 年后逐步衰落，而后龙舟竞渡在台湾各地就只是零星出现。随着两岸龙舟的交流，龙舟竞渡赛事不断增多，规模不断扩大，仅在 2019 年中国龙舟协会发布的龙舟赛事就有 27 场之多，国际性质的大赛有 4 场。随着基于科学主义立场的无神论在现代中国社会价值观中占据不可动摇的地位，原有的龙王崇拜神本主义价值体系逐渐退场，取而代之的是以现代体育公平竞争精神为核心的人本主义价值体系，在外在的制度层面上表现为类似西方赛艇运动的竞技规则，将端午节的庆典习俗压缩到最小。① 龙舟赛事的兴起，在一定程度上冲击了龙舟竞渡中的传统文化内涵，但同时也为龙舟发展增加了重要推动力。民俗的内涵并不是一成不变的，龙舟竞渡中存在的神圣化仪式与突出竞争、力与美的现代竞争相比，前者现在依然不适合现代观众的审美。

（四）两岸龙舟交流的宗教色彩

随着时代的发展，龙舟竞渡中带有的迷信、神圣化的东西逐渐褪去。长期以来，人们会自觉将龙舟竞渡与封建迷信、性别禁忌、宗教祭祀联系起来，其中性别禁忌最为明显。例如，"女性不能参加龙舟竞渡、女性不能触碰龙舟、女性不能参与龙舟祭祀仪式"，甚至在有些地区女性都不能观看龙舟竞渡。但在现代两岸龙舟交流的过程中已经看不到这些陋习的踪迹了，以"嘉庚杯""敬贤杯"海峡两岸龙舟赛为例，"嘉庚杯"就是男子参赛，"敬贤杯"则是女子参赛。就龙舟竞渡的传承而言，作为一项民俗，其民众信仰基础已经伴随着信仰万物有灵时代的终结而发生了质变，在调动群众参与龙舟竞渡这项民俗活动的过程中已经不具备当初的精神动员能力。②

龙舟竞渡通过烦琐的仪式让人们对这一活动充满敬畏，在这个神圣的场景中祈求神灵降福去灾以得到精神慰藉。两岸传统龙舟竞渡过程包括起龙、采青、

---

① 黄金葵. 现代龙舟赛去仪式化现象的人类学反思［J］. 首都体育学院学报，2017，29（1）：21-25.

② 胡娟. 我国民俗体育的流变：以龙舟竞渡为例［J］. 体育科学，2008（4）：84-96.

赛龙、藏龙、散龙五个环节，现代龙舟竞渡保留了部分环节来作为活动开场。但其中起龙时的祭拜庙神，采青时的祭拜青苗，藏龙时的祭祀舞蹈，散龙时的大摆宴席、竞买贡品，这些在现代龙舟竞渡中都找不到踪迹了。宗教信仰使人们认为贡品与龙舟沾染了神明的气息，它们能够带来福运，因此在龙舟竞渡结束也往往伴随着械斗事件的发生。例如，1915 年黄泥湖龙舟队员打死杨七郎庙龙舟队 70 人，1973 年台湾新竹市端午竞渡出现了枪手事件。① 2006 年温州成功管制的案例，获得不少省市政府的回应与效仿，官方管制的方式有效避免了龙舟械斗。台湾也在一定程度上借鉴了大陆有效的管制案例，现在两岸都鲜有龙舟竞渡械斗事件的发生。

第四节　两岸龙舟交流促进文化认同的意义与价值

一、两岸龙舟文化交流的意义

（一）两岸龙舟文化的差异为两岸民俗体育交流提供了基础

首先，突出的问题是，两岸龙舟运动参与人数的巨大差异很大程度上导致竞技运动水平存在明显差异，近年台湾地区龙舟队参与大陆系列比赛往往成绩不佳，处于陪跑的地位，在一定程度上打击了台湾队员参赛的积极性。两岸龙舟教练员和运动员的深度交流，有助于台湾的龙舟队伍提升竞技水平，从而使两岸龙舟对抗赛更加精彩激烈。其次，台湾龙舟竞赛对仪式的重视程度高于大陆，比如，台湾赛龙舟需要经过开光仪式方可下水，开光之日要请知名人士拜祭水神，并请道士提笔在龙舟的龙眼上点睛。大陆龙舟赛往往邀请政界名人剪彩开幕，以示得到官方的重视和认可。可见，两岸龙舟竞渡运动在比赛合法性的诉求上有所不同。从促进龙舟运动广泛开展考虑，汲取两岸的经验，融合不同人群的诉求和支持，可能更有利于龙舟运动被大众接受。最后，两岸龙舟竞渡在龙舟大小、材质、承载人数方面差异较大，比如，大陆贵州地区独木龙舟曾引起台湾龙舟队伍的极大兴趣，表示不同类型龙舟竞赛增加了龙舟比赛的多样性。

---

① 王洪珅. 中华龙舟文化演变的生态适应论绎 [J]. 北京体育大学学报，2017，40（6）：134-139.

（二）两岸龙舟文化交流为满足两岸统一愿望提供了契机

首先，两岸龙舟文化交流为满足两岸人民龙文化信仰提供契机。龙图腾是皇权阶级的象征，禁止普通民众使用，龙舟就成为普通民众表达对龙向往的器具。台湾与大陆一脉相连，台湾多地仍举行龙舟活动，展示自己的龙文化来表示对龙文化的信仰与认同。大陆地区同样积极交流促进龙文化，曾在山东举办海峡两岸龙文化交流会，有效推动了龙文化的交流与发展。其次，传统节庆为两岸龙舟文化交流提供契机。在台湾，每年的端午节是一个很重要的日子，它与春节、中秋节、冬至被并称为每年里的四大节日。鹿港镇当地有座信奉龙王的龙山寺，在端午节时会举行十分独特的"龙王祭典"。大陆和台湾在端午节都会进行龙舟活动、插艾草等，其目的都是弘扬民族传统文化。最后，宗族血缘是两岸龙舟文化交流的纽带，龙舟文化是满足两岸人们叶落归根、血脉相认愿望的契机。台湾移民大多来自大陆东南沿海，至今台湾地区的龙舟竞渡风格与东南沿海地区相类似，传袭了"故乡"的风格。

（三）两岸龙舟文化交流为两岸经济文化发展提供了条件

两岸龙舟文化交流有利于两岸招商引资。现代运动竞技不断向着商业化进发，龙舟竞渡不仅是两岸文化的交流，也极大地促进了两岸商业、资本的交流。商会举办的龙舟竞渡其商业目的更加明显，在中国枣庄"浙江商会杯"海峡两岸龙舟邀请赛后，台儿庄利用京杭大运河台儿庄段古运河的优越区位，致力于打造水上运动品牌基地，吸引外界资金投入。两岸龙舟文化交流除了能招商引资以外，还能带动两岸旅游经济的发展。据悉，每年端午佳节时，台湾各地都会举办各种龙舟竞赛，除了台湾的龙舟队伍，大陆也会派遣水平高超的队伍参与其中，来共同为台湾及其他地区慕名而来的观光游客带来一场龙舟视觉盛宴，从而带动了地区相关经济的发展。例如，位于宜兰县的礁溪乡二龙村，每年端午佳节，来此观看龙舟竞渡的游客可谓是人山人海，有力地促进了当地经济的发展。而大陆每年举办的两岸龙舟交流竞赛也同样热闹非凡，观龙舟竞赛、赏江水风光、品地区菜肴佳酿、看民俗表演等，俨然形成了一条灵活的经济消费链。

二、两岸龙舟交流促进认同价值

海峡两岸龙舟交流，在微观层面促进了文化身份认同、文化符号认同、文化价值认同和文化心理认同，从而在宏观层面促进了民族认同和国家认同。

（一）两岸龙舟交流促进文化身份认同

海峡两岸龙舟赛事所映射出的文化象征，是台湾同胞中华民族身份认同强有力的工具，龙舟竞渡这一宏大的活动为基层群众提供了组织依托，对于文化身份认同，两岸龙舟交流起着无法替代的重要作用。两岸龙舟交流体现两岸民众文化身份的同根性，在大陆和台湾的江河湖海纷纷举办的划龙舟比赛，其景象与2000年前龙舟运动在中国大地上开始出现，在运动形式上是一致的，体现深厚的历史底蕴。两岸龙舟交流体现两岸民众文化身份的同源性，突出表现在闽台地区划龙舟运动在仪式、组织、器材和民间信仰方面高度一致，充分体现了龙舟运动在中国大地发展的源与流。

（二）两岸龙舟交流促进文化符号认同

海峡两岸近些年开展的龙舟文化交流，有力促进了两岸文化符号的认同。文化符号是一个民族、一个国家独特文化的抽象体现，是文化内涵的重要载体和形式。龙舟文化是两岸紧紧相连的一个枢纽，以龙舟竞渡为契机，除了促进两岸人民对中华民族独有的文化符号认同外，还向世界宣扬了中华民族的文化符号。可以自豪地说，这不仅是台湾或大陆的文化符号，也是世界所有华侨华人的符号，是整个中华民族的符号。两岸在龙舟文化交流的过程中，通过组织开展丰富的民俗文化交流，深刻体现了两岸人民对中华民族文化符号的认可与支持，极大地促进了两岸文化的沟通与合作。

（三）两岸龙舟交流促进文化心理认同

文化心理认同潜植在两岸龙舟竞渡之中。台湾各地区龙舟竞渡的风格各自不同，表现出台湾当地的民俗文化和居民生活的特性，一些迥异的龙舟风格总能在大陆龙舟竞渡中找到其缘源。文化并不是一成不变的，文化的表现与当地居民息息相关，但是文化的印记，也就是在心理上对这种文化的认同，则会通过不同形式表现出来。汉文化对周边地区影响深远，龙舟作为中华文化中灿烂的瑰宝，其影响也是广泛的。汉文化的认同、同宗血脉的联系在龙舟文化中表现得淋漓尽致。这种深藏在龙舟中的联系，正是两岸在交流中对中华文化在内心深处的认同。

（四）两岸龙舟交流促进文化价值认同

两岸龙舟文化经历了龙舟文化迁徙、两岸被迫隔绝，到现代随着时代的发展，龙舟竞渡赛事被冠以国际化的头衔，龙舟竞渡不仅仅是体育竞赛，更是民俗文化的延续，是时代发展的需要。两岸龙舟竞渡在最初总是被赋予神圣化的色彩，并与封建迷信、宗教祭祀相联系。但是伴随着时代的发展，两岸更加重视竞争及力与美的现代竞赛，逐渐摒除了原有的一些陋习。在交流中，这些陋习的祛除是两岸不约而同进行的，是对现代化竞技发展趋势的认同，也是对龙舟文化在新时代背景下创造的人文价值的肯定。

第七章

两岸宋江阵交流与文化认同

　　五千年的中国史，造就了中华民族传统文化的特质。闽台地区作为独特的文化区域，有着极其重要的历史地位。河洛文化是中华文明的摇篮文化①，也是客家文化及闽台文化的根，是闽台文化的母体文化和根系文化。闽台文化就具有极大的相似性和文化的共通性。② 由此来看，要想认识两岸的艺阵、阵头，特别是宋江阵，闽台地区的宋江阵就最具有典型意义。自古以来，闽台关系源远流长，两岸同胞同宗共祖，两岸文化同根共源是历史事实。由此，本章所说的两岸宋江阵交流的根本点，就必然集中到闽、台两地。

　　艺阵是阵头团体的美称，即含有技艺表演性的民俗团体，由"艺阁"和"阵头"构成，艺阁是一种搭设人物、布景的艺术阁戏，而阵头则为民间艺术的表演团体，艺阁多为静态，仅此一式；阵头皆为动态，花样百出。简单来说，艺阁是装在上面坐着不动的，虽多化妆但并不表演，而阵头则是在地上行走且要表演的。艺阵的产生与宗教有密切关系，尤其是台湾的迎神庙会。早期大陆居民移民台湾，为了克服渡海风险与定居后的自然灾害，往往借助宗教信仰力量求得心灵安慰，故由家乡带来守护神，并建立庙宇，逐渐形成祭祀信仰圈，成为艺阵孕育的摇篮。如今台湾许多艺阵是由大陆早期移民带来，在台湾落地生根，形成台湾的传统艺阵。艺阵是寺庙活动中最能与常民生活互动的一项民间艺术，人们将此奉献给他们最敬畏的神明，而各种内容特殊迥异的艺阁、阵头也丰富了自己的生活。

　　宋江阵对于艺阵和阵头等的表现最具有代表性，因此有必要对此进行详细分析和考证。

---

① 韩忠厚. 试论河洛文化在中国文化史上的地位 [M]. 开封：河南大学出版社，1990：22.

② 饶怀民，阳信生. 闽台文化与河洛文化的特征比较 [M]. 郑州：河南人民出版社，2011：205.

第一节 闽台宋江阵的起源与发展

一、闽南宋江阵的起源与发展

宋江阵起源于福建省厦门市翔安区马巷镇赵岗村，始于明朝嘉靖年间，在清初得到大发展。该村的 2000 多王姓村民相传是唐朝末年农民起义军的后代，为"开闽王"王审知的嫡系子孙，自古就有习武之风，为宋江阵的形成提供了良好的社会环境氛围。①

嘉靖时期，土匪横行，且倭寇猖獗，东南沿海深受其扰，但当时的朝野混乱，官府鞭长莫及。后在抗倭英雄戚继光的带领下，组织乡间民勇，练功习武练阵，保卫家乡、抵御外敌。动荡不安的社会状况催生出民间武术组织。平定倭寇后，这种武术组织及其练武习俗一直沿袭下来，并在之后不断融入《水浒传》故事、当地民间戏曲及武术表演等本土元素，逐渐形成了宋江阵的雏形。历史上，发生过两次大的福建向台湾移民事件，一次是 1628 年因福建发生灾害，造成饥荒，由郑芝龙召集几万难民到台湾开荒种地的自救性的移民活动，这也是一次有组织的移民活动。另一次发生在 1661 年，因为成功收复台湾，在郑成功率领下，其部队成员、家属及招募的大陆近海民众定居台湾。这两次移民多为福建沿海居民，这些移民将他们已有的文化习惯、生活特征、信仰、宗教等都移植到台湾，也包括处于祭祀活动萌芽期的"宋江阵"。荷兰殖民统治时期台湾地区社会发展缓慢，社会经济落后，农业生产水平很低。郑成功为了开垦台湾荒地，加快台湾政治经济建设，积极地实施"富国强兵，寓兵于农"政策，以军队组织建制的营或镇为单位，在其长官的带领下到指定区域拓垦，农闲时则进行军事训练。为此，郑成功参考戚继光的《纪效新书》中的鸳鸯阵，与原乡带来的宋江阵雏形，将其改名为"宋江阵"，用以平时的军事训练。后参军陈永华为了稳定政治，安定社会人心，提出"神道设教"（"寓政于教"），将具有政治、宗教、江湖义气等因素的宫、府、庙普遍传播到各乡镇村落。而这些宫、府、庙除了祭祀外，还要达到"训以武事"的目的，使宋江阵具有了"武"和"教"的双重属性。

---

① 蔡莉，兰自力. 对民俗艺阵宋江阵源流、特征及传承的研究［J］. 体育文化导刊，2007（7）：91-94.

到清朝时期，民间反清复明活动时有发生，清政府为杜绝此类活动发生，严禁宋江阵等武术组织活动。宋江阵的发展受到严重阻碍，不得不转入"地下"。而台湾对当时的清朝来说是一个荒芜之地，不受清朝重视，管理疏忽，因而导致盗贼四起，治安败坏。而且漳州、泉州、广东移民以及台湾少数民族之间，常常因为水源和土地问题发生斗殴、械斗事件（如漳泉械斗）。因此，各部族村庄都需要自己的武力队伍以求自保。宋江阵则成为一个能很好满足当时台湾社会需求的组织活动，宋江阵的排练及武术通常由地方武馆拳头师傅指导，寺庙则成为其活动中心。

进入民国时期，受近代科学和政治思潮影响，宋江阵的发展经历了剧烈变革。虽然说民俗体育是依附于民俗本体的重要组成部分，是带有仪式化特点的民俗体育文化①，但受新文化运动的影响，人们在"反封建"，提倡"科学与民主"的口号下，开始的"新体育"（sport）运动，使得民族传统体育的根基受到巨大冲击。1928年，国民党政府实现全国统一，励精图治，希望建设一个现代化中国，将政府意识形态与以胡适为代表的"全盘西化"（注："全盘西化"是由胡适最早提出的）思想相对接。② 全盘西化的结果首先就是以"民主与科学"为文化理论，以打倒与破除传统风俗、迷信封建意识及习惯为目的而展开。民俗体育因为落后、不科学、迷信等原因被新文化倡导者们摒弃，同时，民俗活动等也被认为是社会底层及非主流人群的活动形式。宋江阵作为传统民俗体育活动，与其他民俗体育活动的命运一样，在城市没有了生存的"市场"，一起"退守"到"现代化"运动干扰较弱的农村地区。③

中华人民共和国成立后，在"双百方针"的背景下，宋江阵再一次走上台面，参与各大演出，引起人民群众广泛响应。④

表 7-1 1949—1958 年重大演出汇总

演出时间	活动名称	举办方
1949 年	中华人民共和国成立会演	厦门市
1952 年	福建文艺观摩会演	福建省

---

① 涂传飞. 民间体育、传统体育、民族体育概念再探讨 [J]. 武汉体育学院学报, 2009, 43 (11)：27-33.
② 胡明. 胡适思想与中国文化 [M]. 桂林：广西师范大学出版社, 2005：248.
③ 涂传飞, 余万予, 钞群飞. 对民俗体育特征的研究 [J]. 武汉体育学院学报, 2005 (11)：6-9.
④ 施连江. 翔安宋江阵的历史源流及其发展现状 [J]. 运动, 2015 (3)：149-150, 20.

演出时间	活动名称	举办方
1955 年	厦门市民间体育表演大会	厦门市
1957 年	"大跃进"大型会演	福建省
1958 年	前线慰问三军将士会演	福建省

在社会主义国家建设初期，由于百废待兴，虽然诸如宋江阵这样的民俗活动偶尔能够得到展示机会，但并未得到重视，甚至在一定程度上延续了民国时期的做法，使得民俗地位进一步下降。国家不断地对每一个普通人进行社会主义教育运动，学者们从中国的日常生活中界定出了"中国民俗"，并在此时目睹了民俗在社会主义中国成为历史遗留物的结果。① 据学者郭学松在赵岗村的宋江阵调研，当地宋江阵队员回忆，"文革"期间，宋江阵的传承方式主要是父子相传，基本在家中练习。② 这使宋江阵在"文化大革命"时期被保留下来，为改革开放后的复苏奠定了基础。

1978 年我国实行改革开放，社会经济重焕生机，随之一条全新的文化现代化道路出现了，"文化自觉""文化身份认同"的思想逐渐进入人们视野，被社会认可且获得普遍提倡。所谓"文化自觉"，是出自中国著名社会学家费孝通先生的观点："它指生活在一定文化历史圈子的人对其文化有自知之明，并对其发展历程和未来有充分的认识。"③ 这种认识驱使我国传统文化的再思考、再认识、再定位、再建设得以可能，宋江阵中的民族文化价值才得以进一步挖掘及提升。就这样，在老一辈人的记忆"指导"下，宋江阵等"历史遗留物"又被自觉地重新捡起来。与此同时，国家体育事业突飞猛进，体育健儿在国际舞台上屡创辉煌。许多民俗体育在体育事业大发展的大背景下再次进入人们的日常生活。

此外，"非遗"的出现进一步推动了民俗体育活动发展。我国真正开始重视非物质文化遗产的契机是"昆曲"（2001 年）被联合国教科文组织（UNESCO）确定为"世界非物质文化遗产"。之后的几年，我国政府又依据《保护非物质文化遗产公约》确定了"非物质文化遗产"研究的民俗学地位，发布了"关于加

---

① 高丙中. 中国人的生活世界：民俗学路径 [M]. 北京：北京大学出版社，2010：185.
② 郭学松. 闽台宋江阵的仪式、象征与认同研究 [D]. 福州：福建师范大学，2018：142.
③ 啜静，王若光，刘旻航. 我国民俗体育的历史变迁与现实状况 [J]. 体育科学研究，2013，17（1）：15-21.

强我国非物质文化遗产保护工作的意见",并启动了全国性的"非物质文化遗产"保护项目的申请评审工作,民俗体育也进入了恢复发展期。特别是《中华人民共和国非物质文化遗产法》的颁布实施,为保留和发展我国民俗提供了法律保障,对民俗体育传承、发展的整体性、真实性、传承性均有法律规约作用。①

历史悠久的宋江阵于 2008 年也被福建省政府列为第一批非物质文化遗产名录,为之后宋江阵的保护传承起到了积极作用,如筹划已久的翔安区赵岗村少年宋江阵武术培训基地获资金支持,于 2012 年 5 月成立,为培养宋江阵接班人提供平台。次年的莲塘"宋江阵"文化广场的建设,更是开创了以民俗活动"宋江阵"来命名文化广场的先河。

宋江阵在面对良好发展机遇的同时,也面临着人才供应不足、技艺流失、资金不足等问题。虽然现在政府大力支持,还有部分乡镇政府和学校将重视点放在了宋江阵上,但由于长期处于自由发展,缺少相关政策扶持,只是在民间由人们自发地组织和练习,且开展训练的频率和时间都不稳定,还有一些队伍平时都不进行针对性的训练,导致宋江阵既不能规范化发展,也不能创新发展,甚至出现倒退的状况。

宋江阵曾有力地发挥着凝聚族民、攘外安内的积极作用。如今的宋江阵更是作为闽、台两地共同的传统社会生活习俗,两地共同的历史文化积淀,将两岸民众紧密连在一起。

二、台湾宋江阵的起源与发展

清末前,台湾宋江阵的表现形式与大陆并没有本质的区别,具有同根同源性,发展历程相同。

(一)日据时期

日本对台湾进行殖民统治期间的宋江阵具备两种不同的功能属性,前期作为防御日本文化侵入、参与抗日活动中心展开,后期则主要表现为庙会等的仪式活动。这个历史时期,闽台宋江阵均具备崇德尚武的典型特征,台湾之宋江阵则出现了功能性转变,多与乡土文化、宗教信仰、节日庆典和文化仪式等庆祝活动有关。

1895 年甲午战争的失利,导致《马关条约》的签署,清廷割让台湾、澎湖

---

① 刘旻航,李树梅,王若光. 我国民俗体育的现代功能及社会文化价值研究 [M]. 济南:山东人民出版社,2012.

列岛。同年，日军进驻台湾，开始了日本殖民统治台湾的历史。随着日军的进入，台湾人民的抗战也开始了，前后历时八年，进行了数百上千次的反日斗争。其中，郭氏（郭黄泰）、陈氏（陈维邦）、郭氏（郭黄池）及柯文祥等人构成的"抗日义勇军"是主要力量，其成员多数为宋江阵的成员。出于之前郑成功"寓兵于农"的开垦政策及其下属陈永华"寓政于教"政策的实施，并受中国特殊的农耕文化的影响，宋江阵在台湾各乡村广为流传，全村几乎所有男性都参加宋江阵，这也为后来的抗日义勇军奠定了群众基础，也是对其军事功能的延续和发展。作为一个武术组织，之前的主要功能是驱灾解厄、保家护院，而日军的侵略殖民，使宋江阵武术作为"斗争工具"出现在抗日战争中。

在热兵器时代，虽然抗日义军前仆后继，但是宋江阵的武术技击终究不敌火器，无法阻止台湾的沦陷。在日据初期到中期，日军禁止聚众练武，但不禁止宋江阵的演练，宋江阵不仅得以生存，而且通过转变形式得到进一步发展，甚至一直活跃在乡间各种宗教祭祀活动中，还在各种庆典中扮演重要的角色，如1908年台湾地区南北铁路贯通庆典。其原因有三：一是宋江阵组织自身为了生存及延续，由一个抗日武装组织转变为庙会、节日、祭祀的宗教文化组织；二是日本武力镇压的同时，也"尊重"台湾原有的风俗习惯，将其作为一种殖民统治的方式，用以安抚及笼络台湾民众，为实现殖民统治的阶段性目的服务；三是日本对台湾地区的殖民统治，使得台湾人产生了民族及文化存续危机，导致了民族文化认同的主流存在。这个时期的台湾民众具有回到祖国大家庭的热切期望，宋江阵成为追求武德、抵御日寇的手段，强化了宋江阵的民族文化特征，成为抗日的精神支柱。日据后期，由于日本殖民者疯狂侵略东南亚国家，导致兵力分散，恐台湾民众趁战乱起义，同时为了进一步同化奴化台湾民众，使其成为为战争服务的工具，实行了高压的"皇民化运动"，对民众的宗教信仰进行严格限制，可说无信仰自由，包括禁止宋江阵一类集体活动的参加。宋江阵习练及演练不得不在暗中进行，以此作为一种精神力量以示对日本法西斯军国主义暴政的反抗。

日本殖民统治台湾的50年，对台湾的社会、经济等领域，特别是台湾的现代化发展有着一定的作用，但所造成的灾难印记也是难以磨灭的。宋江阵由于具备武术特征，成为反抗侵略的工具。随着日本在台湾地区的安抚政策的落实，宋江阵的功能发生了转变，成为庙会的阵头表演；日本统治的后期，"皇民化运动"大行其道，宋江阵失去了其显性化特征，成为"隐文化"（转入地下）而得以存在。

由上面的论述来看，在日本长达50年对台湾地区的统治中，台湾的宋江阵经历了多次功能转换。由崇德尚武积极抗战，到庙会阵头，再到隐性存在，是一种文化侵略的结果，但台湾民众对中华文化的坚持与恪守，是宋江阵得以保留的必然结果，来自宋江阵的文化反抗，是台湾地区人民在日本占领期对中国文化认同的最有力证据。

（二）国民党执政期

国民党在台初期，以《查禁民间不良习俗办法》为标志，禁止迎神赛会；十几年后的20世纪60年代初期颁布的《台湾省改善民间习俗办法》开始有所缓和，规定了各寺庙每年只能举行一次祭典，一些宗教祭祀等大规模活动都受到影响。这一时期由于政策限制和人民生活水平低下等，宋江阵等宗教活动受到了不同程度的消极影响，民俗体育也随之陷入萧条时期。

直到20世纪60年代，台湾经济日趋好转，社会环境随之发生重大转变，社会的关注点开始转向民众体育运动。1966年，台湾地区掀起了"中华文化复兴运动"，并将11月12日孙中山诞辰纪念日定名为"中华文化复兴日"。1971年，台湾地区首次举办了民间体育活动——台湾民间游艺竞赛，成立了民间游艺社会处，开办了补习班。而1987年台湾"解严"之后，两岸人民的交流互通频繁，使得宋江阵有了再度兴盛的机会，向神人共娱、学校教育以及休闲娱乐的方向迈进发展。宋江阵作为民俗体育开始得到重视，成为庙会表演的最重要部分，呈现了宋江阵的文化符号价值和仪式表演特征。这种文化符号价值和仪式表演特征体现了台湾民众对传统文化的认同观和大陆传统文化的同源观，是海峡两岸的自然观和人文观的典型体现。

台湾宋江阵除了一直活跃于民间，也渐渐开始向校园及社区推广发展。1975年，台湾地区教育主管部门颁布了《普遍推行民俗体育活动》的指示，通令全台湾各级学校，加强推行各种民俗体育活动，且暂定跳绳、放风筝、踢毽子为主要推广内容，但并未将宋江阵纳入指示之中。至20世纪80年代初实施《台湾省加强推展社区全民运动五年实施计划》起，宋江阵成为规定内容之一。90年代初的《传统艺术教育计划》又将其导入校园内，作为推广项目在中小学中实施，成为社团和课外休闲游戏活动。台南地区高雄县大、中、小学从1983年开始正式学习宋江阵，如内门小学、台南大学、实践大学、台东大学等。于21世纪初开始在中小学实施开展民俗活动的政府补助政策，受资助的宋江阵达64支之多。

国民党政府执政时期，宋江阵从早期用于自保而主要突出技击的乡土体育文化，逐渐发展成与祖先祭祀、校园传承、创意赛事等相互依存的多元一体文化格局，发展载体也越来越新奇多样，这正是台湾宋江阵仍然保持持续发展的重要原因。

第二节　闽台宋江阵的文化特征

"文化"一词赋予了宋江阵很多内涵，宋江阵所体现出的表演形式又充分展示了传统文化的特征。宋江阵文化起源于大陆，随着移民进入台湾，宋江阵也随之在台湾得以发展。宋江阵文化对于中国的传统民俗体育文化具有十分重要的意义，是武术个性化的体现，也是衔接大陆与台湾传统体育同源性的附着体。

一、移民文化特征

从宋代开始，就出现福建移民移居台湾现象，当时移民主要集中在澎湖，元后的移民重心转向台湾岛。① 明清后，移民出现四次高潮，使得台湾人口出现快速增长。特别是乾隆五十四年（1789 年）解除海禁后，"大批妇女迁入台湾，与丈夫一道建设新家园，台湾开始从移民社会逐渐过渡到定居社会"，至嘉庆十六年（1811 年），台湾汉人超过 200 万。② 现今台湾闽籍人口约占总人口的70%。移民以闽南漳州、泉州、厦门等地为主，成为日后台湾主要人口。此外，移民还将原乡的生产、建筑、宗教信仰、生活习惯等带到台湾。从民间文化的角度来说，闽台同属一个文化区。宋江阵即是闽台文化区的最好体现。

福建闽南地区与台湾仅一海峡之隔，特别是与台湾南部的距离尤为近，而台湾南部地区有台湾少有的平原地形，利于开垦，这两个天然优势条件，使台湾南部地区成为当时闽南人民移民的首选之地。在信息不发达的时代，文化的传播主要靠人口流动实现。宋江阵也是通过闽南人民迁移的方式进入台湾，这也直接造就了宋江阵地域分布情况。大陆宋江阵主要分布在闽南的漳州、泉州、厦门等地，台湾宋江阵主要分布在南部台南县、高雄市、屏东县等。

二、族群文化特征

在早期社会，闽台地区的械斗常有发生，在"八山一水一分田"的福建地区，人们为了生存需要争夺有限的自然资源；移民到台湾后，这种现象依然没

---

① 林国平，邱季端. 福建移民史［M］. 北京：方志出版社，2005：147-149.

② 何绵山. 闽台区域文化［M］. 厦门：厦门大学出版社，2004：7-22.

有得到改观，这种由移民构成的社会，就出现了民众之间争夺生存空间、获取各种资源的争斗现象。个体在这样一个弱肉强食的社会，想要生存就显得艰难，那么想要活下去，一种是强大自己，包括练武；另一种是凝聚力量，形成社会力量。而族群的存在就是资源争夺的焦点存在。

通常，族群被认为是最小的社会团体，成员数不超过百人，由具有血缘关系之人组成。族群需要通过这种文化符号把个体与群体相互联系起来，使得民间传说有了坚实的生活基础，达到巩固族群认同的目的。① 无论是在军事阵法中表现的协调作战，还是在后来的表演中，表演者及工作人员的各司其职和团结协作，都强调了宋江阵是一个团结协作的集体活动。宋江阵作为一个融入宗教、宗族习俗的集体活动，符合了族群的需要，成为这些族群形成凝聚力的一种文化符号。移民台湾的福建人特别是闽南人很容易在台湾形成族群，并按照闽南的宗族社会习俗生活。为了能够在台湾取得生存权，在各个方面取得优势，保持族群的地位，宋江阵的保持与强化就是其重要手段。

三、宗族社会特征

宗族是中国社会组织形式之一。随着移民的出现，大陆的宗族观念也进入台湾。在早期移民过程中，渡过台湾海峡本身不易，加之当时相对不成熟的航海技术，移民台湾是极具危险性的。即使安全上岸，面对不毛之地，荒无人烟的台湾，也要接受更多自然灾害等生存挑战。在这样的环境下，"抱团"，和同乡群居成了早期移民的应对方式，即地缘组织出现。"该社会关系也仅以衍生出'合约式祭祀公业'这种特殊的家族组织形式。这种组织一般以同姓家族在大陆的祖先为祭祀对象，加盟者为大陆的同乡同姓，需缴纳一定钱财作为族本，此即契约宗族。"② "将宗教仪式、英雄崇拜、武术表演和阵形操练等结合形成的宋江阵在明清时期的台湾开始流行，反映了当时的台湾移民，面对各种需要团结合力才能解决的各种复杂苦难局面，不得不选择建立契约宗族社会的实际情况。"③

宋江阵表演题材取自《水浒传》故事。其中"指天地为父母，结义兄弟，替天行道"等因素引起福建和台湾移民的情感共鸣。台湾移民多出自社会底层，

---

① 徐杰舜. 族群与族群文化 [M]. 哈尔滨：黑龙江人民出版社，2006：481-483.
② 周传志. 台湾民俗体育"宋江阵"的社会人类学研究 [J]. 体育与科学，2013（2）：99-101.
③ 周传志. 台湾民俗体育"宋江阵"的社会人类学研究 [J]. 体育与科学，2013（2）：99-101.

有农民、渔民、士兵与海盗、逃犯等，多因为生活的窘迫，或被社会抛弃才被迫险渡移民以求新的生活。他们的人生经历与《水浒传》英雄背景相似，通过从故土带来的故事中寻找心灵慰藉。一方面"指天地为父母"，信奉自古以来的"天神""地祇"，另一方面他们结成了"异性兄弟"的虚拟宗族。这种心理诉求及环境应对的需求，是宋江阵得以广泛传播的根本原因。而群体、族群的操练与演练特征，又反过来促进宗族和地区的凝聚力提升，达到维护"契约宗族"的意义。

四、宗教文化特征

宋江阵起初作为一种"武力"形式出现在军事斗争和地方斗争中，随着人类文明的进步，"武力"形式逐渐被人们摒弃，宋江阵又作为一种宗教祭祀活动而存在。缘于历史脉络的传承和闽台地域文化的兴起，直至今日，闽台地区乡土宗教活动仍旧昌盛。如"妈祖、临水夫人、保生大帝、王爷"等宗教信仰在闽台地区都有着广大的推崇者。宋江阵作为一种人们广为推崇的乡土宗教祭祀活动表演，有着极其鲜明的特点。宋江阵拥有众多保护神护阵，如宋江爷、田都元帅、谢府元帅等。各地区保护神不尽相同，台湾民众普遍侍奉田都元帅作为宋江阵的保护神，对于田都元帅的信仰起源于福建（主要在张泉地区），他是驱除邪灵和控制邪灵的重要神灵。源于两岸文化的一脉相承，台湾地区传承并发展了闽南地区的宗教信仰，形成了独具特色的台湾地域宗教文化。

闽台地区宋江阵与当地的宗教习俗融为一体，为当地的宗教服务是一种很普遍的现象。由于宋江阵的本质具有武术性质，通常作为仪式活动的先锋走在最前面，为乡土宗教活动"保驾护航"。宗教仪式是一个复杂的流程，由众多环节组成，具有众多不同的表现形式。宋江阵作为仪式流程中的"先锋"具有独特的武术元素，而其所带来的观赏性和娱乐性又体现出宋江阵在乡土宗教活动中具有人神共娱的重要价值。

宋江阵通常被视为族人勇猛的象征出现在乡土宗教祭祀活动中，在祭祀活动中表达了族人对英勇祖先们的崇高敬意。乡土宗教活动中的宋江阵不仅展示了两岸同源的基本属性，也体现了中华民族传统文化的传承与演变。

五、仪式文化特征

早期宋江阵文化更多倾向于战斗文化，后来因为鸦片战争中各列强侵略禁止宋江阵的发展，以及台湾地区倭寇侵略等现象的淡化，宋江阵逐渐发展为表演的形式，成为以身体演出为主的一种仪式文化。宋江阵仪式给予表演者行为以及生活的重要意义，正是因为如此宋江阵仪式也被高度认可，认为具有实际意义。宋江阵仪式中还夹杂了生命、生活等内涵，并体现在了表演者们全部的生活和社会活动之中。宋江阵由一群人组成，它不属于个别的个体，而属于每一个个体。宋江阵仪式正是将团体活动之上的活动准则和仪式作为一种手段，促进着参与者们团结奋进，朝着共同目标一致前进；促使着表演者们相互配合，不争一己之私，把集体利益作为最高利益。这类仪式能产生如此深远的社会影响的原因，在于是以一种身体活动来演绎一种族群记忆。此外，作为阵头表演的宋江阵也体现出仪式的某些文化特征，如在仪式展演中，一些个体模仿另一些现实的或记忆中的其他个体的生活，然后通过这样的模仿行为来构建出一种独特的身体活动形式。其具有一定的操演记忆，而这种操演记忆带有浓厚的身体性，正是在这样的身体参与下，慢慢地形成社会记忆。所以宋江阵仪式通过身体动作来模仿一些历史英雄人物形象所表现出来的特定的动作，实际蕴含着一种激励人心、增强社会凝聚力的巨大力量。

（一）仪式中自我认同的身体参与

在漫长的历史演变中，人们通过身体运动和身体表现留下文化印记，这些印记包含了人们真实的生活体验。宋江阵是人们通过身体动作而展现出的一种仪式活动，自然而然地蕴含了社会的印迹。在宋江阵中，每一个个体人物所展现出来的身体活动都是对英雄人物形象的动作模仿，通过表演者自身的身体参与来展现人物性格特征。表演者也正是借助这种自身的身体参与来展现本族英雄人物的英勇特征。在宋江阵的展演中，经常会看到参演者利用身体表现出一些奇怪的跳跃动作。这些特殊的动作与戚继光的鸳鸯阵有着异曲同工之处，鸳鸯阵中的跳跃动作是对闽南地区地貌风情的显性展示，以此来彰显特殊的地形地貌文化。通过宋江阵中参演者所展现的身体动作可以发现，参演者大都以《水浒传》中的英雄人物为表现媒介，通过自身身体参与表现出的人物形象来对自身进行认定和身份认同。

（二）仪式前后自我认同的差异

在宋江阵的表演过程中，并不是所有的参阵者都是当地有名有势力的人，其很大一部分是当地一些不起眼的小人物。这些机会对于这一部分人来说显得尤为珍贵，即使在短暂而有限的展演时间里，他们也会极力通过身体模仿来展现自我，使其自身在这一过程中被族人和观众认同或认知。这种场景在台湾的宫庙建醮和福建的一些大型祭祀庆祝活动中较为常见。他们作为平时不起眼的小人物，内心必然憧憬成为英雄人物。当他们成为村落宋江阵代表时，他们不仅在自身心理上产生自豪感，也会以其独特的展演为村落争得荣誉，成为村落的公众人物。在仪式进行期间前后，一些人从一个默默无闻普通大众的社会群体中脱颖而出，从而进入人们都追崇和支持的具有影响力的社会结构中，这种情况也好似如今社会上的明星效应，有些明星由于一场戏也可能一夜爆红。普通人通过宋江阵的表演可能会脱颖而出，但人的认知和时间记忆是有限的，随着时间的推移会渐渐淡忘。就算这份荣耀加身有可能转瞬即逝，但这种效应往往也能够使其增强对自我的认同感，在提升自我社会形象的基础上重新审视自我社会价值。

（三）仪式中自我认同的历史性

宋江阵这种社会现象基本上是发展于个体的身体动作形式和他人眼中如同一个传统体育文化承载体的意境中。也就是说，对于身体所展现出的动作最初来自自我认同，随后与其他物体相结合来展现。闽台地区宋江阵参演者们最初形成的自我认同源于对先辈族人的历史敬仰，闽南地区人们大都以族群和村落为团体单位来出演宋江阵，这也使得参演者的归属感倍增，并以宗族或族群的荣耀作为自身奋斗的终极目标。例如，漳州沙坂村、院后社认同陈元光为他们的入闽先祖，他们所展演的宋江阵阵头也以陈氏为一脉相承的主体。这就充分表现了宋江阵仪式文化中所包含的以"祖先"传承为主体的历史现象。

早期，宋江阵作为一种带有攻击性的阵型被用于军事和族群争斗。渐渐地宋江阵发展成一种宗族文化的展演，人们通过参演宋江阵来表达情感。往往参演者在参演过程中内心都有自我认同的模仿对象，以借模仿对象来传达自身态度。在这中间，自我认同得到实现显得尤为重要，否则参演者会被其他的看法左右自我认同，从而导致放弃或者降低自我认同的标准。这也是参演者在演出过程中最为显著的情绪变化特征。宋江阵之所以经久不衰，很大程度上是由于队员对于历史传承性的自我心性和自我发展，只有个体发展，整个团体才能得以发展。

六、兵器道具文化

宋江阵早期被用于军事及保境护家，宋江阵兵器以十八般兵器为主，不仅是民间尚武文化的象征，同时也是军事武术文化的重要代表；宋江阵中的锣、鼓、钹不仅是一种打击乐器，更是中国传统文化及其精神的象征，对队员具有鼓舞激励作用，在如今宋江阵表演中还起到提醒协助作用，宋江阵中的服饰脚巾是宋江阵武术门派共同辨识的象征标志。在福建地区，人们常身着中国传统武术服装来进行宋江阵的表演，展示尚武文化。而台湾地区的宋江阵队员以武术服装为主，是尚武的表现，更是对中国传统文化的认同与延续。身体本身及其服装饰品等在宋江阵文化中都有它所要表达出的文化象征内涵。比如，传统武术服装是对中国传统武术文化的重要识别与记忆，其中草鞋是生活化象征，体现了协调与和谐。打面在早期军事武术上，具有掩饰身份、威吓的作用，其色泽和线条是梁山好汉等英雄主义崇拜的文化象征；香炉、符篆等象征了乡土宗教文化，在早期还有"家庭美满""和谐社会"的寓意，但在福建地区的宋江阵中，谢篮已经极少存续，香炉也不随队携带。

第三节　闽台宋江阵文化的异同比较

一、闽台宋江阵文化的攻击风格

明清之前，福建地区更多地以村落的居住形态群居，随着村落的逐渐增加和壮大，村落之间难免出现一些争夺地盘、抢占粮食的行为，机械斗争因此频发不断，宋江阵也是在这一时期得以发展。村落之间发生械斗的过程中，村落、宗族崇尚身体的强壮、追求尚武精神，宋江阵作为兴起的阵型阵法与民间械斗结合在一起，成了受各个村落喜爱并经常使用的传统体育项目和抗敌阵型之一。宋江阵成型于戚继光的鸳鸯阵，从郑成功收复台湾到南少林反清复明这一件件历史事件都洗礼着宋江阵，使其更具有历史气息和传统色彩。

嘉靖年间，乡兵们曾积极参加抗倭斗争，因为尚武精神风靡盛行，闽南人尤为强悍，个个骁勇善战并且善于技击和水战，在对抗倭寇过程中经常打胜仗。但是福建的卫所军在当时与乡军形成鲜明的对比，在与倭寇斗争中常遭遇败仗，戚继光在福建、浙江地区的抗倭斗争中不得不重用乡兵并把他们训练成军人。由于早期福建地区处于常年与倭寇作战的社会形态和生活状态，此时福建地区的宋江阵的发展更多地依托于抗击外敌之上，阵型形式中体现出更多的攻击性。

随着移民运动的发展，大量的福建人移居台湾，并且融入台湾少数民族的生活。宋江阵作为闽南地区发展起来的民俗体育活动，自然而然地因为移民文化在台湾地区的深入影响而得到保留和发展。特别是明清后福建移居台湾的人数大大增加，郑成功采取"寓兵于农"的方法，利用农闲期及闲暇时间进行军事演练，以提高战斗力和维护乡村安全。所采用的手段就是宋江阵的演练，既能保证其祭祀风俗，又能成为庙会仪式活动，还能驱寇保家，也正是因为这样的训练形式，使宋江阵得以保存并广泛开展。

　　台湾的文化本身就是大陆文化的一部分，台湾宋江阵自然而然地就与闽南的宋江阵具有了同源性。宋江阵的动作技术有很多源自少林拳。闲时常常表现为祭祀活动、岁时活动的舞龙或者舞狮表演，暗中则是演武或军事训练，使得宋江阵成为大型武术展演活动的阵头。

　　总之，尽管台湾的宋江阵与闽南的宋江阵具有同源性，但其在表现形式上也有多样性，首先具有的是技击性的阵法，其次具有祭祀、展演、时令娱乐的文化属性，同时还有高度的技艺展现和表演特征。

二、闽台宋江阵文化的武术元素

　　中华武术博大精深、源远流长，传统武术之间既有相通之处又各有各的特点。各个地区的传统武术寓于中华文化之中又有不同的表现形式。福建、台湾两地的武术同属中华武术，共同汲取中华大地之精华，具有较强的同源性。随着地方特色的加入和时间的推移，两地武术所呈现的形式也具有很多不同之处。

　　（一）拳种与形式

　　共同性：宋江阵使用的拳法种类不管是闽南还是台湾，多为地方特色拳种。闽南地区的宋江阵经常使用的拳种为福建的白鹤拳、太祖拳、猴拳、五祖拳、达尊拳等，而台湾地区多为金鹰拳、白鹤拳、太祖拳等。在利用宋江阵作战时，福建、台湾使用的器械则以藤牌刀、官刀、棍居多。相传，早在明代时期就有善于技击的"水春兵"，在对战过程中就"以藤为牌"。这些拳法的发展和器械的利用大都是由明清时期通过移民文化的发展从福建带入台湾，并发生了一些演变。自嘉靖四十二年（1563 年）始，福建的宋江阵进入澎湖，之后的闽南士兵随郑成功移民台湾，再到清初闽南人在台湾设立武馆将"白鹤拳""太祖拳""金鹰拳"等传入台湾，都证明了福建、台湾宋江阵密切关联的"武缘"。①

　　差异性：尽管闽台的宋江阵都是以拳、械等技法与拳法的变化及组合来完成规定动作的套路演练，但是两地之间由于地区环境差异必然会造成一些地域性差异。在台湾地区，宋江阵多存在于一些武馆中，并且以特定拳种为主要演练方式，诸如以鹤拳为中心的水尾振兴社的宋江阵等。在福建各个地区的宋江阵也有一些不同，宋江阵遍布福建省的各个角落，大到某个区域小到某个村落，还包括南北、东西地区差异，每个地方大都以当地的地方拳法作为宋江阵演练过程中的主要拳法，也具有一般差异性。

① 张银行，郭志禹，邱瑞瑯，等. 闽、台地区"宋江阵"的比较研究：以福建闽南和台湾南部地区为例［J］. 体育科学，2014，34（7）：41-48.

两岸宋江阵所展现出的拳种内容和呈现形式的地区差异源自该地区最初的武术传统，台湾地区的宋江阵继承了福建宋江阵并有所发展，其台湾内部宋江阵存在着差异性，这种差异性则应该要追溯到福建不同群体所崇尚学习的武术差异之中。另外，这种差异也不乏受到师承和信仰圈的影响。比如，台南地区武馆的命名呈现"团"或"堂"的特征，如龙凤金狮团；而台中地区则以"社"或"堂"为主，如振兴社、饮习堂等；台北地区则称为"堂"，诸如德义堂、忠义堂等。各地的拳法与拳械又各成体系，但以南拳为中心，如南少林拳、白鹤拳、金鹰拳、太祖拳、水春拳、洪拳等。

（二）兵器使用

闽、台两地人们的生活方式和生产模式造成使用器具的差异，两地在宋江阵中所呈的兵器形式也有所不同，分为日常生活中的器具（如雨伞、棍、权等）和军事器械（钩镰枪、官刀、藤牌刀等）两类。

共同性：闽台地区宋江阵的成员使用的兵器大致一样，特别是头旗的挥舞具有多种技法，阵中使用的兵器也是与《水浒》中的诸多人物的兵器相对应。诸如"头旗"——宋江、"副旗"——卢俊义、双斧——李逵等。福建武术经常使用的棍、刀、枪也常被用于各种技法中。由此可见，水浒人物所持兵器与人物的对应关系使闽台地区具有共同特征，具有同源性。

差异性：在使用的兵器中，有叫法不一但指向一致的现象。诸如"达刀"可以指向"大刀""关刀""仔刀"，"盾牌"实际上就是"藤牌"等。在常规兵器之外，闽台均有各自的器具收录，比如，福建的宋江阵中收录了"韧性刀剑"，又如，台湾的宋江阵中的"双锤"等也体现了这样的特征。这种现象的产生与师承方式有关，也与艺人口传有关。台湾地区还呈现求新求异求个性的典型特征，诸如在宋江阵中使用"双锤""板尖"等。而福建地区使用现代兵器则与竞技武术有关。

表7-2 两岸宋江阵兵器比较

地区	兵器
厦门同安区	头旗（造水村有正副旗）、双斧、盾牌、双刀、齐眉棍、钩镰刀、雨伞、达刀、官刀、铁钯、丈二、月牙铲、关刀（青龙刀）、长柄单斧、矛枪、九尺棍等
高雄内门乡	头旗、双斧、藤牌、双刀、齐眉棍、钩镰枪、雨伞、鞥仔刀、官刀、钯仔、丈二、月牙铲、大刀、双剑、长叉、斩马刀、铁尺、扫刀、鸡帚、双锤、板尖等

现在，两岸宋江阵的武艺已经呈现一种个性特征，不局限于一种形式和内容，可以融合更多的技法和流派的内容，平时所练的武术内容都可以是宋江阵的表演内容，但多数限于南拳范围（不包括粤拳、八间拳等）。

这种现象可以从闽台文化同源性上得到解读和认同。台湾与福建具有基本相同的生活习惯和生活方式，诸如福建的武术发展源于抗番拒匪、异籍相斗、抗击夷蛮等需要，其中的家族群体文化是中心文化，形成的宋江阵也必然是以福建之拳械为中心。而台湾的宋江阵除具有福建的根之外，由于其自身的因素，还具有一定的特色，也是发展的必然。

（三）阵法阵型

宋江阵之所以成为"阵头"是因为它具有独特的阵法操练形式。福建、台湾历史上发生过许多军事战争，包括一些群落之间的斗争与竞胜，宋江阵的阵型和阵法承载着闽、台两地历史演变下的传承。宋江阵既为阵型也为传统体育，同时它也包含了武术的内涵，闽、台两地的武术特色别具一格，这也是区别于其他地域之处的一部分。福建地区宋江阵的阵型和阵法有十几套。台湾的宋江阵因其分布不同而呈现南多北少的倾向，台南及高雄的数量较多，特别是高雄一地就有"十八套"之多，台南虽少也多达"八套"。

共同性：尽管台湾在数量上较闽南多出一倍左右，但从表 7-3 中可以看出其阵法内容基本相同，如八卦阵、黄蜂出巢、龙摆尾、蚣阵、连环阵、刀枪巷等。这些阵法中，又以八卦阵最为重要，两岸均赋予八卦阵特殊含义，在最具有震慑力时展现，通常为压轴之阵。另外，在不同阵法的细节编排与布局上，闽台的宋江阵也大同小异，由此来看，其同源性也毋庸置疑。如 20 世纪二三十年代，泉州的"高美国术馆"演练的八卦阵与现代厦门的宋江阵和台湾的某些宋江阵的演练基本相同，每到转弯时，队员们必定跃起发声并挥舞手中兵器换手。

差异性：尽管福建、台湾的宋江阵从阵法上可以看出其具有同源性，但两地发展的不同，包括台湾地区遭遇的斗争使得两地宋江阵还是在某些环节上具有十分显著的差异。例如，在阵型中的人数上、参阵团体的门派派别上，随着战争状态逐渐减缓宋江阵也随之发展，宋江阵逐渐成了一种表演形式存在，在演出的时间、演出的着装、演出的装扮、阵式的多寡以及内容的繁简上都存在着一些或多或少的差异性。但有时还可以看到一种现象，就是阵法一样但名称不一样的现象，比如，福建称为"环螺圈""连环阵"的阵法，在台湾则称为"田螺阵""连环套"等；又如，漳州的"宋江九州八卦阵"在台湾则称作"相公八卦阵"。这种同一阵法不同称呼的现象，在两地广泛存在，这也进一步验证了闽台宋江阵同根同源的文化现象，并且其根在八闽文化。

表7-3 闽台地区宋江阵阵法内容比较

地区	阵法内容
闽南地区	八卦阵、黄蜂出巢、龙摆尾、蚣阵、连环阵、交阵、环图、内外环、长蛇阵、刀枪巷、面线抛、剪、打万字、水波痕、穿针阵、蝴蝶阵、东南西北打阵等
台南地区	八卦阵、黄蜂出巢、黄蜂结果、龙掺水、蜈蚣阵、连环套、二人连环、交五花、国阵、走蛇、刀枪巷、蛇城壳、双套、到城、破域、城、四梅花、大花阵、四门等

自明代起，官方主导的"长蛇阵、满天星阵、鸳鸯阵"就是御敌有效的阵法而得到广泛传播。民间的"有警互应"联动机制，也是闽人互帮互助的形式，而这些操练阵法后来也逐渐成为宋江阵的直接素材。这种因"御敌"需要和"联动"需要所产生的阵法，具有极其一致的功能性和价值，这种功能性及价值则证明了闽南诸多宋江阵之名虽有不同，但阵法极其一致的原因。

宋江阵由移民带入台湾后，也成为防御盗匪、阻止异族侵害的有力手段，并且逐渐形成自己的风格和流派。比如，利用福建漳州土楼的构建理论，形成"七嵌二十五村"能够"守望相助"的相互关联的防御阵法。但因地理条件限制、政治主张不同、原来记忆的丢失、新环境的发展需要等要素，导致的命名混乱，也是闽、台两地阵法相同、名称各异的原因所在。

（四）道具服饰与表演

道具在宋江阵中有两种含义：一是作为宋江阵辨识符号的器物的总称，这些主要包括"头旗""狮艺""谢篮""符篆、器乐与服装"等；二是具体使用之兵器的称呼，是指那些长、大、重、利的使用器具。福建、台湾的宋江阵均以头旗和狮艺作为标志性道具，具备领阵功能。舞大旗的是辈分高、武功深厚之人。另外，两地宋江阵中的狮艺或者狮阵的含义也极其相似，均被认为具有驱邪避煞的功能和象征。

闽南宋江阵表演"舞狮""武术"演义较多，台湾宋江阵的流程却非常丰富。

闽南之宋江阵的舞狮为"杀"狮之表演，这种"杀"通常被称为"制"（按规定的人与狮子搏杀之套路，多以杀退、杀死狮子为结果），这种狮称为

"青狮、斗狮、武狮"，狮是整体出现的。台湾的宋江阵则多以舞狮头为主，多演技少博弈，并且有"狮旦"（儿童骑在成人肩上走在阵头最前边）。台湾还有"白鹤阵"和"龙阵"，其中增加了白鹤童子与白鹤、持龙珠者与龙对舞表演。

从表演形式来看，台湾的宋江阵出现了日常化、广场化、观光化、节庆化特征，娱乐化、演技化等特征比较明显，而闽南的宋江阵仍以传统宋江阵居多，其功能也还以祭祀、节庆庆典等为多。

（五）人物特征与人数

闽南地区：最初是以梁山108个人物的"替天行道""忠义双全"为背景，并融入音乐、戏曲、表演等元素为基础，由108人进行表演的阵法。但现在的宋江阵几乎不用108人阵法，出现了36人、72人等新阵法，同时又增加了敲锣、打鼓等人员。最常见的宋江阵为24人或36人阵法，更多人数的阵法已不多见。

台湾地区：台湾地区宋江阵与大陆宋江阵本是同根同源，在形式和阵型阵法上大抵相同，人数上也基本由108人渐渐转变为36人，但是由于台湾地区乡村部落众多，部落人数较少，所以常常有简易的宋江阵出现。台湾地区的宋江阵也是模仿梁山108位好汉的人物特点形象，由于早期台湾部落之间充斥着野蛮文化，部落之间常常出现战争，所以宋江阵中会出现一些武侠形象的模仿元素，以此来面对敌对的挑战，并把《水浒传》中宋江、李逵、扈三娘等人物招式演化为自己独特的招式来丰富宋江阵的地方特色。

第四节 闽台宋江阵的交流历程回顾与文化认同基础

一、闽台宋江阵的交流历程回顾

每一社会的文化都有两个来源：既有对历史文化成果的继承与保留，也有根据现实社会条件所进行的创造与发展。① 民俗体育的异化与传承过程是同时进行的，在传承中异化，在异化中传承。民俗体育是民间集体以口头或行为来创造和传播的，必然受到历史、时代、社会、民族、地域及语言等种种因素的影响而发生变异。② 闽台的亲缘关系造就闽台地区宋江阵的同源性，宋江阵因此在

① 吴增基，吴鹏森，苏振芳. 现代社会学［M］. 上海：上海人民出版社，2001：100-101.
② 戴维红. 妈祖信俗中民俗体育的变迁［M］. 厦门：厦门大学出版社，2012：114.

台湾得到了很好的继承发展，但也由于两地的独特地理、历史境遇，缺乏一定的文化交流，开始出现地域差异，形成"本地化"现象。

相对于闽南宋江阵，台湾宋江阵表演更精细化、多元化，当地文化元素融入促进"好看化"，将宋江阵演变出一种娱乐功能模式。政策（1975年台湾教育机构发布"普遍推行民俗活动"的指示）的导向促使宋江阵走向大众民俗活动，通过融入当地文化元素，成为大众心中喜闻乐见的大众民俗活动，从传统的"男宋江阵"，向有女性或者儿童参与表演形成"女宋江阵""儿童宋江阵""混合宋江阵"转化。针对台湾旅游业，宋江阵作为宗教民俗文化观光需要一个相对长时的、丰富而全面的表演，以充分展示出当地的文化、民俗。除此之外，闽台宋江阵自20世纪80年代以来开始发生一些变化。在台湾，人们一方面积极挖掘整理，使宋江阵更具地方性，保留着集体的历史记忆；另一方面在维持传统宋江阵的同时也尝试与学校、企业、警队结对，希望突破传统打造"创意"宋江阵。

台湾有一句话是"输人毋输阵，输阵歹看面"，足以看出台湾民众对宋江阵表演的态度。在他们看来，宋江阵不再只是一个表演，而是一个"比赛"。在这种竞争意识下，出现许多闽南地区所没有的"讲究"，如服饰和打脸（化妆），不同村或者不同派的宋江阵队在正式表演时，各队之间都会有自己的服装，并精心打脸进行表演。

台湾宋江阵组阵、出阵都严格遵循传统复杂的仪轨制式，整体带有更浓厚的宗教色彩，包括对道具（谢篮、符箓）的继承保持。台湾最大规模的宋江阵表演多出现在各个部族村落的祭祀活动上，可见台湾宋江阵的本质功能所在，它需要去服务于信仰圈、各个宗教活动。大陆对于地方宗教信仰以及民俗体育活动中的宗教内容的态度有所不同，更不用说向学校发展的"创意宋江阵"。宗教元素并不是宋江阵中不可或缺的元素，更注重阵法与武术表演。而现在只有福建偏远地区还坚守传统，闽南地区宋江阵整体上在走向一种庆祝化的活动或者是一种单纯的集体武术表演民俗活动。

两地宋江阵最大的差异是对于宋江阵传统部分的坚守及发展。虽然如今两岸宋江阵的发展都面临着经费不足、无继承人等窘境，但是台湾由于地理位置、历史境遇的原因，群众内心需要这种有强烈的民族、宗族文化认同感的宋江阵，并格外重视它的活动和传承，政府与民众通过一系列的维护和推广发展为其创造了良好的保护与传承环境。闽南作为宋江阵的发源地正好相反，因为从小耳濡目染，过于熟悉，出现"熟视无睹"的感觉。其好不容易进入人们视线，又因为"文革"再一次遭到破坏。随着社会现代化发展，宋江阵中的宗教、武术技击自卫的功能逐渐弱化，台湾宋江阵延伸出一种表演观光模式，而宗教功能本就不强的闽南宋江阵就处在一个尴尬的位置。

　　闽、台地区宋江阵同根同源，在意识形态和表演形式、列阵形式、文化内涵上具有极大的相似性和传承性。大陆居民移民将108位梁山好汉的传统形象带入台湾文化，并衍生出独具自我风格的宋江阵文化色彩。闽、台地区宋江阵在拳种流派、操持兵器等武术内容上具有求同存异的特点。两地宋江阵在阵法内容上也具有不同之处，如大陆地区的"穿针阵"和台湾地区的"插花阵"都具有独特的自身地方特性。随着时代的变化，宋江阵的功能逐渐从对外战斗转变为表演，闽、台两地的宋江阵表演同出一源但又不尽相同，与大陆和台湾地区发展的历史及居民日益变化的需求相关。在宋江阵人物特点和人数组成方面，大陆、台湾地区都基本上以108人阵、72人阵、36人阵为基数组成阵型、阵法，台湾地区由于早期村落等小聚群众多，会有一些人数较少的宋江阵阵型出现。

表7-4　两岸宋江阵艺阵汇总

地区		宋江阵艺阵
闽南艺阵		龙阵、狮阵、宋江、蜈蚣阵、艺阁、大阁、台阁、大鼓凉伞阵、车鼓阵、拍胸舞、火鼎公婆、公背婆、献金、马队、大神尪仔、海底反、炮轰寒单爷、扛活佛、八家将、大开道、彩球舞、走高跷、布马阵、跑旱船阵、大摇人
台湾艺阵	宗教阵头	蜈蚣阵、八家将、五虎将、十三太保、五毒大神、天师钟馗、宋江阵、金狮阵、白鹤阵、狮阵、醒狮团、龙凤狮阵、龙阵、五营阵、法仔阵、小法团、将爷队、十二婆姐、大仙俑仔阵、车鼓阵、挽茶车鼓、牛犁阵、番婆弄、桃花过渡、山伯探、本地歌仔阵、竹马阵、七响阵、拍手唱、素兰出嫁、草螟仔弄鸡公、布马阵、高跷阵
	音乐阵头	南管阵、太平歌、天子门生、文武郎君、北管阵、开路鼓、鼓吹阵、车队吹、轿前锣、西乐队、诵经团、电子琴花车
	香阵阵头	前锋阵、报马仔、马头锣、锣鼓阵、捕快队、执事队、绣旗队、旌旗队、哨角队、自行车队、剑印队、虎爷轿阵、布袋戏团、主神阵、香担夫、王马、马草水担队、杂役队、香脚队、大本乞食队
	趣味阵头	公背婆、双身仔阵、肚皮舞、山地歌舞、七番弄、八美图、斗牛阵、跳鼓阵、挽茶阵、跑旱船、水族阵
	丧葬阵头	牵亡歌阵、魂轿、香亭、麻灯白彩、五子哭墓

两岸艺阵交流以闽台间的活动居多，少有《水浒传》故事发生地的参与。两岸艺阵交流最早是从 2009 年开始，初期的交流以学生和社会团体为主要对象，多是通过民俗节日、地方政府主办的交流活动为平台参与交流，其中宋江阵是主要的艺阵类型。从举办次数、举办规模来看，高雄内门宋江阵嘉年华活动是海峡两岸最有影响力的艺阵交流活动之一。

表 7-5　2009—2012 年两岸艺阵学生团体交流情况

时间	地点	活动名称	活动内容
2009 年	台南	海峡两岸龙狮艺阵邀请赛及全台湾各级学校龙狮艺阵锦标赛	龙狮艺阵
2010 年	湖南炎陵	2010 海峡两岸炎帝神农文化祭	宋江阵
2012 年	上海	"舞动青春　唱响未来"第七届沪台两地中学生才艺交流活动	宋江阵

表 7-6　2009—2019 年两岸宋江阵社会团体交流情况

年份	地点	活动名称	活动内容
2009	福建	陈靖姑（临水夫人，催生护幼之神）文化节	十二婆姐艺阵
2010	台北	台北大龙峒保安宫举行了隆重的迎驾仪式	宋江阵、车鼓阵、花鼓阵、高跷阵等
2010、2012 2013、2016 2019	高雄内门	高雄内门宋江阵嘉年华活动	闽台宋江阵展示
2011、2012	山东郓城	海峡两岸宋江阵交流活动	宋江阵表演
2012	福建	第四届海峡论坛	白鹤阵
2013	福建泉州	海峡两岸狮阵武术大会演	狮阵
2015	厦门翔安区	闽台宋江阵民俗文化节	宋江阵

续表

年份	地点	活动名称	活动内容
2015	金门	金门迎城隍活动	蜈蚣座、公背婆、跑旱船、扛辇轿、艺阁、神将、打花草
2016	花莲	花莲县新城乡"丰年节"	马山壮族会鼓、宾阳彩架
2017	北京	京台社区武术文化大舞台	宋江阵
2017	高雄、花莲、台北	"欢乐春节"民俗巡游活动	马山壮族会鼓、青秀区芭蕉香火龙、宾阳彩架
2019	花莲	2019海洋文化观光祭活动	马山壮族会鼓、宾阳彩架
2019	福建漳州	第十二届海峡两岸中华武术大家练活动	民俗艺阵

其中，最著名的是福建翔安宋江阵与台湾内门宋江阵的交流活动。高雄内门地区是台湾地区宋江阵民俗文化保存得最好的地区，而"高雄内门宋江阵嘉年华活动"，作为台湾十二大节庆活动之一，经过几年的发展，已被公认为海峡两岸最负有盛名和最具有影响力的宋江阵展示活动之一，吸引了各界的目光。福建翔安宋江阵于2010年第一次把大陆首支纯古装的宋江阵带到台湾，2012年第二次派出了首支少年宋江阵，2013年第三次向台湾派出两支宋江阵队伍，2016年第四次首支少女宋江阵在台湾精彩亮相，2019年第五次赴台演出。2015年国庆节期间，闽台宋江阵民俗文化节在翔安区内厝镇莲塘村宋江阵民俗文化广场盛大举行，这种大型的交流活动有力地促进了福建宋江阵的发展。

从交流的内容来看，有以武会友的对话性质的交流，有文化传播性的交流，有娱乐性的交流，活动方式灵活多样，交流内容丰富多彩。

二、闽台宋江阵文化认同的基础

两岸宋江阵文化认同应基于两岸宋江阵文化的共同性，主要归纳为五个方面。

（一）地域同一

清巡台御史黄叔璥曾在《台海使槎录》一书中说："台地负山面海，诸山似皆西向……后有闽人云：台山发轫于福州鼓山，自闽安镇官塘山、白犬山过脉，至鸡笼山，故皆南北峙立。"指出闽、台两地的山脉本相连。事实上，台湾海峡原本是福建古陆的一部分。台湾岛与福建由"东山路桥"相连，都属于亚洲大陆板块。在新生代的第三个世纪，由于海峡地壳的断陷，大陆和台湾两地分离，形成一座海岛。而距今 30000 多年前，大陆古人就是通过漳州的"东山路桥"进入台湾。近年来，福建与台湾两地相继考古出土了相同和相似的文物，也可以论证这一点。如福建沿海及金门富国墩贝丘遗址的文物出土与台湾大坌坑文化出土的新石器时代的绳纹粗陶及打磨石器一致，台湾刻纹黑陶文化与福建昙石山遗址中上层遗物几乎相似。① 这都说明闽、台两地，本是一体。

闽、台两地一海之隔，两地地域上的紧密关系，地形的相似，让台湾成为移民地的首选，对闽台移民产生积极影响，客观上也促进闽台文化的形成，为宋江阵提供了一个良好的传承环境。台湾地貌复杂，以山地、丘陵为主，约占全省土地总面积的 2/3，平原约占 1/3，与福建相似。对于早期的闽、台两地的人们来说，无论福建还是台湾都是一个艰苦的生存环境，他们需要面对自然灾害和毒蛇猛兽的威胁，生存资源的问题，以及族间、部落间的争斗问题。宋江阵带有武术技击和军事功能，又有团结群众、凝聚人心的功能，是宋江阵在闽、台两地流传的一个重要原因。

（二）种族同根

历史上，远古闽地，社会各个方面，远不及中原地区。中国北方百姓自秦汉时期以来纷纷迁往南方各地，对福建的社会经济和文化的进步产生了举足轻重的作用。从汉武帝时灭闽越国设冶县、三国时孙吴设建安郡以来，经历晋代与南北朝的所谓八姓入闽、唐代前期陈元光进漳、唐末五代王审知建闽国。这些带有福建历史进程里程碑性质的事件，无不是由于北方中原强势力量的南迁而形成的。②

而早在 2000 多年前秦始皇先后派出的数千名童男童女到达台湾，吴王孙权派卫温将军率万名军士渡海来到夷洲（今台湾），当时作为训练军队重要手段的

---

① 汤毓贤. 闽台文化对祖国和平统一的促进作用 [J]. 福建省社会主义学院学报，2003（1）：19-22.

② 陈支平. 从历史向文化的演进：闽台家族溯源与中原意识 [J]. 河北学刊，2012（1）：47-50.

"射、御",在台湾扎根发展。① 据《台湾通史》载:"宋元时期,闽南人开始移居台湾。"之后大陆对台湾大规模的移民主要有4次。②

整个移民过程大致概括为中原的汉族移民闽地区,再由定居闽地区的移民迁入台湾。因此,两地都是移民社会,都是以中原移民为人口主体建构起来的。据1926年日本人在台湾地区的调查,台湾的汉族人口中,福建移民占83.1%,其中泉州籍占44.8%,漳州籍占35.1%,汀州、龙岩、福州籍占3.2%;粤籍移民次之,嘉应(梅县)、惠州、潮州等地移民占15.6%;其他各省移民,占1.3%。③ 这个调查结果也说明了闽、台两地共同的族根源于中原,而台湾源于福建,特别是闽南地区。自宋江阵作为闽台文化共同的民俗体育项目形成后,逐渐彰显其稳定和延续的"种族同根"属性。虽经流传演绎而难免变异,但其核心与主旨总有因袭的内涵和固定的仪式,代代相习,绵延传承,它对维系一个民族的群体凝聚力和趋同意识具有很大的效应。④ 而共同的移民经历,使他们产生了强烈的思乡之情与族根意识。族群的族根意识又反过来影响宋江阵,逐渐成为闽台民众心中共同的民族文化象征。他们通过族谱、文化习俗等去追溯先祖及其历史记忆,也进一步增强了民族认同感。

(三)语言同脉

台湾通用的语言大致有三种,普通话、闽南语、客家话。闽南语实际上是闽南话泉州腔和漳州腔的混合产物。闽南话的口音至少有几十种,其中就包括了泉州口音和漳州口音,这两种口音最初是在明清时期跟随闽南人移民进入台湾,随着岛内社会发展及移民间的交流沟通,两种口音逐渐相融,形成如今的闽南语。西晋末年,中原居民由于种种原因南下移民,一部分人途经"江东",形成与吴语相似的闽南话,然而他们中的一些人因没有在太湖流域的生活经历,使他们在南迁后与南方畲族产生了密切的联系,在语言及血缘方面受到了一定的影响,加上他们的方言在南迁之前就已有"东西方言"的背景色彩,由此产生了一种不同于闽语的客家话。与其他汉语方言一样,这种漳泉混合的闽南话和客家话也都同样来源于中原古代汉语。⑤ 如今闽、台两地的宋江阵在武术内容

① 陈寿. 三国志 [M]. 北京:中华书局,1959.
② 林国平. 福建移民史 [M]. 北京:方志出版社,2005:147-183.
③ 吴壮达. 台湾的开发 [M]. 北京:科学出版社,1958.
④ 刘万武,姚重军. 体育民俗之探讨 [J]. 西北民族学院学报(哲学社会科学版),1999(3):123-126.
⑤ 钱奠香,李如龙. 论闽台两省方言和文化的共同特点:兼评台湾的乡土语言教育 [J]. 语言文学应用,2002(2):28-35.

（拳种、器械）、道具、服装器乐、表演内容阵式、表演流程等方面大体相同。即便不同，大多也名异实同。这种现象与闽、台移民社会（尤其在早期，海峡阻隔使得台湾武人难以及时确认、校正）和闽南语发音的讹传（如相公——"x（s）ionggang"；宋江——"s（x）onggang"），以及师承口传或研究者据艺人口传史料整理与书写的偏差有关（如时迁——嗤千；武松——武祥）。① 闽南话作为传播发展闽台文化的重要工具，使宋江阵在闽、台两地得到传承发展；也作为闽台文化的重要符号，让人们通过闽南话去追根与认同，实现两岸的沟通往来。

（四）宗教信仰同源

多宗教信仰是闽、台两地共同的特点。妈祖、玄天上帝、保生大帝等，是闽、台两地共同的民间信仰。台湾民间信仰主要源于大陆，据1987年统计，全台民间信仰的神灵共有300多种，其中80%是从福建分灵过去的。分灵包括"分身"与"分香"两种形式，福建民间信仰向台湾"分身"或"分香"的过程，贯穿闽人向台湾移民的始终。② 宋江阵保护神的代表田都元帅就源自福建的莆田、南安。台湾各神灵庙宇的建立，也与福建祖庙形成宗教联系。各分庙为维持和强化这种特殊联系，每隔一段时间都要去祖庙"乞火"，参加祖庙的祭祀活动等，俗称"进香"（"晋香"）。除此之外，还有一些祖庙的主神被请至台湾各分庙巡礼，接受信徒民众的祭拜，足以说明两地对宗教信仰的虔诚，这直接加强了群众对宗教各种祭祀活动的重视。民众自发组织参与活动，以这种约定俗成的方式表达对神明的崇敬、对未来美好生活的祈愿以及对民族的认同。再加上"输人毋输阵"的心理，人们都希望将包括宋江阵在内的各种祭祀活动阵势弄得越大越好，制造热闹的气氛，增加人气，并达到娱人娱神的效果。宋江阵在宗教活动中还充当"开路先锋"的角色，有开路解厄、驱除邪魔之意。这些因素自然使其成了这些大大小小宗教活动的"常客"。

（五）民风同俗

两地宋江阵的组织形式是十分严密的，具有武术技击性，也带有一定的军事色彩，活动中也带有丰富的宗族文化特征。这与闽南人素有群聚习惯、强烈的宗族意识和尚武之风是分不开的。人们在迁移和定居的过程中会面临生存权利争夺，或者背井离乡的心酸需要互相帮助的心理等，这加强了群众的团结互

① 张银行，郭志禹，邱瑞瑯，等.闽、台地区"宋江阵"的比较研究：以福建闽南和台湾南部地区为例 [J].体育科学，2014，34（7）：41-48.
② 连心豪.试析闽台民间信仰异同 [J].闽台文化交流，2011（28）：91-95.

助意识，也促进了宗族观念的形成。这些经历，无论是生存还是心理上，都需要依靠完善的宗族组织，才能在迁徙过程中和迁入土地过程中得到相互支持和依靠，促进了近亲属关系和相互依存关系的形成，从而在闽台民间形成了极为浓厚的宗族文化氛围。

台湾学者吴腾达认为，大量台湾移民中漳州、泉州的居民都受到南少林武术的影响，习武风气浓厚。早期闽南地区人民由于对内治安、对外抵抗倭寇等，各个村落自发练武以保家卫境成为必不可缺的需要。而闽南地区的谚语"拳、少、曲"生动地反映了闽南宗族习武的普遍性，也反映了当地的尚武之风。在移民进入台湾时，因为生存资源抢夺，各群体间的冲突时常发生，这导致尚武进一步加强。毫无疑问，闽南人民的强烈宗族意识和尚武之风的特质为两地的宋江阵提供了必要的技术条件与社会氛围。也正因为闽、台两地同根同源同俗，使得早期宋江阵的目的需要和构成元素都是相似或者相同的。

第八章

两岸拔河交流与文化认同

第一节　两岸拔河的起源与发展

　　两岸拔河运动起于同一个源头，最初被称为"钩强"，六朝为"施"钩，隋朝为"牵钩"，直到唐朝才被称为"拔河"。[①] 拔河运动历史悠久，源远流长。拔河运动能够在时代更迭过程中，仍然保持强大的生命力和感召力，与它能够因时而变，不断赋予新的时代内涵密切相关。拔河运动起初是军事操练的内容，有很强的趣味性，渐渐由宫廷传至民间，成为人们喜闻乐见的运动项目。随着历史的变迁，军事作用慢慢淡化，趣味性和娱乐性的作用增强，成为增加热闹气氛、祈神求雨的一种形式。发展至今，拔河运动的呈现形式更加多元和丰富，成为大众娱乐活动不可缺少的部分。

一、两岸拔河的起源

（一）大陆拔河的起源

　　拔河最早出现在战国时期，《墨子·鲁问》中记载："公输子自鲁南游楚，焉始为舟战之器，作为钩强之备，退者钩之，进者强之，量其钩强之长，而制为之兵。楚之兵节，越之兵不节，楚人因此若势，亟败越人。"[②] 楚、越两军水上交战，公输子（鲁班）经过楚国，发明了"钩强"，用于限制敌船。在两军交战时，进攻方会在绳索的一头系上大茅钩，抛向敌船，用力勾住，通过拉绳使敌船靠近，然后己方士兵就可以跳到船上进行攻击，这就叫"钩"。当敌方勾住己方船只，己方就会有长杆顶住对方船只，阻止两船靠近，设法逃脱，这就

---

① 刘晓林，曾令川. 中国古代拔河运动史考 [J]. 兰台世界，2012（19）：72-73.
② 宗懔. 四库全书史部 [M]. 上海：上海古籍出版社，1987：17.

是"强"。把"钩"和"强"的过程当成整体，就有拔河的意味。

图8-1　汉画像砖上的拔河①

随着时间的迁移，拔河运动由军事训练，渐渐向民间娱乐活动演变。拔河戏在六朝时被称为"施钩之戏"。南朝梁宗懔《荆楚岁时记》中提道："打球、秋千、施钩之戏。施钩之戏，以绠作篾缆，相罥绵亘数里，鸣鼓牵之。"② 由此可见在南朝时期，拔河的雏形慢慢形成，并且在民间很受欢迎，成为人们生活娱乐的方式，场面壮观，非常热闹。

隋唐时期，拔河比赛规则渐定。根据《封氏闻见记》记载："古用篾缆，今民则以大麻絚，长四五十丈，两头分系小索数百条，挂于前。分二朋，两钩齐挽。当大絚之中，立大旗为界，震鼓叫噪，使相牵引。以却者为胜，就者为输，名曰拔河。"③ 文中提到拔河所用材料由竹篾改为大麻绳，并且长度有所缩短，比赛受地形限制较小，大大提高了人们参与的热情。再加上，规则相对简单，便于组织。比赛采用三局两胜制，参赛人数达到百人甚至上千人。在宫廷，受统治者的喜好影响，每年定期举办比赛。唐中宗、唐玄宗等，非常喜欢拔河，上行下效，拔河运动由宫廷逐渐在民间盛行。诗人张说的和诗："今岁好拖钩，横街敞御楼。长绳系日住，贯索挽河流。斗力频催鼓，争都更上筹。春来百种戏，天意在宜秋。"④ 说明在重要的节日，民间就会举办拔河比赛，寓意人们乐

---

① 搜狐博客. 牵钩之戏，拔河运动的前身，居然和襄阳有重大渊源［EB/OL］.（2018-10-08）. https://www.sohu.com/a/258234057_100264328.

② 搜狐博客. 牵钩之戏，拔河运动的前身，居然和襄阳有重大渊源［EB/OL］.（2018-10-08）. https://www.sohu.com/a/258234057_100264328.

③ 徐家兴，程春喜. 楚"牵钩之戏"考［J］. 武汉商业服务学院学报，2007（3）：82-85.

④ 彭定求. 全唐诗［M］. 北京：中华书局，1960（3）：32，（27）：944.

观向上的心态。

历史上每一项运动都是应着社会的需要而产生的，它们都承载着人们特定时期的特定需要。在隋唐时期，拔河运动不仅仅是一项娱乐活动，更成为人们祈求神灵保佑，来年风调雨顺、五谷丰收的美好愿景。根据《隋书·地理志下》中"俗云以此庆胜，用致丰穰"的记载，人们在参与拔河运动的过程中，团结协力、心相合一，希望获取比赛胜利，寓意来年农业丰收。

在宋朝，拔河运动十分流行，在重要节日都会举行拔河比赛，以示庆贺、祈祷之意。宫廷比赛的地点由梨园搬到室外的空广场上，并允许宫女侍臣参加拔河。祝穆所著的《方舆胜览》中有"拔河之戏，以麻绳巨竹分朋而挽水，谓之拔河戏，以其胜负祈福农桑"。在宿松的《和诸君观画鬼拔河》及梅肖臣的《和江邻几学士画鬼拔河篇》中都有关于宋代拔河戏盛况的记载。明清以后，缺少史料，无从考证。

目前，我国较为流行的拔河运动，皆由隋唐时期的牵钩之戏或拔河活动演变而来，保存了古代拔河的规格和要求。只不过，现在拔河运动娱神的意义渐渐淡去，除在各地自发进行外，逐渐向竞技化的方向发展。在1900—1920年拔河成为奥运会正式比赛项目，后来因为各个国家规则不一，拔河项目被取消。现在的拔河比赛形式愈加丰富多样，具有很强的趣味性和地域特色。比如，甘肃临潭万人拔河比赛、龙舟拔河比赛、八人制室内拔河比赛等。其中，龙舟拔河比赛较为新颖，在保留各自特点的同时，相互结合，既还原了古代"钩强"紧张、激烈的场景，又能够增加趣味，为拔河运动的发展开拓了新的发展方向。

（二）台湾拔河的起源

台湾传统文化与中华文化息息相关，密不可分。虽然海峡两岸受自然条件的制约，要想横渡海峡并非易事，但是并不能阻止两岸人民在文化上的交流与融合。《发现台湾：1620—1945》中提道，"明郑时期，福建连年饥荒，有好几万农民来台开垦"。当时台湾处于蒙昧时期，少数民族分散又松散，既没有政治集团，也没有商业组织。据此推测，大陆的拔河运动可能并未传入台湾。1661年，郑成功收复台湾，把台湾作为据点，打着"反清复明"的旗帜继续和清廷对抗。为了开发台湾，带去大批汉人。此时，清政府下令"迁界"政策，"片板不可下海，离货不可越疆"，导致大批渔民被迫迁往台湾。汉人在迁往台湾的过程中，不仅带去先进的农耕工具，也把大陆的传统文化带至台湾。根据台湾人口数量变化统计：1661年，汉人壮丁约为八千人；到郑氏投降（1683年）时，汉人人口为十五万至二十万；乾隆末年，台湾人数约为一百三十万。[①]《发现台湾：1620—1945》一书中提到，到 1811 年，汉人已增至两百万人，平铺人（原居民）仅为五六万人，成为绝对的少数。[②] 汉人来台，少数民族人数锐减，逐渐改变了原居民群居山林，以打猎为生的生活方式。由此推测，台湾拔河运动可能在明郑时期随着汉人大量迁台而传入。

流传至今的拔河运动，形式多样，极具特色。在此探讨台湾古代拔河和现代八人制拔河的起源，希望能从中找出共同的规律。

台湾拔河源于何时？在台湾鹿港镇，仍然保留着较为古老而有趣的拔河项目，每年在元宵节、清明节等重大民俗节日时才会举行，人山人海，非常壮观热闹。一般按照人数把队伍分成两队，找一处较为宽阔的河流，绳索横贯河面，并用醒目的绣球做好标记，而两支队伍分别置于河对岸，直到一方把另一方全部拖下水，比赛结束。为了增强现场气氛，有许多观摩的群众，手舞足蹈，高声呐喊，落水声和喊叫声响彻天际。流传至今，场地、基本的规则并未发生大的变化，只是为了保证安全，每位选手要穿上黄色的救生衣，成为河道上醒目的风景。

由此推测，这应该是台湾拔河的雏形，到底何时兴起，源于何地？仍然需要更多的文物资料，才能加以判断。

而八人制拔河（俗称"竞技拔河"），是现代拔河的代表。它的起源相对较晚，具有七十多年的历史。据台湾学者樊正治（1985）研究，台湾地区于 1950 年起举办公务员运动会，当时台湾防务部门及台湾银行，依程序、训练、选拔组成拔河队，在当时也造成轰动。而拔河运动也为古农业社会闲暇之余，最具代表性的团体活动之一。[③] 台湾自 1990 年开始引进八人制拔河比赛，并且有部分县市已经成立拔河协会。在 1992 年 8 月 31 日成立台湾拔河运动协会，由吴文达先生担任首届理事长。随后吴文达前往日本参加八人制裁判培训，学习裁判知识，掌握赛事策划的方法，仔细分析台湾的现实情况，认为台湾非常适宜开展八人制拔河比赛。

现在台湾地区较为常见的拔河分为三种类型：传统拔河比赛、拔河游戏和新式八人制拔河。传统拔河比赛参赛人数较多，规则较为简单，多为表演性质

---

① 李元春. 台湾志略 [M]. 台北：大通书局，1809：35.
　　史明. 台湾人四百年史 [M]. 台北：蓬岛文化公司，1980：133-134.
② 殷允芃，尹萍，周慧菁，等. 发现台湾：1620—1945 [M]. 重庆：重庆出版社，2017：58.
③ 樊正治. 近三十年我国民俗体育活动发展现况 [J]. 教育资料季刊，1985.

的活动。而新式八人制拔河比赛,对参赛人数、场地、服装、体重、器材等,都有非常明确的要求,参赛队员以争夺锦标为目标,体现了很强的竞技性。

近年来,台湾拔河运动在世界性比赛中取得非常骄人的战绩,在世界范围内有一定的影响力。但是,岛内的普通民众对拔河运动的文化仍然缺少一定的了解。台湾一年之中会有三场大比赛,分别是:协会杯、中正杯和世界杯拔河锦标赛。自1990年日本亚洲杯拔河比赛起十余年间,台湾的男子及女子拔河运动都取得了辉煌的成绩,已经成为世界杯的常胜军。自2001年日本秋田世界运动会起,拔河项目被列为正式比赛项目,台湾女子拔河代表队取得室内赛第四名的成绩,其后在2005年德国世界运动会、2009年高雄世界运动会、2013年哥伦比亚世界运动会,台湾地区女子拔河代表队更是三次夺得室内拔河比赛金牌。台湾地区每年有三大场全省锦标赛,每场均有各级学校的比赛,因此奠定了良好的各阶层训练比赛机制。

台湾流传至今的拔河形式较多,有独具地方特色的隔岸拔河,也有校园广泛开展的简易形式的拔河比赛,当然包括职业的竞技拔河,其中新式八人制拔河比赛最具有代表性。它起源于英国,台湾自20世纪90年代开始引进,分为室内和室外两种形式,定期会举办相应的比赛。由于规则较为细致,对场地、器材要求相对较低,再加上台湾代表队参加世界拔河比赛屡获佳绩,拔河运动已经成为台湾地区较为流行的运动项目。

在1992年,台湾成立拔河运动协会,派代表参加亚洲杯获得不错的成绩。到1997年,台北地区发生拔河断臂的事情,社会反响强烈,一时拔河项目进入发展低谷。于是,台湾拔河协会积极引进和推广八人制拔河比赛规则,规定人数、公斤级别,以及对场地、运动装备做出进一步规范,拔河运动逐渐向规范化、专业化方向发展。岛内每年定期举办全省性锦标赛,各个学校都可派代表队参加,每个学校为了增加学校荣誉,纷纷组队训练,成立拔河协会,从而形成较为完善的训练比赛机制。台湾女子拔河代表队在2005年夺得第7届世界运动会520公斤级的金牌,引起较大的反响。由此可见,拔河运动在台湾的成绩十分可观,成为广受青少年积极参与的运动项目。

二、两岸拔河的发展

(一) 两岸拔河的特点

1. 内容和形式

拔河发展至今,娱乐化和平民化的特征更加凸显。在趣味运动会中,出现耳朵拔河、手指拔河、粗绳拔河等别出心裁的样式。在内容上，拔河融入多种元素，与其他项目相融合，受到人们的热烈欢迎。比如，隔岸拔河、龙舟拔河等新的娱乐方式渐渐成为人们的热宠。在形式上，现代拔河运动慢慢向专业化和职业化的方向发展。竞技化的特点渐渐显现，规则更加细致、精确和完整。在古代拔河基本规则的基础上，规定场地的规格，比赛的人数、体重，甚至服装都有明确的规定。

2. 传播时间和范围

自拔河运动诞生至今，从未中断。说明它具有很强的时代性和包容性。在古代，拔河运动是人们祈神求雨、团结乡里的重要方式，而如今已经融入更多的色彩，成为人们相互角力，展现个人力量与集体协作的综合运动项目。在举办时间上，也不再固定。在古代，举办比赛多在重大的民俗节日或者丰收时节，而现在，更加的随性和自由，时间上已经不再固定。从范围上讲，参与的人群更加广泛，传播的重心也由农村向城市转移，由社会向学校倾斜。

3. 精神内涵

拔河最初起源于军营，是南方水师操练的一种形式，渐渐演变成一种集体性的娱乐活动。在民间，拔河有祈求农业丰收、消灾除疫的寓意。① 甚至一些地方，通过拔河角力来预测来年的收成，获胜的一方将喜获丰收，而输的一方，则可祈求神获得宽恕，真可谓平分秋色。发展至今，拔河运动的时代特征更加凸显。它不仅预示着齐心协力、勇往直前和不屈不挠的奋斗精神，同时强身健体、娱乐身心的运动价值日益显现。在学校课外体育活动、公司企业文化活动中，皆有拔河比赛的项目。俗话说：一根绳，一条心，万众一心，所向一致。正是因为拔河活动孕育的深刻精神内涵，使它具有强大的生命力，而生生不息。

(二) 两岸拔河存在的问题

在经济全球化和世界多极化的新秩序的影响下，各个国家、地区交流和互动日益频繁。两岸处在经济快速发展阶段，两岸人民的交流日益频繁，关系也愈加密切。拔河文化作为两岸同胞共同的历史见证，能激发人们共同的记忆。以拔河为轴，搭起两岸互通互信的桥梁，热切期盼台湾同胞早日回家。

拔河在遵循基本规则的基础上，已经出现许多新的形式。特别是当前，八人制拔河渐渐成为人们的新宠，而以娱乐为主的拔河形式慢慢淡出人们的视野。在学校和社会层面，也存在明显的差异性。在教育部提倡"一专多能、一校一

---

① 丛书编委会. 中国历代体育史话 [M]. 北京：外文出版社，2010.

品"等理念的引导下，加上教育经费的投入，学校渐渐成为竞技拔河选拔人才的主要基地。

1. 拔河运动在学校与民间开展不平衡

拔河运动作为优秀的民俗体育项目，深受人们的欢迎和喜爱。在大陆，竞技拔河比赛在学校发展很快，学生代表队参加世运会也取得不错的成绩，渐渐成为部分学校的名片。企业更加注重自身文化建设，积极组织员工参加拔河活动，使人们在参与拔河的过程中体验快乐。

民间与学校之间仍然存在着较大的差异，在一定程度上导致大陆在竞技拔河领域未能取得显著成绩。就学校而言，学生更多以娱乐为目的，参与到拔河活动当中，而在竞技拔河领域资源十分匮乏。学校大多选择较为简单的拔河形式，双方规定人数，统一规则，极易组织。而八人制拔河缺少宣传，既没有专业的裁判普及规则，也没有水平较高的教练，人们对拔河的认识仍然停留在刻板的印象中。再加上拔河运动是非奥运项目，与其他项目相比处于劣势地位，每年能从国家和社会得到的资金支持十分有限，久而久之，萎靡不振。就社会而言，社会力量承担着我国竞技拔河的重任。虽然，近些年在高校涌现出一些青年才俊，但仍然未能改变拔河人才匮乏的状况。民间多为企业团体独自成队，自行聘请教练，参加竞技拔河比赛。而且，拔河队员多从企业内部选拔，人才来源有限。

在台湾，八人制拔河规则引入早，通过学习、消化、吸收和借鉴，已经形成较为完善的竞技人才培养体系。随着推出"一人一运动，一校一团队"的体育政策，八人制拔河运动迎来新的发展机遇。学校纷纷组建成队，聘请专业教师进行训练，表现较为优秀的队员，可以到更高水平的专业队接受训练，逐渐形成阶梯式培养模式，从而保证竞技水平稳步向前。此外，从1999年起，台湾地区组建了较为完善的拔河各级学校联赛，当年有1087支队伍参加，可见规模之大。①

当然台湾室内和室外拔河发展也不均衡。室内拔河分为小学组、中学组、高中组及大专组，形成完整的四级拔河运动梯队。在教练和裁判培训方面，通过拔河B级、C级教练研习会、运动教练成长营与拔河乐趣化教学研习会，学习比赛规则，互相分享教学心得和实践经验，为教练和裁判营造一种交流的平台。此外，提倡娱乐教育的模式，吸引学生的兴趣，从而引起学生对拔河文化

的关注，积极投身拔河运动当中。但是，与室内拔河相比，室外拔河参与人数仍然较少，主要受经费限制，需要购买相对昂贵的草地钉鞋。尽管允许跨混合组参赛，但参赛人数仍然较少。

2. 拔河逐渐脱离游戏的本质与趣味

拔河是一群人与另一群人以绳子为媒介进行角力的一种民俗体育游戏活动。① 拔河源于军事操练，深深根植于民间的土壤。原始的拔河活动是稻作生产祈丰仪式，所以主要分布在南部稻米主产区。② 由此可见，拔河作为祭祀、求雨、消灾祈福的一种方式，与农业生产息息相关。人们在重大节日或闲暇之余，组织乡里参加拔河活动，既能祈求神灵庇佑，又为乡里乡亲创造一个增进睦邻关系的平台，从而有利于村里团结奋进。

随着科学技术的进步，人们渐渐能解释常见的自然现象，拔河的祈神功能慢慢弱化，转变成纯粹的消遣娱乐方式。人们在竞争主义的驱使下，把比赛的成绩当成参与拔河运动的唯一动力。甚至为了取得胜利，违背公平原则，不择手段，从而导致整个竞赛环境笼罩着不良之风。纯粹的游戏精神渐渐被商业化所取代。学校之间因为过度竞争，片面追求名次，往往使学生认为拔河文化就是竞技文化。学生缺乏正确的引导，渐渐忽视拔河的娱乐属性，导致娱乐性质的拔河与竞技类的拔河发展极不对称。竞技拔河因为慢慢失去娱乐的土壤，渐渐贫瘠，与拔河文化的本意背道而驰。

拔河运动逐渐向高度集中的专业化方向发展，竞争日益激烈。竞技拔河以争夺锦标为目的，为了能取得优异的成绩，除了需要良好的身体素质之外，还需要勤学苦练才能有所成绩。台湾小学就有各级拔河联赛，而儿童身体尚未发育完全，过度训练可能导致学生身体受损，出现伤病的风险大大提高。因此，学校教练需要做好拔河文化的宣传工作，启发兴趣，营造健康活泼的校园风气。

另外，必须承认和很多民俗体育的竞技化一样，拔河在成为竞技运动后，脱离了原来的零散分布和自发性特征。通过有组织的竞赛，两岸的拔河运动得到了更好的交流，不仅促进了两岸拔河运动的交流，充分发挥了拔河这一民俗体育项目的文化载体作用，还促进了两岸人民的相互了解。

① 何根海. 拔河游戏的文化破译 [J]. 民间文学论坛，1998（1）：53-58.
② 杨万娟，单文建. 拔河源自楚地考据 [J]. 江汉考古，2006（2）：62-67.

第二节 两岸拔河的文化差异为交流提供了契机

拔河运动在古代产生并历经嬗变，由汉人渡台将大陆的拔河文化带到台湾后，两岸拔河运动在保持着高度同源性，具有明显共同特征的同时，由于不同的社会、历史、文化环境，也存在一定的差异。不同地域文化传承中的差异性，是文化多元性的基础，也是文化交流的重要契机，两岸拔河文化亦是如此。

一、两岸竞技性拔河发展水平存在差异

根据张志青等的研究，拔河主要可区分为"传统拔河"及"新式八人制拔河"运动，传统拔河多为 20~30 人一队的团体角力运动，在学校运动会或庆典等活动中经常出现。新式八人制拔河则源自英国，为近代致力推展的正式运动项目，且具有体重分级，规则分明，具有公平性等特性。[①]台湾八人制拔河从国外引进之初，国内便相继成立了拔河协会，引进最新的八人制规则，统一标准，筹办比赛。特别是推出"一人一运动，一校一团队"的政策，八人制拔河运动深受师生欢迎和喜爱，成为校园较为流行的体育活动之一。台湾地区的拔河队从 1990 年参加日本亚洲杯拔河比赛起，在十余年间都取得了较为辉煌的成绩，已经成为世界杯的常胜军。

而在大陆，八人制拔河引进较晚，与台湾相比还有一定的差距。学校作为拔河运动发展的重心，是培养拔河苗子的人才基地。在大陆，由于缺少规则普及，加上学校缺乏专业水平的教练，特别是因拔河出现学生受伤的情况，使许多学生对拔河望而却步。其对拔河的认识仍然停留在刻板印象，认为拔河就是以力量和体重取胜的项目。综上原因，大陆拔河运动发展极其缓慢，与台湾竞技拔河相比，差距日益悬殊。

二、两岸室内外拔河接受程度存在差异

拔河运动由于规则简单，对场地要求不高，组织方便，是校园体育活动中常见的比赛形式之一。选择室外空旷的场地，大多在春秋季节举行。而在台湾受天气（潮湿多雨）影响，再加上最先引进室内拔河规则，所以呈现室内拔河

---

① 张志青，林杰霖，冯文忠，等. 台湾拔河发展与近况［J］. 休闲保健期刊，2014（11）：93-100.

比室外拔河流行的状况。从整体而言，大陆不论是室内还是室外拔河，与台湾相比仍然存在着较大的差异，尤其是竞技类拔河差距十分明显。

三、两岸拔河人才选拔的方式存在差异

查阅中国拔河协会官网，从历年参赛队伍的构成来看，大多为公司、企业代表队，并且以国有或大型企业为主，而学校和基层组队参赛较少，由此可知，大陆拔河竞赛靠民间力量，主要集中于福利较好的大型企业。而台湾，以学校培养人才为基础，借助各级联赛选拔人才，人才储备相当丰富。参赛对象大多为学生，根据年龄划分组别，各个组别比赛也相对完整。

在选拔方式上，大陆大多从企业内部推荐，极少部分来自退役运动员。即便在学校，有一些较为突出的选手，对未来充满担忧，极少有学生愿意以拔河为生，这就导致人们参与拔河的动机有所降低。在选拔原则上，更加看重体型，偏向于力量，这与台湾拔河选材存在着差异。台湾拔河有专职教练负责学生训练、康复和比赛，管理相对系统，并且学校鼓励学生积极参与拔河活动，获得比赛名次能提升进入名校的机会，所以学生热情极为高涨。

以上这些差异性特征，存在于两岸拔河文化所固有的共同特征基础之上，它们使两岸的拔河文化交流更具挑战性，也为两岸各自的拔河文化发展提供了互相学习、互相促进的契机，反过来可有效地促进拔河运动的整体发展。

第三节　两岸拔河交流的历史回顾

台湾与大陆仅一水之隔，深受民族文化的影响，并且在当代仍然保留着较为完整的传统文化。台湾的拔河到底源于何时，根据所掌握的史书资料、出土的文物等历史遗产，尚不能妄下定论。根据历史资料可以推测，拔河应该是明郑时期，随着大量汉人迁台，由大陆传至台湾。

关于台湾古代拔河兴起的时间，无从考证。暂且以八人制拔河（现代拔河）的发展脉络，进行细致的梳理。张志青等在《台湾拔河发展与近况》中提到，台湾拔河距今有70多年的发展历史，经过近30年的发展，在世界赛场上屡获佳绩。①

台湾引进八人制拔河比赛规则比大陆要早，于1992年已经成立拔河运动

---

① 杨万娟，单文建. 拔河源自楚地考据［J］. 江汉考古，2006（2）：62-67.

会，并且地方有各级拔河协会，拔河管理组织自上而下基本成型。此时，大陆与台湾刚刚结束紧张状态，在民生和经济领域有一定接触，拔河交流尚少，基本上属于自力更生阶段。中国台湾为了普及和推广拔河项目，更多时候向日本等国学习。中国台湾派遣吴文达去日本学习室内八人制规则，回中国台湾培养一批教练员和裁判员，普及规则，以便在全岛普及和推广。可以说，大陆八人制拔河从起步上已经晚于台湾，也导致两岸拔河水平日益拉开。

在 1997 年前后，台湾拔河运动出现短暂的危机，经过一系列改革慢慢进入发展的快车道。此时，大陆拔河刚刚起步，各项基础较为薄弱。同年，拔河运动被国家体育总局正式立项，拔河运动迎来转机。在台北出现过拔河扭伤手臂的事件，人们唯恐避之不及。正因此事，拔河出现新的转折，台湾技术主任委员蔡三雄立即向主管部门提出拔河运动竞赛暨注意安全手册，制定拔河安全手册，对拔河运动进一步规范要求，受伤的风险大大降低。但在此期间，台湾几乎并未派运动队参加全国拔河锦标赛，大陆派拔河代表队到台湾访问交流尚少。

从 2005 年之后，海峡两岸拔河文化交流更加频繁，双方进入全新的发展机遇期。双方互派代表使团参观、学习和访学。以学校为单位，互相交流慢慢成为常态。特别是景美女中素来就是拔河名校，2014 年到南宁市参加首届桂台青少年拔河友谊赛，斩获头衔。这不仅让台湾的孩子有机会接触到新的拔河形式，树立榜样，激发兴趣，而且打开了与大陆交流的门户，促进了两岸拔河运动的发展。

随着全国拔河协会的成立，拔河项目慢慢向规范化、职业化和专业化的方向发展。在协会管理层面，2009 年，国家体育总局亲自向港澳台同胞发出参加第四届体育大会的邀请，非常遗憾的是台湾地区并未派代表队参加。2014 年，海峡两岸龙舟赛新增"龙舟拔河赛"，推广至全国。

第四节　两岸拔河文化认同的基础与意义

大陆与台湾同属中华文化，系出同源，不仅语言相通，同气连枝，而且有着共同的价值规范、宗教信仰和风俗习惯。拔河项目属于古代的一种民间游戏，由大陆传至台湾，流传至今。拔河文化是连接大陆与台湾交流的纽带，同时也是两岸文化交流从未中断的明证。

一、两岸同源文化为拔河认同提供基础

两岸之间在拔河文化的各个方面展开交流与合作，如民间组织、官方职业队或者校际联合等形式，两岸拔河文化所具有的共同特征为文化认同提供了条件。

（一）拔河文化的包容性为两岸文化认同提供多元色彩

从拔河的形式来看，呈现多样性与独特性的特点。时至今日，海峡两岸能够保存下来的拔河形式，种类甚多，数不胜数，并且孕育出形态各异、极具地方特色的拔河文化。其中，包括趣味性和娱乐性极强的耳朵拔河、手指拔河和光头拔河等形式，还有拔河与其他民俗项目相融合的项目，例如，龙舟拔河、吸盘拔河等形式。最具代表性的拔河形式要数甘肃临潭万人拔河和台湾鹿港镇隔岸拔河。临潭县城的元宵节"万人拔河"活动的参赛人数、扯绳的重量、直径、长度不仅是历史之最，也堪称世界之最。① 而台湾隔岸拔河也极具地方特色，每年在元宵节、清明节等重大民俗节日时才会举行，人山人海，非常壮观热闹。一般按照人数把队伍分成两队，找一处较为宽阔的河流，绳索横贯河面，并用醒目的绣球做好标记，而两支队伍分别置于河对岸，直到一方把另一方全部拖下水，比赛结束。为了增加现场气氛，有许多观摩的群众，手舞足蹈，高声呐喊，落水声和喊叫声响彻天际。由此可见，拔河文化具有强大的时代感、感召力和生命力，这与拔河运动能够与时俱进、不断创新是分不开的。其不仅内容丰富多彩，而且在形式上多种多样，满足人们不同的诉求。

从拔河文化的内容来看，拔河运动具有很强的包容性和时代性。拔河在发展的过程中不断自我批判与创新，在保留自身文化特色的同时，吸收、借鉴和发扬其他民俗文化的优秀内容，为我所用，表现出强大的生命力和时代特征。2005 年厦门首创龙舟拔河，并获全国推广。② 龙舟拔河在较为宽阔的江面举行，回归到拔河运动的雏形，给人们展示一种两军对垒、水花四溅、热闹非凡的场面。龙舟拔河活动在端午节举行，既为节日融入新的元素，又能展现人们团结一致、奋发向前的精神，更在一定程度上为拔河运动的发展探索出新的发展模式。

---

① 周佩杰. 论临潭万人拔河民俗体育的沿革与文化功能［J］. 甘肃高师学报，2010，15（1）：123-125.

② 厦门集美：首创龙舟拔河获全国推广［N］. 厦门日报，2015-06-05.

（二）拔河文化的灵活性为两岸文化认同提供实践条件

历史上每一项运动都是为了满足社会的需求而产生的，它承载着人们特殊的价值需要。拔河经历了从军事操练到娱乐民众，从水上到陆地，从娱神到娱人等阶段的演变。据资料记载，拔河的雏形最早可追溯到战国时期，是军事训练的一项重要内容。社会渐渐安定，人们生活富足，拔河渐渐在宫中盛行。宫中修建许多拔河场所，供达官贵族消遣娱乐。对拔河比赛的优胜者给予一定的奖励，赏赐黄金玉帛，对技艺高超者破格提拔。由于统治阶层重视，上行下效，拔河运动由宫廷流传至民间。在民间，举行拔河比赛，预示着来年风调雨顺、五谷丰登，因此，在重大节日或者春耕时期，都要举行该项活动。唐代张说《拔河》诗中："春来百种戏，天意在宜秋。"[①] 拔河的原义是挽拔"天河"使之倒灌，这也许是"拔河"的真正含义。因此，在隋唐时期，拔河不仅仅是一项娱乐活动，而且具有祈求风调雨顺、消灾祈福的社会功能。唐玄宗《观拔河俗戏》诗序亦曰："俗传此戏，必致丰年。"诗云："壮徒恒贾勇，拔拒抵长河。欲练英雄志，须明胜负多。噪齐山岌嶪，气作水腾波。预期年岁稳，先此乐时和。"[②] 此时，人们认为拔河寓意着吉祥顺利之意，既能使农业大获丰收，国泰民安，又能活跃气氛，增加节日的欢乐。

清末民初，社会发生天翻地覆的变化，拔河文化的娱神功能渐渐弱化，游戏的本质特征日益明显，并且人们渐渐关注自身的感受。根据斯宾塞的"剩余精力理论"，认为游戏乃必然发生的，当人们精力过剩时，则产生游戏的行动，依赖游戏得以释放过剩的精力。[③] 在改革开放以后，生产效率提高，人们渐渐从繁重的劳动中解放出来，有更多的闲暇时间用以娱乐，所以人们参与拔河活动的动机正发生转变。人们参与拔河活动的动机，不仅仅为了表达集体的诉求，更重要的是关注自身的感受，体会在参与拔河运动的过程中，身体肌肉、呼吸、心跳等生理方面的变化，从而针对拔河运动的特点，有目的、有计划地进行身体训练。

到现代，因为更加开放、包容的社会环境，拔河比赛的比赛时间也更加自由，地域上的发展已经不受限制。拔河比赛除了在盛大的娱乐节日出现以外，也会在平日里学校、企业举办的趣味活动中出现，可见拔河越来越生活化和频

---

① 张说. 集部·全唐诗：第 87 卷 [M]. 北京：中华书局，1999：26.
② 李隆基. 集部·全唐诗：第 3 卷 [M]. 北京：中华书局，1999：32.
③ 董虫草，汪代明. 虚拟论的游戏理论：从斯宾塞到谷鲁斯和弗洛伊德 [J]. 西南民族大学学报（人文社科版），2006（4）：224-228.

繁化。拔河在地域上传播更加广泛，受地形、天气、器材等因素的影响日益减小。拔河运动渐渐发展成室内和室外两种形式，人们可以根据实际条件，只需一根绳索，就可随时随地举行。当然，拔河活动的发展重心却有所转移，城市和学校成为拔河活动开展的主战场。

（三）拔河文化的竞技化为两岸文化认同提供活动乐趣

如前文所述，拔河运动的竞技化促使有组织的竞赛活动产生，为两岸交流提供了更好的条件，从而使拔河这一项在两岸广泛分布的民俗体育运动成为两岸文化交流的重要载体，促进两岸文化认同。

随着人们生活水平提高，人们在参加拔河比赛的过程中，更加关注自身的体验和感受，它的运动价值渐渐显现。作为人们生活娱乐的一种方式，拔河水平提高，渐渐出现职业的拔河运动队，通过电视转播、网络等新媒体的传播，慢慢被大众接受和欢迎，成为人们消遣娱乐的一部分。

八人制拔河比赛先引进台湾，后进入大陆，拔河运动由民俗体育向竞技化、专业化和商业化的趋势发展。八人制拔河制定了较为详细的比赛规则，参赛人数固定并按体重分级，统一服装，必须佩戴安全头盔和护具。拔河分为室内和室外两种形式，室外拔河则在草地上进行，参赛者需要穿戴符合规定的钉鞋；在比赛时间方面，因为室外拔河比赛规则许可，选手在草地上以鞋跟挤一个小土坑以利于防守，故在比赛时间上比室内比赛来得久，甚至有达一小时以上者。①

1992 年台湾成立拔河协会，大力推广八人制拔河比赛。而大陆在 2005 年成立中国拔河协会，先后举行了八次拔河锦标赛。在学校，两岸逐渐建立较为完善的训练体系，学校鼓励学生积极参与，表现突出者被选拔出来，接受更高水平的训练，代表学校或者专业队参加拔河竞赛。目前，两岸以学校为单位的民间拔河交流活动已经逐步展开。学校拔河运动的参加者主要是青少年，通过交流增加接触和相互了解，无疑会对两岸的文化认同产生长远而深刻的影响。

二、两岸拔河交流促进文化认同的意义

（一）两岸拔河文化认同彰显了两岸优秀文化品德

拔河文化中蕴含着谦虚、坚韧、脚踏实地的君子风范。拔河比赛有一定的开场仪式，双方代表握手致意，表示以和为贵。比赛开始，膝盖微屈，身体后

---

① 涂瑞洪. 拔河之源由及基本力学概念 [J]. "台湾省学校体育"，1997（7）：51-56.

仰，双手紧握绳索，预示着为人低调，踏实行事。最终，打破平衡，一方把另一方拉过中线，比赛结束。拔河文化彰显为人处世的道理与儒家思想不谋而合，实质是中华民族优秀文化的集中表达。

拔河文化既是中华文化源远流长、博大精深的见证，也是维系两岸同胞情感的精神纽带。拔河传承至今，得到很好的保存和发扬，是海峡两岸共同的文化遗产，是两岸同胞血浓于水、一脉相承的重要历史见证。它记录了海峡人民齐心协力、团结一致，热切回到祖国怀抱的美好愿望。

中国自古就是礼仪之邦，强调人们在生活当中与人相处要谦虚谨慎，戒骄戒躁，在与人竞争时要遵循原则，讲究方法，以智取胜。在拔河的文化当中很好地诠释了做人的道理。多数运动的进攻或攻击都是向前进或是向上跳，而拔河运动则是少数要以后退和降低姿势移动定胜负的运动，是颇具君子风度的运动项目，这种精神代表着中国人谦虚、以和为贵的精神与态度，是极为特殊和有趣的团队活动，且该项目亦可培养现代人缺乏的团队精神。① 在拔河竞赛的过程中，更需要斗智斗勇，站位顺序、发力时机、身体姿态以及握绳方式等，都极其考验智慧。由此可见，拔河不仅仅是体力和心理的较量，更是中华优秀传统文化的集中展示和表达。

（二）两岸拔河文化认同提升了两岸民族凝聚力

文化是一个民族长期生存的精神纽带，是民族精神的集中表达，彰显了民族的个性和时代特征。在中国古代文化当中，绳具有连接和共融之意。常言道"拧成一股绳，劲往一处使"，这是对拔河精神最集中的表达，说明人们只要齐心协力，同舟共济，就能所向披靡。

拔河文化中蕴含着强烈的爱国情怀和精神。台湾与大陆隔海相望，中间有一摊浅浅的海峡，却阻隔了人们回乡的脚步，有多少人，站在海边日夜思念，期望早日回家。一根绳，一条心，万众一心，所向一致。拔河的绳索，正如一条细细的纽带，横跨于海面之上，而大陆和台湾分别置于两端。相互角力，并不是分出胜负，而是在竞技的过程中，增进彼此的了解、友谊和互信。

拔河文化的核心内核便是团结一心，不论何时都未曾改变。两岸同胞通过不同拔河形式的交流，增进两岸人民友谊，加深对本民族文化的认同与支持，使中华民族在未来发展的过程中能面对各种挑战，在激烈的国际竞争中处于不败地位。

---

① 潘玉龙，陈五洲. 论我国室内八人制拔河运动之推展 ［J］. 大专体育，2001（55）：41-49.

（三）两岸拔河文化认同传承了中华文化的核心内涵

拔河文化孕育于优秀的传统文化之中，源远流长，一脉相承，不可分割。拔河源于民间，是常民生活娱乐的一种形式，它源于生活，融入了人们对美好生活的追求和向往，彰显了热情团结、奋发进取的时代精神。海峡两岸共同举办拔河活动，人们在参加活动的过程中体验快乐，同时勾起人们对中华民族文化的认同，从而增进互信，慢慢消除历史隔阂。

拔河文化孕育着寻根意识，时刻警醒着人们不能忘祖。特别是从 2008 年开始，海峡两岸实施"三通"政策，人们在经济往来、信息交流等方面更加便捷，大陆兴起"寻根热"，两岸人民在各个方面展开交流与合作。在此形势下，拔河运动渐渐彰显魅力，寓意团结、协力和奋进的精神，传递着两岸同胞一家人的愿景。

（四）两岸拔河文化认同促进了民族文化的繁荣和创新

海峡两岸受不同地理条件、生活习惯、政府政策等因素的影响，拔河的内容和形式也存在着一定的差异。在台湾，如今仍然保留着隔岸拔河的传统，极具地域特色。而大陆由于受生活环境的限制，拔河多在陆地上进行，为了团结乡邻，增加趣味，往往拔河规模较大。例如，甘肃临潭"万人拔河"项目，可以说是盛大的民间集会。

2008 年北京奥运会，中国在皮划艇项目取得历史性的突破，水上项目渐渐走进人们的视野。此时，全国各地相继举办龙舟邀请赛，各个高校纷纷组队，报名参赛。在"龙舟热"的环境下，两岸相继出现龙舟拔河的新形式，极大地丰富了拔河文化的内容，同时也为拔河运动的创新提供了思路上的启示。2015 年，中国龙舟拔河公开赛（厦门站）举办，邀请台湾 26 支队伍，在四个项目上进行角逐。

第五节　加强两岸拔河交流促进文化认同的策略

我国拔河运动源远流长，分布极广，它具有简便易行、适应性强的优点，同时其在形式上具有较大的随意性，缺乏仪式感，因此作为民俗体育的拔河运动大多在其发生、传承的地区由其传承者所享有，零星分布在各地，很少被作为一种文化在不同的人群之间交流和共享。正如前文已经指出的那样，竞技化的拔河运动虽然剥落了部分民俗体育所具有的文化特征，但它通过竞赛组织，为两岸的拔河文化交流提供了更好的条件。两岸的拔河运动在竞技领域都取得了较大突破，屡获世界冠军。有鉴于此，加强两岸拔河交流，对大陆的拔河运动发展可以起到带动和提高的作用。同时，由于同根同源，两岸社会结构相似，通过两岸拔河运动参与者的往来交流，无疑也会起到促进两岸文化认同的作用。要达到以上目的，首先需要创造一定的条件。

一、加强两岸拔河团体组织的文化交流

台湾现代拔河发展较早，在培养理念、培养模式、联赛制度等方面都具有优势。两岸把学校作为培养拔河爱好者的摇篮，在学校互派访学队伍的基础上，仍然需要更深层次的合作。如普及拔河规则，培养专业的教练和裁判队伍，学习和借鉴台湾成功的联赛制度。同时，大陆可以发挥自身学生基数较大，拥有较为丰富的选材储备的优势，积极主动地与台湾地区拔河运动开展较好的学校进行交流。教育部提倡"一校一品"的理念，可充分利用拔河运动简便易行、参与度高的特点，将两岸拔河交流建设成学校名片，扩大两岸拔河交流的社会影响。

二、促进民间游戏与竞技拔河协同发展

民俗体育和竞技体育的最大区别在于，民俗体育虽然具有体育运动天然具有的竞胜特点，但更注重其文化功能。民俗体育除具有娱乐、祭祀等文化功能外，还具有竞技体育所缺乏的亲睦功能，自然而然成为参加者交流合作的平台。因此，尽管竞技化的拔河运动在交流的便利性上具有不可替代的优势，也不能放弃其作为民俗体育的功能性优势，由此启发参与者对中华文化的主动思考和探索，产生和加强文化认同。此外，利用交流机会，不仅可以促进两岸在拔河运动和拔河游戏本身的交流，还可以让参加者更多地接触两岸其他民俗体育项目，使参加交流的学生更加切身体会到中华文化的多姿多彩，培养中华文化自信。

三、解决两岸拔河资金来源匮乏的难题

无论是拔河运动开展本身，还是两岸拔河运动参与者的往来交流，都需要足够的资金支持。拔河有较强的竞争性，比赛充满悬念和刺激。但是，基层拔河规则简单，极易分出胜负。而职业拔河，水平较高，往往需要很长的时间，需要考验观众的耐心。因此，拔河运动因为形式过于单一，观赏性不高，成为制约拔河运动发展的重要因素。商业资本往往追求短期商业价值，对拔河唯恐

避之不及。拔河运动在教学条件较为落后的地区很受欢迎，但因为受资金限制，场地条件恶劣，无力购买运动装备，从而增加了参与者受伤的风险。

因此，政府和社会力量仍然需要加大资金扶持，建设场地，更新设备，让孩子们拥有温馨、舒适、安全的运动环境。另外，学校需要自力更生，利用多样的自然条件，开展不同的拔河形式，让更多的孩子体验拔河运动的快乐。

四、搭建两岸拔河裁判与师生交流平台

尽管同气连枝，但产生和强化文化认同非一日之功，需要稳定、长期的交流才能获得理想的效果。因此，建设学生、教师和裁判平台，为两岸拔河交流提供稳定的条件非常重要。应根据学生不同需求，采用不同的教学方式。针对早期接触拔河运动的学生，以娱乐化教学为主，侧重于启发兴趣。而针对专业队，以规则为引导，同时教练要时刻保持敏锐性，学习先进理念或利用现代科技手段组织训练，追求更高水平的竞技能力。而裁判需要有较为系统的培训体系，由专人负责规则指导和普及，制定考核办法，颁布证书，以提高判罚的能力和水平。

第九章

两岸陀螺交流与文化认同

第一节　两岸陀螺的起源与发展

一、大陆陀螺的起源与发展

（一）大陆陀螺的起源

考古研究发现，最早的陀螺出现于石器时代，浙江余姚的河姆渡遗址、陕西龙山文化遗址都出现过陶制、木制，甚至是石质的陀螺。可以说，陀螺运动的历史悠久、样态多元、涉众广泛，是一项古老的民间娱乐活动。

从史料记载情况来看，在后魏时期，陀螺称为"独乐"，而"陀螺"一词则在明朝才使用。《帝京景物略》载："陀螺者木制如小空钟，中实而无柄，绕以鞭之绳而无竹尺。卓于地，急擊其鞭，一擊，陀螺则转，无声也，视其缓而鞭之，转转无复往。转之疾，正如卓立地上，顶光旋转，影不动也。""空钟者，刳木中空，旁口，荡以沥青，卓地如仰钟，而柄其上之平。别一绳绕其柄，别一竹尺有孔，度其绳而抵格空钟，绳勒右脚，竹勒左脚。一勒，空钟轰而疾转，大者声钟，小者蛞蜒飞声，一钟声歇时乃已。制径寸至八九寸。其放之，一人至三人。"

该书还记述了当时京师的童谣："杨柳儿活，抽陀螺；杨柳儿青，放空钟。"在清末，《燕京杂记》《旧京琐记》《清稗类钞》等古籍中也有相关记载，其中的描述与《帝京景物略》相同。在明之前，"陀螺"一词从何而来并不十分清楚。

从《帝京景物略》中可以看出孩童一般在春天玩陀螺，《武林旧事》卷三《放春》："春时悉以所有书画、玩器、冠花、器弄之物，罗列满前，戏效关扑……及千秋、梭门、斗鸡、践跪诸戏事，以娱游客。"[①] 陀螺无疑被列在"玩器、器弄"一类"放春"娱乐之中，惜其未曾明言而已，南宋吴自牧（生卒年月不详）的《梦粱录》中，记述了"杂手艺"行有"弄斗"。而"弄斗"是否与打陀螺相关也有待考察。

军事战争方面：汉武帝时期，在征战讨伐匈奴的那一历史时期，当时的酒杯与陀螺的形貌相似，中间空腔。一次在战争途中，有人不小心把酒杯撞倒在地上，这时观察到酒杯自己在不停地旋转，士兵发现这很有趣味，于是就都把酒杯拿来旋转。而且后来还有人在饮酒之后，用马鞭把酒杯鞭打了几下，察觉到以这样的方式可以使酒杯旋转得更为剧烈，于是将士们对此乐此不疲。就这样，在古代军营中拿马鞭打着酒杯玩，作为军中的一种娱乐项目就流传下来，最终演变成了现在的"陀螺"。另一则传说云，三国时期，诸葛亮带领蜀军征战，当时征战时间正好在春节时分，士兵们难免思乡情绪浓厚。这时，丞相诸葛亮灵机一动，命令士兵们将树木砍倒，树木的一端锯平齐，另一端则削成尖状，并利用一根木棍绕绳固定，抽打使其旋转不停。将士们快乐地投入其中，兴致勃勃，一方面缓解思乡的情感，另一方面振奋士气。

生活生产方面：古代山岭中，生活着各种勤勤恳恳的民族。一次，有人在做饭时无意间把锅盖打翻了，锅盖随即掉到地上开始旋转起来，这时发现锅盖转动的情形非常具有美感。于是一些百姓在空闲之时开始将其旋转，对其热衷的人也逐渐增多，并且慢慢地发展到使用鞭子抽打而越转越快的情形使人们从中发现了生活趣味，这样慢慢也就传播到了其他民族中，进而随之发展。比如，云南景谷被誉为"陀螺之乡"，在那里流传着关于陀螺的美丽故事。

故事一：相传过去在景谷这一地区存在一个部落，部落长老叫作李四，且有众多的用人，而某个名为李石贵的用人与一个女孩相爱了。有一次李石贵上山干农活，而那位女孩送完饭走后，他心里想念，于是把一段木材改造成陀螺的形状以慰相思，回家后挂在家门上，每天进出门都会触碰。后来无意中发现用一根绳子绑起来后甩在地上蛇螺会旋转，之后一些人就开始效仿这样的做法，进行打陀螺的运动。

故事二：在景谷这一地区存在一个部落，一次部落的首领李四娶儿媳，结婚场景热闹非凡，而在这过程中，首领的一位手下李石贵不小心接触到了旁边姑娘的胸脯。当时他非常紧张，心情很复杂，大家察觉到这一行为后，都在注视着，伺机嘲笑他，李石贵只能匆忙地避开。回到住所，他不知该怎么办，突

---

① 周密. 武林旧事：第10卷 [M]. 杭州：浙江人民出版社，1984：23.

然感觉自己的心似乎被这位姑娘带走了。从此，李石贵茶饭不思，夜不能眠，辗转反侧。一天，他上山砍树，按照自己当时所触碰到的感觉，制作了一对类似女性胸部形状的东西，即"陀螺"，并用绳索系在自家的门梁上，每次经过家门时都会被它吸引，有时还会顺便触摸。这样的情形后来无意间被部落首领李四知道了，首领十分生气，并一怒之下将门头上的"陀螺"扔到院子里。然而奇特的是，在伴有绳索缠绕进而扔出的情况下，那陀螺落在地上后竟旋转起来。而这有趣的景象吸引了首领李四的注意，并在之后进一步发展出使用鞭绳打陀螺的玩法。于是，也就存在了两种陀螺，一种是码刻陀螺，另一种是类似女性胸部形状的平头陀螺，即公陀螺和母陀螺。如今此两类陀螺仍在流行。

（二）大陆陀螺的发展

大陆陀螺的发展可以分为玩耍阶段、游戏阶段和竞技阶段三个阶段。

1. 玩耍阶段

1926年，在山西省夏县西阴村的仰韶文化遗址中出土的陶制陀螺，据估计至今有4000多年的历史。学者麻国均的《中华传统游戏大全》中写到了北宋时期关于陀螺的记载，北宋人周密的《武林旧事》载："若夫儿戏之物，名件甚多，尤不可悉数，如相银杏、猜糖、吹叫儿、打娇惜、千千车、轮盘儿。"[1] 李孚青在《都门竹枝词·打陀罗》中描写节令时分儿童打陀螺的场景："清明佳节柳条施，放学儿郎手折多。早送爷娘上坟去，好寻闲处打陀罗。"从这些文献资料中可以推测，如千千车这类旋转类的游戏，可能是陀螺运动的前身。所以据估计在元明清时期，已逐渐形成了打陀螺的民间习俗。由此可见，陀螺这项民俗活动在产生之初可能是作为儿童玩耍嬉戏的形式存在。

2. 游戏阶段

目前，根据史料记载，可推断：自民间兴起的陀螺，随着历史发展逐渐流传到皇宫，而由于其深受皇室贵族的喜爱，陀螺又越来越在民间被普及。

相传在宋朝时，皇宫中的宫女终日生活于封闭的环境中，不允许随意地走动，生活平淡无奇。这样的生活促使了她们对轻松快乐的向往。而在民间孩童嬉戏玩耍的陀螺也常常受宫女喜爱并娱乐消遣，于是皇宫中一次皇帝在看见宫女玩陀螺的行为后，也兴致勃勃地加入其中。就这样陀螺运动为上层阶级所喜爱。

在游戏阶段，陀螺运动的广泛参与主要在于其自身的娱乐性特点。以此伴

---

① 周密. 武林旧事：第10卷 ［M］. 杭州：浙江人民出版社，1984：67.

随着的是以下三种不同的娱乐方式。第一种通过绳索鞭打陀螺后，胜负判定以转动的时长为依据，转动时间更长的一方为获胜方。第二种则是用力将自身的陀螺抽得极快，然后彼此撞击，歪倒最后停止转动则视作失败的一方，俗称"撞架"。第三种则是一方先将陀螺转动后，等待另一方在半空中把陀螺转动后抛掷，进而去撞击对方陀螺，如果击中陀螺并破坏其转动则为获胜方，反之则为输家。然后双方角色互换，交替进行，以击中次数的多少来决定陀螺游戏的胜负。

3. 竞技阶段

自 1982 年少数民族传统体育运动会举办后，我国一些民俗运动也逐渐向体育化转变。与此同时，陀螺运动同样也在发生变化，并有着趋向竞技体育发展的态势。1995 年，在云南昆明市举行的全国第五届少数民族传统运动会上，陀螺作为一项运动项目被正式纳入比赛项目，后来经历了云南的第六届、第七届、第八届少数民族传统运动会以及全国第五届、第六届、第七届、第八届少数民族传统运动会的比赛，其比赛规则也在不断完善，比赛技术模式基本定型和成熟，其各种价值与功能不断被开发和体现，此时陀螺已经超越了民族和地域发展界限，以其独特的运动方式被广泛接受和认同，从民间游戏项目开始走向竞技体育，走上现代化发展道路。[①]

在国家大力发展民族传统体育的指引下，陀螺运动逐渐由民俗活动扩展为体育竞技比赛。经体育化的改造后，陀螺运动已逐渐在各少数民族地区得到推广，成为一些地方学校体育和群众娱乐活动的项目之一。目前，在许多省、市、地方"民运会"上都设有陀螺比赛项目，如 1995 年在云南昆明举行的第五届全国民运会上陀螺被列为正式比赛项目。

在广西壮族人民生活的区域，存在一种当地独有的节日——陀螺节。举办的时间跨度从大年三十前两三天至正月十六，达半余月。陀螺在壮语中被称为"勒江"，大小不一，轻重不等。大如胡柚，小如鸭蛋；重则一斤，轻则二两。在制作方面，陀螺的材料需要品质较好的坚硬木材，将陀螺的头部打造得圆滑舒服。在抽打方面，需要首先用一米左右的绳索环绕，接着通过一系列专业的操作，快速地抛掷，陀螺也就飞快地转动起来。通常来说，制作精良的陀螺加上精湛的陀螺旋转技术，其转动时长可达七八分钟之久。陀螺的比赛更加精彩纷呈，在 2003 年广西里湖瑶族乡举行的首届"白裤瑶陀螺节"，便有千陀共飞的"陀螺王"大赛，第一名可获得"陀螺王"的美誉。据说在广西打陀螺自兴

---

① 王洪祥. 抽陀螺在我国的发展演变 [J]. 兰台世界，2013 (28)：97-98.

起至今，已有300多年的历史了。①

在滇南彝区的民族，多把正月十六设立为打陀螺的节日。其中，瑶山乡的白裤瑶族对陀螺运动十分热衷，在节日开始前会首先进行独特的祭祀仪式。把本方压轴出场的陀螺翻转，置于地面，通过让选手依次抽打陀螺的行为，来期盼比赛的胜利。在其制式方面，彝族陀螺材料为结实的木材，形状为平实顶面样式。通常首先会在牛棚有机杂草下放置整整一月，然后取出清洗风干，最后进行雕制。陀螺的大小不一，大至两斤，小则二两。比赛中还有一种陀螺被称为"陀螺神"，即压镇的陀螺。

一般比赛分为相关的两个项目，即抽转和支打。抽转赛由双方各出一人，二人依据口令的发出同一时间抽转陀螺落地，通过转动时长的多少来分出胜负，比赛双方以获胜次数更多且其"陀螺神"战胜者为获胜方。在抽转赛结束后，便开始支打赛，这是一种负方抽转陀螺让胜方打的比赛。具体的实施是先在地面上描绘出一条线，胜方从线上将陀螺抽打出来，如果超过了这条线就会被判罚成负。一支5~6人的陀螺队伍，只要抽打陀螺这样一轮过后赢了对方，尽管只有一次，就可以继续支打。最后以"陀螺神"能击打着并转赢对方为胜利。假若"陀螺神"只擦着对方的陀螺而过，使对方的"陀螺神"旋转更快，而自己的陀螺先停转，则变成输方。②

而在云南省景谷傣族彝族自治县，城乡共有陀螺场地216块，县城的几十块场地每天都有人参与打陀螺的活动。③ 甚至有一些百姓还述说着打陀螺运动可以抵抗疾病的故事，这样老人口中的言语几乎成了陀螺项目传播的活广告，打陀螺这一民俗活动已成为当地众所周知的全民健身项目。

黔南地处云贵高原东南斜坡、贵州的南部。布依族称之为"打格螺"、苗族称为"打格螺"或"扎格螺"、瑶族则名为"赛陀螺"。这些民族不论男女老少都十分热衷于参与陀螺比赛，少或几人，多或上千人，蔚为壮观。陀螺赛的时长也同样从正月初一到正月十五，达半余月，场面热闹，人群激昂，这是其他民俗运动不多见的景象之一。此外，布依族在春节、端午节和"七月半"等时节中也都存在打陀螺的风俗习惯，同样是男女老少共同参与。特别年轻的少年

---

① 新浪博客网. 壮族的风俗习惯 [EB/OL]. http://blog. sina. com. cn/s/blog_ 1542b37
fd0102vwzl. html.

② 巴莫阿依嫫, 姊妹彝学研究小组. 彝族风俗志 [M]. 北京: 中央民族学院出版社,
1992: 208-209.

③ 记者观察网. 民族传统体育需要灵魂支撑 [EB/OL]. (2011-09-16) [2021-02-28].
http://www. chinanews. com/ty/2011/09-16/3334108. shtml.

更是摩拳擦掌，决心一较高下。

如今全国的地方民俗运动会中很多都出现了陀螺比赛，很多人对陀螺乐此不疲。第八届全国民族运动会对陀螺赛进行了改革，其中陀螺的规格统一，且由赛会提供。这一改革将不仅促进比赛公平，还具有保护环境的益处。

据陀螺总裁判长孙红昆介绍，过去各队用的陀螺大都是木制的，为了陀螺的质量好，各地都选用好树木做材料。例如，云南的陀螺就非常出名，以当地的紫柚木为原材料，加工成陀螺后，需要浸泡在特殊的油中达 1~2 年，再进行晾晒，通过这种过程形成的陀螺十分坚实。云南陀螺享誉盛名，一度成为全国各地争相购买的"宠物"。可是这与国家的环保精神不符，如今各地都限制砍树，陀螺又经常被撞碎，耗损树木。正是基于这一点考虑，从第八届民族运动会起，陀螺比赛将采用由指定厂家生产的陀螺，这种比赛陀螺是用胶木合成制作的，既保护了树木，又实现了比赛的公平，可谓一举两得。①

抽陀螺也是中国北方各地冬春时广大青少年青睐的一项体育娱乐活动，也称"抽陀螺、抽地二牛、赶老牛、打猴儿、拉拉牛"等。在冰面河床结冰时，人们用绳子（皮制或布制）抽打陀螺，使之在冰面上长久地旋转或驱赶、追逐嬉戏。②

此外，目前部分体育院校中也开设民族传统体育的课程。陀螺作为一项民族传统体育项目慢慢地被学生所认识，而且部分大学还制定科学合理的训练机制并建立自己的陀螺比赛队伍。

二、台湾陀螺的起源与发展③

（一）台湾陀螺的起源

在大陆比较熟悉的打陀螺活动，在台湾俗称"大陀螺"，是一项儿童十分喜爱的融技巧与挑战性于一体的活动。

在台湾的桃园县，那儿的大溪镇被冠名为"陀螺王国"，在这里男女老少都十分精于打陀螺这一运动。甚至在街道上可以见到祖孙鞭打着重达 20 余斤巨型陀螺的情景，场面惊奇。

大溪曾经是台湾重要的城镇，在樟脑、茶等产业兴盛的年代，风光一时，

---

① 文山日报网. 陀螺器具改革促进了环保 ［EB/OL］.（2007-11-18）［2021-02-28］. http: //szb. wsnews. com. cn/wsrb/html/2007-11/18/content_ 96968. htm.
② 白晋湘. 民族传统体育文化学 ［M］. 北京：民族出版社，2004：184-185.
③ 本部分是基于蔡荣捷先生的授权，根据蔡荣捷教授的博士学位论文《大溪干乐活动之研究——一个台湾民俗体育的发展与演变》有关大溪陀螺部分内容整理而成。

不仅商业云集、洋行林立,更是骚人墨客、文人雅士群集。在此环境孕育、接受多元文化的刺激,社会环境自然呈现生气。在木材取得方便的地方,陀螺的生成就容易,世居大溪的桃园县政府社区规划师黄建义,对大溪陀螺的由来就有以下推论。

在大溪老街上有人玩陀螺的时候,总是会有路人或是观光客说:"我小的时候钉甘乐啊……"如何如何地津津乐道,似乎在台湾只有外来人才不认识陀螺一样,每个人就算现在不会打,至少都能讲两句。在台湾能够真正把陀螺当那么一回事的地方就是大溪了,且不论陀螺的发明历史渊源如何,我们可以很骄傲地说:"台湾大溪陀螺打了160年!"

林平侯远赴唐山重金礼聘请来许多高级的木工匠师来帮忙起造大宅,当房子盖好了之后,这些木工师傅留在大溪居住下来,于是在大溪继续工作、生活、开班授徒,这就是大溪特别多木器家具店的原因(尤其在大宅北门的和平老街)……小孩子们都需要玩具,而作为木工师的大人通常会利用剩料的木料打造成有趣的玩具。其中最耐用、最刺激、最容易制作的是陀螺,小孩子玩陀螺喜欢竞赛,互相钉打,如果心爱的陀螺常被同伴的陀螺打破,当然心有不甘而回家哭诉,于是木工家长便取木质特殊的木头给小孩子削制陀螺,所以大溪陀螺自古以来擅长挑选木材削制,例如,枫木(崩仔)打起来虎虎生风会有嗡嗡嗡的声音十分有趣,九芎木(卿仔)打起来弹性特佳可将对手弹开,石榴木(芭乐材)木质细密坚硬打起来不容易坏而且破坏力强,诸如此类材料纷纷引用,进而衍生出独特的陀螺俚语:"崩仔能号、卿仔能跳、芭乐材钉死狗!"[①]这就是大溪陀螺的由来。

大溪是不是一开始就把陀螺"当成一回事",或有争议。但是以其自身的经验,配合大溪的人文、物产背景,的确说明大溪在简武雄开始组队打大型陀螺前,就已经是大溪孩童普遍的玩具了。

黄文更以林平侯"通议第"的建造,大量木工师傅来台定居为打陀螺的起始,将"台湾大溪陀螺打了160年"作为合理的推测。其实,全台各地包括平地、山地居民,都有他们就地取材各种意涵的打陀螺活动。布农人在除草祭中的打陀螺活动更超过千年。这里,多少已呈现大溪人在创造或发明传统。

陀罗王公会。由孩童随性地玩耍到有组织地推动,是一段无法预期的发展过程,也许大溪的陀螺活动以160年来计算或有讨论的空间,但从"陀罗王公会"始,大溪陀螺活动进入新的纪元,是毋庸置疑的。

---

① 黄建义. 大溪陀螺典故 [M]. 桃园:桃园县美华小学,2004:6-8.

从第一颗五台斤陀螺制成到王铭祥打转，经过两三个星期的时间，在试打成功后的兴奋，聚满了整个庙埕，原来以口头约定的陀螺班形态，就显得松散而无力了。简武雄以其从十余岁参与同人社、普济堂等活动的经历，邀集参与练习的陀螺班成员和地方长者在 9 月 3 日成立了"陀罗王公会"。1981 年复会后的"一代陀罗王技艺俱乐部"，所印行的简介《民俗技艺陀罗王沿革》叙述当初"陀罗王公会"的成立背景如下。

陀螺王的诞生，以及独特的陀螺王旋转技艺，由大溪镇民简武雄于 1968 年 9 月 3 日首创，并与地方有志人士，同组"陀罗王公会"，由简武雄任会长，内设"陀罗王旋转技艺训练班"，训练陀螺王技艺人才，由第一颗的五台斤练起，进而十台斤、二十台斤、三十台斤、四十台斤，演进至五十台斤之"一代陀罗王"[①] 的诞生，一时风起云涌，能者辈出，能打动陀螺王旋转的高手，已远数十人之众。

当时在简武雄好友刘万富的建议下，认为"陀螺"在汉字的书写中应为"陀罗"，所以常时叫"一代陀罗王"，组织为"陀罗王公会"。简武雄及其街坊邻居大多为同人社和参与普济堂遶境活动的人士，以他们参与地方社团活动的经历，深知群策群力的重要，有个组织才能有凝聚力，才能发挥该有的效能。所以当时简武雄就自任会长，福仁宫庙埕前练习的众多木工学徒就成为会员，勤练施打大型陀螺的技术。

"陀罗王"制造。"陀罗王"的生命是来自大溪木器业的活力，是在原料、技术、器械、人力资源的配合下产生的。其重要影响因素有以下三个方面。

一是具备制造"陀罗王"的产业环境。大溪有丰富的山林资源，自清朝起各地庙宇开始兴建，就有专程外聘唐山工匠来台从事建筑、装饰雕刻或整套家具制作等工作，而这些人在工程结束后，选择定居大溪。另外，大溪的商业贸易也比较发达，对家具的品质与数量的需求也日益殷切。陈朝枝等行业有名工匠的诞生，使得木器业迅猛发展。[②] 而家具制作真正进入工艺阶段，是在林本源家族在本镇兴建"通议第"之后。[③] 陀螺活动的发展，则是定居大溪的工匠及其子嗣们为了丰富生活，制造的诸多木器产品之一，这些木器产品包括小车、竹蜻蜓、陀螺等。此外，生活的逐渐稳定，促使人才集聚、工艺精湛。特别是家具市场的发展，造就了更大、更高层次的需要。

---

① 林世山. 大溪家具的过去、现在与未来 [M]. 南投："台湾省手工业研究所"，1981：2.

② 林世山. 大溪家具的过去、现在与未来 [M]. 南投："台湾省手工业研究所"，1998：68-69.

③ 黄淑芬. 神恩·豆香·木器业 [M]. 桃园：大溪镇历史街坊再造协会，2001：149-154.

二是"陀罗王"制作者。最初是简武雄提出了造陀螺的想法，而付诸实践的是大溪的木器业大环境中的人、事、物，第一个打转陀螺的是木器行业的一个小学徒王铭祥。在20世纪60年代，因为经济落后，许多优秀的年轻人投入此业，"一代陀罗王"在大溪和平老街诞生，也就不令人意外了。20世纪80年代末期，木器业景气消退，受进口家具和学徒制没落的影响，"陀罗王"无奈改做其他生意。

三是"陀罗王"的制作过程。陀螺利用的木料是大汉溪上游所漂流下来的水流木，以大溪的杉木、桧木、乌心石、樟木、梧桐等20余种为主。20世纪60年代开始有了东南亚进口的黑檀、紫檀、花梨与铁刀木等硬木[1]，而本地树种陀螺逐渐消失。木器制作过程大致有六个步骤，分别为木材的选择、木料的干燥、木工、雕刻、嵌镶、髹漆等。[2] 木材的选择：木器木质材料的优劣，惯以材质的色值、纹理、硬度（重量）、纤维粗细、干裂性、扭曲性、防虫性、韧性（负重力）及香味为依据。木料的干燥：由于木器主要靠实木间榫法的结合，而且极为强调历久弥新的特质，因此对用材稳定性的要求相当高，相对地，干燥处理对木器的用材显得特别重要。一般而言，原木必须先依需要加以剖锯成块、成片，加大它的干燥面积之后再施予干燥处理。木工：木器其造型是否坚固、协调，适用、美观，在木工的设计与组合上，占有极大比例。从施工的构图、分解、取材及零件的制作、榫头的设计、组合到整体的修饰，其过程相当复杂。雕刻：雕刻取材不外花鸟、人物、山水、建筑及吉祥动物等传统图案的变化，但唯有天赋异禀的雕工方能由衷参悟其变化的技巧而创造出具有独特风味的艺术作品。嵌镶：嵌镶的技巧概略而言与雕刻相近，但表现的效果比雕刻要来得华丽许多。嵌镶所用的材质以玉、石、贝、木、金、银、牙、角为主，近年大溪镇木器业者亦不断引进螺丝的技术，使用材料则以贝类为主，至于以往的"茄冬入石榴"的光景已不复可见。髹漆：漆基本上分为"生漆"与"熟漆"两种，与化学成分的"涂料"有别。漆树上汲下的漆液谓之生漆，漆液经添加物加热后便形成黏稠的熟漆，以往大溪镇木器业者惯用的干漆（福州漆）即属于熟漆，现今硬木家具兴盛，生漆也被广泛使用。一般而言，木器的髹漆不外打磨、抹平、细磨及一再地上漆等过程。

陀螺游戏的再兴。陀螺游戏对于儿童有其独特的魅力，但是对于制造及游

---

① 林世山. 大溪家具的过去、现在与未来［M］. 南投："台湾省手工业研究所"，1998：70-71.

② 林世山. 大溪家具的过去、现在与未来［M］. 南投："台湾省手工业研究所"，1998：18-20.

戏过程中造成的伤害，却是渐渐地不容于学校中的生活教育，也无法受到家长的支持。各式各样的现代玩具随着时代的潮流充斥在市场上，陀螺游戏的限制使得这种具有本地特色的"童戏"没落。以下针对陀螺的限制性，通过考察、分析、访谈耆老的说法，整理如下。

社会上时空的转变，儿童不易取得制造陀螺的相关器材。居家环境的道路、广场普遍铺上柏油或水泥，使"钉陀螺"的场地受限。社会上充斥着各种新奇好玩又光鲜亮丽的玩具和休闲活动，陀螺活动优势渐失。

为了在游戏过程中寻求刺激，孩童们往往会将金钱等物品作为赌注，这样功利性的做法可能会使游戏纯真的本质发生变化，因为它失去了游戏的本质（为了玩而玩），而被其他的附加价值替代。破除了"初心"的游戏内容及精神，造成陀螺活动的没落。

成人陀螺的兴起。台湾的陀螺活动，在历经日据时期以木头、竹子自制为主的陀螺，到战后各种材质的加入，不论是型制上还是观念上，都是以儿童的娱乐为主。其是孩童成长中最刺激的经历，也是日后鲜明的记忆，长大成人后就鲜有机会从事陀螺活动。这种情况在大溪陀螺活动的兴起后有了改变。

1968年，大溪镇的雕石师傅简武雄先生，基于"小孩打小陀螺，大人打大陀螺"的动机下，加上当地木材工业发达，所谓车轳仔师傅不虞匮乏，为简武雄的"打大陀螺"想法，从制造、试打、改良等方面，提供了最佳的人文和地理条件，从五台斤（500克）到五十台斤（5公斤）的陀螺接连上场，一时间轰动了整个大溪镇。

这种新的成人游戏，吸引许多人参加了简武雄的"陀螺班"来练习打大陀螺，1969年春节在里长邱振玉的筹划下，更举办了台湾有史以来第一次的"陀螺大竞赛"。从此为台湾展开陀螺活动的新纪元，往后的几十年陀螺活动受到深刻的影响。简武雄先生在次年因家庭关系，不再积极推动练习及竞赛事宜，但当时一起和他创办"一代陀罗王俱乐部"的总干事王茂田，以及训练组组长简基宽，都将陀螺活动当作人生的事业，并发扬光大，再创陀螺活动的高峰。

（二）台湾陀螺的发展

自1975年起，全民运动的观念逐渐成形，大溪形成了有组织的"陀螺王技艺俱乐部"，在大型陀螺"大还要再大"的理念影响下，施打及表演技巧日趋成熟。此外，在媒体的推波助澜下，大溪陀螺逐渐风行台湾。大溪陀螺在海内外各处展演，各种形态的教学及推广活动深入各地，最后甚至涉足商业活动，成为工地秀、商品广告等的最佳代言。此时为大溪陀螺活动最兴盛时期，也对台湾陀螺活动造成深远的影响。

　　台湾社会经过政治高压与经济急速成长，在文化上，以"中华文化复兴运动"来加强中国认同及招揽海外华人的向心力。反映在民俗体育的推展上，以民俗体育代表中华文化的动态表现，并以海外的民俗体育巡回表演为具体成效。甄选团队的过程中求竞技化的表现，及后来保送升学制度对选手的鼓励，影响了"大溪一代陀螺王技艺俱乐部"最初几年极力朝标准化的竞技活动发展，分别在1981—1983年中秋节举行盛大的标准化比赛，并在器材、打法上不断地改良，欲以此推展到台湾各地。

　　另外，该俱乐部在推展活动中，也以发扬中国传统的民俗技艺自居。文建会成立后，俱乐部又在各地文化活动中大量曝光，并以表演的方式呈现，开始设计节目、编练连贯的动作，并串速段落，达到演出的效果。各地邀约不断，官方与民间社团活动，乃至工地秀都有他们的踪迹。"大溪一代陀螺王技艺俱乐部"是推动大型陀螺活动的根据地，本是类同于"同人社"的松散组织，但在会务的内控、规范上自由度高。然一旦牵涉商业活动，难免引发利益上的冲突，因而造成分裂的状况，从1984年后，该俱乐部渐趋于平淡。

　　此时期陀螺活动在变迁的过程中，名称上由前期的"陀罗"确认为"陀螺"，接近中华文化的论述。器材上继续以"车轫仔"大量车制，朝人体极限发展，直达155台斤（15.5公斤）；此外，还加入塑胶皮带取代绳子。在表现上，从缠绳、抱持、抛、转身、拉动的系列动作更为流畅，而形成教学、传承上的依据，并借强势媒体将陀螺活动推展到台湾各地。在活动理念上，反应当时经济好转后休闲的需要，也成为全民运动中的选择，所以借以健身或减肥塑身。在精神内涵上，诗人李魁贤以"陀螺人生"代表奋力不懈的人生观，以及"青商会"以"陀螺"为"天行健，君子以自强不息"概括陀螺的旋转意义，都代表当时社会环境中，在内外压力下、急速变迁中的社会里，勉励个人及国家（中国）奋力向前的表征。

　　在这时期参与俱乐部的成员，以及受其影响的人，在下一阶段起了接力棒的作用，传承并推展陀螺活动使其所代表的意义延续，并发扬光大，甚或终生以此为业。陀螺活动日后成为代表地方特色的体育活动，也带动更多师资、研究人员投入各层面的研发、改良，而使得陀螺活动继续推广，更深入台湾每个角落。

　　随着时代潮流，乡土教育开始受重视，在身体活动的领域也有乡土体育的讨论。大型陀螺由于器材的限制，故在发展上遭遇瓶颈。大溪陀螺以小型陀螺的展演形态带到台北市之后，由于器材取得容易，价格低廉，又能联结传统，台湾各地因而随之风行，陀螺活动成为乡土体育活动中系统化教学的一部分。大溪镇美华小学开始推动以陀螺活动为中心的学校特色时，便承接这些成果，在学校及社区人士的努力下，成为当地民俗体育活动的特色，同时发展大、小型陀螺，并创新与研发各种形态的陀螺，为日后大溪陀螺活动的各项展演、传承以及创新、发展等，打下良好的基础。

20世纪80年代末与90年代中，大溪大型陀螺活动的风采，因为器材取得、组织条件与新鲜感顿失等因素而锋头渐失。然而，在王茂田承接大溪大型陀螺的转型角色下，研发器材、打法与改良表演形态后，也加入小型陀螺的展演。林信雄更是将大溪陀螺文化带到台北市，成为一系列的技艺展演、民俗文化传承的关键人物。续林信雄之后，是刘永和，他在改良打法、研发器材后，更尝试推广陀螺运动。

在陀螺活动发展的历程中，我们看到陀螺在器材、型制，以及精神内涵上，紧密地结合着台湾社会的发展。器材上由超大、特大转而加入易取、易得、易上手的2.5寸和3.5寸陀螺，最后转至艺术化造型的陀螺。在型制上，以展演、教学、比赛等形式，并配合地方的文化、节庆等相关活动出现，成为本地的代表性活动之一。在精神内涵上，我们可从文本的分析，发现陀螺已成为写作、表达上的普遍现象。总之，陀螺活动已成为台湾社会中普遍认知、熟悉的社会现象。

陀螺活动本是全台湾的文化资产，在大溪发扬光大。大溪随着台湾"社区总体营造"的轨迹与脉络而行，在认同地方文化的"寻宝、识宝、惜宝"呼吁下，"大溪一代陀螺王技艺俱乐部"又成焦点，俱乐部一并投入传承，配合地方活动展演的事务，从而成为大溪之宝。此时，九年一贯课程中的核心"学校本位课程"的理念亦在美华小学展现。通过教学研究，陀螺课程的统整教学以及各项陀螺活动的实施成立了"陀螺队"，并接受各处邀约而展演，进而"美华陀螺馆"的设置，使大溪陀螺活动迈入新的境界。

在此基础下，大溪人重新找回对陀螺的认同。通过镇公所的陀螺意象设置，并展开一系列与陀螺相关的活动，例如，"大溪之宝"票选活动、"溪游记、闯大溪""艺术归乡"，以及"大溪老城区形象商圈木器暨艺文展""神恩·豆香·木器馨"大溪文化节、"大溪老城陀螺争霸"、大溪迎"陀螺年"为大溪"陀螺元年"催生等活动。宣布2003年为"大溪陀螺元年"，2003年10月24日至11月2日举办了台湾第一个"大溪陀螺节"，成功地塑造了大溪继豆干之后的第二个特色，并成为大溪人的认同与新标签。

基于"产业交互化、文化产业化"的理念，将文化、符号意象，以及价值观的建构加上创意等元素，通过产业化的行销，使大溪陀螺文化成为地方的文化产品，可获得产业利益。在永续经营的理念下，通过陀螺的教学、展演、创造社区的新文化活力，并创建与陀螺独特性改善相关的文化活动空间、商机、品牌，期盼为大溪甚至整个台湾带来新的文化创意产业。

表 9-1 大溪镇陀螺运动发展情况

时间	内容
1968 年	简武雄先生研发大陀螺的打法并创立"陀罗王公会"，但尚未引起社会的注意
1975—1980 年	"大溪一代陀螺王技艺俱乐部"形成，但在 1984 年后因牵涉利益冲突渐趋于平淡
1981—1984 年	努力朝标准化的竞技活动发展，举行盛大的标准化比赛，欲以此推展
1988—1990 年	因器材取得、组织条件与新鲜感顿失等因素，遭遇瓶颈
1996 年	在认同地方文化的"寻宝、识宝、惜宝"背景下，美华小学陀螺队的崛起，重燃大溪陀螺运动
2003 年至今	大溪镇公所基于"陀螺"这项国粹，以陀螺为主轴举办"大溪陀螺节"

（三）台湾陀螺活动的盛行与现实意义

陀螺活动一直以儿童游戏角色存在于台湾社会中，在型制上以就地取材的自制陀螺为器物，以约定俗成的规则为游戏方法，而且各地互异，难有标准化的情况出现。其衍生出许多游戏过程中的问题，诸如，自制陀螺过程中被刀具所伤，游戏过程中身体被砸伤，规则中的赌博性质等，均影响到陀螺活动发展。

大溪的大型陀螺表演及比赛，打开了陀螺活动的新局面，并为下一阶段的陀螺活动塑造了典范。根据访谈当时参与大溪大型陀螺活动的重要人士王茂田、简基宽等，他们认为大溪陀螺活动的意义如下。

成就感和参与感：大型陀螺醒目，容易让施打者有成就感，观众有参与感。因此成人大量投入陀螺的活动，甚至有人从此开办职业性质的演出活动。

活动性提高：从儿童游戏，甚至是被禁止的"地下游戏"，进阶到庙前的正式表演和比赛，因其正当性而被鼓励得以成长。

官方鼓励：官方在初期由邻里长筹办，到镇公所为发展地方特色而积极介入，后来何应钦将军以赠匾额的方式来鼓励陀螺活动成为一项强身强国的运动，这些都给参与者非常大的鼓励。

竞赛的标准化：因为比赛使得陀螺活动初具标准化的雏形。因此，比赛的打法和评比方式使后继者有观摩和依循的根据。

大溪陀螺活动的兴起，不论是在观念上、器物上还是型制上都对后来的陀螺活动造成深刻的影响：家长观念改变，对儿童的陀螺活动抱持宽容的态度，甚至在适当的场合一起参与而成为良好的亲子活动。社会上对陀螺的需求量增加，使陀螺器材的质、量得以提升和增加。因为有适当的利润，生产单位得以改良品质，推陈出新好的产品，并研究改良各种艺术造型的陀螺，甚至使陀螺成为外销和具收藏价值的艺术品。当年陀螺比赛的经验，成为日后民俗体育、乡土体育运动中陀螺比赛的依据。乡土教育实施后，陀螺活动成为体育教学课程标准中乡土体育重要的教学内容之一。陀螺活动的组织陆续成立，并接受邀请到各地表演或示范教学，甚至到境外表演，使得台湾陀螺的各种活动风行全台。大型陀螺的打法成为台湾乡土体育活动的特色之一，享有盛名。

第二节 两岸陀螺交流的历史回顾

一、两岸陀螺的交流历程

有关陀螺交流的最早报道是 2011 年在福建厦门举行的文化节上出现的，随后可以在杂技艺术节上看到。这种交流把陀螺的最典型属性——文化性和技巧性表现得淋漓尽致。

在 2012 年至 2019 年，除了福建厦门以外，陀螺的交流在地域范围上不断扩大到四川、河南、贵州、湖南等地，表演形式、人数、规模等都出现了很多特征，有演技展示、电视台表演、竞赛和文化交流等。

表 9-2 两岸陀螺交流的报道

时间	地点	活动事项
2011 年	福建厦门	"梦圆两岸 民间达人秀"第三届郑成功文化节
2011 年	福建厦门	第十三届中国吴桥国际杂技艺术节

时间	地点	活动事项
2012 年	四川成都	"台湾陀螺王"林森海参加成都大庙会为游客展示陀螺技艺
2012 年	台湾	河南省鞭陀运动协会 77 位成员到台湾环岛旅游
2013 年	河南开封	全国鞭陀展演大会
2014 年	福建厦门	"台湾陀螺王"林森海到福建厦门翔安区小嶝休闲渔村交流
2015 年	河南商丘	中国·夏邑第三届鞭陀文化节
2015 年	台湾	河南赴台湾开展"欢乐春节"展演活动
2016 年	贵州六盘水	"中国凉都·生态水城"全国第五届鞭陀大赛
2017 年	福建厦门	第七届海峡论坛两岸特色庙会
2018 年	湖南长沙	"台湾陀螺小虎队"登上《天天向上》的节目舞台
2019 年	—	"台湾陀螺王"林森海登上央视

以技艺表演型为主的活动有 2012 成都大庙会组委会邀请"台湾陀螺王"林森海来到成都大庙会，为游客展示各式各样的打陀螺技艺。[1] 2019 年"台湾陀螺王"林森海登上央视，展示摇铃报喜、三阳开泰、转动幸福等多项陀螺绝技，使观众感受来自宝岛台湾的特色民俗表演。[2] 此外，来自民间的其他台湾陀螺艺人也参与到大陆的综艺节目中，2018 年号称"台湾陀螺小虎队"的王文芳、高金标、曾国华登上湖南卫视《天天向上》的节目舞台，表演旋转定点陀螺。[3]

各地举行的多项陀螺特色活动，也促进了两岸的交流，发挥了民俗体育的功能。2015 年河南赴台湾开展"欢乐春节"展演活动，由河南省文化厅组织的

---

[1] 台湾电音三太子、陀螺王将为成都大庙会助兴 [EB/OL]. https：//news. ifeng. com/c/ 7fbI3pliQED.

[2] 台湾大爷上央视，表演精彩陀螺全场傻眼，引评委点赞连连 [EB/OL]. https：//v. qq. com/x/page/q0911y41vdh. html.

[3] 他们号称台湾陀螺小虎队，一场精彩表演令汪涵大惊失色 [EB/OL]. https：//v. qq. com/x/page/u06549klgf2. html.

非物质文化遗产代表团在台中市创意文化产业园进行展演，与台湾民众一起度过了一个欢乐祥和的羊年春节。庙会现场，在河南省非物质文化遗产展演版块中，就组织了大型鞭陀的民俗传统节目。① 2017年第七届海峡论坛两岸特色庙会在厦门集美举办，其中抽陀螺这项传统味儿十足的童玩游戏以及其他演艺活动成为吸引两岸民众目光的新亮点。②

陀螺交流的最典型代表人物，台湾有"陀螺王"林森海，他多次来大陆进行交流，也为访台的民间艺人进行表演。大陆有福建华安的陈艺强，他早年参加海峡两岸高山族联谊会，获得了会上来自台湾的高山族同胞赠送的陀螺，从此便与陀螺结下了不解之缘。经过多年的练习和钻研，如今陈艺强可以将绳缠绕2~3圈的陀螺甩至四米开外一根钢管顶部一个直径2厘米的瓶盖上旋转，后曾多次受邀到台湾演出，并荣获诸多奖项。③

二、两岸陀螺交流典型案例

随着两岸文化交流步伐的加快，两岸陀螺交流也随之兴起，并主要以"台湾陀螺王"林森海来大陆交流为典型代表。至此，富有"台湾陀螺王阿海师"美誉的台湾桃园大溪人林森海频繁现身于大陆各地进行比赛、交流。

2011年4月"梦圆两岸　民间达人秀"第三届郑成功文化节在白鹭洲广场举行，来自宝岛台湾的陀螺达人林森海在"梦圆两岸　民间达人秀"比赛中获得冠军，圆梦鹭岛。④

2011年10月在厦门吴桥国际杂技艺术节，林森海同样代表台湾参赛选手精神抖擞地亮相，表演《陀螺特技》节目，赢得现场观众阵阵掌声。

2013年开封市举办"全国鞭陀展演大会"，台湾的"陀螺王"林森海来到开封市，展示技艺，并与众多陀螺爱好者交流。林森海向开封市的鞭陀爱好者表演了"三阳开泰、六六大顺、保龄球陀螺"等陀螺特技⑤，并与回族爱好者

---

① 河南省非遗项目再次走进台湾展示、展演反响强烈 [EB/OL]. (2015-03-02) [2021-02-28]. https://www.henan.gov.cn/2015/03-02/336463.html.

② 古早味美食两岸特色庙会传统文化体验受到热捧 [EB/OL]. (2017-06-17) [2021-02-28]. http://news.fznews.com.cn/dsxw/20170617/594485937bff8.shtml.

③ 心眼手合一方寸展绝技 [EB/OL]. http://k.sina.com.cn/article_2595230622_9ab0139e02000u8bq.html.

④ 梦圆两岸民间达人赛 [EB/OL]. http://www.taihainet.com/news/foto/xmxc/2012-08-06/906977.html.

⑤ 中共中央台湾工作办公室. "台湾陀螺王"林森海来开封交流 [EB/OL]. http://www.gwytb.gov.cn/lajlwl/lawhjl/201310/t20131012_5012171.htm.

们一道切磋了"摞石锁"技艺。

2014 年"台湾陀螺王"林森海到福建厦门翔安区小嶝休闲渔村交流。① 他的绝技是陀螺"走钢丝",在转动的陀螺和巨大的圆盘上,体重只有 120 斤的林森海,能够将 140 斤左右的大陀螺掷出的同时,靠一根 5 米多长的渔线,稳稳地将陀螺甩入圆盘中。

2015 年"中国·夏邑第三届鞭陀文化节",台北队鞭陀大师林森海进行了80 公斤重陀才艺表演。②

在 2012 年,我国河南省鞭陀运动协会 77 位成员曾经在台湾进行环岛旅游③,其听闻大溪陀螺王美名,一行人前往以陀螺会友,团员见 150 斤大陀螺任由个人抛打,也都称赞台湾的陀螺技法神乎其神。

这一阶段,尽管两岸在陀螺项目上有很多交流,但可以发现都是邀请以林森海为代表的台湾陀螺艺人展现其独特技艺和欣赏其魅力。这也为我们提供了一种思考,陀螺的发展已经有了新的突破点,我们如何突破与创新,是民俗体育发展必须思考的问题。

第三节　两岸陀螺交流促进文化认同的基础与价值

一、两岸文化差异为陀螺交流提供基础

中国幅员辽阔,因自然和人文条件的差异,表现各地民俗活动的方式不尽相同。各民族聚居区盛行的陀螺运动,反映在陀螺上是型制和玩法的不同。

(一) 两岸陀螺型制的差异

1. 布依族格螺

流行于贵州省黔南布依族苗族自治州的平塘、独山、惠水县等区域的打格螺,因其具有娱乐休闲等特点,布依族、毛南族等少数民族热衷于此。布依族的格螺的形状类似漏斗,这样的形状更适合在转动时抽打。有的地区在春节期

---

① 中共中央台湾工作办公室."台湾陀螺王"林森海来小嶝交流 [EB/OL]. http://www. taihainet. com/news/xmnews/gqbd/2014-10-08/1319074. html.

② 商丘日报. 鞭陀高手秀绝技 [EB/OL]. http://epaper. cnsq. com. cn/sqrb/html/2015-09/25/content_ 297594. htm.

③ 两岸陀螺爱好者以鞭会友陀螺王单人挥百斤陀螺 [EB/OL]. http://www. chinanews. com/tw/2012/11-29/4369754. shtml.

间打，有的在端午和"七月半"时打，不分男女老少都可以打，但一般是儿童和青年嗜打。格螺有的是用牛角制成，有的是用青冈木制成。取一截长 8 厘米左右、直径 5~10 厘米的硬木，先做成圆柱形，再把圆筒的一端削成一个圆锥，钉入一颗钉为格螺脚，就成格螺了。用棕叶系在一根手指粗、长 6 厘米左右的木棍一端做鞭子，打时用绳子一头缠住格螺的圆柱形部分，圆锥尖着地，用力一拉绳子，格螺就旋转起来，然后一人用鞭子抽格螺，使格螺飞速立地旋转。

白裤瑶的陀螺通常较汉族的陀螺体型更大，在陀螺中部的一圈有一道凹槽，用来缠绕绳索。此外，人们也可以在陀螺的外表上绘上各自喜爱的色彩。

2. 布朗族陀螺

一般先取长 14 厘米、直径 12 厘米左右的坚硬木材，加工成圆柱形。然后一端做成平面，另一端在 8~10 厘米高处造成圆锥的样式。陀螺做好后，最后准备直径 1~3 厘米、长 50 厘米的竹棍一根，称"把子"，取 1.5 米长的麻线系于把子的一端。

3. 傣族陀螺

陀螺的傣语称为"白跌"（新平傣语），傣族陀螺用木制成，直径 10~15 厘米不等。采用三年以上阴干的硬木料，精工制作。做好后糊上猪油放在泥土地上用瓦罐罩住阴着，以免开裂和变形，每次用完后都要用小刨刨去坑凹的地方，或以胶与锯末的混合物填补凹坑处并磨平、擦净、上油后收藏。傣族陀螺上平下尖，分螺头、螺腰、螺脚，螺脚尖上钉有一铁钉，保护尖脚不致磨秃。打陀螺用的鞭杆长 50~70 厘米，鞭索长 5 米。

4. 瑶族陀螺

白裤瑶人打的陀螺，一种扁平呈圆盘状，因而也称为"盘子"陀螺，重两三斤。陀螺靠近锥尖的部分还砍出一道凹沿，以利于绕缠"启动绳"。另一种头部呈椭圆形似小鼓，陀螺脚上小下大再突然变尖，类似红缨枪尖，陀螺脚高 10~15 厘米。陀螺脚与陀螺头的高度比大约 1：1，看似头重脚轻，叫作"高脚陀螺"。旋放及控制陀螺方向的"启动绳"长 3~5 米，用麻或树皮编织而成，一端粗如人的小拇指，另一端逐渐变细如鼠尾，粗的一端打一防止脱手的结，没有鞭杆。打陀螺者大多拿着自制的陀螺并且在陀螺上漆上自己喜欢的各种颜色参加比赛。广西南丹县的瑶族同胞酷爱陀螺，且他们的陀螺更具特色，其陀身用坚硬的杂木制成，非常耐用；抽重量也不亚于壮族陀螺，甚至更重；形状为圆扁、平面，连体底锥。

5. 大溪陀螺

台湾大溪所做的陀螺属于木制陀螺，多呈钟形，用坚硬的木材，像番石榴、龙眼等树的树干做成。① 大溪陀螺王打陀螺用的麻绳比拇指还粗,所展示的陀螺大的可达 60 公斤,最高纪录已有 187.5 公斤。

就地取材是台湾陀螺活动的特色,陀螺和台湾的乡土是分不开的。如前文所述,陀螺活动兴起的年代,近山地带刻意培植的相思树木,便宜好用成为首选,后来枯竭后,大量使用进口的各种木料,最后加入各种材质以及艺术创作的陀螺产品也有以大型陀螺作为书画的"画布",借以展现融合、统整的艺术性。

早年,台湾乡间能提供制作陀螺的材料丰富,儿童亦相当热衷自制陀螺玩具,随着时代进步和工艺技术的发展,有塑胶、铁器与不锈钢等材料加入陀螺家族,故而发展为台湾特有的陀螺形态及玩法,使陀螺活动在买和量上得以提升与推广,丰富每一个时代的童年回忆。

(二) 两岸陀螺玩法的差异

陀螺玩法一般可分为比试时间长短和相互对抗取胜两种。如布依族、苗族、撒拉族、彝族、壮族等均有抽得旋陀螺久为胜的玩法。

布依族打格螺是在一块 5 米见方的平地,一是参赛者同时在比赛场地放转各自的格螺,并用鞭尽力抽打,看谁的格螺旋得久为胜。

撒拉族打陀螺的方法是,首先将鞭绳圈圈缠绕陀螺,一旦到达陀螺尖部,迅速抽拉鞭绳,使陀螺立起来并极速旋转。其次要不停地抽打以维持,直至陀螺倒地停止。打陀螺比赛规则为,双方同时打陀螺,谁的陀螺转得久则为胜,反之谁的陀螺先停为负。而败者的惩罚是要背胜者绕麦场跑一圈。

白裤瑶人打的陀螺一种是所有比赛选手们,在裁判的号令下,同时将手中的陀螺甩出,胜负方式同上,陀螺持久者为胜。另一种比赛形式为对击赛。该比赛的场地规定为一定的小圆圈,先由一方在圈内抽旋陀螺,后一方则是在 4~5 米外,甩出陀螺,对其击打。第一种情况,视后手陀螺是否将其击出,击出则为胜,反之则负;第二种情况,视两者是否皆在圈内或者在圈外,否则就要比陀螺的旋转持久时间,胜负方法同上。

傣族陀螺以团队对抗形式进行,先划拳决定支家或打家,各为一方,排定次序。各方以打得最好的为"老包"殿后。守方将启动旋转陀螺于地为"支"。进攻方在数米外将陀螺旋出打击靶螺,击中后以持久时间长的为胜,击不中的不算。如打家一直居胜,"老包"可放空不打靶螺;如前边打的都失利,最后如

---

① 陀螺节 [EB/OL]. https://baike. sogou. com/v8489130. htm? fromTitle =% E9% 99% 80%E8%9E%BA%E8%8A%82.

果"老包"打赢就能保住打家权利，打不赢转为支家，如此反复决胜，比赛的回数和时间无规定，由双方商议决定。

同样台湾陀螺也基本采用这种方式：参加的人分为两组，用猜拳方式决定哪一组先，然后两边轮流把陀螺抽向地面上。打得好的陀螺，会在地上跳动、旋转；打得差的陀螺，就在地上乱滚，并不会旋转；而躺在地上的陀螺，就成了"死陀螺"，只能任由对方劈击宰割，遇对方技术纯熟时，只听得"唰"的一声，被钉到的陀螺，有的被切去一角，有的整个儿被劈裂开来。也可以准备一个陀螺随时挨钉。一般来说，大家会称呼这个可怜的陀螺为"臭头鸡仔"。

另一种则是以陀螺相互撞击，将其他陀螺撞到不转为胜。如彝族陀螺其中之一的玩法就有采用一攻一守的方式，守方先把陀螺旋转于地面，然后攻方在某距离外将陀螺旋转后抛掷，把守方陀螺击倒不转就视为赢家。但攻方自己的必须转着，否则不算，以最后胜多者为赢家。

哈尼族陀螺玩法则画直径约 1 米的圆圈，一方支陀螺于圈内，攻方用抽旋的陀螺抛去，以打出圈为胜。这与台湾陀螺的画圈法相类似：先在地上画一个直径 120~150 厘米的圆，圆的中间再画一个小圆。每一个人依次将各自的陀螺往圆内抛掷，从而使干乐（即陀螺，闽南语称作"干乐"）转动出来。如果干乐固定不动，能使用绳索移动它；而如果干乐不再转动了，或鞭打也不转动，则为"死"。这就要把干乐放在最中间的小圆内，任由其他人处置，而如果其他人的干乐也在圆内停止，也会受到处罚。当别人来击打你的干乐时，如果没有被击到，或是干乐仍然完好，可以另外拿一干乐，将那个在小圆圈里待罚的干乐击出圈外。还有一种称为"战斗干乐"的玩法：需要一个有开口的硬纸盒，置于地面，在 3~5 米处画一条线，为起点。两人以猜拳或者其他方式决定先后，从那条线后逐渐抽打干乐，由于两个干乐会进入纸盒内，且飞快转动，因此干乐被弹出者就输了，如果其中一人没有将干乐打入盒中，也算输。

除这两种常见的取胜方式外，还有千姿百态的陀螺玩法。传统打陀螺玩法随着地域及约定俗成的规则而丰富多彩，许多规则都可以自定，只要参加游戏的人都愿意共同遵守就可以。

综上所述，虽然陀螺的两岸交流并不多见，但从文化的角度来讲，这种本源一致但存在不同玩法的民间运动项目，对丰富海峡两岸的文化交流具有重要意义。如两岸陀螺表演形式的多样化，丰富了陀螺的文化特质，为两岸陀螺交流提供了可能。

二、两岸陀螺交流促进文化认同的价值

打陀螺作为我国体育民俗项目之一，由古代民间游戏发展而来，从大陆传至台湾，流传至今。打陀螺背后所蕴藏的体育民俗文化是连接大陆与台湾的精神纽带，同时也表明两岸文化交流从未中断。

（一）陀螺文化承载着两岸的美好愿景

陀螺运动是一项集竞技、观赏、娱乐于一身的传统体育项目，自民间兴起以来有丰富的传说故事和良好的群众基础，既有源于偶然的娱乐消遣，也有为爱而旋转的遗留，诸如此类。这一方面体现了人们对轻松快乐的向往，另一方面承载着人们对某些情感的寄托。台湾大溪镇男女老少都十分热衷于打陀螺这一运动，也许正源于打陀螺从古延续至今承载了中华优秀传统文化元素的精髓和中华民族对于美好愿望的情感寄托。

（二）陀螺文化促进两岸民族文化兴盛

海峡两岸因不同的自然与人文环境，所孕育出的陀螺文化也各有特色。大陆布依族、傣族、瑶族等民族的陀螺做法不同，大小也不一样，还拥有各自民族的色彩。台湾大溪镇陀螺则制作材料丰富且具有很高的艺术性。随着两岸文化交流步伐的加快，两岸陀螺交流也随之兴起，在河南开封、福建厦门等地相继举办鞭陀的展演赛。如富有"台湾陀螺王阿海师"美誉的台湾桃园大溪人林森海频繁现身于大陆各地进行比赛、交流，展示其特有的陀螺才艺表演。

（三）陀螺文化增进两岸的民族团结

民族传统体育之所以能成为一种文化，是因为民族文化在传统体育认同方面更能显现出文化形象的特征。就打陀螺而言，在台湾桃园县陀螺有木制、铁制，其大小迥异，轻重不一，大到数十公斤小至几厘米。云南地区的瑶族陀螺则是用金刚木制成的平头陀螺。仅从器材设备来看，同为打陀螺但因地域不同而发生着文化阐释的区别，通过直观的视觉判断来获得人们的认同归属。两岸的打陀螺在组织形式、外在形态上存在一定差异，但究其文化根源都是由中华民族创造并传承下来的。"台湾陀螺王"林森海多次来到我国大陆，表演其特有的鞭陀技艺，2012年河南省鞭陀运动协会77位成员前往台湾交流心得。这一系列活动有利于扩大两岸交往，促进民族团结。

第十章

两岸空竹交流与文化认同

第一节 两岸空竹的起源与发展

一、空竹的起源

空竹是一项中国传统民俗体育项目，早在 2006 年就被列为第一批国家级非物质文化遗产。空竹运动技术内容丰富。运动员的上肢动作包含提、拉、抖、盘、抛、接；下肢动作包含走、跳、绕、骗、落、蹬；眼部动作包含瞄、追；腰做扭，随头部动作做俯仰、转等。抖空竹锻炼有益于身心健康，同时也是一项运动量适中、动作优美的艺术表演项目，具有健身、鉴赏、娱乐价值。[1]

历史上不同时期和地区的叫法也存在差异，如明清时期称为"空钟"，晚清在天津称为"闷葫芦"，在四川称为"响簧"，在湖南称为"天雷公"。空竹在台湾地区有不同的叫法，通常称为"扯铃"。[2]

竹木材料分布广泛、便于取用，是以在现有历史实物和古籍中空竹多以竹木材料制成，因中间空，而被起名为"空竹"。据专家考证，空竹最早起源于陀螺这种民间儿童玩具。其最初玩法也与陀螺相仿，是在地上转动，最大的区别是空竹的两端或一端上有几个小孔，用绳抖动迅速旋转，会发出嗡嗡的声音，因此南方的部分地区称空竹为"翁子"。

空竹在我国传承久远，但是空竹起源的具体时期现在学界还没有定论。近年来，学者通过对古籍和现存文物进行考证，发现有关空竹的文字记载最早是

---

① 王艳兵，王勇，李文博，等. 花样抖空竹对农村老年女性平衡能力、下肢肌力和跌倒风险的影响 [J]. 中国老年学杂志，2020，40（22）：4-13.
② 秦海生. 抖空竹运动发展研究 [J]. 体育文化导刊，2010（12）：6-10.

在宋代。根据《中国文化通志》民俗典中的曲艺杂技志记载，宋代街头杂技"弄斗"，在其运动形式和器具形制上是最接近现代抖空竹的，可称为现代抖空竹的早期形态。宋代撰写的笔记如《东京梦华录》《武林旧事》之中包含了关于"弄斗"的描述。①

文学作品《水浒传》相关章节有关于民间街市中有人卖艺抖空竹的生动描写：

> 宋江出的城来，只见街市上一个汉子，手里拿着一件东西，两条巧棒，中穿小索，以手牵动，那物便响。宋江见了，却不识的。问道：此是何物？那汉子答道：此是胡敲也。用手牵动，自然有声。宋江有感于宿太尉保举之恩而作诗云："一声低来一声高，嘹亮声音透碧霄。空有许多雄气力，无人提携漫徒劳。"②

明清时期关于空竹的制作和玩法也有详细记录。例如，明朝末期《帝京景物略》书中描述为：

> "空钟者，刳木中空，旁口，汤以沥青，卓地如仰钟，而柄其上之平。别一绳绕其柄，别一竹尺有孔，度绳而抵格空钟，绳勒右却，竹勒左却。一勒，空钟轰而疾转，大者声钟，小者蜣飞声，一钟声歇时乃已。制径寸至八九寸。其放之，一人至三人。"③

除了相关的文献记载之外，也有相关实物考证。一是明代永乐年间的抖空竹漆盘，这件文物原件在美国洛杉矶博物馆，北京空竹博物馆现藏的是其仿制品。可以在这件文物上清晰地看到，一名儿童在抖空竹，空竹外形和运动方式都与现代空竹相近。二是明定陵出土的两件孝靖皇后的陪葬刺绣百子衣，一件称为"红暗花罗绣万寿字过肩龙百子花卉方领女夹衣"，另一件称为"红素罗绣平金龙百子花卉方领女夹衣"。在百子衣的背面，绣有两个小儿"放空钟"的画面，两个小儿正在密切配合，释放一个大型的空竹。据此推测，在明朝永乐年间抖空竹玩法已经成熟，已经融入市民的市井生活，起到休闲、健身和娱乐的

---

① 张艳荣. 空竹的历史演进及其在当代发展的思考 [J]. 体育文化导刊, 2017 (6)：70-74.

② 施耐庵. 水浒传 [M]. 北京：新世界出版社, 2011：5107-5108.

③ 刘侗, 于奕正. 帝京景物略 [M]. 上海：上海古籍出版社, 2001：226-228.

作用。

清代文献对空竹记载较多，《燕京岁时记》《清代野记》等众多古籍都对空竹的材质、外形有着清晰的记载。在众多古籍的描述中也不难看出，清代抖空竹运动技艺日益丰富，常见于市井街头的民间杂耍表演。庙会是由宗教祭祀活动形成的定期集市贸易，抖空竹的表演性和其抖动时的响声符合庙会这种集市活动所需要的娱乐、欢快氛围。因此，抖空竹表演成为庙会的特色和重要内容。《朝市丛载》详细记载了空竹在庙会上的表演："抖空竹，每逢庙集，以绳抖响，抛起数丈之高，仍以绳承接，演习各样身段。"明清时期文物之中抖空竹的主角皆为儿童，表明抖空竹为相当盛行的民间游戏。①

民国时期，抖空竹和其他民间民俗活动一起，成为街头杂耍艺人养家糊口的生存技艺。民间空竹杂耍主要盛行在北京的天桥上，其中，"王氏三姐妹"即王葵英、王桂英、王淑英在空竹艺人中最为出名。

中华人民共和国成立后，随着社会的发展，人民生活水平的提高，抖空竹渐渐地走上舞台，成为一门独特的技艺。原文化部组建国际杂技团，将许多技艺高超的杂耍表演者召入其中，其中抖空竹的王氏家族有多人进入空竹表演杂技团。此后，空竹以杂技表演的形式走向了艺术化的发展道路，空竹的运动形式及表演技巧不断地创新与发展，可谓是从"下里巴人"到"阳春白雪"，杂技团成为空竹文化发展与传承的重要阵地。②

二、两岸空竹的发展

（一）大陆空竹的发展

抖空竹作为一项传统的民俗体育运动项目，集健身与娱乐为一体，已成为广大人民群众喜闻乐见的健身项目，尤其是越来越得到中老年人的喜爱。经过多年发展，抖空竹运动融合社会发展进程中的诸多元素，形成独具一格的空竹运动文化，彰显了中国传统体育文化的无穷魅力，给人们的生活带来了快乐、健康、友谊，推动了全民健身运动和体育事业的发展。抖空竹是全民健身的重要体育运动项目，也是全民参与的重要体育文化活动，对群众强身健体和团结凝聚起到了重要的推动作用。

---

① 刘婷. 北京市空竹运动发展的"社会"培育研究［D］. 北京：首都体育学院，2019：36-37.

② 闫猛. 当代空竹运动的兴起与发展研究［D］. 济南：山东体育学院，2012：27-28.

1. 空竹活动的推广与宣传

自改革开放以来，随着人民生活水平日益提高，人们的健身意识也明显增强，在日常生活中各种运动项目蓬勃发展，抖空竹也渐渐崭露头角。北京、保定、天津、洛阳等城市，空竹活动发展相对迅速，练习的人也越来越多。空竹作为我国传统的民间游戏之一，深深地扎根在中国的土壤，它所散发的"京味儿"促进了空竹运动的发展，这些空竹运动较为盛行的城市，逐步涌现出许多运动高手，成为空竹运动发展的骨干人物。① 例如，北京的"空竹大王"刘振钰老先生，洛阳的"空竹三杰"李莉、张耿、巴建国等，他们对于空竹的传播和交流，起到了关键的推广和宣传作用。

在专业人士的努力和政府部门的支持下，由北京市西城区申报，在 2006 年空竹项目成为首批国家级非物质文化遗产，促进了北京市空竹运动文化的传承与保护。经文化部认定，2007 年 6 月，李连元、张国良分别成为国家级非遗项目抖空竹抖技传承人及国家级非物质文化遗产抖空竹制作传承人。2010 年，北京市西城区规划建设了首座以空竹为主题的社区博物馆，命名为"北京空竹博物馆"，成为空竹运动的传承、保护、传播的重要基地。

2. 空竹器具的改良与发展

从体育运动发展的历史方向来看，任何运动项目的发展都与其运动器械的改良和发展有着密切的关系，换句话说，为满足运动项目发展的需求，与其相关的运动器械必须不断地进行改良与革新。空竹也不例外，在空竹运动不断发展的过程中，空竹器具也在不断地改良，最初的空竹是由竹木制作而成，而且制作形状较为单一，仅有单轮和双轮两种。随着不同人群抖空竹需求的增加以及新型材质的出现，制作空竹器具的材料更加丰富，不但有橡胶和高强度塑料，还有花梨木、紫檀木、红木等木制材料。从制作形状上来说，出现了各种大小和不同形状的空竹，如单双轮式、单双轴式、球形、葫芦形、陀螺形等。② 其制作的花色也越来越丰富，制作材质和技艺都达到很高水平。不少空竹爱好者改造自己的空竹，在原有的基础上，增加轮盘层数，空竹内部加入磁铁，在高速旋转过程中做出各种高难度动作，还有给空竹加上灯光设备等。其中，最关键的改良是把原来的木制轴换成钢轴，大大地提高了空竹的旋转速度和使用的耐

---

① 朱正伟. 河北保定民间抖空竹活动的传承与发展研究 [D]. 昆明：云南师范大学，2018：31-32.

② 张潇迪. 淮北市民间民俗体育发展现状及对策研究 [D]. 淮北：淮北师范大学，2018：40-41.

久性，并且旋转速度稳定，不易减速，使许多高难度的动作成为可能。

国家级非物质文化遗产抖空竹制作传承人张国良，对空竹制作的传统工艺进行了创新改造。他结合民族文化和现代艺术，制作了系列较为特色的空竹作品。张国良利用擅长的木雕技艺，将雕刻、烫花、剪贴等手法融入空竹制作，做出的空竹既是运动器材，又是可供欣赏、收藏的艺术品，为空竹注入了全新的文化内涵，有利于向世界传播和推广具有中国特色的空竹运动文化。

3. 空竹文化的保护与传承

抖空竹作为一项体育运动，能促进参与者的身心健康，还能起到休闲娱乐的作用。对于具有深厚历史底蕴的空竹文化，在全民健身和健康中国上升为国家战略的背景下，两岸同胞要共同传承中华优秀传统文化，有必要推动其实现创造性转化、创新性发展。空竹文化的传承对我国的传统文化扩大影响力具有重要作用。①

我国空竹在 2006 年被列为首批国家级非物质文化遗产之后，空竹文化的传承方式日益多元，行业协会、学校、民间组织成为传承的保障。空竹运动吸引更多的人参与其中，增强了项目的影响。同时，对空竹文化的传承也有了政策的支持和法律上的保障。目前，开展空竹运动比较成熟的省份有北京、上海、天津、山东、江苏、浙江等。近几年来，双轮空竹又迅速发展起来，并且以它轻便、易学的特点，在学校里流行起来，发展势头非常好。为扶持空竹文化的传承，北京西城区协调教育、文化等部门推动空竹运动走进全国的校园，在一些中、小学校还专门开设空竹活动课，将抖空竹作为体育达标和竞技的一项运动。

近年来空竹运动进校园活动进展顺利，不同年龄段的学生都踊跃参加空竹运动。据统计，北京小学、实验二小、康乐里小学等 52 所小学，北京回民中学、北京四十四中学等 26 所中学及北京大学、北京理工大学等 9 所大学开展了抖空竹活动，活动地域上已扩展到西城区之外的其他区县。② 大陆学校也会邀请台湾空竹同胞进行交流，绍兴市空竹协会就邀请台湾空竹高手容沛辰进校指导学生，快阁苑小学还聘请其为空竹教练。

但是，校园空竹的发展目前还存在许多不足之处，如有关空竹的论文、著作不多；小学空竹的发展较好，但是高校的空竹培训不够，不能满足小学对空

---

① 陈烨. 在校园传承空竹的研究 [J]. 新课程导学，2019，11（17）：65-65.

② 夏高银. 浅析民族传统体育空竹的现代传承与发展 [J]. 当代体育科技，2020，10（6）：191-194.

竹师资的需要；人们只是将空竹当作一种娱乐活动，没有统一的体系，管理力度不足；空竹运动在校园的开展仅限于少部分学生参与，没有全面普及。

4. 空竹组织的发展与壮大

近年来，在全民健身运动和非物质文化遗产传承的大背景下，参与空竹运动的群体越来越多，空竹赛事的规模也不断壮大，我国不少地区自发形成空竹协会一类的民间组织和空竹队，促进了空竹运动的组织化发展。如，绍兴市空竹协会、四川省空竹运动协会、杭州市空竹运动协会、北京市宣武区（现西城区）广内街道空竹协会、河南洛阳空竹俱乐部、河北保定市空竹协会等。这些协会主要从事空竹项目的开发、挖掘、培训和交流，负责宣传和推广空竹运动，指导开展日常的空竹娱乐、健身与技艺交流互帮活动；组织排练空竹表演节目，参加大型活动表演、展示及公益活动；组织参加各类空竹运动的交流、展演、赛事活动。台湾地区的后龙小学空竹队、新北市新泰国民中学空竹队、苗栗空竹队，经常赴内地进行空竹演出和交流，例如，绍兴市越城区快阁苑小学与台湾的瑞芳、澳底等多所小学以空竹为媒介进行交流，增进两地学校和学生之间的交流互信。这些组织协会及空竹队的出现，证明空竹运动在两岸具有蓬勃的生命力。

空竹协会的出现、空竹赛事的举办、空竹活动的交流及空竹运动的推广宣传，伴随组织和制度的完善。两岸空竹协会组织增加迅猛、不断壮大，其组织特点主要有两个。一是组织的开放性，这些组织没有限制条件，只要是空竹爱好者都可以加入，不收取任何费用。由此出现了第二个特点，组织的松散性，因为大多数协会组织是民间自发形成的，不受外界约束，缺乏专业的管理人员，没有严格的组织体系。① 总体来说，我国民间空竹协会的规模不断壮大，数量也不断增多，但是空竹的组织化发展还只是起步阶段，还需不断地朝着规范化方向发展。

5. 空竹形式的改革与创新

随着抖空竹的不断发展，其表演形式及运动项目也在不断创新，广大空竹爱好者经过不断的创新发展，使空竹运动技术发生了革命性的发展。比如"盘丝"这一动作，增加了表演的难度和欣赏性。"盘丝"动作出现之前，空竹只是自身转动，平行于地面旋转，"盘丝"则使空竹垂直于地面旋转。

抖空竹技术动作不断创新，不断增加新的花样，不断朝高难度方向发展，

---

① 乔南海. 沈阳市空竹运动开展现状分析及对策探究［D］. 沈阳：沈阳体育学院，2013. 33-35.

空竹的节目表演也得到了观众的广泛认可，促进了抖空竹技艺节目的发展，为我国民俗文化节目的传承和发展创造了条件，使节目的艺术性和观赏性得到提高。从表演风格来看，抖空竹主要分为两大派系，一个是南派抖空竹表演，另一个是北派抖空竹表演。虽然总体的技巧和模式大体相当，但从细节上做比较的话，我们可以发现，南派的空竹表演更为柔美和典雅，而北派表演则更为整齐划一和大气优美。两岸空竹运动表演形式大致分为三种。

个人技巧表演：个人技巧表演包含个人套路表演和花式空竹表演。在套路展示部分，旨在提高空竹技巧和创新空竹动作，因为不断推陈出新而受到空竹爱好者的喜爱。套路表演要求参与者的基本技术和身体素质较高，通常参与者年龄偏小，往往能够引导空竹的创新发展。花式空竹的主要表演形式可以用"新""奇""特"三个字概括，近年发展较快，其内容包含大型空竹、轮滑空竹、长杆长绳抖空竹、独轮车抖空竹等形式。

团队组合表演：团队组合表演通常对音乐和服装有一定要求，注重展示效果搭配，以娱乐和观赏为主。观赏性的团队组合表演，广泛出现于各种民俗活动、庆祝活动、社区、广场等场合。团队组合表演的空竹技术动作难度不高，但由于氛围热烈，故很受观众喜爱，对空竹运动的推广和发展起到了重要作用。其主要表演形式有鸳鸯抖、叠罗汉、多人对抛等。

竞技空竹：竞技空竹是从现代奥林匹克体育的公平公正精神出发，突出量化评价，使抖空竹运动在全世界能够接受。竞技空竹在追求"难、美、新"的同时，使空竹运动的观赏性有了进一步提高，从而深受青少年空竹爱好者的喜爱。竞技空竹表演的竞技性较高，符合当代青少年的竞争意识，容易衡量运动员的水平，使传统空竹文化适应了当今社会，有利于空竹运动的传承和健康发展。

（二）台湾空竹的发展

台湾抖空竹深受中华文化影响，是中华抖空竹运动文化的一个支流，这是不争的事实。台湾抖空竹叫作"扯铃"，1983年被台湾列为民俗体育项目加以推广。在民俗体育推展初期，也就是1975年，台湾推出"普遍推行民俗体育活动"之后，开始举办各项民俗体育赛程，在不断地尝试与摸索后，各项比赛规则、动作招式、技术纯熟度及比赛办法皆较以往更加成熟与完整，尽管当时主推的三个运动项目不包括抖空竹，但是为后继加入抖空竹项目提供了机会。

1982年，台湾民俗体育协会成立，负责全国民俗体育运动的推展与督导，及办理全国民俗体育运动裁判和教练讲习活动。至今，台湾抖空竹在竞技比赛、杂技表演、民间爱好和育人课程方面表现亮眼。

台湾抖空竹的竞技比赛日益成熟，较高的运动水平得到世界认可。扯铃运动深受规则影响与制约。在国际化趋势越来越强烈，台湾空竹研究者关注如何兼顾传统与国际接轨的前提下，制定合适的竞赛规则，明确扯铃运动由于复杂的人、铃、绳、棍以及不同平面的组合，造成动作千变万化①，这是与其他项目最大的不同之处，因此需投入理论研究讨论制定难度分级表，制定评分标准后，再辅佐以裁判养成训练，以有效提升比赛之**客观性**与公正性。

台湾抖空竹课程在学校比较普遍。台湾很多大、中、小学开展空竹活动。台湾学生大概都从小学就开始练习，当然并不是特意要进行，只是作为一种业余的兴趣爱好发展。和过去不同的是可以配上现代音乐进行表演。由于开展早、水平高，台湾学校来大陆表演交流的队伍较多，促进了校际联谊。

台湾抖空竹的杂技表演不断创新。经过网络及各式媒体播放艺术表演，让扯铃运动再次吸引了民众的目光，原本被视为传统民俗活动的刻板印象，已逐渐被翻转为千变万化、新奇有趣的现代化时尚运动。② 在一些青年空竹大师将抖空竹动作创新结合音乐、灯光、街舞、潮流元素之后，目前台湾抖空竹的杂技表演极富观赏性，经常在全世界多个国家、地区展演。2016 年前后，台湾来大陆表演的空竹大师络绎不绝。

台湾抖空竹的民间爱好者人数众多。由于抖空竹运动器具简单、动作简繁随意、运动量可控、运动风险小，所以是老少皆宜的运动健身休闲项目。

民俗专家蔡宗信认为，近十几年来台湾可以说是世界上扯铃运动人口密度最高的地区，台湾扯铃运动文化的风貌俨然形成。③ 每年 12 月举办台湾中正杯比赛，带动全国性的民俗体育风潮。

第二节　两岸空竹文化的异同分析

一、两岸空竹文化的共同性

（一）两岸空竹竞赛性表演活动获得成功

两岸空竹同脉同源，大陆和台湾的空竹运动在竞赛表演上都取得了一定成

① 刘述懿，苏志鹏. 扯铃国际赛与我国赛事之评分标准 [J]. 大专体育，2015（132）：28-34.
② 刘述懿. 传统运动项目的跨界蜕变：以扯铃为例 [J]. 运动管理，2017（37）：34-45.
③ 钟莹炖. 难度套路表概念运用在扯铃竞赛中 [J]. 休闲保健期刊，2016（15）：117-123.

就。2018 年中国·保定首届空竹运动会吸引了全国 20 个省市的 142 支空竹代表队参加，超过 2000 名空竹爱好者观赏精彩表演。2016 全国农民工春节大联欢安排了杂技表演《空竹》，得到了在场观众强烈的欢呼。在保定国际空竹艺术节上，台湾空竹大师容沛辰、蔡保庆表演自创空竹节目《两岸空竹一家亲》，受到观众的赞叹和热烈欢迎。这些只是两岸空竹运动的一个缩影，随着对中国传统文化的不断挖掘，两岸空竹运动不断在竞赛表演上取得成功。

（二）两岸空竹进校园活动育人成效显著

空竹进校园不仅能使学生近距离接触空竹，使空竹这项古老的民俗运动得以传承与发展，还可以使学生在练习空竹时达到强身健体、完善人格的功效。据相关文献描述，台湾中兴小学正式成立扯铃队至今有六年，由 3~6 年级的在校学生组成，学生在教练的带领下利用早上晨间及午休时间练习，通过长时间的勤加练习，该校队伍参加台湾空竹比赛并获得优异成绩，为学校争光，经过家长、校长、主任及老师的协助以及学生的用心训练，为传统民俗技艺延续，奉献了力量。[①] 2020 年 7 月 6 日在兰州市月牙桥小学，来自市空竹协会的成员为学生带来抖空竹技艺展示，成为校园里一道亮丽的风景线，彰显了独具特色的校园文化。

（三）两岸空竹作为文化遗产得以保护传承

大陆将空竹作为非物质文化遗产进行保护。2006 年 5 月 20 日，抖空竹被列入国务院第一批国家级非物质文化遗产名录，2007 年，张国良和李连元成为空竹项目的文化遗产代表性传承人。台湾地区空竹也受到民众及政府的重视，在台湾每年都有大小规模的空竹比赛，参与的队伍也是一年比一年多。而为了保护这项非物质文化遗产，台湾地区还建有扯铃文化博物馆，为扯铃运动的发展提供了充足的保障，使抖空竹运动得到了合理的保护。

二、两岸空竹文化的差异性

（一）两岸抖空竹技术的表现形式不同

两岸空竹文化最明显的差异便是抖空竹的数量不同。民间空竹艺术家刘振钰认为，台湾空竹抖双头的较多，更富于表演性，在表演时往往给观看者更加强烈的视觉冲击，这也是台湾空竹的一大特色。两地表演者一次使用的空竹数

---

① 姜材贵. 新竹县中兴国民小学扯铃队之发展 [J]. 大专体育学术专刊，2009（1）：8-11.

量也有差异，据台湾莺歌扯铃队教练曾文秀介绍，一般情况下台湾的空竹表演者会抖动两个至三个，这就需要表演者掌握熟练的技艺，才能达到炉火纯青的地步。而大陆空竹表演则大多是抖动一个空竹，与台湾相比无疑是少了些许花样，但大陆的空竹也有自身独特之处，因此各地域的爱好者在空竹的玩法上可谓是多姿多彩。但不管是台湾还是大陆的空竹，都是创新和交流积累的抖空竹丰富技术，都应得到两岸积极的发扬与保护。

（二）台湾空竹植入潮流元素，大陆空竹注重文化品位

台湾空竹植入当代年轻人喜欢的潮流元素。台湾空竹大师赵志翰积极探索新潮的空竹玩法，希望能让这项古老的技艺在更年轻群体中传承下去。赵志翰说："说到空竹，很多人都会想到公园里的叔叔阿姨抖空竹健身，对空竹的看法停留在数量操控上。我要做新潮的空竹，玩出不一样的招式，让空竹这项古老的杂技在年轻人中也流行起来。"台湾空竹高手容沛辰、蔡保庆也重视技术创新，致力于增加抖空竹运动的表演效果。

20 年来大陆地区抖空竹杂技演员创造出不少技巧更全面、形象更优美、文化品位更高的空竹节目。[1] 以往每年春节联欢晚会的玩空竹节目在意境、情趣和文化品位方面紧扣主题，创作出许多不同格调的抖空竹节目。例如，北京杂技团的《玩空竹的小妞妞》，表现出北京民间小姑娘玩空竹时爽朗、活泼、顽皮、幽默的生活情景；南京杂技团的《裙钗嬉春抖空竹》，再现了宫廷少女抖空竹时的幽雅情致；中国杂技团的《抖空竹》则在翻越抛接上争强斗胜；广东杂技团的节目却反映了现代女孩在瑞雪迎春时玩空竹的情愫。可见，抖空竹运动在春节联欢晚会演员和编导的设计下，能体现人群的千姿百态，展示中国民俗的丰富多彩，折射出中国人审美情趣和对美好生活的向往。

第三节　两岸空竹交流的历史回顾

一、两岸空竹的交流历程

（一）1600—1895 年

两岸空竹文化交流的初步探索时期。大陆空竹由来已久，随着郑成功收复

---

[1] 张登峰，居向阳. 文化视野中的空竹及其发展路径研究 [J]. 山东体育学院学报，2011，27（10）：5-10.

台湾后，台湾归于清政府统治，两岸交流也相对密切。随着清政府逐渐巩固对台湾的统治，东南沿海地区的居民不断向台湾迁徙，大陆的传统文化也伴随着这种迁移流向台湾。空竹作为宫廷享乐的器物，也随着中央集权的加强，向台湾传播。这个时期的两岸空竹交流更多的是一种单向的传输，是经由统治者的统治目的和百姓迁徙活动向台湾流传。

（二）1895—1949 年

两岸空竹文化交流陷入困顿。日据初期（1896—1905），为了加强统治，日本当权阶级对台湾地区采取安抚政策，保存台湾原有的风俗习惯，空竹这一传统的运动得以在风雨飘摇中幸存。但是，在战火纷飞的年代，食不果腹、朝不保夕的人们用来生存的精力都不够，更遑论这项"无用"的运动。因此，空竹运动在台湾只在一部分人群中流传。到抗日战争时期，日本统治阶级加紧了对台湾地区的殖民掠夺，强行更改台湾居民的风俗习惯，语言统一使用日语，跪拜日本神社，穿日本传统服装。中国传统的民俗文化尽皆受到打压，空竹这项运动到了这时在台湾更是让人们避之唯恐不及。直到 1945 年，台湾"光复"，空竹运动才慢慢恢复。

（三）1949 年后

中华人民共和国成立初期百业待兴，生产生活才是主题，其后又历经波折，两岸空竹交流遇到阻碍。直到近些年两岸空竹运动交流呈现蓬勃之势。2014 年，台湾空竹表演艺术家容沛辰、蔡保庆等在"保定国际空竹艺术节"表演自创空竹节目《两岸空竹一家亲》。2015 年，台湾高雄扯铃协会派出了 11 人的代表队参加了"华铃杯"2015 中国·南通空竹邀请赛，一位 14 岁的台湾选手表演了全世界也只有十几个人会的抖空竹技术"一线四"，引得现场观众惊呼。2016 年，两岸展开京台两地基层交流，台湾基层参访团在北京参观了中国首座以空竹为主题的北京空竹博物馆，438 件各式各样的空竹吸引台湾嘉宾驻足观赏。两岸空竹运动的交流随着各界人士不断努力，正在蓬勃发展。

二、两岸空竹的交流路径

（一）两岸空竹团体竞赛交流

空竹竞赛具有集中展示两岸空竹运动发展现状与水平、技术形态与操作方式、文化内涵与文化特征、运动行为与魅力的优势。海峡两岸以空竹竞赛为媒介，搭建了多样化的民俗体育竞技交流平台。在参赛过程中，两岸空竹运动团体发挥了组织、协调作用，成为促进两岸民俗体育交流的重要力量。

北京市西城区广内空竹协会举办的北京市"广内杯"空竹邀请赛和中国"广内杯"空竹邀请赛已定期举办多届，被认为是大陆最高水平的空竹竞技比赛，成为两岸空竹竞赛的重要平台。高雄活力健康扯铃发展协会、高雄左营社区联合发展协会、"中华全球洪门联盟"、台北体育学院艺术文艺队、台湾飞跃铃扬——乐铃艺术表演团已连续多年组织台湾的扯铃高手们参加广内杯空竹邀请赛。高雄活力健康扯铃发展协会为大赛表演题为《两岸同心——高雄心北京情》的空竹节目。

台湾杂技家协会多次组织参加中国·保定空竹艺术节，西班牙国际马戏艺术节金奖获得者，来自台湾地区的著名空竹大师卓家宏展示了"十几米抛空"等绝技，容沛辰、蔡保庆表演自创空竹节目《两岸空竹一家亲》。大陆空竹高手李莉、张耿、巴建国、吴春鸣领衔表演《东方神韵》《古城竹韵》。两岸顶尖空竹高手的技艺切磋与表演更是完美展示了作为中华民俗体育项目空竹的技术与文化魅力。

"空竹"与"扯铃"，不同的称呼，同源的文化，水平的较量成为技术传承发展的契机，团体的合作成为人员沟通往来的桥梁，海峡两岸空竹爱好者通过竞赛交流，共同奏响了两岸一家亲的和谐之音。

（二）两岸空竹活动学子交流

"空竹进校园"成为海峡两岸推广、传承空竹运动的共同路径，大陆空竹项目成为大、中、小学体育课程的内容，各种空竹教材不断涌现，形成了各具项目特色、教学环节较为完整的课程体系。多年来，北京市西城区广内空竹协会在北京市 52 所小学，26 所中学，9 所大学开展空竹进课堂活动，通过空竹文化节"未来之星"传承空竹传统文化，使许多小选手喜爱上这项活动。台湾也设立了民俗体育发展学校，推出了系列教学资源和研究成果。

两岸学校空竹运动交流较为频繁。成都市簸桥小学与台湾地区新泰国民中学、绍兴市快阁苑小学与台湾后龙小学开展校际空竹文化交流展演活动，两岸学校空竹队员们进行了空竹技巧的示范、交流、探讨。北京市"广内杯"空竹邀请赛和中国"广内杯"空竹邀请赛期间，台北体育学院文化艺术队空竹表演名为《舞动心铃》，台湾飞跃铃扬——乐铃艺术表演团的学生们精彩地表演了扯铃节目。台湾苗栗县后龙小学扯铃队参加福建漳州海峡两岸空竹文化交流活动，台湾地区新北市新泰国民中学空竹队参加"通川·台湾"两地校园空竹文化展演活动，两岸的 300 余名学生共同参加海峡两岸（越城）校园空竹大赛。

两岸学子空竹运动交流不仅是面向未来，促进民俗体育运动扎根当地，传承民族体育文化的重要途径，更是促进两岸文化交流与文化认同的根本之举。

（三）两岸空竹非遗文化交流

空竹运动作为中华民族特有的民俗体育运动项目，具有上千年的历史，入选首批国家级非物质文化遗产名录。空竹运动不仅是融入大众文化生活的娱乐形式，更是中华文明的宝贵遗产。空竹运动在两岸的开展各具特色，但都面临传承有序和创新有道的形势与问题，需要两岸学者、专家加强交流、共同应对。以北京市广内街道为代表的空竹文化交流衍生出广内空竹文化交流活动研讨会和"广内杯"空竹邀请赛等系列两岸空竹非遗文化交流活动。2015 年，北京广内空竹文化交流活动研讨会就以文化与交流为核心，以"空竹文化与民族体育"和"京台文化交流"为主题，通过两岸民俗体育学者专家的研讨交流，深度挖掘空竹运动的历史经验与文化内涵，立足空竹运动发展的现状与趋势，针对空竹项目传承发展与保护利用中所遇到的困难、问题和传承保护，分享与学习传统文化传承的经验，共同促进大陆与台湾空竹运动的传承和发展。以赛事为平台，使两岸空竹文化交流延续。台湾高雄左营社区联合发展协会理事长刘万礼在第七届"广内杯"空竹邀请赛闭幕式上表示：空竹文化是中华优秀传统文化的一部分，两岸空竹文化的交流只是一个起点，以空竹为媒介的交流可以增进两岸同胞间情谊，两岸借由空竹文化的交流将会引发出更多方面的融合。空竹运动是海峡两岸的共同财富，在传承与发展过程中，需要两岸面对不尽相同的社会文化环境，以传统为根基，以文化为脉承，在保护中传承，在创新中发展。两岸的交流互动必然成为共同直面问题、共享发展经验、共促文化认同的重要载体。

第四节　两岸空竹交流对促进文化认同的意义

两岸的空竹协会组织不断壮大，空竹运动形式不断创新，空竹交流活动不断丰富。因此，通过两岸的空竹交流促进文化认同，是联系两岸群众精神图腾的重要纽带。

一、空竹文化交流有助于两岸对文化共性的认同

空竹运动的产生、发展和传承具有浓厚的市井气息。近千年来，空竹文化凝缩了两岸祖辈历史长河中生活的共同光影。无论是文学作品《水浒传》相关

章节关于民间街市中有人卖艺抖空竹的生动描写，还是明清时期关于空竹的制作和玩法的详细记录，抑或近代抖空竹和其他民间民俗活动一起成为杂耍艺人养家糊口的生存技艺，这些史实资料都佐证了空竹文化凝缩了两岸祖辈历史长河中生活的共同光影。中华人民共和国成立后，抖空竹渐渐地走上舞台，成为一门独特的技艺，更加具有难度和表演特征。然而，正由于空竹文化千年光影中的市井生活气息奠定了空竹运动"贴近百姓、贴近生活"和"脍炙人口"的特征，因此广受大众欢迎。空竹运动见证了两岸百姓历史上不同时代共同生活的发展和变迁，既见证了繁华，又陪伴了衰落，无论岁月如何变迁，也改变不了两岸百姓生存和发展的"同根""同源"。

二、空竹的不断改良与创新体现了两岸创新精神

空竹文化孕育了两岸百姓共同的优秀品德，承载着两岸百姓共同的优良传统。然而，当前全球正处于快速发展和大变革的时期，经济、社会和科技发展日新月异。两岸也共同面临着时代快速发展带来的新机遇和新挑战。近年来，两岸在空竹活动的推广与宣传、空竹器具的改良与发展以及空竹文化的保护与传承上都不断与时俱进。应对新形势，两岸各地兴建了一些旨在加强空竹文化保护和传承的空竹博物馆，充分发挥了博物馆在空竹文化中的文物保护价值和文化传承教育功能。在此基础上，两岸不断举办开展空竹赛事，这极大推进了空竹运动在当前新形势下的推广和宣传。为了进一步奠定空竹在今后的发展，两岸的空竹运动都不约而同地实施"空竹进校园"的策略，这对于空竹运动今后的推广具有积极意义。此外，为了适应时代的发展，满足新时期人们对于空竹运动的多元化需求，两岸的空竹制作艺人们对于空竹器具的改良做出了重要贡献，在空竹的材质、底纹、形状、色彩和结构上都勇于创新，不断突破。因此，两岸空竹运动的改良与发展无不表现出两岸人民在新时代背景下不断发展自我的新使命。

三、空竹文化精髓借助两岸交流得以传承与发展

空竹文化是中华优秀传统文化的缩影，空竹运动的表演形式充满着中华文化的符号、形式和环境，观众是一个个栩栩如生的中华文化的承载者。两岸空竹文化的交流是全方位的，既包括了空竹表演形式的切磋、空竹文化的交融、空竹器具制作的探讨等，又都体现了中华文化高度包容性和仁爱的精髓。中华文化的精髓不是简单的"合"与"和"，而更在于"分""变"与"新"。而两岸空竹运动表演形式的创新、空竹器具制作的改良则共同体现了中华文化固有

的自强、变革与创新的精髓。

四、空竹文化交流促进两岸民俗体育的共同繁荣

具有深厚历史底蕴的空竹文化，在全民健身和健康中国上升为国家战略与大众健康需求不断提升的背景下，两岸同胞要共同传承民族优秀传统文化，有必要推动其实现创造性转化、创新性发展。空竹文化的传承对民族传统文化扩大影响力具有重要作用。大陆的"广内杯"空竹邀请赛、保定第四届空竹艺术节、福建漳州海峡两岸空竹文化交流活动、绍兴越城区两岸学子空竹交流活动、"通川·台湾"两地校园空竹文化展演交流等，每次赛事和活动均有大量的台湾选手参与。同样，台湾的许多空竹赛事和活动也邀请了大量的大陆空竹高手和爱好者的参与。长此以往，形成了"你中有我，我中有你"的深度融合的格局和现状，极大地促进了民族文化的繁荣和创新。

第十一章

两岸鼓阵交流与文化认同

第一节 两岸鼓阵的起源与发展

鼓，在我国拥有悠久的历史，在不同的时代特点都十分鲜明，是中华文化博大精深、一脉相承的重要见证。它不仅来源于生活，更高于生活。人们在长期生活过程中模仿雷电之神，对道具、表演技巧不断创新与改造，才能呈现各式各样的形态。人们通过鼓声，抒发心情，表达思想感情，这也是鼓与人们关系密切的原因。鼓阵文化建立于中国传统的鼓文化基础上，分布在海峡两岸。

一、两岸鼓阵的起源

（一）大陆鼓阵的起源

1. 鼓与鼓文化

鼓，《现代汉语词典》解释为："打击乐器，多为圆筒形或扁圆形，中间空，一面或两面蒙着皮革。"通俗来说，外实中空，两头蒙上具有弹性的被膜，敲击能发出高亢激昂的声响。我国很早就有关于鼓的记录，距今约有 5000 年历史。在甘肃省天水市秦安大地湾遗址发现有陶鼓，这应该是鼓的最早雏形。那么，中国的鼓由谁创造？源于何时？民间大致有以下几种说法。

黄帝造鼓：相传，在涿鹿之战中，黄帝杀夔，以其皮为鼓，打败蚩尤，最终统一华夏地区。《山海经·大荒经》记载：东海中有流波山，入海七千里。其上有兽，状如牛，苍身而无角，一足，出入水则必风雨，其光如日月，其声如雷，其名曰夔。黄帝得之，以其皮为鼓，橛以雷兽之骨，声闻五百里，以威天下。① 根据神话传说，这种鼓并非用手拍打或敲击，而是以夔的骨头为鼓槌，敲

---

① 皇甫谧. 帝王世纪［M］. 辽宁：辽宁教育出版社，1997.

击发声,声音可达五百余里。虽有夸张的成分,但能营造一种双方交战前,剑拔弩张、热闹而紧张的场面。

还有一种说法,鼓的发明与鼍(扬子鳄)有关。《吕氏春秋·仲夏纪·古乐篇》记载:"帝颛顼好其音……乃令鼍先乐倡,鼍乃偃寝,以其尾鼓其腹,其音英英。"① 颛顼为黄帝子孙,听到鳄鱼用尾巴敲击自己的肚子,发出好听的声音,于是,模仿这种声音发明了鼓。从出土的文物也可以说明,中国利用动物皮革的历史已经非常久远。比如,1935 年在河南安阳殷墓出土的木框蟒皮鼓,1980 年在山西陶寺出土的夏代木腔鳄鱼皮鼓等。

雷神启示:在远古时代,科技水平十分有限,对许多自然现象无法做出科学解释,但人们又迫切需要找到答案,于是认为自然界中有"神力"存在。

雷电是自然界中常见的放电现象,与人们的生产和生活密切相关。雷电能引起山洪、火灾、暴雨,甚至对人和动物的生存构成极大的威胁。因此,人们对雷电产生畏惧感,认为雷电与人和动物存在着某种关联。先民们在长期实践生活中,通过不断观察、记录与思考,逐渐形成对雷电的认识。人们认为雷电与云雨天气存在着密切关联,也因此利用实践经验安排农业生产。当然,雷电对人们的生活并非一无是处,雷电在给人们带来恐惧和灾难的同时,也可以雨水浇灌农田,用声音恐吓动物。

鼓与雷声又存在着怎样的联系呢? 一件乐器的发明,不是人类凭空想象出来的,它往往受自然现象以及人类的劳动生活的启迪而产生。② 鼓的发明也是如此,人们在长期的生活实践中,运用石器、泥块、树枝等自然界较为常见的材料相互敲击,模仿鸟兽虫鱼的声音,既能消遣娱乐,也能吸引或者驱赶猎物。尽管鼓的种类繁多,形态各异,但它的声响与雷声极为相似。人们起初无法知晓"雷神"的模样,当发现鼓声与雷声相似,就会认为这是雷神拿着类似鼓的神器敲击所发出的声音。因为雷电与人们有着特殊的关联,所以鼓成为与"神灵"交流的重要媒介。在古代,祭天仪式是非常神圣的活动,需要巫师作法,通过鼓声与神界沟通,祈求国泰民安,风调雨顺。正是因为宗教祭祀的功能,鼓渐渐被保留下来。

巫咸作鼓与夷作鼓:《世本·作篇》中记载,巫咸作鼓。③ 巫咸为何人? 根据《史记》《尚书》的解释,认为是承担帝王与神沟通的神职人员,即巫师。

---

① 陆玖. 吕不韦及其门客 [M] //吕氏春秋·仲夏纪·古乐篇. 北京: 中华书局, 2011.

② 严昌洪, 蒲亨强. 中国鼓文化研究 [M]. 南宁: 广西教育出版社, 1997.

③ 秦嘉谟, 雷学淇, 茆泮林. 世本八种 [M]. 北京: 商务印书馆, 1957.

其相当于基督教中牧师的角色，既要向信徒宣传教义思想，又要转达神的旨意。由此可见，鼓与巫师之间存在着密切的联系。巫师在古代拥有极高的地位，往往受到人们的敬仰。巫师既需懂得风水法术，能歌善舞，又要保持神秘感。鼓作为一种通天神器，显得必不可少。击鼓成为人与神沟通的方式，把人们美好的祝愿以及对自然的敬畏之情传达给神灵，祈求得到庇佑。因此，鼓与神灵存在着联系就不难理解了。

根据《世本·作篇》记载，夷作鼓。① 古籍当中并未对此做出解释，据推测可能是一种夷鼓。另一种解释可能是地名。在《山东音乐文物综述》中，在远古时代，山东地区是东夷部聚集地，如果大汶口出土的陶鼓成立，"夷"未必是人名，可能指山东一带的人，那么可以推测中国鼓可能最早在山东夷人部落流行。

帝喾时代的有倕：帝喾是"三皇五帝"中的第三位帝王，设立二十四节气。《吕氏春秋·仲夏纪·古乐篇》记载，帝喾命……有倕作为鼙、鼓、钟、磬、吹苓、管、埙、篪、鼗、椎钟。② 这时出现不同种类的乐器，鼓已经出现。"作"可以理解为制作，说明此时鼓已经基本成型，并且能与其他乐器区分开来。

综上所述，根据文献资料描述，鼓的起源大致分为两类，即黄帝造鼓和雷神启示。虽然是神话传说，但至少可以做出以下推断。一是鼓的发明很早，可能与三皇五帝有关。黄帝在涿鹿之战中，用夔皮制鼓，打败蚩尤。颛顼、帝喾皆为黄帝后代，史书也有关于创造鼓的传说。二是与鼓的音乐属性相比，鼓可能最早被用于军事。与鼓有关的成语很多，如一鼓作气、偃旗息鼓、重整旗鼓等，都与军事策略有密切的关联。三是，人们把黄帝与鼓的发明相联系，因为黄帝是雷电之神。"黄帝以雷精起。"③ "轩辕，主雷雨之神也。"④ 笔者认为，神话传说虽然能给人们一种假设，让事物有根可寻，但并不能给人确切的答案。我们暂且只能从出土的文物中粗略估计鼓出现的时间。一致认可的观点是，鼓可能是人们在闲暇之余，通过敲击石块，或者在制作的陶器上蒙上动物皮革，用手或木棍敲击，发出与雷声相似的声音，通过逐渐改良慢慢保存下来。

鼓作为一种乐器，是中华文化博大精深、一脉相承的历史见证。它具有丰

---

① 秦嘉谟，雷学淇，茆泮林. 世本八种 [M]. 北京：商务印书馆，1957.

② 陆玖. 吕氏春秋·仲夏纪·古乐篇 [M]. 北京：中华书局，2011.

③ 中国哲学电子书计划.《河图帝纪通》转引自《太平御览·天部十三·雷》[EB/OL]. https：//ctext. org/text. pl？node＝362833&if＝gb&remap＝gb.

④ 中国哲学电子书计划.《春秋合诚图》转引自《太平御览·天部十三·雷》[EB/OL]. https：//ctext. org/text. pl？node＝362833&if＝gb&remap＝gb.

富的文化内涵，在不同的时代有不同的意义。在远古时代，鼓承担着与神灵沟通的媒介，更多带有宗教属性，是身份的象征，而普通民众很难接触。春秋战国以后，礼乐制度慢慢建立，它成为考察人们才能的一项标准，出现音乐课程。到隋唐时期，宫廷音乐达到顶峰，鼓的演奏技巧已经相当成熟。宋元明清时期，是民间音乐快速发展的时代，各种说唱、戏曲、曲艺艺术孕育而生，可以说是真正意义上的"百花齐放"。民间艺人可以根据个人喜好整理曲目，演奏乐器更加多样。从近现代开始，世界处于急剧变化的时代，而中国不可避免地卷入这场旋涡。西方的鼓进入中国，在相互交流与融合过程中，我国形成自身独具特色的鼓文化。至今，我国仍然保留较多的鼓。

2. 鼓阵

鼓，在人们的日常生活中扮演着重要的角色，具有多种多样的功能。鼓，因为特殊的构造，加上制作相对容易，敲击能发出独特的声音，因此成为人们生活中必不可少的工具。鼓，既是一种打击乐器，也可以作为舞蹈的道具。鼓主要由鼓体、鼓架和鼓槌组成，当然，也有一些鼓悬挂在腰间，用手掌拍击。鼓，因为敲击鼓面的位置、力度和速度不同，而发出不同的音色。演奏方法有单击、双击、顿击、闷击、压击、摇击和滚奏等。一般来说，鼓的中心发音较低而深厚，越向边缘声音则越高而坚实，因此，演奏时有相当大的变化空间。在远古时代，鼓被尊奉为通天的神器，常常出现在祭祀场所。后来，战鼓渐渐出现。因为鼓声慷慨激昂，震耳欲聋，常常用于鼓舞士兵的勇气和斗志。

当然，鼓除了作为乐器之外，在古代文明中还用来传播信息。首先，具有警示和提醒的作用。在农业社会，人们经常会面临凶猛野兽的威胁，用鼓声恐吓猛兽再好不过了。有时也会遇到自然灾害、战乱等突发情况，人们通过事先规定好的符号，把信息散布出去，因此，能避免许多危险。此外，在古代交通极不便利，没有现代传媒技术，但人们经常的联络又是必不可少的。于是，用鼓声报时的形式出现，这样给人们的日常生活提供了极大的便利。报时的大鼓又称"戒晨鼓"，常被放置在城池的鼓楼之上。北京鼓楼上的大鼓制于清朝，用于公共报时，直到钟表普及之后，才慢慢成为一种观赏文物。

阵，根据汉语词典解释：（1）古代交战时布置的战斗队列，现也指作战时的兵力部署；（2）泛指战场；（3）指一段时间；（4）量词，用于事情或动作经过的段落。常用的词组有阵营、阵势等，有场面的意思。

"鼓阵"一词在文献中很少提及，推测可能与海峡两岸用词的习惯有关。大陆鼓阵的起源缺乏资料记载，难以确定其起源年代和起源形式。在大陆描述一种仪式的规模，与其他队伍相区分，多使用"队"的概念。因此，笔者认为

"阵"与"队"的意思相近。既然是"鼓阵",至少要满足以下条件。

（1）主角是鼓,不论是发挥音乐伴奏的功能,还是作为舞蹈的道具,都要有鼓的参与。发挥鼓的优势,其他乐器辅助。

（2）多人组成的表演团体。既然要组成阵头,达到一定阵势,至少要有两人参与,才能达到效果。

（3）队伍中有明确的角色分工。

（二）台湾鼓阵的起源

在民间,台湾民众非常尊崇传统文化,仍然保留着较为丰富的民俗文化。由于台湾岛内有许多庙会,为了敬神的需要,因此孕育出许许多多的艺阵。

艺阵由"艺阁"和"阵头"组成。艺阁,即一种搭设人物、布景的艺术戏阁。阵头,即民间艺术的表演团体。两者有较大的区别,容易区分。艺阁属于静态,样式固定,装饰华丽;而阵头灵活多变,花样百出,极难分类。每年为参加神明遶境、进香割火等庙会仪式,村社纷纷筹集资金,聘请民间艺阵参与游行。虽然遶境进香的主角是神明,但吸引民众凑热闹的焦点仍是艺阵的表演,庙会活动提供了民俗艺阵表演的机会,而艺阵表演也增添了庙会壮神威的声势。① 今天需要探讨的主角为"跳鼓阵",它是常民生活当中常见的阵头之一,在台湾地区分布极其广泛。

跳鼓阵在台湾极其常见,是民间最具活力与动感的一种阵头,是以跳跃和击锣鼓为主要表演形态的民间艺术。它何时起源?起源何地?众说纷纭,甚至连学者也不能保持一致。根据史书记载、民间传说进行归纳,跳鼓阵起源有以下三种:"戚继光练兵说""明郑练兵说"和福建"大鼓凉伞舞"演变而来。

第一,跳鼓阵起源于明将戚继光驻守福建时形成的"大鼓凉伞"。② 明嘉靖四十三年（1564年）除夕夜,倭寇入侵九龙江地域。戚继光带领军队经过昼夜奋战,倭寇大败。此时,正值元宵时节,村民为感谢士兵英勇杀敌,保全一方百姓,纷纷杀猪宰羊犒劳士兵,冒着大雨,敲锣打鼓跳着舞步前往军营。临近军营,村民浑身湿透,将士纷纷为村民撑伞遮雨。撑伞的将士们随着节拍舞动,形成了边撑伞边跳动的场面。为了庆祝胜利,每年元宵节前后,人们跟着鼓声的韵律,撑伞舞动,渐渐流传至今。

第二,跳鼓阵与郑成功在台湾练兵有关。郑成功在退居台湾时,仍然抱着

① 郑玉玲. 台湾"跳鼓阵"的艺术特征与文化意蕴探析 [J]. 漳州师范学院学报（哲学社会科学版）, 2009, 23 (4): 79-84.
② 严昌洪, 蒲亨强. 中国鼓文化研究 [M]. 南宁:广西教育出版社, 1997.

"反清复明"的志向，严厉治军，希望来日反扑大陆。为了提高军队士气，郑成功经常进行军事操练和比武，由一两名士兵敲击大鼓，士兵跟着鼓声跳跃进退。在郑克爽投降大陆后，台湾隶属于福建省，清王朝加强了对台湾的管辖。此时，仍有明郑移民不甘屈辱，图谋反清复明，又怕官府知晓，于是用花鼓替代军鼓，穿插更多的娱乐色彩，来避人耳目。其慢慢流传下来，成为一种轻松活泼、活力无限的表演形式。

第三，跳鼓阵与福建"大鼓凉伞舞"非常相似，有可能是由大陆福建沿海一带的凉伞舞演变而来。台湾与福建因为历史缘由，有很强的交融性。在明郑时期，大陆饥荒，民不聊生，再加上清政府严厉的"迁界"政策，导致大批汉人迁台。台湾的客家人以广东和福建两省居多，同时把大陆的民俗文化带至台湾。

综上所述，尽管跳鼓阵的起源有不同的版本，但传说多源于军队，用于军事操练，振奋士气，集中表现军民和谐、追求美好安定生活的愿望。现在保存下来的福建"大鼓凉伞舞"，尽管表演风格略显简单，但不论道具、服饰，还是表演套路与阵式都极其相似。再加上福建与台湾素来联系紧密，明清时期从闽南、粤东数次大规模向台湾移民，加之台湾"光复"初期又从大陆各地迁移大量人口，把中国大陆特别是闽南、粤东的风俗习惯、文化带到台湾。因此，笔者认为跳鼓阵最早应该是从大陆传至台湾，经过不断的继承与发展，渐渐形成独特的风格。

二、两岸鼓阵的发展

（一）大陆鼓阵的发展

民俗文化的变迁与发展，是一种文化基因式纵向代际的传递，与横向平面散播和扩布共同影响的结果。从空间分布规律来说，鼓阵主要分布在漳州地区，其他地方较少见。民间仍然是大鼓凉伞最重要的发展和生存空间，不过因传统文化保护意识增强，学校成为新的传承场域。在商业利益驱使下，开始出现职业性表演团体，整个传承和传播的环境更加多元与立体。代与代之间的传承内容，包括道具、服饰、技艺和精神等层面。

1. 大鼓凉伞的分布地区

大鼓凉伞是漳州独特的民俗舞蹈，并入选省级非遗项目。随着社会变迁，新的传承、传播的媒介出现，大鼓凉伞在空间分布上呈现新的特点。大鼓凉伞主要分布在经济较为发达的平原地区和沿海地区，城乡之间也存在着差异。民间以业余或半职业性质的表演团体居多，职业性的团体较少。在经济较为发达的乡村，大鼓凉伞开发和利用的程度较高，往往与当地的休闲娱乐、体育健身等活动密切关联。大鼓凉伞既保留传统舞蹈的韵味，又结合当下人的审美和价值追求，因此，具有很强的生命力。

2. 大鼓凉伞的表演空间

大鼓凉伞作为漳州当地特有的表演艺术，与人们的民俗生活紧密相连。为了增加节日喜庆、营造一种轻松愉悦的氛围，常常出现在庙会、开张典礼、婚礼等场合。乡村组建的模式较为自由，没有统一的规格和要求，因此，每个村庄的鼓阵各具特色，花样百出。不过，仍然带有较强的宗教色彩。以民间业余性质的团体为主，主要参与民间庆典活动，一般会持续两三个月的时间。有演出任务的时候，大家集中在寺庙或者宗祠前的空地上训练。而城市业余团体表演和训练的场所多为公园、广场等较为宽阔的文化广场。等庙会活动结束后，人们各自回到岗位，从事劳动生产。

3. 大鼓凉伞组织形式与人员分工

大鼓凉伞阵在漳州分布较为广泛，乡间与城市呈现不同的文化景观。民间大鼓凉伞大多自行组阵，活动经费由各村庙宇提供，通常参加庙会、祭祀、婚庆和传统节日活动，其功能有娱神、娱人、踩街、团结村民。以前民间生活娱乐活动较少，除非节日庆典才会出现大鼓凉伞的表演。观众大多出于兴趣，跟着鼓点的节奏，模仿演员的肢体动作，渐渐能跟上节拍舞动起来。在城市大鼓凉伞依托社区、协会等组织，利用政府拨款或各自筹集的方式组织训练和比赛。其大多为退休的女性老人，利用空闲时间排练，并参加文化节、传统文化展演等形式的活动。城市的大鼓凉伞比乡村要丰富得多，受广场舞、民族舞等舞法启发，动作或跳法更加活泼、热烈。在表演队伍中，经常能看到学生的身影，只是后来因为升学压力，学生已经很难出现在表演现场。从演员性别和年龄来看，人员组成出现女子化、老龄化的趋势。多为女性参与，男子的角色也是女扮男装，以老年女性为主。特别是政府成立各种老年协会，给老人们提供了交流、组织和表演的空间，许多协会纷纷成立大鼓凉伞队。人们在参与表演的过程中身体得到锻炼，同时提供了一种交流的平台，有利于缓解人们心中的孤寂和压抑之感。

4. 专业组织团体

专业组织团体包括中小学和高等院校，专业鼓阵一般能获得学校经费支持，演员是由舞蹈系或者表演专业的学生组成，主要参加学校艺术节或校外的比赛。

服装道具精美，步伐和阵式也有创新，多为男鼓女伞配对表演。有专门的舞蹈教练负责教授舞蹈技巧，表演水平较高，经常代表学校或者市、区政府参加比赛。在中小学校，有把大鼓凉伞作为学校的特色课程，学生人人参与，在体验的过程中提高对民俗文化的喜爱。

5. 大鼓凉伞的表演形式

目前，大鼓凉伞的表演形式主要分为三类。农村民俗活动：民俗仪式是大鼓凉伞民间舞蹈延续的重要保证，民间仍然保留着较为传统的宗教仪式。每年春节，各个村子纷纷举行"割香""迎尪"等神事活动，仪式结束皆会组织表演，大鼓凉伞无疑是娱乐表演中的亮点。鼓手、伞娘身着汉服，颜色皆华丽，观众围观形成一个天然舞台，演员在场地中央表演，台下观众与演员互动，形成一幅和谐优美的画面。城市老年群体体育化的活动：在城市广场、公园等文化场所，皆能见到大鼓凉伞的活动。人们大多重复着大鼓凉伞的步伐，在鼓的伴奏下，有节奏地扭动着身体。因为它与广场舞有许多相似之处，人们把节奏放慢，好像跳舞又像做操。因为动作舒缓，节奏缓慢，非常适宜老年人健身娱乐。舞台艺术的创作表演：创作的舞台表演与民间仪式有明显不同，主要体现在以下方面。如锣鼓伴奏阵容加大，节奏上注意跌宕起伏、抑扬顿挫、急缓相融；创作的音乐旋律与现场锣鼓点相结合，增强舞蹈的艺术效果，增强鼓手与伞娘的刚柔对比。

6. 大鼓凉伞道具构成及表演过程

大鼓凉伞通常由鼓手、伞娘、锣手、丑角四个角色构成，鼓手是武士扮演，伞娘为小旦。一般由 6 人成队，大鼓和凉伞成对出现，队伍排成两排，第一排中间一人撑伞，第二排中间是鼓，锣立于四角。大鼓凉伞最早也是 8 人成队，外加彩婆和担夫，只是因为动作不雅而被删除。近些年演出队形发生了变化，铜锣立于两旁，鼓、伞为主角，以多鼓多伞的组合为主要形式。大鼓凉伞讲究动律、步伐和队形变换，整个表演过程行云流水，清新自然，呈现高低起伏、时聚时散、动静结合的表演特征。通常胸前背鼓，采用竖立式双面击鼓，表演时追求"脚步稳健、手臂挥槌为主、鼓点节奏整齐、音色雄浑震天"。鼓手的舞步多以半蹲、弓步、踏步、撤步和跨步为主，身体上下起伏、前后摆动。伞娘类似小旦，要表现出南方女子的柔美、婉约、含蓄的个性特征。在步伐上，以走步、十字步、交替步、踏步、小跳步为主，身体左右摆动，"直立捻伞"是较为典型的动作之一。"大鼓凉伞"表演没有特定的场地、性别、年龄的要求。演员两两搭配，"伞"绕"鼓"转，以锣和鼓敲出节奏来设计队形、舞步。主要的造型包括绕鼓、穿花、旋转、双龙吐珠等。一场完整的表演为 5~6 分钟，演出形式较为固定，一般包括出场、鼓伞对舞、凉伞舞、斗鼓、鼓伞对舞、进场等环节。动作简单柔美，节奏鲜明。

从发展阶段而言，学者林玉份把大鼓凉伞分为五个发展阶段，即兴起期、停滞期、转型期、发展壮大期、成熟发展期。① 中华人民共和国成立之初，为丰富人们的业余文化生活，各生产大队兴办农村俱乐部，文艺演唱队、大鼓凉伞队等民间团体纷纷成立队伍。改革开放以后，社会更加开放与包容，民间恢复往日的自由。民间艺人凭借集体记忆，复原凉伞道具，加上本身掌握的技艺，大鼓凉伞重新出现在民俗节日之中。某项民俗事项能够存在，它的改变与创新必须与社会变迁速率保持一致。此时，正处于社会变迁的快速时期，大鼓凉伞出现半职业性质的团体。随着乡村人口迁入城市，也为城市带来了新的文化。大鼓凉伞和其他民间文化一起出现在开张典礼、节日庆典等场合。这既给本来十分贫瘠的城市带来文化土壤，也为远离家乡的劳动者带来一丝心理上的慰藉。一部分民间文化涌入城市，而更多民间文化在不知不觉中被改造。近些年，大陆民间力量呼吁保护传统文化，重视民俗活动的开展，积极开展申请非物质文化遗产活动。政府出台相应政策，鼓励借助学校和社会力量发展民间文化。在2009 年，大鼓凉伞被列入福建省省级非物质文化遗产保护名录。2011 年，福建省第十四届省运会闭幕式上，大鼓凉伞代表地方文化进行了表演，获得观众一致好评。

闽南大鼓凉伞与台湾跳鼓阵属于同根同源文化，在漫长历史发展过程中，既保留着鼓阵跳跃和摆动的基本内核，又呈现不同的技艺风格，体现了独特性和地域性的特征。回顾历史，因双方经济、政治和文化制度不同，鼓阵发展过程并非完全一致，有时甚至出现较大的差距，但不可否认鼓阵在发展过程中仍然具有极大的相似性。从民间业余组织转向职业团体，商业演出成为新的传播方式；发展重心由乡村向城市过渡，发挥社会和学校的力量；依托现代大众传媒技术，扩大鼓阵的影响力。但是，两岸地区仍然存在一定的差距。在台湾，跳鼓阵进入学校较早，现在已经发展得相当成熟，在中小学和高校开设了跳鼓阵的特色课程，配备专业教师，定期进行比赛或者交流。而在大陆，学校鼓阵刚刚兴起，数量十分有限，仍然依托民间力量发展和传播大鼓凉伞。

---

① 林玉份. 福建省级非物质文化遗产大鼓凉伞的体育价值研究 [D]. 福州：福建师范大学，2012.

（二）台湾鼓阵的发展

跳鼓阵在庙会仪式上属于较为常见的阵头之一，在台湾南部较为流行，集中分布于高雄、台南和屏东三县。跳鼓阵最早是男性的专利，后来因为阵头市场化，女性才慢慢加入其中。① 现在所见的跳鼓阵多以年轻女子成队，随着锣鼓声的节拍，忽前忽后，时而激进，时而舒缓，动作轻盈，非常热闹。

跳鼓阵从表演性质上分为职业阵和庄头阵。所谓职业阵，依托一定规模的团体以商业演出为谋生手段，分工明确，技艺高超，配合娴熟。在开放的市场环境下，竞争日益激烈，为了能在行业站稳脚跟，表演团体把杂技融入其中，追求更高水平的技艺。其虽然在一定程度上能吸引观众的眼球，但无法改变跳鼓阵日益凋零的局面。跳鼓阵追求高难度动作，女演员身穿较为性感的短裤，一味地迎合观众的口味，反而失去了自己的东西，弄得面目全非，实属可惜。而民间的跳鼓阵，每逢村社或全国举办神明遶境活动，为了答谢"妈祖"庇佑，从村里挑选青壮年男子，聘请长者教授技巧，在闲暇之余接受训练。由于都是临时组阵，成员变化很大，再加上此类阵头只参加重要的进香割火仪式，组织较为松散。庄头阵大多分布在经济欠发达的农村地区，城镇化进程加快，农村青壮年流失严重，组阵极为困难。再加上技艺精湛的长者相继离世，独具特色的业余跳鼓阵纷纷失传，正所谓"后继无人"。此外，表演团体互相压价，盈利空间进一步被压缩，导致一部分传统形式的阵头缺少竞争力，徘徊在保留与革新的悬崖之上。

当然，业余性质的跳鼓阵日益没落，就为职业跳鼓阵的发展创造了条件。业余性质的跳鼓阵保留较多的传统套路和形式，具有较强的历史文化色彩。而职业性质的跳鼓阵一味地迎合观众，却慢慢失去自身的价值，离跳鼓阵的本意越来越远，反倒与"特技表演"扯上关系。目前，较为可行的办法是，组建半职业阵头。平时成员各忙其事，利用闲暇时间训练，除重要的迎神赛会活动以外，利用业余时间接受一些商业演出。不仅可以增加收入，改善生活条件，还可以继续传承和发扬跳鼓文化。

自 1985 年 12 月起，台湾地区每年举办"民俗艺术薪传奖"，以鼓励民间艺术人才。在吴腾达与蔡丽华教授的努力下，跳鼓阵进入校园，走进基层社区。同时在规划重大措施时，也兼顾民俗体育的发展。2001 年以后，台湾地区颁布"国民中小学传统艺术教育计划"，重视民俗体育，加大资金投入，使学校民俗体育蓬勃发展。随后推出"一人一乐器，一校一艺团"的计划，在《中国民族

---

① 黄文博. 台湾民间艺阵 [M]. 台北：常民文化，2000：272-273.

民间舞蹈集成·福建卷》中提道："大鼓凉伞"亦称"花鼓阵"，主要流传于漳州市和龙海市九湖、颜厝、程溪一带。每逢喜庆佳节，迎神赛会，该地区人人参与，村村表演。大鼓凉伞具有大鼓、凉伞、铜锣、头旗、钹等五种主要表演道具，有时也会加入蒲扇、手帕等道具，到了近代，人们认为不雅被逐渐取缔。民俗文化的变迁与发展，是一种文化基因式纵向，从而使民俗团体能稳定在一定数量。

在社会上，民间仍然是跳鼓阵发展的主要阵地，但发展重心慢慢向城市迁移。导致变革的真正力量并非来自民间，而是近代文明社会对传统文化活动保存意识的浮现。①

从跳鼓阵发展状况而言，台湾有学者对跳鼓阵的发展做过细致的梳理，但起止时间、阶段划分各不相同。例如，高华君把跳鼓阵分成四个发展阶段，从文献中最早出现"跳鼓"一词开始，一直延伸至 21 世纪初期跳鼓阵发展的样态。文中较为细致地描述了各个阶段跳鼓阵的艺术风格、表演的性质、传承的主体以及促进革新的力量。学者陈振诚把台湾跳鼓阵的发展按照地理概念分为六个区域，即东部、西部、南部、北部、中部和岛外。每个区域甄选较有代表性的跳鼓团体，进行细致的分析，从而归纳该区域的特点。这种方式能较为直观地反映台湾各个地区跳鼓阵发展的状况，能够让人们建立整体概念。当然，也有学者的时间划分较为宏观，时间跨度大，每个阶段又交叉下个阶段的内容，因此，很难让人们形成清晰的结构和层次。此外，进入 21 世纪初期，跳鼓阵又有新的样式和特点。因此，在前人的研究基础上，需要对跳鼓阵的发展脉络进行简单的归纳和梳理。

跳鼓阵源自何时何地，在学术界仍然争论不休，有人推测跳鼓阵很可能出现在明末清初时期。由于缺少文物和史书记载，已经无法考证。根据台湾保存至今的跳鼓阵来看，距今有 100 多年的历史，大多分布在台南地区。如茄定跳鼓阵、胡厝寮、西双张廍飞鹰、大埔家族跳鼓阵等民间团队。这些民间团体，在成立之初，主要为参加神明遶境仪式做准备。

日据时期（1895—1945 年），跳鼓阵处于发展的起步阶段。日据初期，采用安抚政策，保留原有民俗习惯，这段时间跳鼓团体纷纷成立。方淑美在《台南西港仔刈香的空间性》一文中，十分详细地记载了双张廍跳鼓阵参加刈香活动的时间和地点。到了日据中后期，日本加紧了对台湾地区的殖民和剥削。禁止讲汉语、穿汉服，只能演"皇民剧"，改日本名字，禁止唱台湾歌谣。跳鼓阵

---

① 陈世霖. 台南县关庙乡龟洞飞鹰跳鼓阵之研究［D］. 台南：台南大学，2006.

发展极其艰难，夹缝中求生存。从整体来说，日据时期，因为进香仪式需要，民间跳鼓阵纷纷成立，在发展过程中受到统治者打压，生存条件极为艰难。

1945—1980 年，跳鼓阵处于缓慢发展的阶段。这一时期，两岸处于长期对峙状态，交往几乎停滞。抗战胜利初期，台湾仍然以农业为主，到 1960 年以后，逐渐形成出口导向型发展模式，经济高速增长，工业产值渐渐超过农业。在工业化建设的过程中，鼓励企业生产，农村人口外流，城市化进程加快。这在一定程度上改变了民俗生存的土壤，也正是商品经济的冲击，跳鼓阵团体开始由农村走向城市，职业或者半职业性质的跳鼓阵活跃在城市之中。中后期，政府实施宽松的文化政策，跳鼓阵迎来新的发展机遇。1980 年，台湾教育主管部门正式全面倡导全民体育。其中，第三项有关民俗体育文化的推广有相关细则，强调个人技巧性的民俗体育项目，如跳鼓、踢毽子等。其说明在这个阶段政府开始关注民俗项目的发展，但政策和资金的支持仍然十分有限。

1981—1991 年，跳鼓阵处于快速增长阶段。政策上对传统民俗项目加以支持和引导，是民俗文化能够传承下去的主要推动力。1980—1988 年林恩显教授主持"民间传统技艺调查研究"工作，主要负责调查民俗技艺的现状、艺人的生存近况、传承和发扬的策略研究等。重要人士推动促进了跳鼓阵在各个领域快速发展。跳鼓阵从民间小戏，逐渐成长为参与庆典节日的重要节目。1992—2002 年，是跳鼓阵发展的鼎盛时期。此时，学校成为跳鼓阵活动的主体。实施中小学传统艺术教育计划，给跳鼓阵的发展注入新的活力。每年拨款 4000 万~7000 万元推展此计划，致使许多学校组织起大型民俗体育项目。① 修订中小学课程标准，从 1996 年开始，乡土教育正式进入学校课程。20 世纪 90 年代后，把民间阵头融入社区生活，实施"社区民俗艺阵推广活动"的规划，并且把跳鼓阵作为推广的主要项目。

2000 年以后，跳鼓阵逐渐没落。台湾教育主管部门与文建会、县市政府相继出台政策，以中小学教育为推广重点，可仍然无法扭转颓势。2001 年教育主管部门推行九年义务一贯课程，乡土教育成为学校课程融入各个学习领域。其强调，尊重并学习不同族群文化，理解与欣赏世界各地历史文化，并深切体认世界为一整体的地球村，培养相互依赖、互信互助的世界观，明白指出课程应培养具有爱乡土与国际意识的学生，增长其文化同理心、拓展其国际视野，实至名归地达到乡土教育与多元文化教育的诉求。此外，学校不设置专门课程，提出十大基本理念指标，每个学校有很大的自主性，可以开发特色的校本课程。

---

① 陈世霖. 台南县关庙乡龟洞飞鹰跳鼓阵之研究 [D]. 台南：台南大学，2006.

同年，出台"挑战 2008e 世代人才培育计划"，提出"一人一乐器，一校一团体；一人一运动，一校一团队"的内容，发展学校团体文化，把学校文化与社区文化相融合，从而达到群育精神的目的。重视学生身心健康与发展，培养每名学生至少学会一项运动技能及各校至少组成五个运动团队。在 2005 年，突出"优先计划区"，提供经费辅助，改善城乡教育差距。

事实上，学校在发展跳鼓阵的过程中面临许多困难。首先，资金出现危机，道具、服饰无法得到更新，无力提供给师生资金上的帮助，跳鼓阵难以继续维持下去。由于经济条件限制，各个地方发展也极不平衡。其次，跳鼓阵在发展过程中力求创新，与时代紧密结合，可仍然难以适应新的环境。跳鼓阵以低姿态左右摆动的形式，并不受学生欢迎，再加上升学压力，跳鼓阵发展愈加困难。

第二节　两岸鼓阵文化的异同比较

闽南大鼓凉伞与台湾跳鼓阵极其相似，源于军旅，很可能与明朝戚继光抗倭的胜利有关。[①] 至于何时，经过怎样的途径传入台湾缺乏资料记载。吴腾达教授常年致力于跳鼓阵的研究，曾先后两次来大陆调查闽南大鼓凉伞的起源、道具及演奏方式，经过大量的资料整理与分析，认为两者很可能属于同一种表演文化。随后，陈振诚也引用吴腾达教授的田野调查成果，可见该观点有一定的可信度。

为什么要比较海峡两岸鼓阵的不同呢？其不同的地方很少，相同的地方很多。比较不同不是目的，而是在差异中寻求认同。其一，台湾大多数传统文化源于大陆，长期隔离，文化已经产生变异，甚至发生质变。其二，文化传承需要文字记载，才能得以保留和继承。由于两岸文化在交流的过程中，缺少文字的记录与保存，现在已经无处可寻，实在遗憾。其三，了解两岸鼓阵发展的现实状况，既是寻找鼓阵的核心内涵，又是相互交流与学习的机会，为两岸文化的发展提供参考价值。因此，将两岸鼓阵进行比较就显得十分必要。

一、两岸鼓阵的艺术特征比较

（一）大鼓凉伞的艺术特征

大鼓凉伞在九龙江一带盛行，以漳州、龙海两市为中心。在漳州祭祀、庆

---

① 吴腾达. 跳鼓阵研究［M］. 南投："台湾省教育厅"，1997.

典仪式等民俗活动中，大鼓凉伞是必不可少的表演项目。传统大鼓凉伞的表演形式多样，各地在道具种类、数量上皆有差异，但大鼓、凉伞、锣、头旗是必不可少的元素。鼓与伞皆成双成对出现，最常见是8人组阵，有鼓手、伞娘、伞娘、锣手和头旗五个角色。在大陆的鼓舞鼓乐中，男女成双、鼓伞配对出现在大鼓凉伞表演活动中。胸前背鼓，竖式敲击，用绸缎结绳、交叉背绑是闽南海洋文化的体现。从服饰上，传统的大鼓凉伞，鼓手由成年男性担任，身穿明代士兵的服装，戴帽子；而伞娘是明代丫头打扮，盘头插花。大鼓凉伞的服饰保留了明代风格，这增加了"庆祝戚继光抗倭胜利起源说"的可信度。[1] 从步伐上，大鼓凉伞有走、跑、跳跃的步伐动作，并且吸收了其他民间舞蹈的步伐。比如，圆场跑和芗剧的舞步相似。从整体上，表演动作趋向简洁、流畅，手翻、腾跃等难度动作渐渐消失。从阵式上看，有走四门、龙吐须、莲花转、龙摆尾等，每种阵式都有其特定的民间信仰内涵和严格的编排顺序。如"打四门"必须排在头阵，在"拜神"时又要落在鼓阵的末尾。在民俗节庆活动中，大鼓凉伞较为自由，与观众之间可自由互动，不受限制。从音律上，大鼓凉伞音乐以鼓为主，铙钹为辅，节奏匀速适中。传统的鼓阵铙钹与鼓伞共舞，而如今铙钹仅仅立于鼓阵两侧，只奏不舞。

（二）台湾跳鼓阵的艺术特征

传统的跳鼓阵，基本队形接近四方形，由一支头旗、一面大鼓、两支凉伞和四面铜锣组成，一阵有八人，头旗为前导，大鼓居中，凉伞穿梭扮演串场，铜锣分居四角搭配。表演时，以大鼓为中心，屈膝开步，两拍节奏和七步步伐变换，或穿梭各种阵式中。跳鼓阵的表演突出阵式的变化，在传统的阵式基础上，亦可自创阵式。服饰上，跳鼓阵的服饰因时因地、因经济条件限制而产生差异。在庙会仪式上没有特别要求，没有夸张和耀眼的颜色。而学生团体参与表演，要提前设计服装款式，往往颜色艳丽，吸引眼球。当然，民间仍然保留着古朴风格，穿绣花鞋、戴斗笠。总之，因场地、主办方、活动目的不同，呈现多样的选择性。

二、两岸鼓阵的文化特征比较

（一）大鼓凉伞的文化特征

大鼓凉伞道具造型独特，舞法具有闽南的特征。其集中表现为：以"伞"

---

[1] 郭琼珠，李丽. 明清时期大陆移民对台湾武术形成与发展影响研究［J］. 北京体育大学学报，2011：7.

为天，以鼓敬神，带有强烈的宗教色彩，充分体现了天人合一的思想。凉伞，在古代也称"辇伞"，专为达官显贵所使用。后来，凉伞出现在神明出巡的庙会仪式当中，一般走在神轿之前，有引路之意，被称为"神伞"。正是因为凉伞常常出现在宗教仪式的场合，往往被称为人与神沟通的媒介。人们在庙会节庆，舞动手中的凉伞，传达虔诚的神灵崇拜，祈求得到庇佑。而大鼓，是宗教仪式上必不可少的法器。闽南大鼓与台湾跳鼓阵都采用绑背式固定，竖立式双面敲击。大鼓是用绳索打结如网状，相互交叉固定在鼓手身上，以跳跃时鼓不会左右摇摆为原则。闽南艺人创造的独特而又具有美感的绑背方法，随闽南人迁台，自然也传到台湾。因为大鼓凉伞独特的击鼓和背绑方式，使其呈现不同的表演形式。背鼓和竖立式双面击鼓法是大鼓凉伞最显著的特征，具有"脚步稳健、手臂挥槌为主、鼓点节奏整齐、色雄浑震天"的特点。

大鼓凉伞表演形态对比强烈，表演过程充满互动和乐趣。从表演形态来说，鼓伞对舞，鼓稳伞飘，男悍女媚，对比鲜明，变幻多端。鼓手一般由成年男子担当，动作矫健，雄浑有力，给人洒脱和刚劲的美感。当然，在传统的鼓阵中，丑角必不可少，必须是富有经验的彩婆才能胜任。丑角打扮滑稽，打情骂俏，极为有趣。丑是中国戏曲中必不可少的角色，表现了人们以"闹"为乐的性格。鼓手与伞娘互动，鼓立于中间，前后各有一支凉伞。大鼓与凉伞共舞之后，才由前面一支凉伞负责引导，配合大鼓做阵势的变化。

（二）台湾跳鼓阵的文化特征

台湾接近1/3的人口祖籍为福建人，又以漳州居多。福建人在迁往台湾的过程中，也把大鼓凉伞的道具和表演技巧带入台湾。人们远离故土，往往用家乡的舞蹈来排解内心的苦闷。因历史和自然条件的制约，海峡两岸处于长期的隔绝状态，因此，台湾跳鼓阵在吸收当地文化的同时，又保留着大鼓凉伞的基本内核。

台湾跳鼓阵注重扭动跳跃的奔放风格。闽南大鼓凉伞与台湾跳鼓阵在表演风格上明显不同，后者更加活跃、热烈和奔放。跳鼓阵在传承演变中，道具缩小，变为轻巧型，便于扭动和跳跃，在台湾跳鼓阵被称为"乡土迪斯科"。正因为奔放自如、活泼易学的特点，使得跳鼓阵在全台各地极受欢迎。台湾跳鼓阵具有矮、蹲、跳的动律特征。重心低，意味着稳；蹲状跳跃恰似蛙跳，这种动态沉重、稳健，又不失活泼，蕴含典型的移民文化特征。

海洋与山地文化并存的海岛风韵。台湾既有大陆迁移过去的客家人，也有土生土长的当地人。随着全台开放的程度越来越高，当地少数民族与汉人交流愈加频繁。双方在交流过程中，相互吸收和借鉴，因此，形成了较为独特的跳鼓文化。山地舞蹈淳朴自然，动作简单，节奏鲜明，具有明显的原始舞蹈风格。跳鼓阵吸收了岛内居民质朴无华、热情奔放的舞风，形成了海洋文化与山地文化并存的海岛古朴风韵。

三、两岸鼓阵的文化品格比较

受特殊地理环境的影响，漳州形成了较为特色的闽南文化。漳州背靠群山，面向大海，属于典型的负山滨海型的自然环境。根据《漳州府志》，"一水清流列峰秀出，两山拥翼二江襟带"。龙溪县"两溪合流，四山环胜"。由此可见，漳州是一种负山滨海型的自然环境，有别于开放型的海洋环境，也有别于相对封闭的内陆环境。漳州东南一面临海，其余三面皆峰峦起伏、群山环绕的地理状态客观上造成了一种"隔绝机制"，而"隔绝机制"正是一个相对独立的文化形态得以保存并延续的先决条件。①

俗话说：靠山吃山，靠水吃水。闽南人以海为田，形成较为独特的海洋文化。征服海洋需要莫大的勇气，同样也预示着生死未卜的危险。因此，正是因为生活充满许多不确定因素，人们往往在盛大庙会或仪式上，获得与神灵沟通的机会，希望获得庇佑。海洋文化在大鼓凉伞和跳鼓阵中表现得极为明显，舞风表现出的剽悍、强劲的豪迈气势，具有在和谐安详中又不失强劲的地域特色。受地域人文因素的影响，闽南非常重视神明遶境的活动，庙会仪式各种阵式组合在一起，形成庞大的艺阵。

海峡两岸至今仍然信奉"妈祖"，认为可以消灾祈福、保佑平安。民间形成的"输人毋输阵"的文化特色，在大鼓凉伞中有充分的体现。击鼓体态、群体斗鼓，讲究阵式的整体变化，充分体现了漳州人这种不甘人后、注重团队精神的地域人文性格。此外，大鼓凉伞吸收和融合了地方戏曲的特色。大鼓凉伞受芗剧的影响，在伞娘步伐、丑角的表演形式等方面体现得淋漓尽致。如今，芗剧也会吸收大鼓凉伞的精华部分，创编出极为经典的地方曲目。如《母子桥》《马州巡城》等曲目，融入了许多大鼓凉伞的元素。这说明"大鼓凉伞"与地方戏曲有着密不可分的关系，在互为影响中形成独具特色的漳州传统地方艺术。

---

① 郑铺. 论漳州人的人文性格 [J]. 漳州师院学报，2005（4）：80.

第三节　两岸鼓阵交流的历史回顾

台湾自古以来就与闽南保持着密切的联系，具有地缘近、血缘亲的特点。明末清初，郑成功收复台湾，汉人开始陆续迁往台湾，也把来自家乡的生活和休闲方式带至台湾，大鼓凉伞随着大陆人迁台找到了新的生存空间。两岸关系因历史阻隔长期处于停滞状态，大鼓凉伞和跳鼓阵各自保持着独特的风格，但不可否认两种鼓阵仍然存在许多相似的地方。改革开放以后，两岸长期对峙的关系开始缓和，双方在文化交流、经济合作、政治洽谈方面更加频繁。大鼓凉伞与跳鼓阵是两岸文化一脉相承的见证，仍然保留着独具特色的闽南风格。人们借助鼓阵交流的机会，增加感情上的互动和联系。

两岸通过海峡论坛、民俗节、旅游节、博览会等形式，进行传统文化与民俗的交流。闽台文化同根同源，举办海峡两岸文化交流的活动，有利于两地民间的往来和民众的交流，增进两地人民的情感，增强移居台湾的闽南人对传统文化的认同。在海峡两岸花博会上，大鼓凉伞是指定节目。在闽南地区许多庙会、节日庆典现场，大鼓凉伞常常出现在香阵队伍中。在一些海峡两岸体育比赛的开幕式上，也都会有大鼓凉伞的表演。但闽台大鼓凉伞和跳鼓阵活动空间与范围仍然十分有限，主要依附于节日庆典、宗族祭祀开展，如 2005 年厦门市元宵节的花车巡游，2012 年农历二月十五，漳州戴氏开基祖君胄公诞辰 1309 年，中国港澳台地区以及东南亚的戴氏家族宗亲回大陆闽南祭拜等宗族活动。

事实上，闽台大鼓凉伞与跳鼓阵没有专门的交流活动，仅在学术界引起部分学者的关注，而在闽南民间很少有人知道台湾跳鼓阵，更别说两者在表演样式上的联系和区别。2008 年以后，大鼓凉伞发展极为迅速，常常出现在民俗、庆典、仪式等活动现场。大鼓凉伞受到民间关注，这也是大鼓凉伞走出去的最佳时机。

总体上来说，大鼓凉伞与跳鼓阵在道具、表演技艺、阵式等方面，有许多相似的地方。对鼓阵的关注主要集中在学术界，仅仅有部分学者认为跳鼓阵是在大鼓凉伞的基础上演变而来。至于民间，艺人活动的空间非常有限，加上两岸鼓阵交流极少，很难意识到两者存在必然的联系。从发展趋势和空间来看，台湾跳鼓阵有两条发展主线，其一，民间宗教场合作为艺阵出现，娱人娱神。其二，在学校已经发展极为成熟，各个学段的专业团体皆有。学校把跳鼓阵作为"乡土教育"的内容之一，利用社团、协会等组织，培养学生的兴趣。在大陆，大鼓凉伞仍然在民间发展，表演的场所更加多元，但学校开设大鼓凉伞的课程较少，这是未来需着重发展的方向。

第四节　两岸鼓阵交流对促进文化认同的意义

文化认同，是国家立足于世界之林的伟大精神力量，使民族在激烈的国际竞争中立于不败之地。中国自古以来就是礼仪之邦，形成了较为完善的礼乐制度。礼乐制度是建立在血缘、地位关系之上，人与人之间有严格的界线，需要在规矩之内行使权力和履行相应的义务。鼓，是中国古代重要的礼器之一，在不同的场合，呈现不同的功能。鼓常常作为与神沟通的媒介出现在祭祀仪式上，也会出现在人们的日常生活当中，具有报时、防盗、音乐伴奏等功能。鼓阵，一般为多人成阵，发挥鼓的伴奏功能，鼓手与鼓融为一体，营造一种热烈、活泼、浪漫的场面。两岸人民受地理和历史原因的影响，内心存在一定的隔阂和误解。而两岸鼓阵有许多相似之处，是两岸文化一脉相承的见证，是拉近两岸同胞的精神纽带。两岸鼓阵相互交流，有利于激发人民对本民族文化的认同和理解，提高民族凝聚力；有利于提升民族自豪感和自信心，加快推进文化自信建设。只有两岸同胞通过相互了解，携手共进，团结一致，才能早日完成祖国统一大业，实现中华民族伟大复兴的历史重任。

一、有助于传承两岸鼓阵传统文化

大鼓凉伞和跳鼓阵是中华优秀传统文化的重要组成部分，具有丰富的文化内涵。两岸鼓阵都以鼓手和伞娘为主要角色，道具虽然在大小、样式等方面有所差异，但所蕴含的核心思想基本一致。以伞为天、以鼓敬神是传统大鼓凉伞的核心理念，展现了天人合一、人与自然和谐相处的寓意。人们通过鼓和伞获得与神灵沟通的机会，期望得到神灵庇佑。在表演过程中，鼓手与伞娘对舞，刚柔并济，反映了人人平等、和平共处的思想，体现出了中国人看待事物和处理问题的中正平和的态度。演员与观众互动，是人们消遣娱乐生活的重要组成部分，也提供了人与人之间交流的平台。人们借助表演的机会，相互交流，获得内心的满足。在闽南和台湾，神明遶境是必不可少的宗教仪式，鼓阵也是宗教阵头中较为活跃的阵式之一。各个艺阵团体相互竞争，互不相让，在类似文化的影响下，形成较为独特的民族性格。

二、有利于两岸鼓阵的创新与发展

大鼓凉伞和跳鼓阵都属于只舞不歌的艺术表演形式，属于民间舞蹈的范畴。两岸鼓阵既有相同的文化元素，又有各自的特点，表现出与众不同的地域特色。大鼓凉伞仍然保留较为传统的演出技巧，借鉴芗剧的步伐，凸显出舞蹈横摆的特征。演员多由妇女构成，以半职业性质为主，与广场舞相结合，常常出现在公园、社区等文化场所。而跳鼓阵动作有力，节奏轻快，有"东方迪斯科"的美名。两个鼓阵交流既可以丰富人们的文化生活，给观众带来与众不同的艺术享受，并且对于民间艺人来说，还可以相互借鉴，为鼓阵创新提供新的思路。

三、通过鼓阵认同促进两岸文化融合

随着经济的发展日益密切，两岸同胞关系日益密切。海峡两岸经常举办学术论坛、经济博览会、传统文化展演等活动。观众在欣赏精彩的传统节目时，了解两岸的文化特色，增加自身文化的认同。文艺表演活动往往能凸显一个地域的人文性格，人们在享受文化带来愉悦的同时，也会更新对该地区人们的认识。只有面对面的接触，才能真正感受到对方的性格特点。只有了解自己同胞的生活状态，才能减少误解和偏见。大鼓凉伞与跳鼓阵有不同的表演角色，而各个角色之间只有协调配合，才能呈现一场精彩的演出。鼓手与伞娘的合作，需要足够的默契。民间艺人长期形成的团结协作的精神，有利于两岸之间鼓阵团体相互合作，从而减少两岸同胞文化上的偏见。

第五节　加强两岸鼓阵交流促进文化认同的策略

通过文化交流促进两岸文化认同，是一个庞大的系统工程，需要借助各个方面的力量。官方不论是在制度设计方面，还是政策法规方面，都要给予民众支持，充分挖掘和发挥民间力量，使社会与民间形成合力，共同繁荣民族文化。

一、政府层面

海峡两岸应该统一认识，达成共识，从战略高度上引导民俗文化的发展。首先，两岸在文化交流的过程中，因不同的发展理念，往往存在许多矛盾与争端。双方文化交流处于不对等的地位，也是限制文化交流的重要障碍。普通民众受制度、经济等条件限制，双方互动仍然十分有限。此外，两岸民俗交流缺少专门的管理部门，进行统一组织和协调双方关系。

应该充分发挥体育、舞蹈、音乐等民间文化的功能。互派代表参加比赛，在双方交流的过程中缓解压抑的情绪。双方体育组织相互磋商和协调，利用有利的场地、技术等优势，加强运动训练、竞技比赛、体育文化等方面的合作与交流。以交流促合作，共同促进两岸文化繁荣。

应该经常举办与民俗体育有关的学术活动，依托高校，在共享教育资源的同时，互派交换生。需要加强学校体育方面的交流与合作。台湾的中小学教学已经把"乡土教育"纳入课堂，鼓阵被引入学校，受到学生欢迎。台湾鼓阵在学校发展已经成型，具有相当的规模。此外，双方体育组织应该时常保持沟通，根据双方需要，通过定期的沟通，提出规划交流的方向与互助合作的内容，提出具体解决问题的方案。

有关部门要做好大鼓凉伞和跳鼓阵的文字记载，梳理大鼓凉伞的发展脉络，建立专门的鼓阵档案库，设立鼓阵专项扶持资金，策划鼓阵专项比赛赛事。此外，继续实施非物质文化遗产的保护，重点保护民间艺人，使鼓阵能够代代相承。积极引导民间项目向学校、社区发展，培育人们对民俗项目的理解和关注。

二、学校层面

教育部门要积极鼓励中小学开展大鼓凉伞"乡土体育文化"教育，组织鼓阵研习营，培养专业鼓阵教练。教师本身要力求对传统鼓阵的教学方法进行创新，编排和设计融入当地文化元素。此外，要发挥鼓阵的娱乐健身功能，把鼓阵文化融入课程教学之中，提高学生对本地区、本民族文化的热爱，从而成为鼓阵文化的践行者和传承者。各高校要把民族传统体育专业和民间舞蹈专业相结合，既要开设鼓阵课程，又要加强鼓阵文化的研究，提高人们对鼓阵的认识和理解。最好高校与中、小学或民间团体进行实践的交流与合作，提升民间鼓阵创造性和适应能力。

三、民间层面

两岸鼓阵的民间艺人需要相互交流，吸收对方的优势，又要保留自身特色。顺应时代所需，及时变革。应该推动跳鼓阵向舞台化、精致化、流行化方向改革，创新阵式、动作和道具，不仅着眼于闽南文化圈，而且与其他文化广泛交流，整合全世界的闽南文化资源，将闽南文化和中华传统文化发扬光大。

第十二章

专题研究：金门县端午节龙舟竞赛

第一节　金门县端午节龙舟竞赛概况

端午节龙舟竞渡在中国有悠久历史，是深受海内外华人喜爱的民俗体育活动。中国长期农业文明使民众养成应时而作的节庆生活习惯，不同节日有不同的民俗体育活动，年复一年且代代传承。① 龙舟竞渡具有应天时、接地气和厚信仰的特点。赛事扎根民间，多由乡村发起并深受村落民众喜爱，具有深厚民俗信仰基础，通过办赛希求人神共娱、祈望人寿年丰、表达传统伦理和增进社区团结。② 无论是竞技龙舟还是民间龙舟，为了保障赛事规模和水平，提升赛事吸引力、号召力和影响力，都需要重视赛事动员问题。③④⑤⑥⑦ 然而，目前研究对赛事动员关注不足。尽管现有研究揭示了对赛事参与者的动员，例如，对重

---

① 钟敬文. 民俗学概论［M］. 上海：上海文艺出版社，2009：132-134.
② 高丙中. 端午节的源流与意义［J］. 民间文化论坛，2004，9（5）：23-28.
③ 黄金葵. 现代龙舟赛去仪式化现象的人类学反思［J］. 首都体育学院学报，2017，29（1）：21-25.
④ 罗湘林，范冬云. 龙舟竞渡的赛制同化与民俗回归［J］. 南京体育学院学报（社会科学版），2014，28（2）：29-33.
⑤ 郑国华，张自永，祖庆芳. 民间体育组织中的精英治理：以赣南客家"池塘龙舟赛"为例［J］. 体育成人教育学刊，2016，32（4）：52-57.
⑥ 洪炳举. 如何推广端午文化节俗（龙舟赛）［C］. 2010 海峡两岸端午文化论坛研究，2010：51-53.
⑦ 徐炯权. 民俗专家任国瑞：让龙舟竞渡重燃民间热情［J］. 老年人，2011，18（6）：16-17.

大比赛备战动员①、全民健身赛事动员②、社会体育赛事动员的研究③，但是对赛事举办者动员的研究不多，且并没有作为主要问题提出，例如，对环青海湖自行车赛成因④⑤、林溪花炮节成功启示的研究⑥。因此，对龙舟赛事动员机制的研究，有助于深化对民俗体育赛事乃至各类体育赛事动员的理解。

金门县历史上有较多端午节龙舟竞渡的记载，由于实行多年战地政务，致使龙舟竞渡中断数年。自 2009 年举办金门县端午节龙舟竞赛以来，赛事仪式隆重、节目精彩、比赛激烈，吸引了海峡两岸暨香港、澳门参赛队伍。作为区域性龙舟赛事，金门县政府对县属单位的行政动员、教育局对中小学生的动员以及金门大学对两岸暨香港、澳门高校的行业动员发挥了很好的作用。

金门县端午节龙舟竞赛自 2009 年起在古宁乡双鲤湖举办，到 2017 年已经举办 9 届，历年参赛队伍和赛事活动较为稳定。以第九届为例，参赛队伍有 29 队，分组为社会组男女组、乡镇组、表演组。社会组由县政府、学校、企业和社区等队伍组成，其中男子 12 队，女子 8 队。乡镇组由金城镇、金宁乡、金湖镇、金沙镇 4 队组成。表演组参加的是中兴大学、台湾清华大学、厦门大学、浙江师范大学、金门大学龙舟队 5 个队伍。每个队伍包括领队和教练各 1 人，12 名队员组成为桨手 8 人、舵手 1 人、鼓手 1 人和替补 2 人。

表 12-1　金门县第九届端午节龙舟竞赛活动流程

序号	时间	活动
1	上午 8 时起	音乐暖场、选手报到
2	8 时 30 分	参加挑战安全射箭活动报名领牌、参加写生比赛现场报名领取画纸

---

① 石岩，赵阳，田麦久. 我国重大比赛备战动员机制的理论研究 [J]. 体育科学，2007，27（9）：23-32.

② 付晓静，王斐. 网络动员在全民健身中的应用研究 [J]. 南京体育学院学报（社会科学版），2013，27（4）：119-123.

③ 黄文仁. 社会体育发展与社会动员 [J]. 山东体育学院学报，2002，18（4）：82-84.

④ 张云耀. 标志性体育事件成功的要因分析：以环青海湖国际公路自行车赛为例 [J]. 旅游学刊，2009，24（7）：39-42.

⑤ 周晓丽，孟军. 论环青海湖国际公路自行车赛事特征与提升策略 [J]. 西安体育学院学报，2013，30（2）：176-179.

⑥ 冯天瑾，王进，李志清，等. "利益相关者"理论在民间体育传承与弘扬中的应用：桂北侗乡林溪第 62 届花炮节成功举办的启示 [J]. 体育学刊，2008，15（7）：102-105.

续表

序号	时间	活动
3	上午 8 时 30 分至 9 时	祭神（公祭关圣帝君）、龙舟开光点睛仪式（龙舟下水）
4	9 时	开幕典礼
5	9 时至 9 时 30 分	祥狮献瑞、主席致辞、来宾致辞、运动员宣誓、礼成
6	9 时 30 分至下午 4 时 30 分	社会组龙舟第一组竞赛、各组龙舟竞赛赛程进行（中午 12 时至下午 1 时 30 分休息）
7	下午 4 时 30 分至 4 时 40 分	颁奖—闭幕典礼

赛事活动主要包括龙舟比赛、民俗才艺表演、安全射箭、写生比赛。龙舟比赛共有 30 场次，社会组和乡镇组冠军奖金各 3 万台币（人民币约 7000 元），表演组比赛只计成绩，不计名次。民俗才艺表演有 10 个节目，旨在提倡正当休闲活动，促进地区民俗才艺技能发展，其中，天震堂祥狮献瑞、凤翔社区摇旱船和开瑄小学节令鼓非常精彩。安全射箭沿袭古代端午射柳习俗，旨在鼓励观赏者参与多元运动，参赛名额 200 名，有兴趣者均可现场报名参与。写生比赛分为中学、小学高年级、小学中年级、小学低年级、幼儿共 5 组，各组择优录取前六名颁发奖状及奖品，旨在青少年中传承民俗体育活动，达到寓教于乐的效果。其他赛事支持性活动包括：观光处为参赛人员提供游览指导，还为观众提供休息大厅和饮水服务。警察管制附近道路保障比赛安全。商贩设置 13 个摊位的蚵仔面线、粽子等特产展售。组委会为两岸暨香港、澳门表演组成员提供代金券，用于购买品尝特色美食。

图 12-1　2009—2017 年金门县端午节龙舟竞赛参赛队伍和赛事活动

第二节 金门县端午节龙舟竞赛的动员机制

体育赛事的顺利举办需要投入大量资源，办赛者对赛事规模、精彩程度和持续性有一定期待，这就需要动员比赛所需要的场地、队伍、规程等共同条件。但是，这些共同条件不等于比赛，只有当各类人员出现在竞赛现场后，比赛才能从具备条件转变为特定时空里的现实。金门龙舟赛在仅有 10 多万人口的岛屿地区，动员了主办、承办和协办的 29 个单位，吸引了 29 个龙舟队伍，动员了2500 名左右的群众参与或观赏，其成功之处值得分析借鉴。为此，我们对 2017 年端午节金门龙舟赛进行了田野调查，访谈了主办方、承办方和当地村民共 9 人，查阅历年《金门日报》的赛事报道以及收集大陆和台湾龙舟赛事研究文献。

民俗体育赛事是有组织的群体性行为，体现在组织动员、人群聚集和话语发动方面。本文综合蒂利（1978）的社会运动动员模型①、麦克亚当（1982）的政治过程理论②、赵鼎新（2006）的空间动员理论③，将民俗体育赛事的动员机制分为组织网络动员、空间环境动员和话语诉求动员。蒂利强调动员能力取决于资源总量和资源转换能力，因此我们将组织网络动员看作办赛者所能够控制和动员的资源，以及将所动员资源转换为体育赛事资源的能力。赵鼎新指明校园空间环境对学生运动动员的影响，由此本文将空间环境动员看作环境对竞赛参与的诱导作用，也包括空间环境能够孕育社会组织从而间接推动赛事的开展。麦克亚当强调认知解放对社会运动的作用，指明话语对群体意识的唤醒作用，因此将话语诉求动员看作以话语、文本、仪式、符号、信仰和价值观为手段，寻求价值观念共识和参与者认知解放，发动公众参与体育比赛。

---

① TILLY C. From mobilization to revolution [M]. New York：Addison-Wesley Pub. Co. 1978：145-148.

② McAdam D. Political process and the development of Black insurgency 1930—1970 [M]. Chicago：University of Chicago Press，1982：227-228.

③ 赵鼎新. 社会与政治运动讲义（清华社会学讲义）[M]. 北京：社会科学文献出版社，2006.

表12-2 金门县端午节龙舟赛动员结构

社会关系	组织网络动员	空间环境动员	话语价值动员
神缘	关帝；妈祖；保生大帝	关帝庙；保生大帝庙	尚义；团结；平安
业缘	体育局；教育处；观光处	金门大学；体育场	健身；教育；休闲
血缘	姓氏宗族	村庙；宗祠	亲情；血亲；维系
物缘	龙舟；鲤鱼；风狮；粽子	岛屿环境	纪念；吉庆；平安
地缘	村落；社区；县乡行政	古宁村；双鲤湖	闽台文化；发展

一、组织网络动员

龙舟竞赛历来有官家和民间两大系统，在官家，所谓"天子乘鸟舟、龙舟浮于大沼"①；在民间，则是"竞渡端阳兴未央，家家儿女荡轻航"。② 金门古来有龙舟竞渡，据明清时期同治十三年（1874年）周凯监修、林焜熿等编纂的《金门志》记载，"或镂小舟，驶池沼浦港，乘潮涨，驾（舟古）艇鼓乐，唱太平之曲或竞渡为戏"。③ 在自20世纪50年代起的军事对峙和政治对峙时期，金门的民间龙舟竞赛没有记载。从1992年台湾解除金门地区"戒严"到2001年开放金厦"小三通"，两岸民间体育开始有交流。据访谈对象董燊口述，金门高级农工职业学校由于校园有湖泊，率先开展龙舟运动并参加厦门、泉州和福州的龙舟比赛。由于民间村落的龙舟竞渡已经衰落，所以2009年开始的金门龙舟赛是在县政府主导下举办，具有高度的行政依附性，赛事的选址、队伍募集和配套活动通过行政手段解决。比赛地双鲤湖位于县长李沃士家乡古宁头村，比赛队伍动员了社会组12队，高中和技校的队伍15队。从2011年第三届开始又以行政力量动员了金沙镇、金湖镇、金城镇和金宁乡四个乡镇组队参加。④ 行政动员的组织力量和资源转换力量强，在曾经全民皆为后备军的金门地区无疑是高效的，县政府自身也组队参赛起到引领作用。从赛事报道文本来看，政府打

① 黄丽云. 龙舟文化等同政权符号：屈原崇拜与竞渡之国际比较 [J]. 云梦学刊, 2010, 31 (4)：54-60.
② 陈熙远. 竞渡中的社会与国家：明清节庆文化中的地域认同、民间动员与官方调控 [J]. 台湾："中央研究院历史语言研究所集刊", 2008, 79 (3)：417-496.
③ 石奕龙. 明清时期泉州府各地闽南人的端午节 [C]. 2011海峡两岸端午龙舟文化论坛, 2011：169-172.
④ 庄焕宁. 第三届龙舟赛金厦22支劲旅今双鲤湖竞技 [N]. 金门日报, 2009-06-06 (02).

造龙舟赛事平台的目的在于发展观光旅游，增进经济发展与社会和谐。简言之，建设"幸福金门"是行政动员的动力来源。

组织网络动员的一个特点是社会关联密切。龙舟竞赛扎根于神缘、业缘、血缘、物缘、地缘五种社会关系，紧密的社会关联提升了办赛者的动员能力。①

神缘涉及民俗信仰，是传统节日的信仰基础。金门县龙舟赛受到古宁头双鲤古地关帝庙管理委员会和南山宝灵殿管理委员会的支持，前者关帝保佑一方平安，后者保生大帝保佑子孙繁衍。关帝庙管委会是祭神的主要组织者，比赛日清早就开始打扫、上香、摆果等准备活动，道士和当地老者对献祭物进行检查，以保障龙舟竞赛的顺利进行。双鲤湖侧的保生大帝庙为参赛群众的献祭、休息和学生写生提供空间。金门县乡村寺庙众多，建成、维护和供奉都由乡民出力，神缘组织也是龙舟赛与本地乡民关联最密切的组织网络。从关帝庙的落成志文得知，清乾隆十三年（1748 年）建成并命名双鲤古地，1927 年重修，出资者多为李姓村民。关帝信仰在闽台较为普遍，因此，金门县龙舟赛历次公祭关圣帝君仪式都隆重庄严，主祭者和陪祭者是地方有身份的人物。

业缘是指行业交往产生的关系纽带。金门马拉松竞赛发起与举办受到体育和教育行业的推动最为明显。两岸体育行业交流是促成金门龙舟赛的重要契机。金门大学运动休闲管理系与金门县体育场为龙舟赛的发起、组赛和接待提供了骨干力量。2006 年泉州市首届海峡两岸龙舟邀请赛，金门地区就派队参加；2007 年集美市第二届海峡两岸龙舟竞赛，金门有 4 支队伍参赛。参加这些比赛交流，使金门体育界萌生了举办龙舟赛的想法。此外，两岸高校体育交流，使金门龙舟赛的参赛队伍增多，从 2010 年开始，每年都有高校龙舟队伍参加金门端午龙舟竞赛，增加了活动的人气。教育行业的比赛动员体现在教育处组织学生参加写生比赛和具有特长的学生进行民俗才艺表演，增大龙舟赛规模。写生比赛在民俗传承、寓教于乐和亲子和睦方面作用很大，学生写生队伍围绕在湖畔，既是观察者，也是啦啦队。学生多有家人陪伴，以家庭为单位在湖畔围坐，增大了竞赛规模。金门中小学生也积极参与民俗才艺表演，营造了比赛气氛和浓郁的传统文化氛围，其中开瑄小学节令鼓曾获冠军。

血缘指宗亲关系，对金门县龙舟赛的举办有其独特作用。首先，金门是一个移民大县，历史上乡民迁入和迁出都很频繁，迁入到金门的移民往往依宗姓

---

① 林其锬，吕良弼. 五缘文化概论［M］. 福州：福建人民出版社，2003：196-198.

聚居在不同的村落。① 古宁村乡民多为李姓，县长李沃士是该村人，前六届金门龙舟赛的举办都在李县长主政期间。据访谈的古宁村民讲，李县长关心龙舟赛的举办，并将比赛地点放到村里的双鲤湖，是李氏家族的荣誉。其次，写生比赛基本是由家长陪伴，既可以保证学生安全，又可以指导孩子作画，亲子活动还可以增进家庭和睦。

物缘指物品代表的生产关系或信仰关系。关公像、龙舟、鲤鱼、风狮、射箭、粽子和高粱酒都是大众参与金门龙舟赛可见的物品。这些物品令来参赛者感受到了金门的魅力，留下美好记忆。同时，物品还是文化符号。比如，关公像不但是村民信奉的对象，还凝聚了乡民的历史情感，据古宁村民讲，现在双鲤古庙里的关公像是泥塑的，而村里祠堂秘密供奉的更古老的关公像是木雕的，20 世纪曾被临近某渔村抢去，后来村里集结青壮年又抢了回来。多年来由于担心再次丢失，村民将木雕关公像藏到村里祠堂供奉，并重新制作了泥塑关公放到村头的双鲤古庙。此外，金门高粱酒是地方特产，酒厂是龙舟赛的唯一赞助商，也是金门县最大的企业，对金门经济社会发展贡献很大。金门体育场场长许换生多次提道：客人到金门不喝高粱酒，马路两边的路灯都不会亮。可见，企业具有推动龙舟竞赛的动力。

组织网络动员的第三个特点是发挥骨干人物作用。地方精英在推动民俗体育赛事中起到重要作用。② 金门县行政、体育和教育的各界精英作为决策者与发起者，和台湾地区及大陆的交流频繁，积累了一定人脉，举办比赛容易得到响应。参加金门龙舟赛的队伍，都是来自金门大学的友好学校。比如，厦门大学女子龙舟队，在派队参加厦门龙舟赛的同时，还派队参加了金门龙舟赛。此外，还组建了体育管理团队，承担历届龙舟赛的竞赛组织和救护工作。金门县县长是龙舟赛事决策者和推动者："龙舟竞赛就是要发挥高度的团队精神，同心协力往前挺进，这和金门县府与乡镇公所团队精神是一样，期许以划龙舟的团队合作精神一起努力，让金门建构出更幸福的岛屿。"③ 金门县教育处和体育场的领导，在龙舟交流中被贵州民间龙舟赛的气势震撼，他们将金门龙舟赛与教育主

---

① 黄振良. 宗族文化在金门的传承与发扬 [C]. 闽南文化的当代性与世界性论文集，2014：72-78.

② 郑国华，张自永，祖庆芳. 民间体育组织中的精英治理：以赣南客家"池塘龙舟赛"为例 [J]. 体育成人教育学刊，2016，32（4）：52-57.
吕秀菊，张自永. 客家"池塘龙舟赛"集体记忆的建构 [J]. 赣南师范学院学报，2015，36（2）：19-22.

③ 许加泰. 端午龙舟赛23队竞逐场面热闹滚滚 [N]. 金门日报，2015-06-21（02）.

图 12-2　金门龙舟赛前在古宁头村双鲤古地关公庙前祭拜（宣炳善摄）

管部门相衔接，取得了资金支持。

二、空间环境动员

作为旅游和休憩空间的环境动员。空间环境对集体行动的产生和发展的影响得到社会运动①、犯罪控制②和锻炼参与③的研究支持。龙舟竞赛的举办地，如清水江、龙舟池和汨罗江同样有空间环境动员的作用。④从空间环境考察，古宁村建筑风格古朴，有当地特色的燕尾和马背民居景观，加上周围的公园、双鲤观鸟湿地，众多文化、休闲和旅游元素使举办龙舟赛更具吸引力。古城小学由于毗邻湖畔的西北侧，动员了更多的学生参与龙舟竞赛开幕表演和写生比赛。金宁乡政府也寄望赛事促进经济社会发展，乡长陈成勇在 2016 年比赛开幕式上

① ZHAO D. Ecologies of Social Movements：Student Mobilization during the 1989 Prodemocracy Movement in Beijing ［J］. American Journal of Sociology, 1998, 103 (6)：1493-1529.

② 李本森. 破窗理论与美国的犯罪控制 ［J］. 中国社会科学, 2010, 31 (5)：154-164.

③ 莫连芳. 高校体育环境对大学生体育锻炼习惯的影响 ［J］. 吉林体育学院学报, 2007, 23 (2)：143-145.

④ 卢塞军. 民俗学视域下苗族独木龙舟竞渡文化研究 ［J］. 运动文化研究, 2014, 26 (24)：7-34.
陈新杰. 陈嘉庚创办龙舟体育竞技赛初探 ［C］. 第十一届海峡两岸端午文化论坛. 2015.
罗湘林, 刘亚云, 谢玉. 从故事到赛事：汨罗龙舟竞渡的底层视角 ［J］. 体育与科学, 2015, 36 (1)：81-85.

表示，欢迎选手、乡亲共聚在金宁乡一起过节，金宁乡好山、好水、好人情，连续八届的龙舟赛，带动观光产业，让两岸各地的好朋友到金宁乡观光旅游。

作为信仰和宗族空间的环境动员。从空间环境来看，湖堤中央的关帝庙与湖畔的保生大帝庙带来历史记忆和信仰保障，有一定的竞赛动员作用。关帝像面朝湖水、周仓和关平两旁护卫，为参赛选手提供了心理安全保障；而保生大帝提供了人员鼎盛、后继有人的心理寄托。葛剑雄指出，传承中国传统节日最根本的保证，是将节日与信仰结合起来，以信仰为基础。① 金门相对封闭的居住环境，使居民内部关系网络密切，血缘和神缘容易达成紧密的组织网络，便于动员乡民参与龙舟赛。古宁村坐落在双鲤湖畔，近便的距离容易吸引村民移步观看比赛。但是双鲤湖的水面狭窄，只能容纳两个赛道的比赛，如果赛事扩大到金门县村落队伍，空间是不足的。将金门县龙舟赛选址在李氏宗族聚居的古宁村，推动了金门龙舟赛的举办，但也为龙舟赛渗透到底层村落留下了难题。为了应对扩大比赛规模的需要，未来选址水面宽阔的慈湖或莒光湖是破解难题的方案。

作为岛屿空间的环境动员。金门县岛屿环境为比赛提供动员。首先，多水的环境便于参赛队伍训练，金门县湖塘有太湖、兰湖、慈湖、双鲤湖、荣湖、陵水湖、莒光湖、田浦水库、金沙水库等，为龙舟队伍备战比赛提供了条件。其次，金门岛屿环境封闭，自古以来受移民多、自然灾害频发、倭寇海盗骚扰等影响，乡民的团结协作意识强，龙舟赛讲求同舟共济的竞赛风格符合居民价值观。再次，岛民的工作生活空间较为集中，参与和观赏龙舟赛方便，例如，金门大学与双鲤湖10分钟车程，交通便捷。闽台毗邻的区位环境，为两岸龙舟竞赛交流提供方便，金门到厦门坐船仅仅需要30分钟，决定了金门大学与南部高校的学术交流及体育交流更为便捷和低成本。最后，金门县的岛屿环境，以及与闽台一水之隔的地理关系，两边都有共同的端午节庆习俗，致使金门县政府和各个党派重视与大陆和台湾的纽带关系，寻找政治、经济和文化发展机遇。

三、话语价值动员

话语诉求动员为民俗体育赛事提供意义，通过话语传播达成参与者的认同。② 比如，第九届龙舟赛宗旨"提倡民俗体育活动，弘扬中华文化和发扬爱

---

① 葛剑雄. 传统节日的基础是信仰 [J]. 环球人文地理, 2014, 5 (5): 10-11.
② 杨银娟. 社会化媒体、框架整合与集体行动的动员：广东茂名 PX 事件研究 [J]. 国际新闻界, 2015, 37 (2): 117-129.

国精神"是对竞赛意义的一种表述。金门龙舟赛有丰富的文化内涵，在文本、话语、口号、符号、仪式中体现赛事的意义（见表12-3）。如台湾地区教育部门体育署"2017运动 i 台湾"表达了健康居民、卓越竞技、活力台湾的新愿景。

表 12-3 金门县端午节龙舟竞赛动员话语

文化资源库	话语内容	举例
工具箱	旅游；两岸朋友；幸福	话语：带动观光产业，让两岸好朋友到金宁乡观光旅游 口号：幸福金门、划出幸福、龙舟会友 仪式：开幕典礼、闭幕典礼 符号：高粱酒、湿地公园、观鸟图片
文本和剧本	信仰；宗族团结；平安休闲娱乐	话语：龙舟竞赛要发挥高度的团队精神，同心协力往前挺进 口号：团队精神、同舟共济、鲤鱼跃龙门 仪式：拜祭关公、道士持咒、龙舟点睛开光 符号：龙舟、双鲤古地
习惯和惯式	教育；传承家庭；乡亲	话语：旨在青少年中传承民俗体育活动，达到寓教于乐 口号：五月五庆端午 仪式：写生比赛颁奖 符号：学生习作

金门龙舟赛通过话语、仪式、标语、符号和宣传文本等话语诉求动员，达成参与者在价值观念和意识形态的共同信念，从而增加吸引力。话语诉求动员通过三个机制实现，作为框架策略、作为剧本文本和作为惯习本能。[1]

以框架策略动员大众，是办赛者选取号召力的话语以动员参与者。"幸福金门"是赛事动员的主框架。社会和谐、发展观光旅游和建设幸福金门等注重龙舟赛社会经济价值的话语大量出现，被举办者策略性使用。第八届龙舟赛打出"划出健康、划出幸福"的标语，无疑为两岸文化体育交流积极推动者提供了合法性和正当性。作为策略性框架，话语动员还是一个猜测的过程，举办者不能随心所欲地选择话语，必须寻找能获得受众共鸣和认同的话语，才能取得动员效果。策略性框架是举办者的主观创造，是赛事文化变迁的动力，如果将金门龙舟赛看作一种制度，那么举办者对动员话语的策略性运用，体现了人对于赛

---

① 赵鼎新. 社会与政治运动讲义（清华社会学讲义）［M］. 北京：社会科学文献出版社，2006：232-234.

事制度的改造。

以剧本文本动员大众，是将龙舟赛按照民众的历史记忆和情感期望展开。首先，龙舟竞赛整齐划一的运动形式，与岛屿居民团结奋进的精神追求相符合；其次，端午节是悠久历史文化传承的节日民俗，龙舟赛是其重要活动内容。举办者依据代代相传的文化文本和意识形态办事，由于这些价值观是与受众高度一致的，所以容易产生良好动员效果。民俗信仰、节庆习俗和拜神点睛是中华人民上千年来的共同行为方式，只要按部就班地做就可以强化认同。拜祭关公占用时间较长，然而拜祭人员重视仪式，表情庄严肃穆。关公的尚义精神，不但是金门人民过去同舟共济、患难与共面对生存困境的精神力量，也是今天龙舟赛中团结协作、奋勇争先的精神支撑。龙舟赛所强化的关帝信仰，成为移民慎终追远、不忘血脉情缘的精神寄托。同时，龙是中华民族精神的象征，献祭龙神说明金门人不忘祖先和祈求平安的心理诉求。[①] 民俗才艺表演具有乡土特色和历史沉淀，锣鼓、狮子、旱船表演唤起了历史记忆。安全射箭沿袭历史上端午射柳的习俗，是将现场观众吸引到竞赛活动中的重要手段。

以惯习本能动员大众，是从本能性反应的层面动员民众。一些文本与意识形态已经在社会行动者的头脑中被彻底地内化了，这些文本和意识形态成为社会行动者的习惯和惯式。[②] 比如，写生比赛"传承民俗，寓教于乐"的诉求，符合千百年来儒家文化影响下华人重视教育的传统。写生比赛从第一届龙舟赛开始就从未中断，即使在 2013 年遇到暴雨也未受影响，可见金门人将美好传统传承到下一代的观念根深蒂固。同时，写生比赛通常是家庭成员一起参与，体现中国人重视家庭生活和家庭和睦的固有传统。可见，当举办者将龙舟竞赛和一个社会的固有文化创造性地联系起来，就能够更好地达成话语动员效果。

第三节　金门县端午节龙舟竞赛对两岸文化认同的意义

金门县端午节龙舟竞赛为两岸交流创造了契机，促进民心相通。两岸队伍人员在参加比赛共襄盛举的同时，游览双鲤湖、慈湖、莒光楼等景点，品尝金

---

① 胡娟. 我国民俗体育的流变：以龙舟竞渡为例 [J]. 体育科学, 2008, 28 (4)：84-96.

② Dingxin Zhao. Theorizing the Role of Culture in Social Movements：Illustrated by Protests and Contentions in Modern China [J]. Social Movement Studies, 2010, 9 (1)：33-50.

门高粱酒，共话龙舟运动发展。

金门县政府、金门大学、金门体育场和金门教育处的资源与权力推动了龙舟赛举办，增加了金门县的民众团结和在大陆及台湾地区的影响力。端午节的岁时节庆民俗和民间宗教信仰为赛事举办提供了民众动员基础。赛事举办者充分发挥了神缘、业缘、地缘、物缘、血缘的社会纽带作用，利用组织网络、空间环境和话语诉求的动员机制，达成人员动员和资源动员效果。金门龙舟赛案例启示我们，在民间经济基础一般、民俗体育活动一度衰落以及空间地理环境偏远的地区举办民俗体育赛事，教育行业和体育行业的对外交流互动起到较大动员作用。传统民族节日在文化上的传承，在打造中华民族强烈的民族认同感方面具有重要作用。[①] 正如习近平指出，中华优秀传统文化是中华民族的精神命脉。高丙中教授提出赛龙舟是彰显中华民族文化自信的体育项目，端午节赛龙舟可以发展为中国公共空间的一个节日焦点事件。国家推出《全民健身计划》，支持各地、各行业结合地域文化、农耕文化、旅游休闲等资源，打造具有区域特色、行业特点、影响力大、可持续性强的品牌赛事活动。而金门龙舟赛的动员机制，有望为各地举办民俗体育赛事提供借鉴。

学界认为，现代民族国家的爱国主义必然是超越信仰、阶级、族群和地域的爱国主义，也就是以现代公民身份为基础的爱国主义。任何割裂历史，仍旧秉承党派、阶级、信仰、族群、地域分割的狭隘主义都将撕裂一个国家和社会，从而降低命运共同体的凝聚力，因而都不能成为一个真正意义上的现代民族国家的精神支柱。为了中华民族的伟大复兴，中国要想真正成为现代意义上的民族国家，需要的是一个基于公民身份的爱国主义，而不是基于党派、阶级、信仰和族群分割之上的爱国主义。[②] 因此，金门端午节龙舟竞赛作为中华优秀传统文化，充分体现了两岸民众的爱国情怀，有力奠定了中华人民文化自信的基础。

---

① 黄丽云. 龙、船、水与端午竞渡：龙神信仰的文化符号［M］. 北京：社会科学文献出版社，2018：93-102.

② 唐世平. 中国需要什么样的爱国主义［EB/OL］. http://www.aisixiang.com/data/79183. html.

第十三章

两岸民俗体育交流与认同的问题及归因

　　1949 年至 1979 年的 30 年间，海峡两岸在政治、经济、军事、社会等领域，完全处于敌对状态，民俗体育也无法在两岸通过合法渠道开展。虽然在这 30 年间，国民党统治下的台湾大力推动"中华文化复兴"，对中华文化的认同度也很高，但这是为了与大陆争夺文化话语权。台湾"解严"以后，两岸的交流开始逐渐正常化，而在交流过程中产生的中华文化认同具有生活情境，也更富有文化情感，因交流而产生的民心相通的文化功能才得以实现。1987 年，台湾开放台湾同胞赴大陆探亲政策，拉近了海峡两岸民众的距离。1990 年北京亚运会召开，这是自 1949 年中华人民共和国成立以来，中国第一次召开亚洲级层面的体育赛事，台湾派体育代表团参加比赛，也是从 1990 年起，海峡两岸的体育交流开始步入正轨。1992 年，在深圳举办了中华文化大庙会，台湾内门宋江阵、北港龙凤狮团赴深圳表演，受到大陆民众热烈欢迎，获得成功。1992 年以来，海峡两岸的民俗体育交流日益频繁，海峡两岸民众的感情维系加深。

　　自 20 世纪 90 年代以来，通过近 40 年海峡两岸民俗体育参与者的交流共同体的持续实践，海峡两岸民众的联系更为紧密，增进了彼此的了解，也加深了双方的情感，在民俗体育开展层面达成了许多文化共识。在文化符号的认知与认同层面，海峡两岸民众达成了高度的文化一致，体现了两岸文化同根同源的历史事实。民俗体育活动中的中华文化符号，如神灵与人物的观音文化符号、妈祖文化符号、关公文化符号、宋江人物符号、陈嘉庚人物符号，物象的中华文化符号如龙文化符号、狮文化符号、八卦文化符号、太极文化符号，崇尚成双成对的偶数数字与红色色彩的吉祥文化符号等因具有悠久的历史和强大的文化感召力，已成为海峡两岸民众共享的文化传统，因而获得海峡两岸一致认可与尊重，为海峡两岸民俗体育开展奠定了坚实的文化基础。

　　海峡两岸民俗体育活动过程中走八卦、踏中宫、抬阁巡境、斗台等程序化仪式化表演与比赛，一方面，在场景化的表演中传承了中华文化；另一方面，在民俗体育表演或赛事的现场将观众与表演者或者运动者联结成一个具有强烈现场体验感的文化共同体，凝聚人心，唤醒中华民族的文化记忆，从而形成对中华文化的强大向心力。通过民俗体育的交流共同体的民俗协商，在民俗文化认同的基础上，逐渐走向中华文化认同，这是民俗体育的文化功能所发挥的积极作用。海峡两岸的民俗体育交流的形式分为表演类民俗体育与竞赛类民俗体育两类，而以表演类民俗体育为主要的活动开展形式，海峡两岸的民俗体育交流也存在一些主要问题，需要逐一分析其产生的原因。

第一节　两岸民俗体育交流与认同存在的主要问题

关于海峡两岸体育文化交流存在问题的研究，主要集中在体育制度与管理层面，以及体育交流方面，特别是竞技体育的交流，而对于民俗体育的分析很少。如集美大学的研究者指出，两岸体育文化资源无法进行有效的整合，至今没有专门负责两岸体育交流的协调机构，两岸体育资源无法进行有效整合，两岸体育界也没有定期沟通与规划。特别是对台交流具有优势区域位置的福建省、广东省、浙江省、海南省没有形成有效的两岸体育文化交流的方案和措施，交流的信息通道也不够畅通。因此，研究者建议未来应建立职责分明的两岸体育交流的行政管理机构与相应的学术研究单位，建立起两岸互相通报体育信息的制度，从而促进两岸体育交流的常态化开展。[1]

也有研究者指出，海峡两岸的体育文化交流在内容上还较为宽泛，随意性比较大，合作形式也比较单一，而且海峡两岸的体育竞技水平发展很不平衡，以2012年在英国伦敦召开的第三十届奥运会为例，中国代表团获38金27银23铜的好成绩，而中国台北代表团只获得1银1铜。海峡两岸的体育交流和互访以礼尚往来居多，大多侧重在竞赛和参观访问，一般体育竞技性交流多，深层次体育交流少；体育产业合作多，其他方面合作少；且台湾来得多，大陆去得少。所以多元合作机制有待进一步建立与完善。[2]

结合本课题组的综合考察与研究，近40年来，海峡两岸的民俗体育交流存在以下四个问题：一是民俗体育交流的品牌项目有待培育或升级；二是交流共同体的层级有待提升；三是民俗体育与竞技体育的交流比例失调；四是针对青

① 兰自力，谢军，骆映. 海峡两岸体育交流合作的现状分析与对策研究 [J]. 北京体育大学学报，2002（5）：578-579.
② 刘戈. 海峡两岸体育交流的发展历程和思考 [J]. 浙江体育科学，2015（2）：29.

少年群体的民俗体育交流的激励机制缺失。分述如下。

一、民俗体育交流的品牌意识较为薄弱

海峡两岸民俗体育交流活动比较丰富，但是没有树立起两岸民俗体育交流的标志性品牌项目，民俗体育交流品牌的社会辨识度低，社会影响力小，还基本停留在地域文化品牌的经营层面。

地域文化品牌（regional cultural brand）是指在一定地理范围内具有一定知名度、美誉度的公共文化产品，由系列文化符号和活动组成，其内涵是一种集群共同声誉（clusters reputation），其根本属性是文化公共属性。区域文化品牌的共同性表现为其文化品牌的非竞争性和非排他性，因而具有强大的包容性，而且区域文化品牌通过持续发展，可以发展成国家文化品牌乃至世界文化品牌，从而发挥更大的文化影响力。

十里不同风，百里不同俗，民俗具有一定的地域文化差异，民俗体育也同样如此。大陆的舞狮与台湾的舞狮存在一定的民俗差异，大陆内部的民俗体育也存在地域差异，南方与北方的舞龙不同，而同一个省内部的舞龙也不相同，如浙江省10个县市有10条关于崇龙习俗的民俗活动，都是国家级非物质文化遗产保护项目，这10条龙的民俗风格都不一样，民俗表现形式也不一样，如平阳鳌江划大龙项目、乐清首饰龙项目就无法舞动，只能在街上拉着向观众展示，严格意义上，不能说是"舞龙"，只能说是"拉龙""推龙"。虽然如此，民俗体育仍然具有其共同性，如沿海的玉环坎门花龙与内陆的兰溪断头龙的舞龙动作套路不同，但对龙神的崇敬是相同的。有的虽然时间不同，如开化草龙是在中秋节舞，其他的9条龙都是在春节期间，但舞龙过程中采用的民俗元素与符号都是相同的。民俗体育发展到一定程度，往往会成为该地域突出的具有象征意义的地方文化元素，并成为地方文化的象征，在地方政府、民众、企业、媒体等多种社会力量的集体推动下，就有可能发展成地域文化品牌，如浙江的奉化布龙、长兴百叶龙在当地就享有很高的美誉，已发展成地域文化品牌，并经常代表浙江乃至代表全国走出国门，走向世界。

2018年7月27日，文化和旅游部发布《中国非遗品牌计划》，推动实施中华优秀传统文化传承发展工程，打造非遗的品牌力量。在这一非遗品牌的推动过程中，民俗体育因为结合了民俗与体育两大文化元素，因而在演艺类品牌发展道路上，具有其特殊的文化地位。海峡两岸的民俗体育活动类型丰富，但经过近40年的两岸交流，也基本上形成了四大民俗体育活动，分别是宋江阵、舞龙、舞狮、划龙舟。福建宋江阵产生于明代，历史悠久；明清时期广东舞狮在

两广地区已有广泛的社会影响力，并已走向全国；浙江十条龙舞项目被列入国家级非物质文化遗产保护名录；湖北秭归端午节在 2009 年就被列入联合国教科文组织人类非遗名录，具有全球影响力。

目前，这四大民俗体育活动，还停留在零星的交流阶段，除了厦门集美区"嘉庚杯""敬贤杯"海峡两岸龙舟赛自 2006 年以来已成功举办了十四届，已发展成海峡两岸民俗体育交流比较成功的地域文化品牌以外，其他项目还没有发展成两岸具有标识性的民俗体育文化品牌项目。"嘉庚杯""敬贤杯"海峡两岸龙舟赛的主题就是"爱国爱乡"，而爱国主义情感的培养，也可以与更久远的历史人物如爱国主义的代表人物屈原等相结合，与湖北秭归的龙舟队联合，突破地域的局限，打造国家层面的标识性的民俗体育文化品牌项目，提高在全国的品牌辨识度。因此，宋江阵、舞龙、舞狮、划龙舟四大民俗体育活动具有发展成海峡两岸民俗体育文化品牌项目的可能性，需要大力进行品牌培育或在原来的基础上进一步提升原有的地方品牌，努力发展成为国家级的文化品牌，实现海峡两岸民俗体育交流项目的品牌化运行与管理。

二、民俗体育交流共同体层级层次偏低

当前，海峡两岸民俗体育交流突出的是以亲缘文化与地缘文化为特征的小共同体的内部认同，对于中华文化大共同体的认知与认同还有待提高，而且不同民俗体育活动本身的发展也存在不平衡现象。在海峡两岸具有代表性的宋江阵、舞龙、舞狮、划龙舟四大民俗体育活动中，舞龙、舞狮、划龙舟三大民俗体育活动均已列入国家级非遗名录，成为政府在国家层面保护的对象，但是宋江阵目前还只停留在福建省省级非遗名录的层级，对于民俗体育项目的品牌营造与社会识别度的提高均带来一定的困难。

舞龙项目在国内的非遗十大门类中归为"龙舞"类，其中浙江的 10 条龙舞已列入国家级非遗名录，广东湛江市、汕尾市、丰顺县、佛山市、江门市蓬江区、揭阳市、中山市 7 个龙舞项目也已列入国家级非遗名录，广东佛山市、遂溪县、广州市、梅州市的 4 个醒狮项目，也列入了国家级非遗名录中的"狮舞"类。湖北秭归的端午节（屈原故里端午习俗）在 2006 年列入国家级非遗名录后，在 2009 年 9 月，还入选联合国教科文组织的人类非遗名录，端午节习俗中的重要组成部分划龙舟也自然成为联合国教科文组织的保护对象。湖北秭归屈原故里端午习俗以三闾骚坛诗社、归州镇龙舟协会和屈氏族人聚居的万古寺村为中心，不断培育传承力量。但是，福建的宋江阵目前还没有申报国家级非遗名录。

　　课题组在厦门翔安调研时，曾建议厦门翔安宋江阵积极申报第五批国家级非遗名录。宋江阵在明代产生的时候，其拳术源自南少林拳的一种武术操，最初主要是为了武装自卫，只是借用梁山宋江的名号，这是文化符号的民间借用。因此，厦门翔安宋江阵在活动开展时，按照传统需要祭祀田都元帅雷海清，而不是宋江。宋江阵目前只满足于省级非遗名录，实际也是对宋江忠义文化的理解出现偏差，在《水浒传》中，晁盖是民间社会人物的代表，不愿意进入朝廷体系，所以梁山当时称为"聚义厅"，讲的是江湖侠义，晁盖去世后，宋江将之改为"忠义堂"，"忠"字在"义"字之前，强调"忠"比"义"更重要，体现对朝廷的忠诚度，并主张招安。

　　根据林新生的调查，宋江阵具有"以武安邦"的特点，在发展过程中还吸收南少林拳的武术，并与明代嘉靖年间的林希元有关，林希元是当地宋江阵产生的关键人物。林希元（1481—1565），翔安区人，官至大理寺丞。而闽南地区地少人多，为争夺农田肥水，经常发生争斗。当时翔安香山岩周边居住有八个堡，但是面对当地强大的洪姓大家族，即使林、许、杨、魏、江、蔡等姓氏村民经常遭洪姓大家族的欺凌，也敢怒不敢言。于是林希元制造"飞炉三渡"，指出清水祖师爷香炉三次飞渡香山岩，这是上天神谕，号召附近村民苦练功夫，操练阵法，联合抗恶。在林希元的组织下，村民穿水浒108将的戏服，执兵器操练武术，实力不断壮大，对外称呼为"宋江阵"，洪姓家族看到这样的场景，就不敢再为非作歹。林希元以宋江阵巧妙化解族群之间不共戴天的世仇，成为当地乡邻口耳相传的佳话。①

　　由此可见，宋江阵作为保卫家乡利益与民众安全的一种阵式，在地方历史上也起到过重要作用。随着时代的发展，厦门市翔安区宋江阵的发展方向是和台湾的宋江阵共同发展。

　　2020年5月，厦门市文旅局公布第五批厦门市市级非物质文化遗产代表性传承人66名。新公布的66人里，有3名台胞引人关注，分别是蔡金安（诗词闽南方言吟诵项目）、卓圣翔（南音项目）和吴腾达（宋江阵项目）。这是在厦台胞首次参评厦门市非遗代表性传承人，也是厦门落实在厦台胞享受同等公共文化待遇政策的一个实质性举措。在《关于进一步深化厦台经济社会文化交流合作的若干措施》等惠台措施以及《厦门经济特区闽南文化保护发展办法》中，都明确指出，支持引进台湾地区闽南文化相关人才，促进两岸携手共同传承闽

---

　　① 厦门市翔安区宋江阵文化研究会. 宋江阵的演变及其时代背景［Z］. 翔安宋江阵，2013（3）：37-38.

南文化，促进长期在厦门传承闽南文化的台胞的积极性。

除了亲缘民俗与地缘民俗的共同体的影响，神缘民俗共同体也在积极发挥作用。自海峡两岸开放文化经济交流以来，在妈祖的诞辰，妈祖进香团从台湾启程来福建，在莆田湄洲岛祭拜妈祖；在浙江象山石浦如意娘娘的诞辰，台湾富冈新村村民护送海神妈祖的妹妹如意娘娘回到原籍石浦镇省亲。象山石浦—台东富冈两岸妈祖信仰如意娘娘往来省亲、迎亲习俗，已在 2008 年列入国家级非物质文化遗产名录，妈祖信俗则在 2009 年列入联合国教科文组织的人类非遗名录。在祭祀妈祖与如意娘娘时，也会有相应的民俗体育的表演。这些项目均为国家级非遗项目，而宋江阵却还停留在省级非遗层面，存在明显的非遗层级偏低现象，不利于亲缘民俗共同体与地缘民俗共同体的营造，也难以向更大层级的中华文化共同体提升。

三、民俗体育与竞技体育交流比例失调

目前，海峡两岸的体育交流以篮球、足球、乒乓球、棒球、高尔夫球、木球、门球、游泳、马拉松等来自西方的竞技体育为主，而中国的传统民俗体育所占的比例在 20% 左右。竞技体育的特点总是在寻找对手的破绽，从技法或者力量上战胜对方，因而体现强烈的身体对抗与竞争精神。海峡两岸的竞技体育的开展，在一定程度上，也可以拉近海峡两岸民众的距离，凝聚人心，但是在中华文化认同的建构上，其功能却无法与民俗体育相提并论。民俗体育因为具有深厚的中华文化内涵，强调的是对传统的遵循与传承，表现为动作的套路化与程式化，如踏八卦的程式化动作，参与者不允许随便更改动作，这实际体现为对运动者身体的文化规训，其背后的价值观是中华文化传统的和谐与仁义。从文化溯源的角度分析，竞技体育源自西方，而以舞龙、舞狮、划龙舟、宋江阵为代表的民俗体育却来自大陆，文化源头的不同，也造成文化认同路径不同。

据统计，自 2010 年至 2018 年的 9 年时间里，非官方举办的海峡两岸体育活动交流共 34 场，其中以竞技体育为主共 27 场，其他 7 场则是传统的民俗体育。而官方举办的海峡两岸的体育活动交流，民俗体育所占比例也在 20% 左右，因此，存在明显的民俗体育与竞技体育的交流比例失调现象。

四、青少年民俗体育交流激励机制缺失

目前，海峡两岸的体育交流机制侧重保障机制，如组织保障的机制，一般依托民俗体育的组织机构或共同体，如公司、研究会、协会、宗亲会、同乡会、香会、进香团、联盟等。往往一个民俗体育活动结束了，但是对于民俗体育参

与者的激励还不够，特别是对于青少年群体而言。海峡两岸民俗体育的引领与示范的群体不是青少年，而是中年群体，中年群体对传统中华文化的认识比较深入，而且对中华传统文化具有高度的认同感与忠诚度，其套路动作十分熟练，只是这一群体在整个海峡两岸民俗体育共同体中所占的人数比较少。目前，海峡两岸的体育交流主体是青少年学生，也是目前参加海峡两岸民俗体育交流人数最多的群体，青少年还处在求学阶段，也是传统民俗体育的学习者与传承人。民俗体育的日常训练占据大量时间，又要领会传统文化内涵，青少年需要花费更多的时间。对于青少年群体来说，个人荣誉与集体荣誉的获得都很重要。通过激励，可使青少年学生有更多的获得感，从而激发青少年群体以更大的兴趣投入民俗体育活动的开展与提高中。

在经济全球化时代，资本的逻辑无处不在，进入消费社会后，青少年群体容易在消费过程中出现符号化消费现象。有研究表明，消费社会是"资本的逻辑"的现实化结果，即追求利润最大化。资本通过赋予商品以各种文化意义，并借助大众传媒造势，在世界各地兜售意识形态化的商品，使其成为占有市场的重要手段。人们在消费这种商品的同时也消费其所承载的文化意义，在不自觉中迷失了本民族的文化精髓。所以符号化消费的国际性弱化了民族边界，容易导致青少年在民族认同与国家认同上的虚无主义态度，削弱其民族自豪感与自信心。①

青少年群体是海峡两岸民俗体育交流的主力军，也是中华文化传承的主力军，只有牢牢地抓住青少年群体，民俗体育与中华文化的传承和发展才不会出现断代现象。

第二节　两岸民俗体育交流问题的归因分析

归因是指人们对行为的原因进行针对性的推论过程，具体而言，就是研究者对某种行为过程进行因果解释和推论。针对上述两岸民俗体育交流存在的四个方面的问题，现进行归因分析。

一、品牌运营与提升意识缺失

品牌是以符号的形式出现，民众是通过符号来认知品牌的。因此，讨论民

---

① 班建武，李凡卓. 消费社会中青少年认同危机及出路 [J]. 思想理论教育，2007（1）：14-15.

俗体育中的民俗符号，必然要讨论民俗体育活动的开展是否发展成为民俗体育品牌活动，民众对民俗符号是否在更广泛的层面上得以认知。如果民俗体育活动没有发展成一个文化活动品牌，那么民俗体育的文化影响力的发挥就会受到很大的局限，其影响力可能是无法持续的。品牌是民众对特定符号通过认知与认同从而形成的社会化、市场化概念，产品或者表演类的活动项目的品牌形成过程也是民众文化认知与文化认同的形成过程。如张艺谋导演的印象·刘三姐、印象·西湖、印象·丽江等印象系列在国内已形成演艺类文化品牌，具有极高的社会辨识度，提升了当地的文化影响力，也给地方旅游部门带来了巨大的经济利益。

交流主办方对于品牌的建立与运营及其提升，应具备基本的理论认知。文化具有整合力与感召力，符号也具有整合力与感召力，品牌也同样具有整合力与感召力，三者有异质同构的效应。品牌理论侧重于从品牌的命名、标识、商标等方面对品牌的内涵和外延进行研究，并从塑造与功能的角度提出品牌个性理论、品牌形象理论、品牌适应理论等。美国的伯利·B. 加德纳（Burleigh B. Gardner）与西德尼·J. 利维（Sidney J. Levy）两位学者在 1955 年《哈佛商业评论》上发表第一篇具有历史意义的《产品与品牌》"The Product and the Brand"的重要论文，提出品牌是具有好的价值观的至关重要的公共形象的符号（public image；crucial symbols），认为消费者的理念、情感与态度（ideas, feelings and attitudes）决定了对某一品牌的选择与认可，而品牌被民众认可后，就会形成民众对品牌的忠诚度。品牌需要良好的形象呈现，在创造品牌后，要发展品牌，持续完善品牌形象（brand image）。而品牌活动中出现的色彩与图像不只是审美的对象，同时也具有社会与心理意义，也是社会建构的一个与观众交流的过程（communication process）。在此基础上，论文还研究了情感性品牌和品牌的个性思想。这篇论文认为，品牌是具有情感认同功能的，品牌的建立需要文化情感的支持，需要情感性的文化表达，而品牌个性理论（Brand Character Theory）认为品牌的发展就是从标志到形象再到个性的发展，个性是品牌最高层面，而且需要将品牌人格化（brand personality）才能达到其最终的效果。①

关于文化情感问题，其实在 2015 年 11 月 7 日，习近平与马英九在新加坡会面时，习近平也重点论述了海峡两岸情感在祖国统一大业中的重要性。习近平反复强调海峡两岸隔不断兄弟亲情，是同胞亲情的力量冲破了两岸的封锁。两

---

① BURLEIGH B. GARDNER and SIDNEY J. Levy. The Product and the Brand [J]. Harvard Business Review, March-April, 1955：33-39.

岸一家亲，家和万事兴。① 而文化情感的因素在海峡两岸交流活动中的品牌活动中具有特别的作用，因为活动参与者更渴望具有品牌效应的交流活动，而不是一般的普通的活动。品牌活动更能凝聚人心，从而产生更大的文化效应。

伯利·B. 加德纳与西德尼·J. 利维两位学者虽然讨论的是市场上的产品品牌，但产品品牌的背后则是文化价值观的支撑，而且产品不只是物质产品，也包括文化生产的文化产品，如电影、电视、综艺节目、主题公园活动、演艺类活动等，因此对于民俗体育活动而言，也需要将一般意义上的民俗体育活动提升成民俗体育品牌活动，从而发挥民俗文化的影响力，而这篇论文中讨论的民众对品牌的忠诚度，实际上也是民众对品牌的认同度，忠诚度越高，认同度也就越高，反之亦然。对于民俗体育活动也是如此，海峡两岸的民众喜欢上某一项民俗体育活动后，就会产生一定程度的认同，其文化忠诚度也会提高。而品牌的个性化，实际是指不同品牌之间的区分，从而彰显自身品牌的特色，品牌人格的概念则是指品牌价值观的可视化载体，如品牌的形象代言人，从而发挥品牌更大的文化影响力。这篇论文强调品牌的建设过程，也是和观众、消费者不断交流沟通的过程，从而不断改进自身，完成品牌持续升级。

二、社会意义的文化公民教育尚有欠缺

针对民俗体育交流共同体层级层次偏低问题，本研究认为，其主要原因是社会意义上的文化公民教育欠缺。

虽然以五缘民俗为代表的民俗活动，对于海峡两岸交流共同体的培养具有不可替代的作用，但是五缘民俗作为交流共同体，毕竟只是小共同体，而从小共同体转化为大共同体，还需要民俗体育参与者具有文化公民意识。如果不能转化，就会始终停留在五缘民俗的小共同体层面，而不愿意提升民俗体育项目层级。

"文化公民"强调的不是公民的权利，而是公民的义务，即公民应主动在文化场域配合国家的文化政策，而不是刻意与国家保持一定的距离，只认社会，不认国家，不配合更高层面的民族国家的文化建构。因此，伴随民俗体育在海峡两岸的开展，文化公民教育也应同时开展。大陆民众的文化公民意识需要进一步培育，不能只满足于小共同体的内部认同。作为文化公民，在文化层面，公民有义务维护国家层面的文化认同，树立中华民族大共同体意识。

英国社会学家尼克·史蒂文森强调类似儒家"和而不同"的理念，指出

---

① 习近平. 习近平谈治国理政：第 2 卷 ［M］. 北京：外文出版社，2017：428-431.

"文化公民"概念是要发展出具有包容性（inclusive）的公民社会，文化的包容性（cultural inclusion）就是学会听取他人的声音。文化公民关注的是以沟通为基础的社会的发展，而交流沟通的权利是优于其他社会经济权利的。①

费孝通借用儒家文化"和而不同"的理念，认为"中华民族多元一体"思想是中国式文化的表现，包含了各美其美和美人之美，要能够从别人和自己的不同东西中发现美的地方，才能真正地成人之美，形成一个发自内心的、感情深处的认识和欣赏，而不是为了一个短期的目的或一个什么利益。只有这样才能相互容纳，产生凝聚力，做到民族间和国家间的"和而不同"的和平共处、共存共和的结合。②

费孝通提出的"各美其美，美人之美。美美与共，天下大同"和谐相处理念，实际的学术灵感来自中国儒家文化的"和而不同"理念并结合自己的人类学经验，即能与人家和谐相处，尊重并欣赏对方的文化，并同时保留自己的文化生活方式。台湾民众的中华民族共同体意识相对淡薄，这主要是受到以民进党为代表的"台独"政党的政治话语的影响，因此也需要发展文化公民意识，成为政治成熟的群体。

三、民俗体育仪式与符号认知不够清晰

在中国学术界，对于民俗体育的定义一般特别强调两个特征，一是民族性，二是传统性，这是与来自西方的竞技体育形成一定区分的特征，这里的传统性，主要是指文化特征，尤其是民俗符号与民俗仪式的文化特征。民俗体育的开展，需要民俗符号与民俗仪式的配合，特别是民俗体育的仪式性特征，因此国内也有学者称为"仪式体育"。

美国的社会学家兰德尔·柯林斯（Randall Collins）在讨论符号与仪式的关系时，认为符号只有在它们被参与仪式的成员赋予思想情感后，才会受到尊崇，而思想情感只有被定期更新，情感才不会被削弱。仪式不会永远持续下去，只有当仪式被一种高度关注和情感不断重复时，仪式才会有力量。仪式也是群体道德标准的来源，群体仪式中的互为主体性和情感力量的强化体验，形成了善和恶的概念。兰德尔·柯林斯认为，一个仪式成功或者失败的最核心特征，就是相互关注和情感连带的程度，即高度的相互关注，高度的互为主体性与高度

---

① 尼克·史蒂文森. 文化公民身份：世界性的问题 [M]. 北京：北京大学出版社（英语影印版），2010：18-19.

② 费孝通. 文化与文化自觉 [M]. 北京：群言出版社，2010：404.

的情感连带，通过身体的协调一致，相互激发起参加者的神经系统，从而导致与认知符号相关联的成员身份感，这就是互动仪式理论。兰德尔·柯林斯在其著作的中译本序言中还指出，历史上最早关于仪式的社会学思考是由中国思想家提出的。孔子和他的追随者强调礼仪表现对社会秩序至关重要。孔子还提出，人类的本性是善和道义，而仪式对于形成道德来说必不可少。这非常接近法国社会学家涂尔干在 20 世纪初提出的理论，不过孔子的仪式是保守的，孔子试图恢复最早时代的礼仪，并且强调家长与国家掌权者的权威性。①

兰德尔·柯林斯对仪式的分析，特别是关于孔子强调礼仪仪式对塑造社会秩序的重要性，十分契合民俗体育开展过程中的仪式活动。孔子一直主张，如果一个社会的礼仪秩序没有建立起来，那么文明也将无法传承，而神圣仪式的举行，则可以强化以和谐为特征的礼仪秩序，使社会更为文明规范。民俗体育活动的身体动作的仪式性，也是和谐的社会秩序的反映，所以，民俗体育不以对抗与输赢为主要目的，更多是和谐的社会秩序与文化规范的展示，而这是来自西方的竞技体育无法提供的。所以，大幅提升民俗体育在海峡两岸体育交流中的比重，实际也是提升民俗体育的民俗符号的社会感知度与认知度，一个民俗符号，如龙文化符号、妈祖文化符号在体育场合反复出现，就会强化文化的仪式化效果，从而进一步提升民俗体育的中华文化感召力。两岸民俗体育交流活动的开展应利用节日、典礼等重大时间节点，营造场景化仪式氛围，进一步提高民俗体育表演的仪式性，提炼民俗体育的文化符号，通过民俗仪式、民俗符号与民俗体育的规训式身体运动，强化中华文化认同。

只有对民俗体育的民俗符号及其仪式有了更深入的理论了解，才会意识到需要加大民俗体育在海峡两岸交流中的比例问题。另外，从文化溯源路径来说，民俗体育的文化溯源路径最终指向中华文化，而竞技体育的溯源路径则指向西方文化，文化类型不同，文化价值观也不相同。在持续培养对中华文化认同问题上，很明显需要持续加大民俗体育的交流比例才可以达到这一目的。

---

① 兰德尔·柯林斯. 互动仪式链 [M]. 林聚任，等译. 北京：商务印书馆，2009：13，73，76，79.

第十四章

深化两岸民俗体育交流与促进两岸文化认同的路径及对策

第一节　深化两岸民俗体育交流与促进两岸文化认同的基本路径

一、创新两岸民俗体育交流与认同多样方式

两岸民俗体育交流必然受到两岸交流形势与某些客观条件的制约，只有不断丰富两岸民俗体育交流多样化方式，才能为持续、正常开展两岸民俗体育交流合作提供基础保障。

一是传承两岸民俗体育交流与认同的传统方式。两岸民间均有散落的民俗体育收藏馆、资料馆和博物馆，应以厚植两岸民俗体育精神文化底蕴为目标，有效整合、利用。做好两岸民俗体育藏品征集和收藏管理保护工作，将两岸民俗体育文化资源库建设成中华民族优秀文化教育、传承和交流基地。利用两岸民俗体育项目传承人、带头人和推动者，讲好民俗体育的"宗""脉"故事。

二是开发两岸民俗体育交流与认同新科技方式。面对两岸交流受阻，以及"新冠肺炎疫情"等重大公共卫生事件造成的直接交流障碍，开发各类线上"云"交流方式是当下民俗体育文化交流的明智选择。可运用云计算、5G、人工智能、区块链等方面的新技术，充分拓展线上（直播、视频）交流方式，有机融合线上、线下等多种方式，开展海峡两岸民俗体育"云"交流、"云"竞技。依托科技创新的力量，推动海峡两岸民俗体育文化交流模式向多元化方向发展。

三是创建两岸民俗体育交流与认同自媒体方式。在发挥广播、电视、报纸、杂志等传统媒介传承两岸民俗体育文化的同时，利用数字媒体、智能手机等现代大众常用自媒体信息平台，开展民俗体育知识讲座、经典体育赛事转播、民俗体育公益活动宣传、民俗体育专家与运动员采访报道，推动民俗体育展示交

流向常态化、直观化、可视化方向发展，将民俗体育传播融入日常生活。

二、打造两岸民俗体育交流与认同品牌项目

两岸人民在生存与发展中形成的丰富的民俗体育项目，体现着两岸一脉相承的传统文化。两岸民俗体育交流已有一定基础，在此基础上，应进一步挖掘特色与品牌项目，扩大两岸民俗体育交流的影响力。

一是优化两岸民俗体育节庆文化品牌项目。节庆活动是世代相传的一种社会活动，民俗体育是节庆仪式活动的重要组成部分，也是两岸民俗体育交流的主要形式。两岸民众对节庆文化认同高度一致，可将富有特色的两岸民俗体育有机嵌入传统节庆活动，树立两岸民俗体育节庆文化的品牌。

二是打造两岸民俗体育文化的青少年特色项目。两岸民俗体育交流与文化认同的未来在青少年，应进一步加强两岸青少年体育文化交流活动的广度与深度，推广具有青少年特色的交流项目，形成学校与学校间、区域与区域间的特色交流机制，以增强两岸青少年对中华民族文化的自豪感、认同感。

三是催生两岸民俗体育产业品牌项目。将民俗体育纳入两岸文化产业发展范畴，鼓励各类组织机构积极参与，充分利用海峡两岸产业合作区、海峡两岸新旧动能转换产业合作区、海峡两岸青年就业创业基地等两岸产业合作平台，融入国家区域协调发展战略、新发展格局，为两岸民俗体育交流合作注入新动能。

三、健全两岸民俗体育交流与认同长效机制

机制是使制度能够正常运行并发挥预期功能的配套制度，而长效机制是指能长期保证制度正常运行并发挥预期功能的制度体系。长效机制的构建应具备两个基本条件：一是要有推动制度正常运行的"动力源"，二是要有比较规范、稳定、配套的保障体系与评价体系。

一是健全两岸民俗体育交流与认同的激励机制。激励机制是指通过特定的方法与手段，使参与者更有主动性、积极性与热情，从而增加相关工作的效率，将参与者对工作的承诺达到最大化的过程，这一过程是激励主体与客体相互作用、相互制约的结果。两岸民俗体育交流与认同大多是自愿自觉的，并没有高额的报酬与物质奖励，其参与者的积极性大多依赖于他们对民俗体育的热情，因此，从参与者内部入手，激发他们对民俗体育的热爱、增强奉献精神至关重要。

二是健全两岸民俗体育交流与认同的保障机制。政策是交流与合作的助推器，在政策保障层面，应认真领会中共中央关于处理两岸关系的系列文件及其精神是正确处理两岸关系的前提。在资源保障层面，两岸民俗体育交流合作在传媒、经济、教育、养生、医疗等方面资源丰富，通过交流与合作可以实现共赢。另外，政府部门还应为两岸民俗体育交流与合作的项目申报、经费支持、设施等方面提供稳定的支持，以确保两岸民俗体育的长期交流与合作。

三是建立两岸民俗体育交流与认同的评价机制。评价机制涉及三个层面的内容。首先，政府部门不仅要出具"批准或者不予批准"的批复，还要对活动进行较为客观的评价，需要主办单位承担其任务。其次，为了让交流与合作更加规范、有序、深入，主办单位应对活动开展的项目、人数、影响、收支情况等方面进行评价，以总结承办活动的经验与问题。最后，为了总结经验、发现问题，提高交流与合作的成效，需要进行反馈调节，这是实现持续交流与合作的重要条件。

第二节　深化两岸民俗体育交流与促进
两岸文化认同的对策建议

一、坚定两岸关系稳定发展根基在民间的信念

民俗体育交流发展、两岸民众文化认同的根基在民间，扩大两岸民间交流、促进两岸体育与文化融合发展，既是民族大义，更具两岸大利。应该将扩大两岸民间交流的范围、增加两岸民间交流的深度，作为化解隔阂、扩大共识、增进互信、加深感情的基础。

始终秉持"两岸一家亲"的理念，充分利用"海峡论坛"等两岸民间交流的最大平台，将民俗体育纳入青年、基层、文化、经济等交流板块，建立两岸民俗体育人员沟通的常态化渠道，深入商讨两岸民俗体育传承发展的内在机制、主要问题，积极构建两岸民俗体育的交流平台、活动机制，共商两岸民俗体育发展大计，不断优化顶层设计、推进策略和实施路径。坚持"开放、包容"的态度，客观认识由于社会经济环境不同，两岸民俗体育存在与发展的差异，相互尊重、求同存异，以此夯实两岸民间交流的认识基础。在具体实施过程中，既在两岸民俗体育同源、同脉方面最大限度地寻求共识，也应在民俗体育项目具体表现形式、活动内容、运动行为等方面尊重两岸的差异，并将两岸民俗体育项目存在的差异转化为交流发展的动力，形成相互学习、借鉴，共同推进的

良性发展局面。

明确两岸民俗体育交流的重心在民间、在青年，以扩大两岸青少年民俗体育参与面、根植民族传统文化、促进民族国家认同为中心，大力支持两岸学校、青少年团体领域的民俗体育交流，加大政策支持力度、组织力量投入力度，畅通交流渠道，促进具有生活气息的民俗体育交流与认同，着力消除"去中国化"虚无主义对台湾青少年的负面影响。

二、凝聚以两岸民俗体育交流促进认同的共识

中华文化是凝聚中华民族团结的无形纽带，也是引领中华民族发展的内核，具有不可抗拒的向心力和聚合力。五千年的中华民族传统文化在大陆和台湾植根发展，两岸民俗体育交流应立足于中华民族文化这一共识基础，而两岸民俗体育认同则是民俗体育交流的延伸。

首先，立足于达成民俗体育历史渊源的共识，两岸民俗体育项目从名称到内容，都打上了中华民族传统文化与文明的烙印，应在追根溯源中促进交流；其次，立足于达成民俗体育项目形式与内容的共识，两岸民俗体育项目虽然各有特色，但主要形态不尽相同，应在相互切磋中促进认同；最后，立足于达成民俗体育文化内涵的共识，两岸民俗体育项目都具有相同的文化意蕴，应在深入交流中促进认同。

促进中华文化认同的基本途径是交流，在交流中建立共同愿景、凝聚共识。民俗体育交流需要活动载体，可利用民俗体育展示的重要时间节点，展示两岸民俗体育的盛大活动场景，通过各类媒体重点宣传报道两岸民俗体育交流的形式与内容，凸显两岸文化的同根同源性。民俗体育交流需要议题，聚焦"民俗""文化""运动"等主题，可利用两岸各类传统媒体和自媒体，形成民俗体育交流议题的热度和话语互证，以此进一步凝聚以民俗体育交流促认同的共识。

三、突出两岸民俗体育交流项目的同根同源性

梳理两岸典型民俗体育项目的历史发展源流，都表明两岸民俗体育文化是中国体育文化的一部分，是中华民族文化必不可缺的部分。就文化特征而言，两岸以闽台为中心的文化形态、文化区具备高度的一致性，是历史、文化发展的结果，由此而来的民俗体育文化的同根同源性是不争的事实。

同根同源性作为两岸民俗体育的重要特征，理应在两岸民俗体育交流中得以体现。首先，两岸民众需要全面深刻地认识民俗体育的同根同源性，吸引更多的两岸民众参与，提高交流频率，扩大交流规模，由此加快完善两岸交流平

台的构建，深化两岸合作交流，凸显民俗体育作为两岸文化交流沟通的媒介作用。其次，借助两岸多种交流渠道与平台，增加社会的关注度，有利于两岸民俗体育的回潮，为两岸民俗体育提供传承与发展的"沃土"。最后，同根同源性增强了两岸民众对中华文化的认同感、归属感，可以唤醒"两岸同属中华民族，两岸人民血缘相通"的民族情怀。

充分利用闽、台两地的文化渊源，有助于两岸学者对民俗体育的文化认同。一是立足闽、台两地"五缘"说，充分利用民族文化和闽南文化元素进一步增强同根同源意识，如"龙文化""儒家文化""妈祖文化"等。二是依托闽台民俗节日、重大活动等，互派民俗体育使团互访交流，充分展示两岸相同的民俗体育文化特色，让两岸民众享受共同文化信仰下民俗体育的欢乐场景，增进两岸同胞友谊。三是鼓励闽台民俗体育探亲寻根活动，使广大台湾同胞进一步了解福建、了解大陆，体会"同根同源，血浓于水"的亲情，进而增强文化认同感。

四、增强两岸民俗体育交流激励举措与交流比重

建立海峡两岸民俗体育交流的激励机制，调动主体积极性。传统的两岸体育交流侧重于建设保障机制，而保障机制仅为常态化运行提供条件，难以进一步提升交流质量，因此，应建立激励机制，激发民俗体育参与者的参与积极性。

第一，在深入调研两岸民俗体育文化方面共同诉求的基础上，建议成立两岸民俗体育交流基金会，向社会募集资金，以企业冠名进行市场化方式运营，积极发展民俗体育文化产业，开发相关民俗体育文创产品，为两岸民俗体育交流与合作提供平台。第二，建立多元主体参与的民俗体育治理体系，合理分配资源，为各类参与交流者提供物质与精神奖励，通过评选海峡两岸民俗体育交流先进个人、海峡两岸民俗体育交流先进集体，增进参与者的荣誉感与获得感，提高其参与的积极性、主动性，激发其长期交流与合作的愿望。第三，作为实际参与两岸民俗体育文化的交流者，应排除短期功利性影响，提高长期交流与合作的实效性。第四，发挥两岸民间体育组织的力量。两岸民间体育组织已成为两岸同胞感情沟通、文化认同的重要力量，鼓励各类民间体育团体举办更多的各类民间体育活动，有助于促进两岸人民的交流与合作。

进一步加大民俗体育在海峡两岸体育交流中的比重，提升民俗体育的中华文化感召力。目前，两岸的体育交流仍以竞技体育交流为主，侧重于运动竞赛，民俗体育所占比例较小，应大幅提升民俗体育在海峡两岸体育交流中的比重。两岸民俗体育交流活动的开展应利用节日、典礼等重大时间节点，营造场景化

仪式氛围，进一步提高民俗体育表演的仪式性，提炼民俗体育的文化符号，通过民俗仪式、民俗符号与民俗体育的规训式身体运动，强化中华文化认同。

五、强化两岸同源文化的认同感和归属感功能

民俗体育是中华民族智慧的结晶，是中华民族创造的精神与物质财富，值得两岸共同维护、传承与发展。民俗体育项目与活动是在民族文化基础上衍生、发展的体育文化现象，其中包含的共同渊源、共同文化内涵、共同价值取向，均是对民族、国家文化与文明认同的实在内容和实践方式。

认同感产生于个人与集体的认知。两岸民俗体育活动的表演形式、器具制作和民俗文化活动本身就是两岸共同的文化财富。应立足于两岸共同的历史、文化根源，在中华民族文化的大背景下认识民俗体育、发展民俗体育。归属感产生于对归属关系的认同。民俗体育的产生、存续与发展，都与族群、民族、国家紧密相关，不同的民俗体育项目，既有自身的文化特征，也有在交流融合中发展的逻辑规律，许多民俗体育活动中，形成了"你中有我、我中有你"的深度融合格局。

在两岸民俗体育交流过程中，一是不仅要展示民俗体育项目的"形与技"，更要深入挖掘两岸民俗体育的"意与道"，通过对民俗体育项目、民俗体育活动的历史与传统、演变与发展，以及民俗体育的民俗符号及其仪式的理解与体悟，加深对民族传统、民族文化的认知，以此产生对民族、国家的认同感。二是不仅要尊重民俗体育项目"源与流"的群体属性，更要深入挖掘两岸民俗体育"根与脉"的民族属性，明确民俗体育对象归属关系，以此产生对民族、国家的归属感。

六、重视民俗体育文化柔性消除两岸隔阂价值

在民俗体育的语境与活动中，生活、习俗、文化的元素往往处于核心地位，具有显著的柔性特征，可以在一定程度上超越社会政治的沟壑，在共同认可的平台上构建情感、文化、利益交融的交流机制，进而消除情感隔阂，缓解文化冲突，促进文化认同。

两岸共同的"五缘民俗"为两岸民俗体育交流凝聚了共同体意识、搭建了桥梁纽带。以民俗体育活动实现两岸文化持续交流与互动：一是将主动接触、双向交流作为促进两岸民俗体育发展的基本态度，客观认知两岸民俗体育"同源""异流"的特征，实现两岸民俗体育共生、共享、共荣；二是将两岸民俗体育交流有机融入全民健身、竞技体育和体育产业范畴，加强顶层设计、建立常

态化交流机制；三是将两岸民俗体育交流作为两岸民众来往、沟通的突破口，进一步完善与落实惠台、便民政策，为两岸民间交流注入新活力；四是将扩大民众参与面作为民俗体育发展的重要路径，将民俗体育广泛纳入当地民族传统节日、休闲体育活动内容，推动民俗体育活动机制化、常态化发展。

民俗体育的主题、内容、呈现方式均与中华民族的历史文化紧密相关。以民俗体育交流有效促进两岸民族文化认同：一是加强两岸民俗体育文化的研究，将其列入重要研究项目指南，深入挖掘两岸民俗体育共同的文化内涵；二是加强两岸民俗体育的实践探索，共同探讨民俗体育项目生存、发展的策略与路径；三是加强两岸民俗体育资源的整合发展，充分挖掘两岸民俗体育有形与无形资源，促进两岸民俗体育传承、创新与发展。

七、加大两岸民俗体育交流与认同力度和深度

以"学"促"交"，挖掘两岸民俗体育内涵和规范体系，需要更多的学者进行以"学"促"交"。充分开展两岸高校等学术机构的民俗体育学术交流，共建一批有固定的民俗体育学术人员配备、稳定的民俗体育研究投入和长期的民俗体育研究学术成果产出的合作研究机构。创办两岸同源民俗体育学术刊物，定期举办民俗体育学术交流研讨会。促成两岸民俗体育研究学者共同挖掘两岸同源民俗体育内涵，针对民俗体育的表演形式、器具制作和赛事举办等内容，开展标准化、制度化和可推广的学术研究。

以"力度"促"深度"，两岸文化与体育管理部门应在健全两岸民俗体育文化内涵和规范体系的基础上，加大两岸同源民俗体育文物的保护、文化的传承、活动的举办和品牌推广力度。通过一定周期加大"力度"，换来两岸同源民俗体育交流的深度，进一步夯实两岸民俗体育交流的根基。

促进两岸民俗体育交流的深度发展。典型文化的传播效果要显著好于"泛"文化传播效果，且具有长远的影响力。两岸相关管理部门和研究机构应梳理出一批两岸高度同源和认同的民俗体育项目，在文化活动中扶持、包装、规范和打造出具有特色的项目与活动。一方面，以深度融合的方式促进两岸同源民俗体育项目的交流与发展；另一方面，两岸同源民俗体育文化均已经过历史积淀，具有长效传播动能，有助于推动两岸民俗体育项目交流与认同的长效发展。

主要参考文献

一、中文著作类

[1] 张春英. 台湾问题与两岸关系史 [M]. 福州：福建人民出版社，2014.

[2] 赵静蓉. 文化记忆与身份认同 [M]. 北京：生活·读书·新知三联书店，2015.

[3] 宗懔. 四库全书·史部 [M]. 上海：上海古籍出版社，1987.

[4] 庄吉发. 清代台湾会党史研究 [M]. 台北：南天书局有限公司，1999.

[5] 周密. 武林旧事：第 10 卷 [M]. 杭州：浙江人民出版社，1984.

[6] 钟敬文. 民俗学概论 [M]. 上海：上海文艺出版社，2009.

[7] 韩忠厚. 试论河洛文化在中国文化史上的地位 [M]. 开封：河南大学出版社，1990.

[8] 中国体育史学会. 中国近代体育史 [M]. 北京：北京体育学院，1989.

[9] 郑土有. 五缘民俗学 [M]. 上海：同济大学出版社，2013.

[10] 赵鼎新. 社会与政治运动讲义（清华社会学讲义）[M]. 北京：社会科学文献出版社，2006.

[11] 张一芳. 坎门花龙 [M]. 杭州：浙江摄影出版社，2016.

[12] 张说. 集部·全唐诗：第 87 卷 [M]. 北京：中华书局，1999.

[13] 张冠生. 费孝通晚年谈话录 [M]. 北京：生活·读书·新知三联书店，2019.

[14] 郁振华. 人类知识的默会维度 [M]. 北京：北京大学出版社，2012.

[15] 殷允芃，尹萍，周慧菁，等. 发现台湾 [M]. 重庆：重庆出版社，2017.

[16] 杨衒之. 洛阳伽蓝记 [M]. 周祖谟，校. 北京：中华书局，1963.

[17] 严昌洪，蒲亨强. 中国鼓文化研究 [M]. 南宁：广西教育出版社，1997.

[18] 谢思炜. 白居易诗集校注：第一册［M］. 北京：中华书局，2006.

[19] 徐杰舜，刘冰清，罗树杰. 中华民族认同论［M］. 银川：宁夏人民出版社，2014.

[20] 武桂杰. 霍尔与文化研究［M］. 北京：中央编译出版社，2009.

[21] 伍庆. 消费社会与消费认同［M］. 北京：社会科学文献出版社，2009.

[22] 吴壮达. 台湾的开发［M］. 北京：科学出版社，1958.

[23] 吴增基，吴鹏森，苏振芳. 现代社会学［M］. 上海：上海人民出版社，2001.

[24] 吴文忠. 中国体育发展史［M］. 台北：台湾教育资料馆，1981.

[25] 吴文忠. 中国近百年体育史［M］. 台北：台湾商务印书馆，1967.

[26] 吴腾达. 跳鼓阵研究［M］. 南投："台湾省教育厅"，1997.

[27] 魏收. 魏书·释老志：第 114 卷［M］. 北京：中华书局，1974.

[28] 王月曦. 奉化布龙［M］. 杭州：浙江摄影出版社，2008.

[29] 王学泰. 游民文化与中国社会（增修版）［M］. 太原：山西人民出版社，2014.

[30] 王文章. 非物质文化遗产概论［M］. 北京：教育科学出版社，2008.

[31] 王明珂. 华夏边缘：历史记忆与族群认同［M］. 上海：上海人民出版社，2020.

[32] 王谠. 唐语林校证［M］. 北京：中华书局，1987.

[33] 饶怀民，阳信生. 闽台文化与河洛文化的特征比较［M］. 郑州：河南人民出版社，2011.

[34] 秦嘉谟，雷学淇，茆泮林. 世本八种［M］. 北京：商务印书馆，1957.

[35] 潘志松，童曦军. 兰溪断头龙［M］. 杭州：浙江摄影出版社，2014.

[36] 南卓. 羯鼓录［M］. 上海：上海古籍出版社，1986.

[37] 孟元老. 东京梦华录［M］. 北京：中华书局，1982.

[38] 吕不韦. 吕氏春秋·仲夏纪·古乐篇［M］. 北京：中华书局，2007.

[39] 刘晓春. 一个人的民间视野［M］. 武汉：湖北人民出版社，2006.

[40] 刘小龙. 东山与台湾［M］. 福州：海风出版社，2002.

[41] 刘旻航，李树梅，王若光. 我国民俗体育的现代功能及社会文化价值研究［M］. 济南：山东人民出版社，2012.

[42] 林世山. 大溪家具的过去、现在与未来［M］. 南投："台湾省手工业研究所"，1981.

[43] 林其锬, 吕良弼. 五缘文化概论 [M]. 福州: 福建人民出版社, 2003.

[44] 林国平, 邱季端. 福建移民史 [M]. 北京: 方志出版社, 2005.

[45] 廖金文, 江建垣. 苗栗舞龙文化 [M]. 苗栗: 苗栗县造桥国民小学, 2005.

[46] 梁晓虹. 华化佛教 [M]. 北京: 北京外国语大学出版社, 1996.

[47] 梁漱溟. 梁漱溟全集: 第3卷 [M]. 济南: 山东人民出版社, 1990.

[48] 李亦园. 李亦园自选集 [M]. 上海: 上海教育出版社, 2002.

[49] 李隆基. 集部·全唐诗: 第3卷 [M]. 北京: 中华书局, 1999.

[50] 兰自力. 当代台湾体育研究 [M]. 北京: 人民体育出版社, 2004.

[51] 黄文博. 台湾民间艺阵 [M]. 台北: 常民文化, 2000.

[52] 黄淑芬. 神恩·豆香·木器业桃园 [M]. 大溪镇历史街坊再造协会, 2001.

[53] 黄丽云. 龙、船、水与端午竞渡: 龙神信仰的文化符号 [M]. 北京: 社会科学文献出版社, 2018.

[54] 黄建义. 大溪陀螺典故 [M]. 桃园: 桃园县美华小学, 2004.

[55] 皇甫谧. 帝王世纪 [M]. 沈阳: 辽宁教育出版社, 1997.

[56] 胡明. 胡适思想与中国文化 [M]. 南宁: 广西师范大学出版社, 2005.

[57] 何培金. 中国龙舟文化 [M]. 海口: 三环出版社, 1991.

[58] 何绵山. 闽台区域文化 [M]. 厦门: 厦门大学出版社, 2004.

[59] 海默, 尚论聪. 中国历代体育史话 [M]. 北京: 外文出版社, 2010.

[60] 郭于华. 仪式与社会变迁 [M]. 北京: 社会科学文献出版社, 2000.

[61] 郭必恒等. 中国民俗史 (汉魏卷) [M]. 北京: 人民出版社, 2008.

[62] 高丙中. 中国人的生活世界: 民俗学路径 [M]. 北京: 北京大学出版社, 2010.

[63] 高丙中. 民俗文化与民俗生活 [M]. 北京: 中国社会科学出版社, 1994.

[64] 福建省地方志编纂委员会. 中华人民共和国地方志·福建省志: 体育志 [M]. 福州: 福建人民出版社, 1993.

[65] 冯天瑜. 中华文化辞典 [M]. 武汉: 武汉大学出版社, 2001.

[66] 费孝通. 文化与文化自觉 [M]. 北京: 群言出版社, 2010.

[67] 方宝璋. 闽台民间习俗 [M]. 福州: 福建人民出版社, 2003.

[68] 范晔. 后汉书: 第3卷 [M]. 北京: 中华书局, 1871.

[69] 段玉裁. 说文解字注 [M]. 上海：上海古籍出版社，1988.

[70] 段安节. 乐府杂录 [M]. 上海：上海古籍出版社，1985.

[71] 丁世良，赵放. 中国地方志民俗资料汇编·华东卷 [M]. 北京：书目文献出版社，1995.

[72] 戴炎辉. 清代台湾之乡治 [M]. 台北：联经出版事业股份有限公司，2005.

[73] 戴维红. 妈祖信俗中民俗体育的变迁 [M]. 厦门：厦门大学出版社，2012.

[74] 丛书编委会. 中国历代体育史话 [M]. 北京：外文出版社，2010.

[75] 陈振勇. 少数民族体育文化促进民族关系和谐的理论与实践研究 [M]. 北京：中国广播电视出版社，2016.

[76] 陈寅恪. 金明馆丛稿初编 [M]. 上海：上海古籍出版社，1980.

[77] 陈寿. 三国志 [M]. 北京：中华书局，1959.

[78] 陈孔立. 走向和平发展的两岸关系 [M]. 北京：九州岛出版社，2010.

[79] 陈其南. 台湾的传统中国社会 [M]. 台北：允晨文化实业股份有限公司，1987.

[80] 曾应枫. 龙舟竞渡：端午赛龙舟 [M]. 广州：广东教育出版社，2013.

[81] 编辑委员会. 中国民族民间舞大集成·河南卷 [M]. 北京：中国ISBN中心，1993.

[82] 白晋湘. 民族传统体育文化学 [M]. 北京：民族出版社，2004.

[83] 巴莫阿依嫫，姊妹彝学研究小组. 彝族风俗志 [M]. 北京：中央民族学院出版社，1992.

二、外文著作与译著类

[1] Tilly C. From mobilization to revolution [M]. New York：Addison-Wesley Pub. Co.，1978.

[2] McAdam D. Political process and the development of Black insurgency 1930—1970 [M]. Chicago：University of Chicago Press，1982.

[3] Harry W. Gardiner and Corinne Kosmitki. Lives Across Cultures [M]. 2nded. Boston：Allyn and Bacon，2002.

[4] Bennett Tony, Lawrence Grossbergand, Meaghan Morris. New Keywords：A Revised Vocabulary of Culture and Society [M]. Oxford：Blackwell, 2005：196.

[5] 尼克·史蒂文森. 文化公民身份：世界性的问题（英语影印版）[M].

北京：北京大学出版社，2010.

[6] 克里斯·希林. 身体与社会理论 [M]. 李康，译. 北京：北京大学出版社，2010.

[7] 山田孝雄. 信西古乐图 [M]. 东京：新潮社，1977.

[8] 本田安次. 日本の伝统芸能 [M]. 东京：锦正社，2000.

[9] 塞缪尔·亨廷顿，着周琪. 文明的冲突与世界秩序的重建 [M]. 北京：新华出版社，2002.

[10] 兰德尔·柯林斯. 互动仪式链 [M]. 林聚任，等译. 北京：商务印书馆，2009.

[11] 克拉克·威斯勒. 人与文化 [M]. 钱岗南，傅志强，译. 北京：商务印书馆，2004.

[12] 加布里埃尔·阿尔蒙德，西德尼·维巴. 公民文化：五个国家的政治态度和民主制 [M]. 张明澍，译. 北京：商务印书馆，2014.

[13] 费尔巴哈. 宗教的本质 [M]. 北京：生活·读书·新知三联书店，1962.

[14] 斐迪南·滕尼斯. 共同体与社会 [M]. 林荣远，译. 北京：商务印书馆，1999.

三、中外文期刊论文类

[1] 周平. 中华民族：中华现代国家的基石 [J]. 政治学研究，2015 (4).

[2] 周传志. 台湾民俗体育"宋江阵"的社会人类学研究 [J]. 体育与科学，2013 (2).

[3] 钟莹炖. 难度套路表概念运用在扯铃竞赛中 [J]. 休闲保健期刊，2016 (15).

[4] 郑玉玲. 台湾"跳鼓阵"的艺术特征与文化意蕴探析 [J]. 漳州师范学院学报 (哲学社会科学版)，2009 (4).

[5] 张旭东. 知识分子与民族理想 [J]. 读书，2000 (10).

[6] 郑国华，张自永，祖庆芳. 民间体育组织中的精英治理：以赣南客家"池塘龙舟赛"为例 [J]. 体育成人教育学刊，2016 (4).

[7] 张银行，郭志禹，邱瑞琅，等. 闽、台地区"宋江阵"的比较研究：以福建闽南和台湾南部地区为例 [J]. 体育科学，2014 (7).

[8] 张艳荣. 空竹的历史演进及其在当代发展的思考 [J]. 体育文化导刊，2017 (6).

[9] 张顺. 台湾文化认同的潜在危机探析 [J]. 台湾研究, 2016 (3).

[10] 张青仁. 身体性：民俗的基本特性 [J]. 民俗研究, 2009 (2).

[11] 袁曦. 浅谈围棋的起源、发展与定型 [J]. 体育文史, 1987 (1).

[12] 杨银娟. 社会化媒体、框架整合与集体行动的动员：广东茂名 PX 事件研究 [J]. 国际新闻界, 2015 (2).

[13] 杨利慧. 语境、过程、表演者与朝向当下的民俗学 [J]. 民俗研究, 2011 (1).

[14] 杨锦麟. 在"政治不稳定"中的台湾政党政治 [J]. 台湾研究集刊, 1990 (4).

[15] 严永福. 对近十年来两岸文艺交流的思考 [J]. 艺术评鉴, 2018, (18).

[16] 徐炯权. 民俗专家任国瑞：让龙舟竞渡重燃民间热情 [J]. 老年人, 2011 (6).

[17] 吴慧贞. 台湾民俗体育发展初探 (1975—1990) [J]. 体育学报, 2001 (32).

[18] 王星辰. 龙舟文化的起源及发展展望 [J]. 体育科技文献通报, 2009 (12).

[19] 王霄冰. 试论非物质文化遗产本真性的衡量标准：以祭孔大典为例 [J]. 文化遗产, 2010 (4).

[20] 王霄冰. 民俗文化的遗产化、本真性和传承主体问题：以浙江衢州"九华立春祭"为中心的考察 [J]. 民俗研究, 2012 (6).

[21] 王巨山. 非物质文化遗产保护原则辨析：对原真性原则和整体性原则的再认识 [J]. 社会科学辑刊, 2008 (3).

[22] 王洪坤. 中华龙舟文化演变的生态适应论绎 [J]. 北京体育大学学报, 2017, 40 (6).

[23] 王航东, 张殿亮. 对龙舟文化起源与功能的新思考 [J]. 广州航海学院学报, 2014, 22 (4).

[24] 涂传飞, 余万予, 钞群飞. 对民俗体育特征的研究 [J]. 武汉体育学院学报, 2005 (11).

[25] 汤毓贤. 闽台文化对祖国和平统一的促进作用 [J]. 福建省社会主义学院学报, 2003 (1).

[26] 苏颂兴, 黄伟伟, 张祖谦, 等. 台湾青年"一中"认同与两岸发展 [J]. 青年探索, 2014 (3).

[27] 石岩, 赵阳, 田麦久. 我国重大比赛备战动员机制的理论研究 [J]. 体育科学, 2007 (9).

[28] 施爱东. "中国龙"的发明 [J]. 文学与文化, 2013 (3).

[29] 钱奠香, 李如龙. 论闽台两省方言和文化的共同特点: 兼评台湾的乡土语言教育 [J]. 语言文学应用, 2002 (2).

[30] 彭牧. 实践、文化政治学与美国民俗学的表演理论 [J]. 民间文化论坛, 2005 (5).

[31] 彭牧. 民俗与身体: 美国民俗学的身体研究 [J]. 民俗研究, 2010 (3).

[32] 潘玉龙, 陈五洲. 论我国室内八人制拔河运动之推展 [J]. 大专体育, 2001 (55).

[33] 倪依克. 当代中华民族传统体育发展的思考: 论中国龙舟运动的现代化 [J]. 体育科学, 2004 (4).

[34] 莫连芳. 高校体育环境对大学生体育锻炼习惯的影响 [J]. 吉林体育学院学报, 2007 (2).

[35] 梅杭强. 武术套路的基本特性与再认识 [J]. 天津体育学院学报, 2006 (5).

[36] 吕秀菊, 张自永. 客家"池塘龙舟赛"集体记忆的建构 [J]. 赣南师范学院学报, 2015 (2).

[37] 吕微. 民俗学的笛卡尔沉思: 高丙中《民俗文化与民俗生活》申论 [J]. 民俗研究, 2010 (1).

[38] 罗湘林, 刘亚云, 谢玉. 从故事到赛事: 汨罗龙舟竞渡的底层视角 [J]. 体育与科学, 2015 (1).

[39] 罗湘林, 范冬云. 龙舟竞渡的赛制同化与民俗回归 [J]. 南京体育学院学报 (社会科学版), 2014 (2).

[40] 卢塞军. 民俗学视域下苗族独木龙舟竞渡文化研究 [J]. 运动文化研究, 2014, 26 (24).

[41] 刘晓春. 谁的原生态? 为何本真性: 非物质文化遗产语境下的原生态现象分析 [J]. 学术研究, 2008 (2).

[42] 刘晓, 花蕊, 王涛. 龙文化与舞龙运动的发展研究 [J]. 沈阳体育学院学报, 2009 (5).

[43] 刘万武, 姚重军. 体育民俗之探讨 [J]. 西北民族学院学报 (哲学社会科学版), 1999 (3).

［44］刘述懿. 传统运动项目的跨界蜕变：以扯铃为例［J］. 运动管理，2017（37）.

［45］刘述懿，苏志鹏. 扯铃国际赛与我国赛事之评分标准［J］. 大专体育，2015（132）.

［46］刘魁立. 非物质文化遗产的共享性本真性与人类文化多样性发展［J］. 山东社会科学，2010（3）.

［47］刘戈. 海峡两岸体育交流的发展历程和思考［J］. 浙江体育科学，2015（2）.

［48］连心豪. 试析闽台民间信仰异同［J］. 闽台文化交流，2011（28）.

［49］李本森. 破窗理论与美国的犯罪控制［J］. 中国社会科学，2010（5）.

［50］兰自力，谢军，骆映. 海峡两岸体育交流合作的现状分析与对策研究［J］. 北京体育大学学报，2002（5）.

［51］兰自力，谢军，骆映，等. 海峡两岸体育交流与合作的历史回顾与前景展望［J］. 天津体育学院学报，2002（17）.

［52］姜材贵. 新竹县中兴国民小学扯铃队之发展［J］. 大专体育学术专刊，2009（1）.

［53］黄文仁. 社会体育发展与社会动员［J］. 山东体育学院学报，2002（4）.

［54］黄顺力，李卫华. 闽南文化的特征与两岸民众的文化认同［J］. 闽台文化交流，2008（1）.

［55］黄丽云. 龙舟文化等同政权符号：屈原崇拜与竞渡之国际比较［J］. 云梦学刊，2010（4）.

［56］黄金葵. 现代龙舟赛去仪式化现象的人类学反思［J］. 首都体育学院学报，2017（1）.

［57］黄彩华，廖建媚. 闽台民俗体育交流的传承与发展：基于海峡两岸龙舟赛的研究［J］. 吉林体育学院学报，2011（4）.

［58］胡娟. 我国民俗体育的流变：以龙舟竞渡为例［J］. 体育科学，2008（4）.

［59］何星亮. 龙：图腾——神［J］. 民族研究，1993（2）.

［60］何根海. 拔河游戏的文化破译［J］. 民间文学论坛，1998（1）.

［61］郝时远. 台湾的"族群"与"族群政治"析论［J］. 中国社会科学，2004（2）.

［62］龚书铎. 历史虚无主义二题［J］. 高校理论战线，2005（5）.

[63] 葛剑雄. 传统节日的基础是信仰 [J]. 环球人文地理, 2014, 5 (5).

[64] 高华君. 台湾跳鼓阵发展过程与现况探析 [J]. 台湾身体文化学会, 2005.

[65] 高丙中. 日常生活的未来民俗学论纲 [J]. 民俗研究, 2017 (1).

[66] 高丙中. 非物质文化遗产: 作为整合性的学术概念的成型 [J]. 河南社会科学, 2007 (2).

[67] 高丙中. 端午节的源流与意义 [J]. 民间文化论坛, 2004 (5).

[68] 付晓静, 王斐. 网络动员在全民健身中的应用研究 [J]. 南京体育学院学报 (社会科学版), 2013 (4).

[69] 冯天瑾, 王进, 李志清, 等. "利益相关者" 理论在民间体育传承与弘扬中的应用: 桂北侗乡林溪第 62 届花炮节成功举办的启示 [J]. 体育学刊, 2008 (7).

[70] 费孝通. 中华民族的多元一体格局 [J]. 北京大学学报 (哲学社会科学版), 1989 (4).

[71] 董杰. 中国举办大型体育赛事存在的主要问题、原因与对策 [J]. 体育与科学, 2012 (3).

[72] 董玉洪. 海峡两岸关系发展的现状及趋势分析 [J]. 现代台湾研究, 2001 (4).

[73] 啜静, 王若光, 刘旻航. 我国民俗体育的历史变迁与现实状况 [J]. 体育科学研究, 2013 (1).

[74] 陈支平. 从历史向文化的演进: 闽台家族溯源与中原意识 [J]. 河北学刊, 2012 (1).

[75] 陈熙远. 竞渡中的社会与国家——明清节庆文化中的地域认同、民间动员与官方调控 [J]. 历史语言研究所集刊, 2008 (3).

[76] 陈少坚, 谢军, 林晓英. 闽、台两地体育文化及其交流现状和发展前瞻 [J]. 体育科学, 2006 (7).

[77] 陈如桦, 陈融, 陈壮荔, 等. 闽台体育交流合作回顾与现状分析 [J]. 中国体育科技, 2000 (3).

[78] 蔡宗信. 台湾舞狮历史发展脉络之探析 [J]. 身体文化学报, 2005 (12).

[79] 蔡莉, 兰自力. 对民俗艺阵宋江阵源流、特征及传承的研究 [J]. 体育文化导刊, 2007 (7).

[80] 班建武, 李凡卓. 消费社会中青少年认同危机及出路 [J]. 思想理论

教育，2007（1）.

[81] 安东尼·布奇利泰，罗文宏. 传统的"重"与"轻"：解读民俗实践中的重复性行为 [J]. 民俗研究，2021（1）.

[82] 安德明. 非物质文化遗产保护的中国实践与经验 [J]. 民间文化论坛，2017（4）.

[83] DINGXIN ZHAO. Theorizing the Role of Culture in Social Movements：Illustrated by Protests and Contentions in Modern China [J]. Social Movement Studies，2010，9（1）.

四、学位论文、会议论文集、报刊类

[1] PINNEY J S. A Three-Stage Model of Ethnic Identity Development in Adolescence [A]. in Ethnic Identity，M. E. Bernal and G. P. Night. eds. State University of New York Press，1993.

[2] 庄焕宁. 第三届龙舟赛金厦22支劲旅今双鲤湖竞技 [N]. 金门日报，2009-06-06（2）.

[3] 朱正伟. 河北保定民间抖空竹活动的传承与发展研究 [D]. 昆明：云南师范大学，2018.

[4] 周惊涛. 海洋史视野下明清闽台区域的教育发展与社会变迁 [D]. 厦门：厦门大学，2008.

[5] 张潇迪. 淮北市民间民俗体育发展现状及对策研究 [D]. 淮北：淮北师范大学，2018.

[6] 张婷. 龙舟竞渡演变历程研究 [D]. 荆州：长江大学，2015.

[7] 张明军. 龙舟历史文化与发展现状研究 [D]. 兰州：西北民族大学，2010.

[8] 张萌萌. 赫伊津哈游戏论研究 [D]. 济南：山东大学，2013.

[9] 张丽萍. 中国业余龙舟竞渡运动的发展现状调查研究 [D]. 兰州：西北民族大学，2012.

[10] 影呆. 记半淞园龙舟竞赛 [N]. 申报，1927-06-07.

[11] 严若艺. 民俗体育在城市中的演进与发展趋势研究 [D]. 南昌：江西师范大学，2008.

[12] 闫猛. 当代空竹运动的兴起与发展研究 [D]. 济南：山东体育学院，2012.

[13] 许加泰. 端午龙舟赛23队竞逐场面热闹滚滚 [N]. 金门日报，2015-

06-21（2）.

　　[14] 徐杰舜. 族群与族群文化 [C]. 哈尔滨：黑龙江人民出版社，2006.

　　[15] 肖艳光. 现代化进程中的民俗体育 [D]. 长沙：湖南师范大学，2009.

　　[16] 伍绍勤.1980 年代中国外交战略调整研究 [D]. 天津：南开大学，2012.

　　[17] 王元晖，沈彦彦. 大陆首支！少女宋江阵惊艳登台 [N]. 厦门日报，2016-04-26（4）.

　　[18] 唐月霞. 宁波云龙镇龙舟竞渡习俗研究 [D]. 杭州：浙江师范大学，2015.

　　[19] 石奕龙. 明清时期泉州府各地闽南人的端午节 [C] .2011 海峡两岸端午龙舟文化论坛，2011.

　　[20] 乔南海. 沈阳市空竹运动开展现状分析及对策探究 [D]. 沈阳：沈阳体育学院，2013.

　　[21] 张克复，庞进. 首届中华龙文化兰州论坛论文集 [C]. 兰州：甘肃文化出版社，2007.

　　[22] 倪依克. 论中华民族传统体育的发展 [D]. 广州：华南师范大学，2004.

　　[23] 买佳. 民族传统体育在我国学校体育教育中的发展与经验启示 [D]. 武汉：华中师范大学，2014.

　　[24] 刘婷. 北京市空竹运动发展的“社会”培育研究 [D]. 北京：首都体育学院，2019.

　　[25] 林玉份. 福建省级非物质文化遗产大鼓凉伞的体育价值研究 [D]. 福州：福建师范大学，2012.

　　[26] 黄振良. 宗族文化在金门的传承与发扬 [C]. 闽南文化的当代性与世界性论文集，2014.

　　[27] 胡娟. 龙舟竞渡流变历程中的现代发展 [D]. 北京：北京体育大学，2007.

　　[28] 郭学松. 闽台宋江阵的仪式、象征与认同研究 [D]. 福州：福建师范大学，2018.

　　[29] 废历端节京市情况 [N].“台湾中央日报”，1936-06-24（3）.

　　[30] 陈新杰. 陈嘉庚创办龙舟体育竞技赛初探 [C]. 第十一届海峡两岸端午文化论坛，2015.

　　[31] 陈世霖. 台南县关庙乡龟洞飞鹰跳鼓阵之研究 [D]. 台南：台南大

学，2006.

　[32]　陈丽冰. 两广龙舟运动开展现状的调查与研究 [D]. 广州：广州体育
学院，2019.

　[33]　JIA LYNN YANG. When Asian-Americans Have to Prove We Belong
[N]. The New York Times，2020-04-01.